U0399831

全国高等学校应用型人才培养·企业行政管理专业系列规划教材

编委会

顾　问：

丁　煌　武汉大学政治与公共管理学院院长，教授、博士生导师
王　端　华中师范大学管理学院教授

主　编：

黄安心　广州市广播电视大学、国家开放大学（广州）管理学院院长，教授

编　委：（排名不分先后）

李文斐　黄安心　杜　敏　虞巧灵　余祖伟　张仕华
段建军　谈　萧　吴兴华　王启珊　周晓梅　郑伟发
郭凤林　蓝　天

全国高等学校应用型人才培养·企业行政管理专业系列规划教材

Enterprise Administrative Records Management

企业文书档案管理

（第二版）

（2nd Edition）

虞巧灵　石　磊　主　编

李　瑛　孙　研　副主编

华中科技大学出版社

http://www.hustp.com

中国·武汉

内容提要

本教材是企业行政管理专业核心必修课教材。它是根据企业行政管理专业学生和企业行政管理人员学习企业文书与档案管理知识，培养和提升企业文书与档案工作能力的实际需要来编写的。教材主要内容有：绪论，企业文书工作与企业档案工作，企业常用文种，公文的格式与稿本，收发文办理及办毕文件处置，企业文件的归档与鉴定，企业归档文件的整理，企业常用专门文档整理，企业档案的保管与统计，企业档案的检索、利用与编研，企业电子文件及其管理。作为企业行政管理专业实务性课程的教材，本书主要给学习者提供企业文书与档案管理的基本知识、工作环节、方法与技巧等。

本教材适合高职、高专、开放教育院校和应用型本科企业行政管理专业学习使用，也可供行政管理、工商管理、人力资源管理等相关专业学生了解学习企业文书与档案管理知识时使用，还可作为企业档案管理岗位培训教材。

图书在版编目(CIP)数据

企业文书与档案管理/虞巧灵，石磊主编. —2版. —武汉：华中科技大学出版社，2018.8
(2025.2 重印)
全国高等学校应用型人才培养・企业行政管理专业系列规划教材
ISBN 978-7-5680-4379-3

Ⅰ. ①企… Ⅱ. ①虞… ②石… Ⅲ. ①企业-应用文-写作-高等学校-教材 ②企业管理-档案管理-高等学校-教材 Ⅳ. ①H152.3 ②G275.9

中国版本图书馆 CIP 数据核字(2018)第 171443 号

企业文书与档案管理(第二版)
Qiye Wenshu yu Dangan Guanli

虞巧灵 石磊 主编

策划编辑：周晓方
责任编辑：章 红
封面设计：刘 卉
责任校对：封力煊
责任监印：周治超
出版发行：华中科技大学出版社(中国・武汉) 电话：(027)81321913
武汉市东湖新技术开发区华工科技园 邮编：430223
录 排：武汉正风天下文化发展有限公司
印 刷：武汉市籍缘印刷厂
开 本：787 mm×1092 mm 1/16
印 张：21 插页：2
字 数：500 千字
版 次：2011 年 8 月第 1 版 2025 年 2 月第 2 版第 5 次印刷
定 价：58.00 元

从字面上看，企业行政管理是企业管理与行政管理相结合而产生的一个概念，但实际上并非如此。企业行政管理既非一般的政府行政管理，也非人们通常所理解的企业管理。一般人认为，行政管理就是公共行政管理，它是指国家行政组织或公共行政组织在宪法和有关法律的规定范围之内对国家和社会公共事务进行的管理活动。但企业行政管理不同于公共行政管理，它是指为保障企业经营管理目标的实现，由企业行政组织及人员按照既定的行政渠道，采取一定的行政手段，实施的事务处理、统筹协调、服务保障管理等保证企业经营活动正常开展的带有内部公共性的企业管理活动。两者在管理主体、管理依据和管理内容上都不同，但有共通的管理特性，如指令性、公益性、服务性、保障性等。

企业的行政管理体系是企业的中枢神经系统。它是以总经理为最高领导，由行政副总分工负责，由专门行政部门组织实施、操作，其触角深入到企业的各个部门和分支机构的方方面面的一个完整的系统、网络。行政管理体系所担负的企业的管理工作，是企业中除生产经营业务之外的管理工作。行政管理体系推动和保证着企业的技术（设计）、生产（施工）、资金（财务）、经营（销售）、发展（开发）几大块生产经营业务的顺利、有效进行和相互之间的协调。

行政管理工作在其广度、深度、重要性及敏感性等方面都不同于企业其他方面，也不同于政府机关的行政管理，具有一定的特殊性。在一个企业中，行政管理工作的水平直接影响着企业的生产经营，决定着企业未来的发展前景。企业行政管理工作的广度涉及一个企业的全部运作过程，其深度又涉及许多局外人难以想象的细枝末节。可以说企业行政管理，是企业的中枢神经，是企业内外上下沟通协调的桥梁和纽带。建立高效的企业行政管理体系，提升企业的核心竞争力，是现代企业最为关注的问题之一，也是中国企业管理向高层次、高水平发展的瓶颈问题。因此，在现代企业中，行政部门是企业重要的管理部门。做好行政管理工作是企业有效运转的重要前提，也是经营者提高企业管理水平的一个切入点。正因为如此，企业行政管理工作越来越成为政府、企业、学界、社会等主体关注的热点问题。

在国外，企业（商业）行政管理早已为社会各界所重视，专业学历教育和职业教育已形成完整的体系。20 世纪 60 年代，西方发达国家和多数发展中国家开始重视教育培训的投入，但随着新技术的突飞猛进，产业结构的急剧变化，以及经济竞争的大大加剧，在教育与经济的关系上，世界各国都面临着一个共同的问题：如何促进教育培训与生产相结合、与产业相结合，为企业服务、为社会经济发展的需要服务的问题。于是,英国政府提出了"为了成功的未来而开发技能"的国家教育培训目标,NVQ(national vocation qualification)国家职业资格标准体系随之产生并开始在所有英联邦国家推行,这是20世纪英国教育培训与鉴定考试制度最重大的一次革命,并对世界范围内的教育培训模式产生了巨大影响。

NVQ体系已是全球100多个国家共同认可的国际标准。参加NVQ国家级企业行政管理职业资格认证成为现代企业行政管理人员追求的目标。获得行政管理职业资格认证的人员,成了当今企业竞相争夺的稀缺人才资源。

早在1997年,为了适应中国加入WTO后企业对高级行政管理人才的需求,满足国际职业对高级行政管理人才的需求,培养与国际职业标准相接轨的专业人才,国家劳动和社会保障部职业技能鉴定中心(OSTA)参照英国国家职业资格NVQ证书体系,推出了中英合作的NVQ企业行政管理职业资格证书。并先后在北京、天津、广东等地设立了16家考证中心,每年进行4次考试。主要知识内容有:设备、材料、服务和供应,工作环境的创建与管理,程序、信息与交流,组织效率和个人效率,商务会议、商务活动和商务旅行等。2001年7月,我国第一批考生通过考试拿到了NVQ证书。该证书由执行单位——国家劳动和社会保障部职业技能鉴定中心和英国伦敦工商会考试局(LCCIEB)联合签发,是在全国范围内通用的国家级职业资格证书,其国际职业标准为外企、三资企业所青睐,是总裁助理、行政总监、办公室主任、行政经理等行政管理人士专业能力提升的最佳选择,也是体现求职者能力的"就业通行证"。

20世纪80年代初,跨国企业集团进入中国这块神秘的土地。为了站住脚,他们花了上千万美元,请咨询公司和中国人一起搞了一套适合中国国情的管理模式,即A管理模式。这是企业内部的行政管理模式(包括预算计划系统、组织系统、企业文化系统、垂直指挥系统、横向联络系统、检查反馈系统、招聘任用系统、培训系统、激励系统等九大系统),源于跨国集团与国际接轨,诞生在中国大地,具有显著的中国特色。1997年10月25日,中国企业管理协会召开论证会,与会的国家经贸委、体改委的官员和部分专家学者对A管理模式给予了充分肯定。A管理模式构建了一个企业行政管理平台,简称"经理ABC":企业必须建立在利益分配系统和权力分配系统两大基础上,这是根本制度——企业的行政管理模式(administration)。A管理模式阐述的就是企业行政管理模式和经理人应具备的企业行政工作能力,也就是掌权的能力,这是经理的第一专业。掌权是为了什么?不是为了个人,而是用手中的权力经营(business)企业,使企业赢利;控制(control)企业,让企业安全。这就是"经理ABC"。为什么有的老板尽管很敬业,但企业仍然混乱不堪?为什么有的企业生意兴隆,合同一单又一单,但见不着利润?为什么有的老板不断给职工涨工资、发奖金,但还留不住人才?原因在于企业的根本制度不科学、不公正。企业的经理只懂业务,不擅行政。A管理模式认为,企业发展必须伴随制度建设,建立自己的管理模式。有了科学的模式,就有了优秀的遗传基因(DNA)。有了一批善于"掌管行政权"的经理,就有了"传教士"。依托配套的电脑和网络,企业就有了执行能力和控制能力;依托统一的教材——"圣经",企业就有了繁殖能力,就可能成为一代企业帝国。A管理模式为我们描绘了一个企业行政管理工作的蓝图,虽然不一定能被大家完全接受,但它是建立中国特色的企业行政管理模式的富有成效的一次探索,也提出了一个重要而紧迫的课题，期待专家、学者去破解。

在企业管理实践中，由于行政管理工作涉及面广、综合性强，行政管理人员要有较宽的知识面和较高的理论水平、政策水平、专业水平和专业技能。因此，企业行政管理人才培养与工商管理专业人才培养并驾齐驱，需要有从大专、本科到研究生各层次的人才培养学历教育体系作为支撑。目前，国内在学历教育方面，已有不少本、专科院校开设了企业行政管理专业或企业行政管理方向，一些高校如清华大学、北京大学还开设了行政管理专业(企业行政管理方向)研究生课程进修班，为企业培养高层经理人。不过开设的课程，受到工商管理和行政管理专业的影响，没有很好地进行课程模块设计，本专科教育基本上是工商管理专业课程，研究生教育又主要是行政管理专业课程，没有体现企业行政管理专业的特性和教育需求。

企业行政管理专业需要一定的行政管理和工商管理专业知识作支撑，但不能替代企业行政管理专业核心知识的功能。因此，需要考虑国外已有教育经验和中国国情，研究开发出有中国特色企业行政管理专业教育项目，特别是构建有中国特色的企业行政管理知识体系和学历教育专业课程体系。国内较早关注企业行政管理专业高等教育的黄安心教授积极推动该项建设工作，做了大量的前期准备。在华中科技大学出版社和有关专家的指导下，我们组织一批有相关学科、专业长期教学与实践经验的专家编写了这套“全国高等学校应用型人才培养·企业行政管理专业系列规划教材”，包括《企业行政管理概论》、《现代企业组织管理》、《企业公关与策划》、《企业文书与档案管理》、《企业法律实务》、《企业品牌与文化》、《企业员工管理》、《企业管理信息化》、《企业经济信息与运用》、《企业后勤管理实务》等十本专业核心课程教材，以满足广大师生对相关教材的迫切需要。

随着我国社会发展和政治经济体制改革的深化，对公务员队伍素质的要求越来越高，行政管理专业本科毕业生在政府部门的就业机会有减少的趋势。行政管理专业专科毕业生由于公务员入门本科“门槛”的要求，基本上只有选择读专升本继续深造或选择非公务员职业。很显然，我们的行政管理专业教育只盯住公务员职业或只选择公共行政管理教育方向多少是有点不合时宜的。如果继续原有的以培养公务员为目标的行政管理专业教育模式，不但脱离实际，而且人为地造成大量行政管理专业学生就业困难。而另一方面，现代企业需要大量的受过专业教育的企业行政管理人才却得不到满足。事实上，从一般意义上讲，只有从事专业对口的工作，才更有可能找到职业感觉和实现职业发展目标，实现人生价值。企业行政管理专业又何尝不是如此呢？可以说编写这套教材是适应现代企业发展、企业行政管理实践和企业行政管理人才培养需要的创举。

考虑到应用型人才的培养需要，本套教材在编写体例上尽可能考虑职业素质和职业技能的人才培养目标需要和人才规格要求。在课程知识和内容组织上，强调以知识学习的项目管理为范式，以岗位工作任务为中心，以流程(过程)和方法为逻辑线索，以环境变化为权变因子，以恰当的知识呈现和教学方式方法，实现教学目标。

这套教材的突出特点如下。

第一，基础性。主要考虑国内目前此类教材稀少，成套性和基础性成为本套教材的重要编写方针，以使其成为企业行政管理系列教材的母版，起到抛砖引玉的作用，为此类教材建设做好基础性工作。

第二,创新性。本教材的科目设计及知识体系选择,既考虑国外的经验,又考虑中国国情,突出了中国企业行政管理体制、企业行政模式与企业文化特色的要求,引进、继承和发展并重,力求形成有中国特色的企业行政管理知识体系和专业教育特性。

第三,应用性。教材以解决现代企业行政管理人才培养的重点、难点问题为己任,突出对企业行政管理实践问题的回应,强调专业素养和专业技能的培养,实现知识体系模块化以及项目管理化、任务化。设计有案例引导、案例分析、技能训练、实践活动等栏目。

第四,现代性。教材吸收一些长期从事远程教育、成人教育的专家参与,不但更好地结合企业实际开展教学,而且能够运用现代远程教育技术、信息技术、网络技术,开发网络课程,实现在线支持服务,为本地求学者解决工学矛盾,实现终身学习、持续发展的人生目标。

丁 煌

2010 年 5 月

目录
Contents

第一章 绪 论

学习目标

本章要求重点掌握企业文书与档案工作的内容、作用及其发展历史；企业文书工作与档案工作依法管理的重要意义及相关法规、标准的名称和作用；企业文书与档案工作中的保密目标、保密要求和保密管理重点；开展企业文书与档案工作必须具备的基础理论——文件生命周期理论和尊重全宗理论等相关知识点。

案例引导

“7X”神秘配料

世界知名品牌可口可乐的主要配料是公开的，但其核心技术是在可口可乐中占不到1%的神秘配料——“7X”的信息被保存在亚特兰大一家银行的保险库里。它由三种关键成分组成，这三种成分分别由公司的三位身份被绝对保密的高级职员掌握。同时，他们签署了“决不泄密”的协议。三人各自掌握一种成分，且不知道另外两种成分是什么；三人也不允许乘坐同一交通工具外出，以防止发生飞机失事等事故导致秘方失传。可口可乐的众多竞争对手曾高薪聘请高级化验师对其公开配方“7X100”进行过破译，但从来没有成功过。

从上述案例可以得知，可口可乐的神秘配方是企业的重要文档，同时又是企业的核心机密。的确，企业是企业文件和企业档案直接形成和有效利用的主要场所。而企业文件和企业档案作为企业信息资源的重要组成部分，又是企业赖以生存与发展的基础之一。企业文书与档案管理，是企业管理诸多内容中不可或缺的组成部分。开展企业文书与档案工作，要依法管理，更要严守保密法则。

第一节 企业文书与档案管理概述

一、企业文书与档案工作的内容

实施企业文书与档案管理，首先要明确企业文书与档案工作的主要内容。企业文书与档案工作，泛指制作与处理文书及管理和提供利用档案以解决企业实际问题的工作。

（一）企业文书工作的主要内容

文书可分为公务文书和私人文书，相对应的制作和处理文书的工作也可分为公务文书工作和私人文书工作。人们通常所说的文书与文书工作单指公务文书和公务文书工作，简称公文和文书工作。企业在公务活动中形成的公文，在本教材中简称企业公文（为行文方便，教材中也会用到“企业文件”，企业文件专指企业公务文书），企业公务文书工作，在本教材中简称企业文书工作。企业文书工作内容主要包括文件制作、处理、保管、整理等，具体包括文件的起草、审签、打印、校对、装订、登记、分送、传阅、拟办、批办、承办、催办、保管、清退、销毁、整理归档等。

（二）企业档案工作的主要内容

档案工作有广义、狭义之分，广义的档案工作包括档案室工作、档案馆工作、档案行政管理工作、档案教育工作、档案科学研究工作和档案宣传出版工作。狭义的档案工作专指以档案室、档案馆为主体开展的档案管理。企业档案工作，是指以企业档案室、企业档案馆为主体开展的企业档案管理工作，具体包括企业档案的收集、整理、鉴定、保管、统计、检索、编研、提供利用等。

二、企业文书与档案工作的作用

在企业的各项日常工作中，文书工作与档案工作贯穿其中。它们是企业工作的重要组成部分，同时又为企业各项工作服务。企业文书工作与企业档案工作是相互联系的有机整体，但又各有其自身的特点和作用。

（一）企业文书工作的作用

1. 企业文书工作是企业管理工作的手段

文书是企业各种信息的载体，企业内部方针政策的传达、贯彻和落实，各个职能部门意图的表达、传递与实现等，都主要依赖于文书工作。对于一个企业而言，无论是全局性的领导工作，还是各部门的业务工作，诸如生产、贸易、财务、人事、安全、教育、后勤保障等，均主要借助文书工作制定制度、提出措施、进行规范、实施组织、协调控制、激励约束。扎实严谨的文书工作无疑为它所服务的企业内的各个部门、各项工作、各个环节提供了成功保证，其作用甚至会随着企业生产经营规模的扩大、管理层次的增多和管理范围的拓展而更加突出。

2. 企业文书工作是企业整体工作的纽带

一个企业的工作是一个有机整体，既有总体目标和任务，又有各个分支和重点。要使总体目标和任务得以实现，同时又使各个分支围绕重点协调运行，就必须有中枢和纽带将它们联系起来。文书从企业中枢运行到各分支机构，就是将企业中枢的意图传输到各分支机构；各分支机构通过对文书的阅读和办理，领会并实现企业中枢意图；实现后的情况又以文书为载体反馈到企业中枢。通过文书的循环往复，使企业工作形成有机整体。同样，文书从甲分支机构运行到乙分支机构，将甲机构的意图、情况等传到乙机构，乙机构通

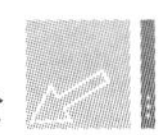

过对甲机构文书的阅读和处理，实现甲机构意图，并使甲、乙机构的工作得到协调。如果没有文书工作，一个企业内的各项工作很难协调运行，这个企业也不可能成为一个有机整体。

3. 企业文书工作是企业领导工作的助手

企业各项工作由领导统筹安排，并通过文书表达意图、实施决策。企业领导通常不会具体制作和办理文书，但是文书则可以精确、科学、全面地表达领导的意图和想法，从而使整个领导工作更加严谨、完善和有效。同时，大量的文书制作与办理工作由企业工作人员具体完成，使企业领导能够借助文书工作实施管理，可节省大量时间和精力。

4. 企业文书工作是企业保密工作的关键

企业在生产经营过程中会产生一些涉密信息。这些信息在一定时期内往往被限定在一定范围内，由少量工作人员掌握。文书是企业信息的载体，企业的涉密信息往往反映在文书中。文书工作和保密工作之间有着十分紧密的联系，文书工作质量是保密任务能否完成的关键。文书工作的保密措施到位，整个企业的保密工作就能得到保证，保密工作的目的就能基本实现。（相关内容见本章第三节“企业文书与档案工作保密管理”）

5. 企业文书工作是企业形象的体现

一份格式规范、用词准确、逻辑科学、意图清晰、印刷精美的文书，不仅体现了文书制作人（包括起草人、审核人、打印人等）的业务水平和工作精神，更体现了文书制作单位领导人的领导艺术和思想境界（文书制作由领导授意、授权、签发）。一份文书的办理是否及时恰当，能否收到应有效果，也体现了处理该份文书的工作人员的业务水平、工作态度及其领导人的作风水平，进而从一个侧面体现出企业的整体形象。因此，文书甚至可被认为是一个企业的“脸面”。

6. 企业文书工作是企业档案工作的基础

文书工作与档案工作关系密切，企业文书工作的质量高低，对企业档案工作至关重要。（相关内容见第六章“企业文件的归档与鉴定”、第七章“企业归档文件的整理”）

（二）企业档案工作的作用

1. 存贮作用

企业档案，从本质上说是企业的历史记录，保存历史记录是档案工作的最基本职能，也是企业档案工作体现其作用的基础。在企业管理过程中，企业档案工作存贮作用的实现更应注重其原始性和广泛性。不能简单地满足于以往政府部门颁布的主要适用于行政机关的“归档范围”，也不能局限于在计划经济体制下所通行的企业科技档案的一般收集范围，而应根据市场经济体制的需要，制定符合建立现代企业制度要求的归档范围，构成科学合理的企业档案馆（室）藏结构。

2. 描述作用

企业档案工作有较强的描述作用。在企业中，档案工作部门应该对企业内部生产经营、外部市场等客观情况加以准确的描述。真实地反映客观，客观地反映真实，这是对企业档案工作描述能力、反映能力的具体要求。企业档案工作的描述作用建立在广泛存贮的基础之上,为了增强这种描述作用,必须首先强化其存贮作用,同时也应不断提高企业档案工作的知识创新和技术创新能力,推进企业档案工作的科技进步,以适应现代企业制度对档案工作的要求。

3. 分析作用

现代企业制度下的档案工作还应具有一定的分析作用。这一作用是以往档案部门长期忽略的。在计划经济体制下,提倡“螺丝钉精神”,档案部门的主要职责是保存档案和日常提供利用。现代企业对档案工作提出更高的要求,其中的重要体现就是其分析作用。当存贮了大量的档案信息后,企业档案部门还应对档案信息加以整理、辨析,从而发现问题、揭露矛盾,并提出解决矛盾的措施。

4. 预测作用

档案是企业以往活动的原始记录。事实证明,历史不能与现实割断,并且历史的发展具有规律性。档案部门保存了企业活动的大量记录,这为研究企业发展规律,预测企业未来发展趋势提供了坚实基础。档案部门可定期或不定期地向企业提供具有历史深度的报告,充分发挥它在企业发展中的优势。企业档案工作的这种预测作用,是在科学预算的基础上,综合考虑历史和现实因素,结合企业实际做出的科学预见。

5. 评价作用

企业各项经济活动都会形成相应的记录并被保存下来,这为企业档案工作发挥评价作用提供了条件。档案部门可依据企业在各个历史时期的生产经营状况给予判断和测评并提出意见,这是企业档案工作创新能力的一种体现,也在更高层次上代表了企业档案部门的业务水平。

6. 监控作用

企业档案工作对企业的经济活动进行全过程记录。企业档案工作必将渗透到企业的供应、生产、销售、客户关系管理、市场管理、服务等过程中,也将渗透到企业管理的各个环节、各个方面。通过企业档案信息,可以对质量、技术、效益、客户关系等内容进行监督和控制,及时发现问题、研究问题和解决问题。通过对企业经济活动的及时记录和监控,可以及时调整企业发展战略,保证企业合理组织生产力,实现良好的企业效益和社会效益,使企业在市场竞争中占据优势。

7. 服务作用

企业档案工作的服务作用始终存在。现代企业利益主体的多元化要求企业档案部门具有更强的信息服务作用,也就是说,企业档案部门必须具备向各个利益主体提供真实和丰富的档案信息的手段和机制。企业档案工作的服务作用包括:为企业经营者服务,反映一定时期内企业内部的生产经营状况和企业外部环境;为出资者服务,反映一定时期内的企业生产经营业绩;为债权人服务,反映企业当前的偿还债务能力;为客户服务,反映企业的产品质量、市场占有率、产品价格信息等。

三、企业文书与档案工作的发展历史

回顾企业文书与档案工作的发展历史,有助于加深对企业文书与档案管理的认识,更

好地为现实服务。我国企业文书与档案工作的发展历史大致可分为六个阶段。

(一)创建阶段(1949—1959年)

新中国成立后,随着国民经济"一五"计划的实施,与经济建设对应的档案管理需求日趋旺盛。当时企业面临的主要任务是创建企业科技档案管理工作,所要解决的主要矛盾是确定企业科技档案范畴、组建企业科技档案工作机构、建立必要的管理制度和确定企业科技档案工作的管理体制。在第一个五年计划期间,全国921个大中型重点建设项目,大都设立了"重要资料室"。创建工作完成的标志是1959年召开技术档案工作大连现场会议。

(二)初步发展阶段(1959—1966年)

1959年召开的技术档案工作大连现场会议,是我国企业档案工作发展史上具有里程碑意义的一次会议。会议成果《技术档案室工作暂行通则》经国务院批准颁布,成为我国科技档案工作史上第一个较为完备的法规性文件,它从理论上解决了建立企业科技档案工作的一系列重大理论问题。

(三)停滞阶段(1966—1976年)

1966年至1976年间的"文化大革命",极大地破坏了我国刚刚起步的企业档案工作,使广大档案工作者苦心经营的成果几近毁于一旦。尽管部分基层单位的档案工作仍有所保留,但总体上企业档案工作陷入机构撤销、人员下放、库房被占、档案散失、制度废止的境地。

(四)恢复整顿阶段(1976—1986年)

粉碎"四人帮"后,首次全国档案工作会议于1979年8月在北京召开。会议提出了在两三年内恢复、整顿、总结、提高档案工作的任务,要求尽快把各级党政机关和人民团体、企业、事业等单位的档案工作恢复和健全起来。1980年12月,经国务院批准,国家经委、国家建委、国家科委、国家档案局联合发布实施《科学技术档案工作条例》,企业档案工作的恢复整顿主要以此为指导展开。至1985年底,恢复整顿工作顺利结束。

(五)初步改革发展阶段(1986—1993年)

以1986年全国第三次科技档案工作会议为标志,企业档案工作进入初步改革发展阶段。当时企业档案工作的任务是建立与国民经济和社会发展相适应、种类齐全、结构合理、管理科学、服务有效的档案工作体系。1987年3月,国家档案局、国家计委和国家经委联合颁发《国营企业档案管理暂行规定》,它第一次将"企业档案"作为一个完整概念提出,这是我国第一个专门以企业档案工作为对象的档案行政规章;1987年9月,第六届全国人民代表大会常务委员会第二十二次会议通过《中华人民共和国档案法》,1988年1月1日开始实施,这标志着我国档案事业的建设与发展走上了法制化轨道。

(六)建立现代企业制度阶段(1993年至今)

1993年,党的十四届三中全会提出转换国有企业经营机制,建立产权明晰、权责明确、政企分开、管理科学的现代企业制度。企业管理体制、运行机制发生了重大变革,企业档案工作在新形势下的任务,是要与现代企业制度不断相适应,不断求发展,更好地为企业管理各项工作服务。从发展趋势来看,当前企业档案工作表现出以下特征。

1. 企业档案管理的自主性

企业在经营活动中主体地位的确定,决定了企业在档案管理工作中的自主性。企业档案工作不完全按照政府或档案行政管理部门的统一要求进行,这一倾向在民营企业中表现尤为明显。

2. 企业档案管理模式的多元性

由于企业在所有制、规模、技术水平等方面的差异,企业在档案管理的观念与方式上明显表现出个性化特征,打破了计划经济体制下千企一面的管理模式。

3. 企业建档领域的动态性

计划经济体制下企业生产活动相对稳定,企业档案的内容构成基本上多年不变。现代企业制度的建立及市场竞争机制的形成,企业建档领域不断扩大,如企业董事会档案、资产管理档案、知识产权档案、人力资源管理档案等,明显表现出动态性特征。

4. 信息技术应用的广泛性

企业信息化促进了档案管理信息化,信息技术在企业档案管理中的应用无论是在广度还是深度上,都呈现明显的加快趋势,这一趋势在大型企业中表现得尤为明显。

5. 重视档案工作的效益性

企业经营的自主性、营利性强化了档案工作的成本、效益观念,计划经济体制下强调企业一定要设立专门档案机构,配置专职档案人员,这种不计成本的做法已难以为企业接受。从整体上看,企业档案工作的规模与企业需求间是动态平衡关系,而这一动态平衡的基础是档案工作成本与效益的平衡。

第二节　企业文书与档案工作依法管理

一、企业文书与档案工作依法管理的含义和意义

企业文书与档案工作依法管理有两层含义:一是指档案行政机构根据宪法和法律所赋予的职权而进行的企业档案立法、档案行政执法和档案普法等工作;二是指企业自身依据档案法律法规,科学、规范地做好企业文书与档案工作。

企业文书与档案工作贯穿于企业计划、生产、经营全过程,在企业生产、经营各个方面都发挥重要作用。市场经济体制的建立和经济全球化的发展趋势,要求企业文书与档案工作必须依法管理,唯此才能对企业的各种文档信息实施有效管理和保护,才能为企业发展赢得更多机遇。

(一) 依法管理是开展企业文书与档案工作的必要前提

企业文书与档案工作依法管理,约束企业按照国家法律法规建立健全文书档案工作制度,并在此基础上妥善保存好对国家和社会有保存价值的文件和档案,推动企业文书与档案工作在法制轨道上健康运行。具体表现为以下几个方面。

(1) 有助于进一步增强企业文书与档案的管理意识。

(2) 有助于进一步健全企业文书与档案的管理制度。

(3) 有助于进一步完善企业文书与档案的保护条件。

(4) 有助于企业档案信息资源的开发利用,充分发挥其重要作用,更好地为企业生产经营服务。

(二) 企业文书与档案工作依法管理是现代企业制度的具体体现

现代企业制度是与市场经济相适应的企业制度。无论是国有企业,还是非公有制企业,都必须按照法律要求,建立以资产为纽带,产权明确、权责清晰、管理科学、政企分开的现代企业制度。现代企业制度内涵丰富、外延广泛,企业产权制度、组织制度、管理制度的制定和实施,都必须以企业文书与档案工作依法管理为保障;而按照现代企业制度要求,对企业文书与档案工作实施管理,也必须以企业文书与档案工作依法管理为前提。

(三) 企业文书与档案工作依法管理是企业可持续发展的重要保障

为应对国内外市场的激烈竞争,现代企业需要全方位了解科技动态、行业动态、市场走向等各种信息,确定企业发展战略和规划,谋求企业可持续发展。企业信息资源与企业人才资源、物力资源和资金资源一样,都是企业发展的重要资源。企业文书与档案中所蕴含的信息资源,是企业极为宝贵的智力财富,企业文书与档案工作依法管理是企业可持续发展的重要保障。

(四) 企业文书与档案工作依法管理为全社会依法治档奠定了坚实基础

依法治档,就是依照档案法律来治理档案事业、管理档案事务,从而使档案事业的各项工作逐步走上法治的轨道,实现国家档案事务管理的规范化和法制化。依法治档是建设管理国家档案事业的战略目标。企业文书与档案工作依法管理作为社会主义档案事业法制建设的重要组成部分,为全社会依法治档奠定了坚实基础。

二、企业档案工作依法管理的主要依据

企业档案工作依法管理的主要方式,是运用档案工作有关的法律、法规和规章等来规范企业的档案工作。这些法律、法规和规章,共同构成了企业档案工作依法管理的主要依据。

(一) 国家档案法规体系

根据档案法律规范性文件的法律效力和适用范围,国家档案法规体系分为档案法律、档案行政法规、地方档案法规、档案行政规章四个层次。

1. 档案法律

档案法律是由国家最高权力机关全国人民代表大会及其常务委员会制定并审议通过,由国家颁布并实施的关于档案和档案工作的法律规定。档案法律是档案工作依法管理的核心,也是制定其他法律规范性文件的依据。档案法律包括两部分内容:一是专门的档案立法,二是其他法律中关于档案和档案工作的法律规定。

1987年颁布、1996年修改的《中华人民共和国档案法》是管理国家档案事务的专门法律,《中华人民共和国档案法》规定的档案管理的原则和内容,是企业档案工作依法管理的

基本依据。

其他法律中,如《中华人民共和国刑法》、《中华人民共和国著作权法》、《中华人民共和国保密法》等关于档案管理条款的规定,亦属于档案法律,也是企业档案工作依法管理的重要依据。

2. 档案行政法规

档案行政法规是国务院根据宪法和法律的规定,按照立法程序制定的对于档案事务管理的具有普遍意义的规范性文件。国务院是制定档案行政法规的主体,经国务院批准、由国家档案局制定颁布的规范性文件也属于档案行政法规。

国务院批准颁布的档案行政法规有:国家档案局根据《中华人民共和国档案法》授权制定的《中华人民共和国档案法实施办法》;国家档案局根据职权制定,经国务院批准颁布的档案行政法规,如《全国档案馆设置原则和布局方案》;国家档案局会同国务院所属的职能部门根据职权联合制定,经国务院批准后联合颁布的档案行政法规,如《科学技术档案工作条例》;根据我国行政立法实践,国务院办公厅颁布的档案管理的规范性文件,也属于档案行政法规。

3. 地方档案法规

地方档案法规是指由依法享有地方性法规立法权的地方人民代表大会及其常务委员会依法制定并颁布施行的、在各自的行政区域内具有法律效力的地方性档案规范性文件。地方档案法规是我国档案法规体系的重要组成部分,其效力低于档案法律和档案行政法规,它的制定要以档案法律和档案行政法规为依据,在与档案法律和档案行政法规不相抵触的前提下,自主地解决地方档案事务管理问题。

4. 档案行政规章

根据制定机关的不同,可将档案行政规章分为中央档案行政规章和地方档案行政规章两类。

中央档案行政规章是指由国家档案局,或国家档案局联合国务院各部委,或国务院各部委及直属机构制定颁布的各类档案规范性文件的总称。中央档案行政规章的制定颁布必须以档案法律和档案行政法规为依据,不能与它们相抵触。国家档案局是全国档案事业的主管机关,是制定颁布中央档案行政规章的主要部门,制定颁布了大量档案工作的行政规章。国家档案局与国务院各部、各委员会联合制定颁布的档案行政规章涉及很多领域的档案工作,如会计、审计、科研、城建、环保、交通、人防、土地管理、国有企业、乡镇企业、企业职工、外商投资企业、企业法人登记等领域。国务院各部及其各委员会也制定颁布在本专业系统实施的档案行政规章。

地方档案行政规章是省、自治区、直辖市以及省会城市和经国务院批准的较大的市人民政府,依据档案法律、档案行政法规,按照法定程序制定的适用于本地区档案事务管理的规范性文件的总称。

(二)企业档案工作法规、规章概述

档案法律、档案行政法规、地方档案法规、档案行政规章共同构成我国档案法规体系,它们之间既有内在联系又有区别,且互为补充、协调一致。企业档案工作依法管理,要在

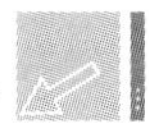

遵循国家档案法律、法规、规章的前提下，制定并执行企业档案管理方面的规章制度。经过从中华人民共和国成立至今的不断实践与探索，我国企业档案法制建设日趋成熟，有关部门陆续出台了若干适应企业档案工作发展的法规和规章。

1. 1959—1979 年

1959 年 12 月，国家档案局在大连召开第一次全国技术档案工作会议，通过《技术档案室工作暂行通则》，后经国务院批准颁发试行。1962 年，国务院转发了《关于工业企业工作条例(草案)》。这两个法规文件中对企业科技档案工作做了明文规定，确定由总工程师领导科技档案工作，对科技档案实行集中统一管理。

1964 年 3 月，中共中央、国务院批转国家档案局《关于进一步加强技术档案工作的报告》，报告全面阐述了科技档案工作的性质、原则和任务，明确了企业科技档案工作的性质、原则和任务，提出了做好企业科技档案工作的若干意见和措施。

2. 1980—1986 年

1980 年 12 月，经国务院批准，国家经委、国家建委、国家科委、国家档案局联合颁布实施《科学技术档案工作条例》，条例对科技文件材料形成及归档、科技档案工作管理体制、档案管理制度与方法等都做了具体规定。

1981 年 9 月，国家经委、国家档案局联合发出《关于在企业整顿中要注意整顿科技档案工作的通知》，通知要求企业把科技档案工作作为企业基础工作整顿的一项内容，并按照《科学技术档案工作条例》的规定，认真贯彻实施。

1983 年 2 月，国家档案局制定颁布《企业科技档案工作整顿验收要求》，提出企业科技档案整顿验收工作的具体标准。经过整顿验收，企业建立了以生产(技术)副厂长或总工程师直接领导的科技档案工作机构，充实了干部队伍，健全了科技文件材料的形成、积累、整理、归档，以及归档后的管理、修改、补充等制度。

3. 1987—1998 年

1987 年 3 月，国家档案局、国家计委和国家经委联合颁发《国营企业档案管理暂行规定》，这是我国第一个专门以企业档案工作为对象的档案行政规章，它提出企业文书档案与科技档案由以往的分别管理拓展为以科技档案为主体、多门类档案的综合管理。

1987 年 7 月，国家档案局颁布实施《企业档案管理升级实行办法》和《企业档案升级评审工作程序》。要求企业在升级工作中，把企业档案管理作为升级考查的重要内容，加强企业档案的综合管理，以确保企业档案管理更好地服务和促进企业升级工作。

1988 年 10 月，国家财政部、国家档案局颁布《开发利用科学技术档案信息资源暂行办法》，该办法对科技档案开发利用的功能、形式，正确处理开发工作与保密、专利的关系，以及科技档案信息的使用收费及费用管理等做了明确规定。

1991 年 7 月，国家档案局颁布《工业企业档案分类试行规则》，具体规定了工业企业档案按党群工作类、行政管理类、经营管理类、生产技术管理类、产品类、科学技术研究类、基本建设类、设备仪器类、会计档案类、干部职工档案类等 10 个一级类目进行分类整理、组织案卷和排架管理。该试行规则也适用于交通、邮电、建设施工、农林和商业服务等方面的企业。

1996年3月,国家档案局颁布了《企业档案工作目标管理办法》和《企业档案馆申报登记办法》,坚持依法管理企业档案工作及为企业服务的原则,在全国范围内展开企业档案目标管理工作。

4. 1998年至今

1998年1月,国家档案局与农业部在《乡镇企业档案管理暂行规定》的基础上,制定了《乡镇企业档案管理办法》,该办法规定乡镇企业应加强对档案工作的领导,并将它列入企业工作计划和发展规划,保障档案工作与企业各项工作同步发展。

1998年3月,国家档案局、国家体改委、国家经贸委、国家国有资产管理局为规范国有企业兼并、破产、出售、股份制改造、股份合作制和与外商合资、合作经营,以及实行承包、租赁等其他资产与产权变动的档案处置行为,联合颁布《国有企业资产与产权变动档案处置暂行办法》,该办法对国有资产与产权变动档案处置的原则、组织,档案的归属、流向,产权变动中形成档案的管理等都做了规定。

2004年1月,国家档案局、国务院国有资产监督管理委员会颁布实施《国有企业文件材料归档办法》,该办法明确规定了企业文件的归档范围、时间、要求等,保证了企业归档文件材料齐全、完整、准确和系统,规范了企业文件材料的归档工作。

专门针对企业档案工作的技术标准,虽然不属于法律、法规、规章范畴,却是在此基础上制定的。其中,2002年11月,国家档案局颁布《国家重大建设项目文件归档要求与档案整理规范》(DA/T28—2002),该规范对重大工程项目文件的归档范围、保管期限、管理要求等做了具体规定;2009年11月2日,国家档案局颁布《企业档案工作规范》(DA/T42—2009)(以下简称《规范》),该规范确立了企业档案工作原则、组织和制度要求,明确了企业档案业务工作、档案信息化建设、档案工作设施设备配置等方面的方法与技术指南。

2012年12月,国家档案局颁布《企业文件材料归档范围和档案保管期限规定》(以下简称《规定》),自2013年2月1日起施行。该《规定》在档案工作适应国民经济发展和企业经营管理在理念、方法、工具等方面的变化和发展趋势的新要求下,进一步规范了企业文件材料的归档和档案的价值鉴定工作,并对企业文件材料归档范围和档案保管期限表的编制工作提出了规定性要求。该《规定》属于国务院部门规章,其效力居于办法、标准、规范等规范性文件之上,如果《规范》中涉及有关内容与《规定》相冲突的,以《规定》为准,原《规范》中的文件材料归档范围和档案保管期限表则作为参考性附录,不需强制执行。

第三节　企业文书与档案工作保密管理

一、保密管理的目标和要求

企业文书与档案工作的特点,决定了企业文书与企业档案中包含着大量企业涉密信息。在企业的各项工作中不可避免地要形成和涉及各种秘密,其中有国家秘密,也有企业秘密。为了维护国家和企业的利益与安全,保持它们在各项活动中的主动地位,企业应加强保密管理,依法保守秘密,维护秘密的完整与安全。

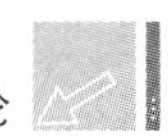

保密管理的目标，是严格保守秘密，维护涉密信息的完整与安全，防范来自内部的失密、泄密等行为，防范来自外部的窃密活动。在企业文书与档案工作中，为达到保密管理要求，应注意做好以下几方面的工作。

(1) 组织实施国家有关保守国家秘密的法律法规。

(2) 建立健全并严格监督实施保密工作制度。

(3) 建立保密工作队伍。

(4) 开展保密宣传教育和保密业务培训。

(5) 研究并指导应用保密技术，配备保密工具和设施。

(6) 有针对性地采取各种保密措施，审查涉密事项。

(7) 指导监督涉密文件档案资料的管理和销毁工作。

(8) 按审批权限划定、核定、调整保密范围和保密等级。

(9) 对保密工作情况进行检查，追查处理泄密、失密问题等。

二、企业文书与档案工作保密管理重点

企业文书与档案工作中的保密管理，要重点做好以下工作。

(一) 建立保密工作管理机构

根据《中华人民共和国保守国家秘密法》(以下简称《保密法》)及《〈中华人民共和国保守国家秘密法〉实施办法》(以下简称《实施办法》)的规定，国家保密工作部门是国务院的职能机构，主管保守国家秘密的工作。县级及其以上地方各级保密工作部门在上级保密工作部门的指导下，在其职权范围内，依照保密法律、法规和规章管理本行政区域的保密工作。中央国家机关在其职权范围内，主管或者指导本系统保密工作，组织和监督下级业务部门执行保密法律、法规和规章，并可根据实际情况单独或会同有关部门制定主管业务方面的保密规章。

企业应根据实际情况，结合文书和档案工作，设置保密工作机构或者指定人员负责管理规定范围内的保密工作事务。

(二) 建立保密制度体系

按照《保密法》和《实施办法》的规定，保密制度的制定权授予不同的部门不同的权限：涉及国家秘密的文件、资料和其他物品的制作、收发、传递、使用、复制、摘抄、保存和销毁，由国家保密工作部门制定保密办法；采用电子信息等技术存取、处理、传递国家秘密的办法，由国家保密工作部门会同中央有关机关规定；属于国家秘密的设备或者产品的研制、生产、运输、使用、保存、维修和销毁，由国家保密工作部门会同中央有关机关制定保密办法；中央国家机关可以根据实际情况或者会同有关部门制定主管业务方面的保密规章。

保密工作在很大程度上依赖于制度保障，企业应重视保密制度的建设。在实际工作中，企业要在遵行《保密法》和《实施办法》，以及上级主管部门制定的有关制度的前提下，建立自己的保密制度。

保密制度应明确以下内容。

(1) 有关保密范围的规定。

(2) 各种密级划分的标准,实际工作中各种密级的具体对象范围,密级划分的责任制,密级划分标准与具体方法的公布办法。

(3) 确定密级的程序,遇有不明确问题时的审批程序。

(4) 密级标注办法。

(5) 保密期限的确定标准与标注方法。

(6) 更改密级(提高或降低),解密的程序手续、方法、责任制。

(7) 接触各种秘密的单位范围、人员范围的规定。

(8) 保密工作人员的任用审批程序。

(9) 对各种密级的文件、资料和其他物品保密措施要求的规定。

(10) 宣传报道工作的保密原则,对报刊、书籍、地图、图文资料、声像制品的出版和发行,以及广播节目、电视节目、电影的制作和播放的保密措施规定。

(11) 涉外工作中的保密工作规则。

(12) 对计算机等信息处理设备工具保密措施的规定。

(13) 对有关工作人员进行保密教育的规定。

(14) 关于携带属于企业秘密的文件、资料和其他物品外出的保密措施要求。

(15) 企业秘密已经泄露或者可能泄露时,应当立即采取补救措施及进行报告和处理的规定。

(16) 关于追查失密泄密责任的规定等。

(三) 企业文书与档案工作涉密人员的素质要求

企业中从事文书工作与档案管理的人员,有可能是涉密人员。涉密人员的素质对企业保密工作有很大影响。对于企业文书与档案工作涉密人员的素质要求有以下几个方面。

(1) 有坚定的政治立场,原则性强,敢于同窃密、失密行为斗争,敢于同违反保密法规、保密纪律的行为斗争。

(2) 有广博的社会科学知识基础和自然科学知识基础,熟悉保密技术、保密业务,同时要掌握企业业务活动的特点,掌握外事、通信、计算机应用等方面的技术、技能。

(3) 有较强的组织能力、综合协调能力、处理复杂关系的能力,以及不断学习和接受新知识的能力等。

(四) 保密工作的具体实施

在保密工作的具体实施过程中,要确立正确的监控原则,采取行之有效的方法。

(1) 要坚持事前控制,重在防范的原则。泄密、失密一旦发生,不管采取什么措施,企业都已不可避免地遭受了损失。因此,保密工作要坚持事前控制、重在防范的原则。

(2) 要严格监督各个工作环节。涉密信息流转过程中,每一个工作环节都有泄密、失密的可能。要重视研究人员、文件、会议、通信、计算机等要素,以及各个工作环节中可能存在的隐患,有针对性地进行监督管理。

(3) 要严格控制涉密人员的范围。加强对涉密人员的选配、审查、任用和管理;开展经常性的保密宣传教育,增强各级各类工作人员的保密意识,避免思想麻痹、作风马虎。

(4) 要切实执行各项保密法规，制定并严格施行各项保密制度。在制定和实施法规制度过程中，特别要注意：①严格把握“度”，保密范围、保密等级、涉密范围一定要合法、合理、合乎标准，有依有据，不要随意拔高或降低；②不轻视细节，一定要以有效的措施一丝不苟地防微杜渐；③强调对保密环境条件的控制，不将秘密带入不具备保密条件的场所；④对秘密载体数量扩充环节的有效把握，严格把控诸如文件印刷、复制等过程；⑤严防在秘密载体“过渡”形态上可能出现的问题，如文件校样、印版的失密泄密等；⑥将需要销毁的秘密或者秘密载体真正彻底消除，如将纸质文件化为纸浆，将磁记录文件彻底消磁等；⑦使贮存秘密载体的保管设备真正安全有效；⑧采取分离性措施，保证涉密、不涉密的文件，以及密级不同的文件和物品不相混淆，得到有区别的保管和处置。

(5) 实施有效的审查、审批程序。为保证对涉密工作的全过程严密监控，要在一切有可能出现失密、泄密的工作环节实施有效的审查、审批程序。这些程序包括各种例行的检查和不定期的抽查，包括各种清点、检验、验收、审核、审批步骤。

(6) 完善各种登记记录。在保密工作中，各种登记记录不仅有利于明确工作秩序，而且有利增强保密工作效果。要在一切有责任交替的地方及一切有涉密信息流转的环节设置登记点，形成各种登记记录，保证涉密信息条条有着落，信息交接环环有手续。

(7) 采取严密的技术措施。要将各种先进有效的技术措施运用于保密工作，特别是运用各种加密措施、干扰措施、屏蔽措施、探测措施、报警措施、装具加固，以及防盗、防窃措施等。

(8) 严肃追查一切失密、泄密事件，依法依制严格处理。追查失密、泄密事件的目的，主要在于堵塞漏洞、避免重蹈覆辙，同时尽最大可能弥补损失。在追查过程中要一查到底，把问题的缘由、现状、后果、责任真正查清，并从中总结经验教训，完善和确立更加有效的防范措施。对查出的问题和相关责任人，要坚决依法依制办事，并视其情节轻重交由司法机关和其他有关机关给予刑事处罚和行政处分。

第四节　企业文书与档案工作相关理论

一、文件生命周期理论

文件生命周期理论是研究文件从最初形成到最终销毁或永久保存的整个运动过程，以及研究文件属性与管理者主体行为之间关系的一种理论。文件生命周期理论把从现行文件到历史档案的发展看成是一个整体运动过程，着力研究这一整体运动过程的特点和发展规律，试图使文件的整个生命过程都得到全面控制，从而实现文档管理的高效化。

文件生命周期理论是 20 世纪以来在文件数量急剧增长的社会背景下提出的。它不仅扩展了传统档案学的研究对象——从“历史档案”扩展到“现代文件”，而且改进了档案学的研究方法——从简单、静止的方法演变成系统、动态的方法。

文件生命周期理论的得名源自“文件生命周期”概念的提出。1940 年，美国档案学者菲利普·布鲁克斯最早提出了“文件生命周期”概念。后来，其他国家采用了类似的表述形式。“周期”是一个时间衡度概念，引入“周期”概念来研究现代文件，目的是强调文件运动的一种时间跨度，表明文件具有从最初形成到最终销毁或永久保存的整体运动过程。

(一) 文件生命周期理论的形成与发展

文件生命周期理论的萌芽与文件中心的出现有着特定的联系。文件中心是20世纪40年代出现的一种新型文件管理机构,最早起源于美国。第二次世界大战期间,美国军事机关形成的文件数量急剧增加,迫于机关贮存空间和经费的巨大压力,海军部于1941年率先设置了造价低廉的临时库房,用来集中保存已不常使用却又必须保存一段时间的大量文件。海军部建立文件中心的成功经验逐渐推广到美国联邦政府其他机构,后来又被众多国家效仿。这种现象引起了西方档案界的普遍关注,并引发了对文件中心的理论思考。

1950年,英国伦敦大学教授艾利斯在第一届国际档案大会上提出了文件运动的"三阶段论",认为文件的三个阶段——现行阶段、暂时保存阶段和永久保存阶段正好与文件的保管场所——办公室、文件中心和档案馆是相吻合和相对应的。他的观点得到许多学者的赞同,并被广泛引用。后来,曾任英国公共档案馆馆长的马勃斯在1974年出版的专著《文件中心的组织》中吸收了艾利斯的观点,对文件中心与文件运动阶段的对应关系作了进一步系统论述。这种由文件中心的理论解释而衍生出的文件阶段的划分,就成为文件生命周期理论的研究起点。

20世纪80年代,西方档案界对文件生命周期理论的研究日趋完整和系统。阿根廷档案学者曼努埃尔·巴斯克斯出版的两部专著《文件的选择》(1982年)和《文件生命周期研究》(1987年),是全面系统论述文件生命周期理论的代表作。他深入探讨了文件的价值属性与运动阶段、保管场所和管理方式之间的关系,认为研究文件生命周期理论的意义不仅只是为文件中心提供理论基础,更重要的则是为了发现文件从一个阶段向另一个阶段过渡的内在原因,从而掌握文件运动每个阶段所包括的期限,避免用毫无区别的尺度去概括各种文件的现象。此后,欧美各国档案学者将研究视野拓展、延伸到文件的整个运动过程以及这一过程的全面管理,从而深入挖掘文件运动的客观规律,为各国文件管理实践提供有力的理论指导。

正如文件生命周期理论在国外经历了从萌芽到逐步完善的发展过程,我国对文件运动过程的理论研究也经历了一个逐步深化的过程。尽管我国并未明确提出"文件生命周期"概念,却同样认识到了文件和档案的客观运动过程,并通过研究总结出了相同的发展规律。早在20世纪60年代,时任国家档案局局长的曾三在一篇报告中阐述了"档案自然形成过程论"的基本思想。他认为档案的形成原因是机关工作和生产活动中产生的文书材料和技术文件等在办理完毕后,为了满足日后查考利用需要而归档保存的;档案的形成过程是从文书部门或有关人员立卷归档开始,经过档案室,最后集中到档案馆。20世纪80年代中后期以来,以陈兆祦为代表的档案学者提出的"文件生命周期论",相对更加全面、系统。他的"文件生命周期论"明确了文件从产生到成为档案直至消亡的完整运动过程,以及这一过程的阶段性特征,与国外的文件生命周期理论基本吻合。

(二) 文件生命周期理论的内容

文件生命周期理论的基本内容可概括为三个方面:第一,文件从其形成到销毁或永久保存,是一个完整的运动过程;第二,由于文件价值形态的变化,这一完整过程可划分为若

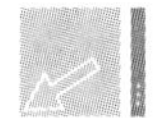

干阶段；第三，文件在每一阶段因其特定的价值形态而与服务对象、保存场所、管理形式之间存在一种内在的对应关系。然而，这三个方面的内容又各自包含着丰富的含义，具体可以从以下几个层面展开。

1. 文件从其形成到销毁或永久保存，是一个完整的运动过程

(1) 这里的"文件"是一个广义概念。文件生命周期理论认为"文件"是一个广义概念，它泛指人类社会实践活动中直接产生和使用的一切信息记录，无论其载体形式和记录方式如何。与狭义文件观相反，文件生命周期理论把文件视为一个集合概念，强调现行文件和历史档案都只是广义文件运动过程中某一特定阶段的代称，都是广义文件的组成部分。

(2) 文件运动现象如同生命现象一样，从最初到最终归宿是一个完整的运动过程。文件生命周期理论从运动的角度出发，指出文件的生命过程往往是文件最初由形成者产生、保管和频繁利用；当文件对形成者的偶尔作用或潜在历史价值完全丧失时，除将具有档案价值的文件移交到档案馆永久保存外，其他一概销毁的完整运动过程。而且这一发展过程是连续统一的，所谓现行文件和历史档案只是同一事物的不同运动阶段。

2. 由于文件价值形态的变化，这一完整过程可划分为若干阶段

(1) 文件的整体运动过程具有阶段性特征。文件生命周期理论认为，文件从形成到永久保存或销毁的整体运动过程并非一成不变，而是呈现出明显的阶段性变化。基于国情和文档管理体制的差异，中外对文件运动过程的阶段划分略有区别：有的从文件运动形态的角度分为现行、半现行和非现行三个阶段；有的从文件保存场所的角度分为在承办单位存留、在中间档案馆存留和在总档案馆永久保存三个阶段；有的从文件运转流程的角度分为文件的产生办理、现行利用、过渡保存和历史保管四个阶段；有的从文件管理程序的角度分为文件的形成、使用与维护、鉴定和选择、档案管理四个阶段。

(2) 文件运动过程的各阶段具有不同特点。如果将文件的运动过程统一划分为现行、半现行和非现行三个阶段，则各阶段特点各异。现行阶段的特点是文件对单位的现行作用最为突出，单位需要频繁利用文件，一般将文件保存在单位内部，服务对象以本单位为主。半现行阶段的特点是文件的现行作用开始衰退，利用率也逐渐降低，但服务对象仍以单位为主，此时需有一个场所来检验文件是否具有长远历史价值，过早销毁或过早向档案馆移交都不太适宜。非现行阶段的特点是文件对单位的作用基本丧失，其中大多数文件因没有历史价值而被销毁，少数具有长远价值的则需要永久保存，此时服务对象由单位扩展到社会各界，保存场所也转移至档案馆。

(3) 引起文件阶段性变化的根本原因是文件价值形态的规律性变化。一般来说，文件的价值就是客体(文件)对主体(利用者，包括形成者和非形成者)需要的满足。美国档案学者谢伦伯格阐述的"双重价值"最经典。他认为文件有两种价值：一是具有对形成单位的原始价值；二是具有对其他单位和个人利用者的从属价值，也统称档案价值。这两种价值形态主要是从利用者角度区分的，貌似简单，实质却相当深刻，我国多对应称之为第一价值和第二价值。这两种价值形态在文件运动过程中的变化具有规律性，文件从产生起首先具有第一价值，然后才有第二价值；并且第一价值逐步减弱，第二价值逐步显现。

现行、半现行和非现行三个阶段的文件价值变化过程就是第一价值最为旺盛—第一价值逐渐衰退—第一价值丧失—第二价值显现的过程。文件作为形成单位实践活动中产生的各种原始记录，首先对单位的行政管理工作具有全方位的现行效用，是单位工作的工具、凭据。后来，随着文件所针对的业务活动办理的结束，文件的现行效用逐渐消失并进入半现行阶段。但此时，文件对单位的参考作用依然存在。直到最后，绝大部分半现行文件因为第一价值退化而彻底丧失现行作用，只有一小部分文件逐渐显现出长远的历史价值，成为非现行文件。文件的价值形态变化贯穿于文件的整个运动过程，它是决定各阶段文件不同特点的最根本因素，从而决定了文件的阶段划分。

3. 文件在每一阶段因其特定的价值形态而与服务对象、保存场所、管理形式之间存在一种内在的对应关系

（1）文件在每一个阶段的特定价值形态对应于不同的服务对象、保存场所和管理方式。第一价值决定了文件必然以形成单位为首要服务对象，当第一价值旺盛时，为了满足单位频繁的利用需求，文件适宜保存在单位内部。但随着第一价值逐渐衰减，单位的利用需要逐渐淡化，此时，单位自行保管半现行文件的负担逐渐加重，而半现行文件残留的第一价值又使单位希望能有既能满足自身利用需求、又能检验文件是否具有第二价值的保管机构，国外的文件中心和我国的档案室都是这种过渡性机构。最后，第一价值丧失并且不存在第二价值的文件就被销毁，而显现出第二价值的文件则将被作为档案保存在档案馆，突破单位的狭小范围，转而为社会各界服务，在更大范围内发挥作用。

（2）各阶段文件服务对象、保管场所和管理方式等方面的变化是文件运动不同阶段的外在表现，只有价值形态的变化才是其内在决定因素。因为现行文件由单位保存而档案由档案馆保存、现行文件为单位服务而档案为社会服务、现行文件由业务或文书人员管理而档案由档案人员管理等现象，都不足以揭示现行文件与档案的根本区别，它们的根本区别在于，现行文件是记述和传达现行信息的工具，而档案是一种历史记录。这种区别就是由价值形态的变化决定的。因此，文件生命周期理论通过揭示各阶段文件价值形态与服务对象、保存场所、管理形式的对应关系，找到了文件的连续运动过程发生阶段性变化的根本原因，从而为文件的阶段划分提供了科学依据。

（三）文件生命周期在企业文件管理中的应用

依据文件生命周期理论，企业文件管理可以大致划分为形成积累、传递执行、保存备用三个阶段。

1. 形成积累阶段

这是指伴随企业生产、经营等活动的开始，文件被制作完成并暂时保存的阶段。由于企业的生产、经营活动具有不同的性质和任务，因此，作为企业活动真实记录的文件也必然反映出不同的形成特点和标志。有关生产、经营活动的管理性文件一般按部门职能、依时间顺序而产生，其形成积累的标志是签署手续完备，文件内容开始生效。有关生产、经营活动的技术性文件以产品或项目为对象，所形成的文件是一组成套的整体性材料。

2. 传递执行阶段

这是指文件内容的实施阶段。对于需要执行的管理性文件而言，传递执行阶段是指

文件签署生效到管理实施完成的过程。对于需要执行的技术性文件而言，传递执行阶段主要体现在产品生产或项目实施过程中，如产品的鉴定投产、工程项目的实施、课题成果的应用、设备的安装调试等过程中，文件所发挥的技术指导作用。

3. 保存备用阶段

现行文件完成现实执行效用后，有留存价值的文件进入发挥其凭证和参考作用的保存备用阶段。一般而言，管理性文件是在文件办理完毕后次年的上半年转入该阶段；技术性文件是在其内容完成对产品生产或项目实施的指导后进入该阶段，具体表现为产品批量生产、工程项目竣工验收、课题成果推广应用、设备正常运行等。

上述划分是根据企业文件的作用性质和形成过程的不同特点所作的一般划分。在实际工作中，尽管并不是所有企业文件的管理都必须经过上述三个阶段，或者阶段之间的界限模糊，但文件生命周期在企业文件管理中的应用仍具有十分重要的现实指导意义。

（四）文件生命周期理论对企业文件管理的指导意义

文件生命周期理论对企业文件管理的重要指导意义在于以下几个方面。

（1）文件生命周期理论准确地揭示了企业文件运动的整体性和内在联系，为企业文件的全过程管理奠定了理论基础。

文件生命周期理论表明，企业文件从最初产生到最终销毁或移交档案馆永久保存是一个连续发展的完整运动过程，尽管这一整体过程会因文件价值形态的变化而表现出明显的阶段性特征，但各阶段之间存在紧密的联系。这种联系表现在三个方面：一是各阶段文件的内容完全相同，从现行文件过渡到档案，记录的内容没有变化；二是各阶段文件的物质形态完全相同，从现行文件过渡到档案，物质载体和记录手段也没有变化；三是各阶段文件的基本属性相同，从现行文件过渡到档案，始终是一种原始性的信息记录。以上三点共同性表明，各阶段文件虽具有各自不同的价值形态，对社会的具体作用也各不相同，但都只是同一事物的不同发展阶段而已。

文件生命周期理论正是通过准确揭示企业文件的整体运动过程及其内在联系，启示人们必须尊重这种整体性与内在联系，对企业文件的完整运动过程实施全面和系统的管理，以使各阶段的文件都得到恰当有效的控制。

（2）文件生命周期理论准确地揭示了企业文件运动的阶段变化，为文件的阶段式管理奠定了理论基础。

文件生命周期理论在强调文件运动整体联系的同时，也准确揭示了文件整体运动过程的阶段性变化，指明各阶段的文件由于价值形态的变化而使服务对象、保管场所和管理方式等方面表现出明显的差异。它要求人们必须尊重各阶段文件的区别，针对价值形态的变化，对文件整体运动过程实施阶段式管理，从而为各阶段文件找到最适宜的保管场所和管理方法。

在文件经历的现行、半现行和非现行三个阶段中，现行文件由企业职能部门保存，由制作或承办人员负责管理；非现行文件中有保存价值的部分移交到档案馆永久保存，由档案人员妥善保管，已经成为中外的共同做法。对半现行文件的管理，中外略有区别：我国大多是设立企业档案室作为保管机构，由企业档案人员负责管理；国外大多数企业效仿美国建立了文件中心或类似机构。企业档案室与文件中心的性质和功能基本一致,区别在于前者往往是企业内部机构,而后者往往独立于企业之外。从文件运动规律看,半现行文件尽管因第一价值逐渐衰退,部门对其需求逐步减少,但因其第二价值尚未得到检验,又不宜过早销毁或移交档案馆。此时需要一种具备两种基本功能的过渡性保管机构,一方面继续发挥半现行文件的第一价值,为企业职能部门服务;另一方面又检验文件是否具有第二价值,为移交档案馆做好准备。

文件生命周期理论正是通过揭示企业文件运动阶段性的客观存在,启示人们针对文件的不同特点进行分阶段管理是一种必然结果。在同一阶段文件的管理上,尽管中外企业文件保管机构的名称、设置形式、隶属关系有所差别,但其性质和基本职能基本不变。

(3)文件生命周期理论准确地揭示了企业文件运动过程的前后衔接和各阶段的相互影响,为实现从现行文件到档案的一体化管理,为档案部门或人员对企业文件进行前端控制提供了理论依据。

文件生命周期理论表明,从现行文件到档案是一个连续统一、前后衔接的运动过程。它要求必须把从现行文件到档案的管理看成是一个系统工程,采取统一的工作制度、程序和方法来控制各有特点却始终相互关联和前后衔接的整体过程。不能将现行文件管理与档案管理视为各自独立、互不关联的两个系统,而应使这两个管理系统,从组织制度、管理方式到工作程序都实现真正的交融和统一。并且,仅仅着眼于现行和半现行阶段的一体化管理还不够全面,只有对文件从企业职能部门到档案室(或文件中心)直至档案馆的运转流程实现全面控制和统一管理,才是真正具备了一体化管理的科学含义。

文件生命周期理论还表明,现行文件的管理质量直接决定着档案管理的成败。它要求档案部门或人员必须积极进行文件的前端控制,避免重复劳动。进而言之,档案部门或人员对文件实行前端控制,本身就是现行文件和档案一体化管理的实现途径和重要体现,可以消除因现行文件管理不善而导致档案部门得不到完整档案的弊端,也可以避免因现行文件管理质量低劣而导致档案人员重新整理的不必要浪费。特别是随着电子文件的大量涌现,强调档案部门或人员实行文件的前端控制就有着特别重要的意义。

文件生命周期理论正是通过揭示企业文件运动过程的前后衔接和相互影响,启示人们重视对文件从产生直至最终进(档案)馆的全方位管理,促使档案部门或人员大胆地发挥对现行文件管理的正面影响,确保档案管理的延续性和科学性。

(4)文件生命周期理论的全过程管理和前端控制方法,同样适用于电子文件管理,是文件生命周期理论对企业电子文件管理指导价值的集中反映。(相关内容见第十一章“企业电子文件及其管理”)

当前,随着计算机技术的推广应用,企业内电子文件大量产生。尽管电子文件与纸质文件相比有很多不同特点,但同样也有着自身的生命周期。通常,电子文件的生命周期被划分为设计、形成和维护三个基本阶段,这种划分的着眼点不再是文件价值形态的变化,而是电子文件从孕育、生成到存在的整体过程。因此,电子文件的全过程管理显得尤为重要。

通常认为,档案部门及其人员对电子文件生命周期的适当干预时机是在电子文件管理系统的设计阶段,主张在电子文件生成之前就采取行动,设计出功能合理的文件管理系统作为管理电子文件的前提。之所以需要在系统设计阶段前端控制,主要基于以下三个

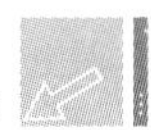

方面的考虑。第一,确保电子文件真实可靠的需要。电子文件管理系统必须设定采集文件形成过程和背景信息的功能,才能支持文件的证据性和真实性。第二,确保电子文件完整归档的需要。电子文件的流动性使它很容易被形成者删除,只有在系统设计阶段就事先确定归档范围、采集时间和方式,才能保证归档电子文件的完整性。第三,确保电子文件安全利用的需要。系统设计阶段只有对利用权限事先采取一定的控制措施,才能确保电子文件的信息安全。

二、来源原则——尊重全宗理论

来源原则是当前世界各国公认的档案整理理论原则。它的名称源自“来源”在档案术语中的特定含义。国际档案理事会最新修订的《档案术语词典》将“来源”规定为向文件中心或档案馆移交文件之前,在事务活动过程中形成、保管和(或)利用文件的组织或个人。来源就是通常所说的档案形成者,包括单位、组织和个人。来源原则是按照档案的来源进行整理和分类,要求保持同一来源的档案不可分散,不同来源的档案不得混淆的整理原则。

(一)来源原则的形成与发展

来源原则从产生到完善经历了长期的发展过程。继法国之后,德国、荷兰、美国、英国、苏联等绝大多数国家都普遍接受了这一原则。各国在接受来源原则的过程中大多根据本国国情对它进行了灵活的阐释、运用和发展,并将其塑造为自认为合理可行的模式,以便更好地适应并指导本国的档案管理实践。

1. 起源——法国的尊重全宗原则

1841 年,法国内政部以 14 号通令的形式发布了《关于各部和地区档案整理与分类的指示》,首次提出了一种新的档案整理原则——“尊重全宗原则”。这一原则的要点包括四个方面:第一,来源于一个特定机构(包括行政机关、公司、家庭、个人等)的所有档案组成一个全宗;第二,全宗内的文件按主题类别整理;第三,主题类下的文件按照年代、地区或字母顺序排列;第四,同一全宗的文件不得与其他全宗的文件混淆在一起。这是法国第一次根据档案的来源提出了“全宗”概念和“尊重全宗”思想,改变了过去将同一形成者的档案按照主题拆散归类的做法,指明整理档案首先必须保持其来源联系。

“尊重全宗原则”的提出具有里程碑式的意义。它与事由原则相对立,主张档案馆整理馆藏档案首先区分来源以保持同一来源档案的整体联系,反对用事由标准割裂来源联系。它所强调的“尊重全宗”第一次闪现了尊重档案本质属性的理性光芒。因为档案作为社会组织和个人实践活动历史原貌的记录,其形成过程充满着有机联系,档案与形成者之间的来源联系是其中最独特、最本质的一种。档案整理只有保持来源联系,才能真正体现档案有别于图书和其他文献的独有属性。

“尊重全宗原则”之所以成为来源原则的起源,不仅是因为它将档案的来源作为组建全宗的标准,“尊重全宗”的实质就是尊重来源;更重要的是它开始具备来源原则的核心思想——同一来源的档案不可分散,不同来源的档案不得混淆。

案例分析

从事由分类到来源分类

18 世纪末,法国大革命促使的档案改革使法国首次在世界上建立了真正意义上的综合性国家档案馆,开始集中保管大量不同来源的档案,其中有宪典宝库的档案、巴黎议会的档案、巴黎地区修道院的档案、波旁王朝政府各部的档案、流亡王子的档案,以及由于法国革命而产生的新议会和政府各部所形成的文件等。此时,如果继续采用过去的事由原则,则所有档案免不了被打乱和分散的命运,从而导致档案实体保管体系陷入难以补救的混乱之中。因而,在法国国家档案馆应用了 50 余年的建立在事由原则基础之上的卡缪-多努分类法之后,实践最终证明,在馆藏来源多样化的综合性国家档案馆中运用事由原则整理档案实体的严重弊端,从而促使法国档案界转而努力寻求一种更为科学的整理方法与原则。这一努力的结果最终体现在 1841 年 4 月 24 日法国内政部颁布的 14 号通令《关于各部和各地区档案整理与分类的指示》之中。

2. 形成——德国的登记室原则

在继承法国"尊重全宗原则"的基础上,德国提出了"登记室原则",它标志着来源原则的正式形成。

德国受法国的启发,在 1881 年颁布的《国家机密档案馆档案整理条例》中明确地提出了与"尊重全宗原则"核心思想一致的"登记室原则"。这一原则的主要内容包括两层含义:一是国家机密档案馆整理馆藏首先按照来源分类,保持档案与形成单位的来源联系;二是档案馆还要保留档案在形成单位业务过程中的原始顺序和整理标记。

登记室原则的重要意义在于,它不仅是对"尊重全宗原则"的简单继承,更多的是一种发展和创新。尽管它与"尊重全宗原则"一样,都具备了来源原则的核心思想,但它更多地融入了历史主义和发展思想,更明确地要求档案整理原原本本地体现档案形成的历史过程和有机联系。它是来源原则思想的完全体现,是来源原则正式形成的标志。

3. 理论论证——荷兰手册的贡献

虽然来源原则最早在法、德两国起源和形成,但最早对这一原则进行理论论证的是荷兰档案学者。他们不仅阐述了来源原则的理论基础,而且使这一原则真正走上了国际化传播的道路。

1898 年,荷兰三位档案学者萨穆·缪勒、约翰·斐斯和罗伯特·福罗英出版了专著《档案的整理与编目手册》。三位学者通过科学阐述全宗的定义、性质,以及全宗内档案整理系统的特点,完成了对来源原则的严密论证。首先,他们指出,档案全宗是指一个行政单位或它的一个行政人员正式受理或产生的,并由该单位或该人员保管的书写文件、图片和印刷品的整体，而这也是论证全宗整体性的基础。其次，他们论证了全宗的有机整体性，指出一个全宗是一个活的有机体，按照已定规则形成、成长和变化，因此，一个完整全宗应独立保存、同一全宗档案不可分散。再次，他们进一步论证了全宗内的档案整理系统必须以全宗原来的编制为基础，这种编制主要指的是全宗形成单位内部组织机构的编制。因为单位的文书人员往往根据档案的承办部门或形成过程来进行整理，他们为档案建立的原始整理顺序往往更能反映单位职能和业务特点。

荷兰手册的重要贡献之一是奠定了来源原则的理论基础。一方面，它提出“全宗是一个有机整体”的核心观点，是对“尊重全宗原则”和“登记室原则”的有力继承，贯穿了来源原则“尊重来源、尊重全宗完整性”的核心思想。另一方面，它提出“全宗内的档案整理系统必须以形成单位内部组织机构的编制为基础”的又一核心观点，与“登记室原则”一脉相承，是对档案形成过程历史原貌和有机联系的有力坚持。因此，它使来源原则的两个理论内核——尊重全宗和尊重原有次序基本成熟，最终瓦解了事由原则的统治地位。

荷兰手册的重要贡献之二是推动了来源原则的广泛传播。《档案的整理与编目手册》出版后陆续译成德文、意大利文、法文、保加利亚文、俄文、英文、中文、葡萄牙文等多种文字，在全世界产生了很大影响，使来源原则逐渐传播到世界各国，后来得到国际档案界的公认，成为档案专业的最基本原则。因此，正是“荷兰手册”推动了来源原则开始走上国际传播的道路。

4. 灵活运用——英国和美国的“组合”思想

来源原则与全宗概念密不可分。“全宗”是法国首创的一个概念，法文表述为“fond”。它的基本含义是指一个特定机构、组织或个人形成的全部档案。归结起来，来源原则的核心思想实质上就是确立全宗并保持全宗的完整性。由同一来源档案组成的全宗不仅是档案馆馆藏档案整理和分类的基本单元，也是馆藏档案的基本保管单位。然而，“fond”一词在英文中并没有对应词汇，英国和美国成功地解决了这一问题，它们提出的“组合”思想不仅是对来源原则的继承，而且是一种灵活运用。

英国接受来源原则，集中反映在英国著名档案学者詹金逊 1922 年出版的代表作《档案管理手册》中。詹金逊在专著中接受了“荷兰手册”的全宗思想，强调必须保持全宗的完整性，强调档案整理必须反映形成单位的原始组织机构和文件保管体系。但他没有机械照搬荷兰“全宗”的概念，而是根据本国语言习惯和专业实际，首创了一个“archive group”（档案组合）概念来对应法语“fond”一词。他的“组合”思想集中表现为对档案组合含义和特征的系统论述。一方面，詹金逊指出档案组合是指一个自身结构完备的行政机构在活动中形成的文件整体。这一概念不仅强调来源的同一性，还突出了形成单位的独立性。另一方面，詹金逊特别强调档案组合具有完整性，指出这一有机整体不能割裂。与全宗相比，档案组合具有比较明显的实践操作性，有助于判定全宗的形成单位。

美国于 1934 年成立国家档案馆后，又在英国影响下提出了具有本国特色的“组合”思想来灵活运用来源原则。1941 年，美国国家档案馆正式启用了“record group”（文件组合）概念作为馆藏档案整理和分类的基本单元。这一概念显然也是法义“fond”的对应词，它的含义是以文件来源为基础，结合考虑单位行政管理史、文件复杂性和文件数量等因素而组建起来的具有组织和职能相关性的文件整体。文件组合的组建首先考虑来源因素，继承了来源原则的基本精神。但它对其他因素的结合考虑,则是适应美国档案管理现实需要对来源原则的一种调整和灵活运用。此外,在美国,政府单位内部组织机构和职能频繁变动,文件数量庞大而且内容繁杂,这些特点使得文件组合仅仅考虑来源尚显不够,还必须考虑单位和文件的自身特点等因素,因而,美国文件组合既可以是一个独立单位的档案整体,也可以是若干单位的档案汇集。

英美“组合”思想均以来源原则为基础,它们都强调档案组合和文件组合必须保持来源的同一性。但它们也有区别:英国更多地要求单位的独立性和职能的稳定性,相对比较机械;而美国则更多地考虑单位复杂、职能变动、文件庞杂的特点,相对更加灵活。

5. 丰富和发展——苏联和我国的全宗理论

苏联对来源原则的丰富和发展主要表现为构建了一套较为完整的全宗理论。苏联没有机械照搬欧洲国家的来源概念,保留了来源原则的实质,对来源原则的丰富和发展可以概括为三个方面。第一,根据时代发展及时丰富和发展全宗定义。苏联早期规定全宗是指单位或个人活动过程中有机形成的档案总和;到 20 世纪 80 年代又将全宗视为泛指概念,定义为彼此具有历史联系和(或)逻辑联系的交由国家保管的文件综合体。第二,创造性地提出了文件全宗概念。传统的全宗概念都是针对档案馆馆藏提出的,苏联首创文件全宗作为档案全宗的源头,充分体现了对文件运动过程和规律的尊重。第三,构建了一个由国家档案全宗统辖的全宗概念体系,并以此为基础提出了一套完整的全宗理论。苏联构建的全宗体系分为国家档案全宗、全宗属概念、全宗种概念三个互相统辖的层次,其中全宗概念又包括单位全宗、个人全宗、联合全宗、档案汇集、科技文件综合体等若干类型。苏联通过建立层次分明的全宗概念体系并明确规定每一种概念的定义,清晰地展示了全宗理论的层次性和整体联系,加强了来源原则的实践操作色彩。

我国的全宗理论是在借鉴苏联模式的基础上逐步形成的,同样是对来源原则的丰富和发展。我国的全宗理论主要包括四个方面的内容。第一,明确提出了全宗的定义和基本含义。我国认为全宗是指一个独立的单位、组织或人物在社会活动中形成的档案有机整体,它的基本含义有三点:全宗是一个有机整体;全宗是在一定的历史活动中形成的;全宗是以一定的社会单位为基础而构成的。第二,明确提出了全宗(实质为形成全宗的“立档单位”)的构成条件。我国规定了立档单位的三个条件:独立行使职权,能以自己的名义单独对外行文;设有会计单位或经济核算单位,自己可以编造预算或财务计划;设有管理人事的机构或人员,并有一定的人事任免权。第三,明确提出了划分全宗类型的主要标准。我国主要从两个角度划分全宗类型:一是按照全宗形成者区分为单位组织全宗和人物全宗;二是按照全宗的范围和构成方式区分为独立全宗、联合全宗、全宗汇集、档案汇集,其中,独立全宗是典型形式,联合全宗、全宗汇集和档案汇集是全宗的补充形式。第四,明确提出了“全宗群”概念。来源原则的核心是维护全宗的完整性,我国全宗理论更进一步,通过提出全宗群原则来维护全宗之间的有机联系。全宗群具有维护相同类型全宗的不可分散性、保持文件在更大范围内的历史联系的作用,尽管它不是馆藏整理和分类的实体单位,却是指导馆藏组织的一种科学原则。

(二)来源原则的内容

来源原则的基本内容可以归纳为三个基本点,即尊重来源、尊重全宗的完整性、尊重

全宗内的原始整理体系。

1. 尊重来源

尊重来源是来源原则的第一层内容，是指按照来源标准整理档案，保持档案与其形成者之间的来源联系。

档案作为特定单位、组织或个人在社会实践活动中直接形成的产物，在产生和处理过程中会形成多方面的历史联系，诸如来源联系、时间联系、内容联系和形式联系等。其中档案与形成者之间的来源联系是首要联系，也是最根本的联系，因为只有在明确档案形成者的前提下，揭示档案的内容、时间和形式联系才有意义，才能全面深刻地反映形成者的活动原貌。如果割裂来源联系，其他联系的科学性就无法保证。来源原则之所以取代事由原则，最根本的原因就是它认识并承认了来源联系的首要地位，因此，要求首先对档案按照来源而不是内容区分全宗。实践证明，来源众多的档案只有首先划清来源界限，才能将档案与其特定形成者及其活动对应起来，确保档案作为原始记录这一本质属性。

2. 尊重全宗的完整性

"尊重全宗的完整性"是来源原则的第二层内容，含义是指一个全宗是一个有机整体，整理档案必须维护全宗的完整性，做到同一全宗的档案不可分散，不同全宗的档案不得混淆。

来源原则以尊重来源为基础，又进一步提出了尊重来源的现实途径——全宗。来源原则指出，同一来源的档案组成一个全宗，全宗是特定机构或个人活动中形成的档案整体，这一整体具有内在的有机联系。整理档案必须尊重全宗的独立性和维护全宗的完整性。这就要求每一个全宗都应独立保存，同一全宗的档案不能分散和割裂，不同全宗的档案也不能混杂在一起。如果做不到这一点，档案与其特定形成者之间的来源联系势必遭到破坏，不仅档案形成的本来面目无法恢复和保持，档案所记录的历史事实的真实面貌也难以维护。

3. 尊重全宗内的原始整理体系

"尊重全宗内的原始整理体系"是来源原则的第三层内容，其含义是指全宗内的档案整理必须充分利用原有的整理基础，尊重全宗在形成单位获得的原始整理顺序和方法，不宜轻易打乱重整。一般来说，全宗在形成单位都是经过一定整理的，形成了较为固定的原始整理顺序和标记。这种原始整理体系也是全宗有机整体性的一个重要表现，尊重这一体系同样也是尊重全宗完整性的重要体现。实践证明，档案形成单位的文书和档案工作人员对档案的形成过程和特点最为了解，他们构建的原始整理体系才能最大限度地揭示档案形成的历史联系和历史原貌。档案整理应充分利用原有基础，不仅可以避免重复劳动，而且有利于保留档案形成和整理的本来面目，更好地实现档案作为社会实践活动原始记录的功能。

（三）来源原则在企业档案工作中的理论意义和实践价值

自 20 世纪初来源原则就被国际档案界公认为档案专业的基本原则，它的生命力在世界各国普遍接受和丰富发展过程中得到了充分验证。中外档案工作者对来源原则一致给予了高度评价，认为它不仅具有重要的理论指导意义，而且具有深刻的实践应用价值。来源原则在企业档案工作中的理论意义和实践价值主要可以概括为四个方面。

(1) 来源原则从历史主义出发,充分体现了档案形成的历史联系,为档案实体整理和分类提供了合理的客观依据。

来源原则将历史主义运用于档案实体管理,并从档案形成过程和特点出发,认清了档案与其形成者之间的来源联系在档案诸多历史联系中的首要地位,从而以这种根本联系作为档案整理和分类的依据。来源原则在实施具体整理时,将源自同一形成者的档案组成一个全宗,并以全宗作为档案实体整理和分类的基本单元,指出一个全宗就是一个客观的类。这不仅为档案实体分类确立了真实可靠的立足点,避免了逻辑主义分类方法存在的局限,而且为人们提供了清晰的指导思路和基本的保管单位——全宗,使原本异常复杂的档案实体分类变得简单易行。

(2) 来源原则有力地维护了档案的本质属性,成为档案整理工作中的首要原则。

来源原则的核心思想是强调同一全宗的档案不能分散,不同全宗的档案不能混淆。这一思想既是档案本质属性的必然要求,也是其管理的必然结果。档案作为特定单位、组织和个人社会实践活动的历史记录,其本质属性就是原始记录性;并且原始性与记录性是有机统一、不能割裂的。档案是形成者在其社会实践活动中直接产生的,不是事后编写或另外加工处理而成的,因此具有明显的原始性;另一方面档案又是形成者社会实践活动的记录材料,因此又具有很强的记录性。只有将原始性与记录性有机地统一,才能将档案与文物、图书、资料等相近事物真正区别开来,才能找到档案固有的特征和性质。

来源原则规定同一全宗的档案不得分散,其实质是保证了档案与其形成者之间对应关系的唯一确定性。档案作为特定形成者活动的直接产物,只有将同一形成者的档案集中保存,才能全面、真实地反映该形成者活动的历史原貌,否则就会破坏档案形成过程和特点的客观真实性。既然档案是一种原始的历史记录,那么按照档案形成的本来面目去管理档案,才是对历史的忠实反映和有力维护。来源原则遵循了档案本质属性的要求,从根本上找到了使档案管理不同于图书和资料管理的独特方法,因此得以成为档案专业的最基本原则。

(3) 来源原则既不是纯观念性的抽象信条,也不是纯实践性的操作经验,而是兼具理论性和实践性的管理思想和原则。

来源原则是基于档案实体管理需要产生的,从一开始就表现出明显的实践操作性。首先,全宗是一个内涵与外延都很明确的概念,组建标准确定,因此全宗本身在实践中很容易界定和把握。其次,全宗不容分散和混淆的原则在实践中也较易操作和实施。全宗的确定和全宗思想的贯彻都具有充分的实践基础,这决定了来源原则不是纯观念性的抽象信条。

同样,来源原则也不是纯实践性的操作经验。来源原则的价值不仅是在实践中组建全宗,其核心思想已经超越了全宗概念,它强调的历史主义思想一方面导致了国家档案全宗、全宗群等概念的提出;另一方面又使得各国对全宗内的档案分类大多采用“机构”或“年度”等历史性标准而较少采用“问题”等逻辑标准。因此,来源原则已经成为指导上至国家档案宏观管理、下至全宗内档案微观分类的一种理论原则。不仅如此,来源原则的核心思想还超越了档案整理这一环节,扩展延伸到保管、编目、利用、统计等诸多领域,成为档案管理的指导思想。

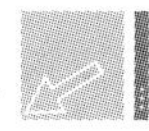

(4) 来源原则对复杂环境下的企业档案管理具有十分重要的现实指导意义。

当前，随着现代企业制度的建立，出现了多种企业组织形式。企业数量加剧、企业规模扩大、机构层级增多、办公地点分散，以及企业兼并、撤销、改制行为所带来的机构变动，使得企业档案形成机构趋于多样化。同时，随着市场经济条件下企业活动范围扩展，生产、经营内容变化加大，企业档案形成种类和数量激增，企业档案载体、内容也日趋复杂化。

来源原则对复杂环境下的企业档案管理具有十分重要的现实指导意义。无论是企业内的职能部门、单个企业的内部档案室，或是大规模企业集团的企业档案馆，在档案管理的过程中，都应当遵循来源原则对档案进行整理，以保持同一来源的档案不可分散、不同来源的档案不得混淆。

技能训练

了解企业文书与档案工作概况

【目的】

通过训练了解企业文书与档案工作概况，加强对企业文书与档案工作的基本认识。

【指导】

(1) 系统学习并熟练掌握本章各主要知识点，做好知识和资料准备。

(2) 选择你所在或熟悉的企业，对企业文书与档案管理基本流程进行了解。

(3) 调研并总结该企业文书与档案管理的主要特点，要求至少在报告中归纳出：该企业文书工作和档案工作具体承担部门的名称是什么？企业文书工作和档案工作的基本规章制度有哪些？企业在文书与档案保密管理方面采取了哪些措施？

本章小结

对于初次接触企业文书与档案管理这门课程的学员而言，本章旨在介绍企业文书工作和企业档案工作的一般常识。学员通过学习，首先要了解企业文书工作和企业档案工作的主要内容及其在企业工作中的地位和作用。更为重要的是要通过本章学习，树立文书与档案工作依法管理意识和保密意识。尤其需要明确的是，依法管理是科学管理的前提和保障；保密意识是每一位文书、档案工作人员必须具有的基本素质。

实践活动

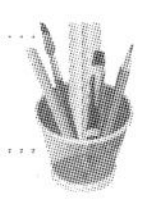

绘制文件生命周期流程图

【目的】

使学员了解文件生命周期理论相关知识，提升学员对文件和档案的理性认识。

【内容】

请根据书中对文件生命周期理论的阐述,绘制一张文件从产生到销毁或永久保存的流程图。

【要求】

文件生命周期流程图中应绘制出以下内容:文件在生命周期中的若干个阶段,每个阶段对应的文件服务对象和保管场所,针对每个阶段采取的文件管理措施主要特点。

本章练习

一、判断题

1. 企业文书与档案工作,泛指制作与处理文书及管理和提供利用档案以解决企业实际问题的工作。 ( )

2. 整理归档属于企业文书工作内容范畴。 ( )

3. 广义的企业档案工作包括企业档案的收集、整理、鉴定、保管、统计、检索、编研、提供利用等。 ( )

4. 企业文书工作与企业档案工作是没有联系的两个阶段工作。 ( )

5. 企业文书工作是企业整体工作的纽带。 ( )

6. 1987 年 9 月,第六届全国人民代表大会常务委员会第二十二次会议通过《中华人民共和国档案法实施办法》。 ( )

7. 1987 年 3 月颁发的《国营企业档案管理暂行规定》,第一次将“企业档案”作为一个完整概念提出。 ( )

8. 2002 年 11 月,国家档案局发布《国家重大建设项目文件归档要求与档案整理规范》。 ( )

9. 企业可根据档案工作的需要,任意扩大保密范围、保密等级、涉密范围。 ( )

10. 为保证对涉密工作的全过程严密监控,要在一切有可能出现失密、泄密的工作环节实施有效的审查、审批程序。 ( )

二、单项选择题

1. 本书中的企业文书特指( )。

A. 企业公务文件　　B. 企业文件

C. 企业公务文件和私人文件　　D. 企业私人文件

2. 1959 年召开技术档案工作大连现场会议,形成( ),是我国科技档案工作史上第一个较为完备的法规性文件。

A.《企业档案室工作暂行通则》　　B.《技术档案室工作通则》

C.《技术档案室工作暂行通则》　　D.《科技档案室工作暂行通则》

3. 2009 年 11 月 2 日,国家档案局发布( ),确立了企业档案工作原则、组织和制度要求。

A.《企业档案管理规范》　　B.《企业档案工作规范》

C.《企业文件管理规范》　　D.《企业文件工作规范》

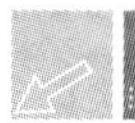

4. 依据文件生命周期理论，企业文件管理可以大致划分为形成积累、传递执行、(　　)三个阶段。

A. 保存备用　　B. 归档　　C. 销毁　　D. 暂存备用

5. 来源原则要求按照文件的(　　)进行档案整理和分类。

A. 内容　　B. 形成时间　　C. 文种　　D. 来源

三、多项选择题

1. 企业文书工作的主要内容包括文件的(　　)等方面。

A. 制作　　B. 处理　　C. 保管　　D. 整理　　E. 销毁

2. 企业档案工作的作用包括：(　　)。

A. 存贮作用　　B. 描述作用　　C. 分析作用　　D. 预测作用

E. 评价作用　　F. 监控作用　　G. 服务作用

3. 根据档案法律规范性文件的法律效力和适用范围，国家档案法规体系分为(　　)四个层次。

A. 档案法律　　B. 档案行政法规　　C. 地方档案法规

D. 档案条例　　E. 档案行政规章

4. 根据文件生命周期理论，文件的运动过程可划分为(　　)三个阶段。

A. 现行　　B. 半现行　　C. 非现行　　D. 流通　　E. 半流通

5. 来源原则的基本内容可以归纳为三个基本点，即(　　)。

A. 尊重来源　　B. 尊重作者　　C. 尊重全宗的完整性

D. 尊重全宗内文件的系统性　　E. 尊重全宗内的原始整理体系

四、简答题

1. 简述企业文书与档案工作的主要内容。

2. 简述企业文书与档案工作依法管理的含义和意义。

3. 简述企业文书与档案工作的保密管理重点。

4. 简述文件生命周期理论对企业文件管理的指导意义。

5. 简述来源原则的内容及其在企业档案工作中的理论意义和实践价值。

五、案例分析题

企业的安全威胁

西方媒体对484家公司调查发现：超过85%的安全威胁来自企业内部，16%来自内部未授权的存取，14%来自专利信息被窃取，12%来自内部人员的财务欺骗，11%来自资料或网络的破坏。据调查，企业机密泄密30%～40%是由电子文件泄露而造成的。对中国500家大型企业所做的调查显示，国内企业对电子文件几乎没有任何保护措施(有保护的不到3%)。一些机密性的材料、电子文件可轻易通过电子邮件、腾讯QQ和移动硬盘泄密到企业外部。防火墙、杀毒软件、入侵检测、物理隔离等这些常见的内网安全措施已不再是保护机密信息的法宝。

根据以上案例完成下列题目。

1. 保密管理的目标,是严格保守秘密,维护涉密信息的(　　),防范来自内部的失密、泄密等行为,防范来自外部的窃密活动。

A. 完整　　B. 安全　　C. 完整与安全

2. 保密工作要坚持(　　)的原则。

A. 事前控制,重在防范　　B. 事前控制,重在监督

C. 事前监督,事后防范　　D. 事前监督,重在防范

3. 追查失密、泄密事件的目的,主要在于(　　),同时尽最大可能弥补损失。

A. 杀一儆百　　B. 堵塞漏洞、避免重蹈覆辙　　C. 亡羊补牢

4. 保密工作中,保密工作管理机构、(　　)、保密工作人员配置与保密技术措施同样重要。

A. 保密制度体系　　B. 保密奖惩手段

C. 保密专门场所　　D. 保密设备

第二章　企业文书工作与企业档案工作

学习目标

本章重点掌握文件定义的类型及其具体含义；文件定义的构成要素；企业文件的分类和内容；企业文书工作的内容、组织、责任和基本要求；档案的定义及其构成条件、档案的属性和价值、档案的种类，以及企业档案的定义及其特点；企业档案工作的主要内容及其相互关系，档案工作的基本原则以及企业档案工作的总则，档案工作组织体系及企业档案工作的组织。

案例引导

“建一流场馆”与“建一流档案”

2007 年，上海世博会两大永久保留建筑“世博中心”及“主题馆”先后开工。随着大量相关文件的产生，上海世博集团有限公司在第一时间提出既要“建一流场馆”又要“建一流档案”的工作目标。此目标提出后，一系列配套措施相继出台：统一思想，将项目档案工作与项目建设同部署；建立健全《世博场馆建设项目档案管理办法》；建立完整的组织构架及管理网络，将档案工作渗透到项目的每个环节。为了保障这些措施的顺利贯彻落实，世博集团还专门划拨经费，并设立档案专用库房。2010 年 1 月 28 日、4 月 16 日，两大场馆的项目档案先后通过上海市档案局、上海市城建档案馆的联合验收。世博集团顺利实现了“建一流场馆”、“建一流档案”的工作目标。

（案例来源：《中国档案报》2010 年 6 月 24 日）

企业文件和企业档案具有一般文件和档案的共性，同时因它产生于企业实际工作中，又具特殊性。对企业文件和企业档案实施科学有效管理，要在掌握一般文件和档案概念属性的基础上，分析企业文件和企业档案的内容、特点，有针对性地开展企业文书工作和企业档案工作；要明确企业文书工作的责任和要求，明确档案工作的管理原则，加强企业文书和档案工作的组织体系建设，才能真正保证企业同时达到“建一流企业”和“建一流档案”的工作目标。

第一节 企业文件

一、文件的定义

(一)文件定义的类型

文件是文书工作的主要对象,各个国家、各种机构在进行文件管理活动、制定档案和文件管理法规、研究文件管理理论时,都首先要为文件规定一个明确的定义。文件定义回答文件是什么,文件由谁、因何而产生等问题。但是,不同国家、不同机构在定义文件时,会从各自角度和各种需要出发。若从界定文件形成者范围来归纳各种文件定义,可以将它划分为三种类型。

1. 专指型

这种类型的文件定义专指公共文件,把文件形成者仅界定为政府部门或公共机构。它多见于各国的文件或档案法规中。例如《澳大利亚联邦维多利亚州公共档案法》(1878)规定:公共文件是指任何官员在履行其职责时形成或接收的文件;或者由法院或在维多利亚从事司法工作的个人形成或收到的任何文件,但不包括个人或团体(除王国政府或公共机关外)的具有可享利益的文件。

2. 扩展型

这种类型的文件定义如果扩展到公私机构的文件,则把文件形成者界定为任何公私机构。与专指型定义相比,它扩展了所界定文件的形成者的范围,由单一的公共机构扩大为一切公私机构。美国档案学者谢伦伯格的文件定义就是这种定义类型的代表。他在其代表作《现代档案——原则与技术》一书中提出:任何公私机构,在履行其法定职责的过程中,或者在与其本职业务过程有关的情况下制作的或收到的,并且作为其职能、政策、决定、程序、行动或者其他活动之证据,或者由于其所含的内容具有情报价值,而被该机构或该机构之合法继承者保存或者指定加以保存的一切簿册、证件、地图、照片和其他记录材料,而不论其物质形态和特性如何。

3. 泛指型

泛指型文件是指所有公私机构和个人活动中形成的文件,即指一切公私文件。国际档案理事会主编的《档案术语词典》采用了这种文件定义类型:文件,是由一个团体、机构、组织或个人在履行其法律义务时或在各种具体事务活动中形成或收到和保管的记录信息,不管其形式和载体如何。中华人民共和国档案行业标准《档案工作基本术语》(DA/T1—2000)对文件的定义基本与此相同:国家机构、社会组织或个人在履行其法定职责或处理事务中形成的各种形式的信息记录。泛指型文件定义有三个特点。

(1) 所界定的文件形成者范围最为广泛,将所有公私机构和个人活动中所形成的文件尽收其中。

(2) 所含文件种类和类型最为齐全,并且把文件物质形态等方面的特征高度概括为“不管其形式、载体和记录方式如何”。

（3）使用了“信息”作为定义的属概念，从而突出了文件的信息属性，把文件纳入了广泛的信息资源领域，体现了时代特征。

（二）文件定义的构成要素

构成文件定义的要素主要包括文件的形成者和形成原因、文件的价值、文件的主要特点、文件的物质形态和记录方式。

1. 文件的形成者和形成原因

文件的形成者，即产生、接收文件的特定机构、组织和个人。文件的形成原因，即产生和接收文件的目的。文件的形成者和形成原因，是构成文件定义的最基本的要素。

各国文件定义中，无论是专指型、扩展型还是泛指型，都指明了文件形成者和文件形成原因。

（1）专指型的文件定义，一般把文件的形成者仅界定为政府部门、公共机构、公共官员，形成原因是开展公务活动或履行法定职责。

（2）扩展型的文件定义，指一切公私机构及它们所履行的职责。

（3）泛指型文件定义，泛指形成文件的一切“机构、组织和个人”，形成原因是“履行法律职能”或“处理公私事务”。

正因为文件的形成者和形成原因是构成文件定义的最基本要素，所以在定义文件时，首先必须指明的就是这一要素。

2. 文件的价值

文件的价值就是客体“文件”对主体“利用者”（包括形成者和非形成者）需要的满足。

文件的价值由于利用对象不同可以分为两种：第一价值，即文件对其形成单位的价值；第二价值，即文件对非形成单位和个人的价值。第一价值，又称原始价值。第二价值，又称从属价值。虽然“文件价值”不像“文件形成者和形成原因”那样为所有的定义所纳入，但这并不妨碍它成为文件定义的构成要素之一，因为文件如实地记录了政府机构、组织或个人进行公私活动的全过程。对其形成单位来说，它具有记事和办事功能，可以作为机构职能和工作活动的证据。这样，文件对其形成机构的价值便成为机构积累和保存文件的动力。文件中记载的各种信息，也可以为其他机构或个人所利用，发挥其情报或参考作用。这两重价值，是文件之所以被保存和转化为档案的决定性因素。

3. 文件的主要特点

文件来源于一定的形成单位，产生于形成单位自身的活动，只要形成单位存在并进行活动，就能源源不断地形成文件，形成文件在数量上具有不断增长、不断积累的特点。随着文件数量的剧增，其类型也不断增多。除历史最悠久的管理性文件之外，会计文件、司法文件、诉讼文件、艺术文件、科技文件、音像文件、机读文件也源源不断产生。文件定义必然要反映这种客观现实。

文件是其内容和载体的统一体。文件内容具有信息的一般特点。所谓信息，一般是指音信、消息、情报、指令、密码等。文件所记载的内容具有信息的一般属性，即可扩充性、可压缩性、可替代性、可传输性、可扩散性和可分享性等。文件内容又是特定形成者对某一活动的最初文字、数字和图像的直接记载，是一种原始信息。因此，文件内容还具有本源性(原始性)这一最主要特点。由于文件形成者极其广泛，社会活动十分繁杂，文件内容还具有不断丰富的特点，而这也正是信息的特点。

4. 文件的物质形态和记录方式

文件的物质形态和记录方式是指文件的信息符号表达方式和文件的载体。文件的物质形态和记录方式可以是多种形式的，既可以是传统的纸质印刷或手抄的文字或图表文件，也可以是用磁记录、感光记录的方式将信息符号记录在相应载体上的。常见的文件记录载体有纸张、胶片、磁带、光盘等；记录方法有手写、印刷、晒制、摄录等；表达方式有文字、图表、声音、影像等。

二、文件的特征与功能

(一) 文件的特征

文件是信息记录。由文字和载体组成的其他记录(例如书籍、报刊等)也是信息记录。但与它们相比，文件具有自己的特征。

1. 文件的内容直接与形成者的活动有关

人们在各种社会活动中为了向对方表达自己的意图，需要记录一些事物的发展变化过程，文件是人们在长期的活动中逐渐形成的信息记录，是在履行法定职责或处理事务时形成的。

文件直接反映了作者的意图，其内容直接与形成者的活动相关，文件的内容应是客观真实的。这与其他由文字和载体组成的记录有很大区别。例如，报刊报道的事物尽管是客观真实的，但是这些事物大多与撰稿人本身并无直接关系。又如，文学作品是一种创作，允许虚构，其内容大多与作者无关，即使是某些作品反映了作者的生活，但也不完全是其生活的实录。因此，文件以外的其他由文字和载体组成的记录不能用于履行法定职责与处理事务。

2. 文件是有特定体式、名称的信息记录

为了准确、快捷、有效地使用文件，通常对文件在外部特征与效用方面有严格规定。这也是文件区别于其他信息记录的特征之一。

文件有特定的体式，根据文件的形成者及文件的性质作用不同而各不相同。文件有特定的名称，它反映了形成者应有的发文权限、与收文单位的行文关系及文件的主要内容。例如，涉外文件中的国书、全权证书、照会、最后通牒与经贸合同、委托书等，司法文件中的立案报告、起诉书、判决书等不同名称的文件，其形成单位、内容、性质、价值等都不相同，决不允许用错。我国党政机关的公文有 15 种，在《党政机关公文处理工作条例》中规定了它们的用法。例如，上级机关对下级机关行文时可用命令(令)、决定、意见、通知、通报、批复、纪要等名称的文件，而下级单位对上级单位行文时，一般则使用意见、报告、请示等。企业行文可参照执行。(相关内容见第三章“企业常用文种”)

3. 文件是同时具有原始记录性、针对性、有效性、凭证性、实用性、传递性等性质的信息记录

文件的记录性，要求文件所记录的内容必须是真实的，应当客观地反映事物的本来面貌。文件直接形成于履行法定职责或处理事务中，是客观反映事物本来面貌的原始记录。

文件的针对性，要求文件必须针对一定的事物（事情、人物、问题等），文件中针对的事物应当是与形成者的职责、活动有关，围绕相关职责与活动，记录事实或提出问题、解决问题。

文件的有效性，要求文件的形成者必须具有与文件内容相对应的职责；文件的内容必须符合实际、切实可行；文件必须标有体现形成者职权的特征。文件的有效性又分为现时效用和历史效用。

文件的凭证性，要求文件必须是有效的，表现为它既是形成者意图的凭证，又是收文者处理文件的凭证。

文件的实用性，要求文件必须具有应用价值，应反映与解决形成者在履行法定职责或处理事务过程中的问题，使文件真正发挥其作用。

文件记录了形成者的意图，具有传递性。文件的传递性与文件的形成目的相关，为了履行形成者的法定职责或处理事务，文件必须将反映形成者意图的信息传递给有关单位和个人。文件形成后必须进行传递，否则就失去了其形成的意义。

（二）文件的功能

1. 记载功能

文件是一种信息记录，它反映了文件形成者的意图。文件有条理地记录和固定了形成者发出的有效信息。文件还能记载事物发生、发展、变化过程。在行使职责和处理事务的工作中，有时还会形成一些客观记载事物发生、发展、变化过程的文件，如会议记录；这些文件虽然不直接反映文件形成者的意图，但是它们记录了文件形成者行使职责和处理事务的相关信息。

2. 凭证功能

机构、组织和个人在行使职责和处理事务的工作过程中既要把自己的意图传递给有关方面，也要从有关方面获取有用的信息。为了保证信息的稳定，维护正常的工作秩序，往往需要将这种信息用文件的方式记录与传递，文件是发文者表达自己意图的凭证，也是收文者了解与实现对方意图及处理问题的依据。文件的凭证功能主要通过文件的有效性来体现，只有具备有效标识的文件才具有凭证功能。

3. 传递功能

无论何种形态的文件都是将信息附着在便于传递的载体上，传递是文件发挥效用的重要步骤之一，只有通过传递使信息被收文者接收，文件才有可能发挥效用。

4. 存贮功能

人们在制作文件时有意识地选择具有一定耐久性能的记录及载体材料，使文件能在相当长时间内存贮信息。当文件办理完毕后，人们根据实际需要和文件本身的价值将文件转化为档案继续保存，以备查考和决策之用。制作文件材料的质量是文件能否发挥存贮功能的基本条件,而人们对档案的科学管理与保护则是文件能否发挥存贮功能的根本保证。

三、文件与档案的异同

(一) 文件与档案的共同性

文件与档案的共同性表现在三个方面:第一,文件与档案记录的内容相同;第二,文件与档案的物质形态相同;第三,文件与档案的本质属性相同。原始性和记录性的有机统一,是文件和档案共同的本质属性。档案是由原始文件转化而来的,它的内容和形式都保持了文件的原貌,因此档案继承了文件的原始性。文件是以具体内容反映其形成者活动的记录材料,文件转化为档案后,这种记录性依然不变。以上三个文件与档案的共同性表明,文件和档案属于同一事物。

(二) 文件与档案的差异性

文件和档案也存在着差异。这一差异主要在于它们的价值形态不同。依据文件生命周期理论,文件从产生到转化为档案,经历了现行、半现行和非现行三个阶段。在前两个阶段,即文件阶段,其阶段表现为对形成单位的原始价值,一般在形成单位或过渡性保管机构内保存。在后一阶段,即档案阶段,其价值表现为对各种利用者,其中也包括原来形成单位的原件价值,存放地点则变为档案馆。由于其运动阶段上价值形态的变化及由此而引起的存放地点、利用者等方面的变化,才有文件与档案之分。

四、企业文件的分类和内容

根据上述扩展型文件定义所规定的内容,企业文件是指企业在履行其法律义务时,或在企业各种具体活动中,形成或收到和保管的各种形式、各种载体的记录信息。

(一) 企业文件的分类

文件的广泛应用性使众多的企业文件带有种种共同属性,同时它们在来源、性质、具体用途等方面又存在诸多差别。对企业文件进行科学的分类,既有助于正确认识企业文件这一特定的事物,更有利于有针对性地、恰当有效地使用它们,以发挥其更大的效能。

依据不同的标准,可从多角度对企业文件进行类别划分。

(1) 根据形成和作用的具体公务活动领域的不同,企业文件可分为管理类文件、科技类文件、会计类文件和干部职工类文件。

(2) 根据制发文件的企业文件传递方向的不同,可将企业文件分为上行文、下行文、平行文三类。

(3) 根据企业制发文件目的的不同,可将文件分为规范性文件、领导指导性文件、公布性文件、陈述呈请性文件、商洽性文件、证明性文件等数种类型。

① 规范性文件,指企业以强制力推行的,用以规定各种行为规范的法规、规章等。

② 领导指导性文件,指由企业领导指导具体部门制发的用于颁布法规、规章、指导、布置工作,阐明领导指导原则的文件。

③ 公布性文件,指其内容可以直接向企业外公开发布的文件,如通告、公告等。

④ 陈述呈请性文件，指下级部门向所属上级部门陈述情况、汇报工作、提出建议、请求指示或批准的文件。如请示、报告等。

⑤ 商洽性公文，指企业内外各种无隶属关系的部门之间，没有传递方向限制并且内容多为平等协商讨论一般事项的函件等。

⑥ 证明性公文，指以对某机构或个人的身份、使命、资历的介绍和对有关各方面就共同完成一个目标而需要获取和履行的权利、利益、义务、责任的规定，以及对某些事件的证实为内容，可作为专门凭据的公文，如介绍信、证明信、合同、协议、备忘录等。

(4) 根据文件的涉秘程度，企业文件可分为对外公开文件、限国内公开文件、内部使用文件、秘密文件、机密文件、绝密文件六类。

(5) 根据对文件处理时间的限制和要求，企业文件可分为平件、急件、特急件三类。

(6) 对于单个企业而言，可根据文件的内外不同来源将文件分为收文、发文两类。

(二) 企业文件的内容

如上所述，根据形成和作用的具体公务活动领域的不同，企业文件按内容可分为管理类文件、科技类文件、会计类文件和干部职工类文件。按照《规范》中的有关规定，企业文件的具体内容包括以下几个方面。

1. 管理类文件

管理类文件主要是指企业在经营管理、日常行政管理、组织管理、科技与生产管理等工作中形成的直接记录。具体包括以下几个方面。

(1) 经营管理类文件，包括企业在建立现代企业制度过程中形成的改革、改组及改造方面的战略性决策文件，企业新产品开发规划和市场营销方面的文件，企业计划、统计、财务及物资管理等方面的文件。

(2) 行政管理类文件，包括企业在行政事务、公安保卫、法纪检察、人事管理、教育卫生、审计、外事及后勤等方面形成的文件。

(3) 组织保障类文件，包括企业党委、工会、共青团、纪检、协会等部门形成的文件。

(4) 科技与生产管理类文件，包括企业在新产品开发、技术创新、质量、能源、标准化、定额、安全生产管理等方面形成的文件。

2. 科技类文件

科技类文件是指企业在产品生产、工程项目建设、科研课题的开发研究等工作中形成的文件，具体包括以下几个方面。

(1) 科研类文件，包括企业在课题立项、研究、试制、成果鉴定及推广应用等方面形成的文件。

(2) 产品类文件，包括企业在产品开发、工艺准备、加工制造、产品鉴定、检验、包装、广告宣传等方面形成的文件。

(3) 设备类文件，包括企业在设备购置、安装调试、使用维护、改造更新、报废等方面形成的文件。

(4) 基建类文件，包括企业在工程项目的设计、施工、竣工及改、扩建等方面形成的文件。

3. 会计类文件

会计类文件是指企业在会计工作中形成的文件。如会计凭证、会计账簿、财务报告、会计移交清册等。

4. 干部职工类文件

干部职工类文件是指企业在劳动人事管理工作中形成的企业干部职工个人的文件,如在岗职工的履历材料,自传材料,鉴定、考核、考察材料,评定岗位技能和学历材料,政审材料,参加党派材料,奖励材料,处分材料,任免呈报表和工资,待遇审批材料,技术职称或工种级别的确认材料,以及退休职工,离岗职工,死亡职工的有关材料等。

第二节 企业文书工作

文书工作又称为公文处理工作、文件工作,就是对公文的创制、处置和管理,即在公文从形成、运转、办理、传递、存贮到转换为档案或销毁的一个完整周期中,以特定的方法和原则对公文进行创制加工、保管处置,使其完善并获得功效的行为或过程。企业文书工作的内容、组织、要求与通用文书工作的要求基本一致。

一、企业文书工作的内容

企业文书工作的基本任务是及时、准确、有效地创制、加工、传递、保管、处置公文,为企业活动提供适用的信息。其具体内容主要有创制公文、传递公文、办理公文、处置办毕公文、管理公文等。

创制公文,即由从事生产、经营活动的企业,对有关信息材料进行系统的收集、加工、整理,创造出适用的信息,然后将其记录下来撰拟呈文稿,完善并确认其正式效用之后,再经印制等工作环节最终形成正式公文。

传递公文,即将创制完毕的公文,根据一定的规则以多种通信方式递送给收受单位。

办理公文,即根据法定职责权利,收受来自各有关方面的文件,经过公办、批办、拟办、承办、传阅等工作环节,对文件进行阅读、加工,从中提取有用信息,了解有关事物的面貌,解决公文所针对的工作问题。

处置办毕公文,即根据一定的标准分别对已办理完毕的不同公文的归宿做出安排:立卷归档、清退、销毁、暂存。

管理公文,即为使上述四项任务能有效完成,而对公文所实施的科学、系统的保管料理措施,包括公文的收发、传送、登记、清理分类、用印、签注,建立检索体系,提供查阅,对公文运转过程的组织与监控,以及对公文机密与安全的维护等。

二、企业文书工作的组织

(一)企业文书工作的机构设置

为满足企业对文书工作的需要,企业应设有相应的机构,配备一定的人员从事文书工作。一般来说,企业办公厅(室)或秘书处(室)是主要从事文书工作的机构,其他职能部门

主要从事各自的业务工作，但在从事业务工作时也需要借助文书手段，兼做文书处理工作。规模较大、分工较细的企业办公厅（室）下设收发室、文印室、机要室、文书科等，专门从事文书工作。收发室通常分外收发、内收发。外收发负责文书的一般收发与简要登记清点；内收发往往由机要室兼做，负责文书的启封、装封、详细登记、传递、保管等。文书科负责文书起草、校对等，文印室负责文书印刷。

专门从事文书工作的部门通常称为文书部门，实际是文书工作专职部门；兼做文书工作的部门，称为兼职文书部门。在专职和兼职的文书部门里根据需要配备专职或兼职的文书工作人员，专职的文书工作人员以所履行职责来确定称谓，分别称收发员、机要员、文书（或秘书，负责文书草拟等工作）、文印员等。兼职的文书工作人员除其原本业务称谓外，又可称兼职文书人员。需要说明的是，企业的管理层工作人员在实际工作中或多或少会参与或承担一定的文书工作，如领导起草与批阅文书，业务人员起草、阅读与注办文书等。从这个意义上说，他们都是文书工作的兼职人员。

（二）企业文书工作的管理原则

公文是企业内各级各类机构在各项业务工作中通用的一种工具，为保证其制作格式和处理程序等规范，便于对其使用和保证其效用的发挥，文书工作实行集中统一管理的原则，其具体要求如下。

（1）全国共产党和政府系统的文书工作分别由中共中央办公厅和国务院办公厅负责指导。他们主要通过制定和发布有关文书工作条例、制度和办法，做出有关的决定和指示，召开有关会议等形式来实施这种指导。由于中共中央办公厅和国务院办公厅的特殊地位，他们发布的有关文书工作的文件，有相当一部分名义上是针对党政系统的，实际上带有全国性的意义，其指导范围超出党政系统本身，包括企事业单位等方面。

（2）一个地区的文书工作由当地党委和政府的办公厅（室）负责指导。其职责是根据党和国家文书工作的政策和规定，指导本地区单位的文书工作，保证国家的规定在本地区落实；研究本地区各单位文书工作中的问题，制定相应规定并贯彻落实，提高本地区文书工作的质量与水平。

（3）一个企业的文书工作由该企业的秘书长或办公厅（室）主任负责领导。其职责是贯彻执行国家文书工作方面的规定，组织本企业的文书工作，提出本企业文书工作的办法和要求；检查本企业的文书工作，组织研究本企业文书工作中的问题，制定解决措施；考虑本企业文书工作机构设置和人员配备，安排文书人员学习提高；组织设计本企业文书格式和文书工作用的表格等；解决企业文书工作用房、需要设备等；计划文书工作经费使用，协调企业各业务部门支持文书工作。

（4）上级企业的办公厅（室）负责对所属企业的文书工作进行指导。其职责是检查所属企业的文书工作情况，解答他们在文书工作中的疑问，召开文书工作方面的会议，培训所属企业文书工作人员，督促和帮助所属企业提高文书工作质量。

（三）企业文书工作的组织形式

一个企业的文书工作要进行合理的安排，就必须选择恰当的文书工作组织形式。企业文书工作的组织形式主要有集中形式和分工形式两种类型。

1. 集中形式

集中形式是指在一个企业内除了文书的承办以外,文书办理的各环节全部集中在企业办公厅(室)一个部门的办文组织形式。办公厅(室)承担文书的拟写、印制、封发、登记、传阅、对外催办联系等几乎文书办理的全部工作,各业务部门不设文书办理机构和专职文书工作人员,基本不承担一般意义的文书工作任务。

2. 分工形式

分工形式是指一个企业的文书工作由企业的办公厅(室)和各业务部门分工负责、共同承担的办理文书工作的组织形式,其分工的办法和情况大体有两种。

(1) 按文书内容和部门职责分工。通常将综合性的、方针政策性的和其他比较重要的以企业名义所发放的文书,及属于办公厅(室)分管的文书工作方面的文书交办公厅(室)办理。将涉及具体业务问题的文书交主管业务部门办理。

(2) 按文书办理的环节分工。这种情况主要是针对业务性文书,因为综合性发文一般由办公厅(室)承担拟写、印发与处理等几乎全部工作任务。业务性文书需要按文书办理的环节分工,则是因为重要的业务性文书虽然以企业的名义制发,但由于业务部门对业务情况比较熟悉,往往由具体部门拟稿;定稿后,办公厅(室)要对文件进行审核,并统一编号、印制等。外来文书,综合性的仍由办公厅(室)承担处理任务,业务性的一般先经办公厅(室)的收发室或经办公厅(室)的内收发拆阅登记,办公厅(室)主任或企业领导批示后,转交业务部门处理。

3. 采取不同组织形式时的注意事项

一个企业的文书工作到底该采用什么样的组织形式,不可轻易决定,而应综合研究本企业的实际情况,本着能准确及时地办理文书,提高企业工作效率与质量的原则进行选择。一般情况下要综合考虑以下因素。

(1) 企业的工作性质、任务和职权范围。

(2) 企业内部组织机构设置的层次、数量。

(3) 企业驻地情况——集中或分散,距离远近。

(4) 企业收发文书数量的多少。

(5) 企业文书办理人员的配备情况。

通常情况下,集中形式适用于小型企业。因为小型企业一般内部结构简单,分工较粗,驻地集中,文书工作量小,办公室易掌握各方面情况,也有能力承担全部文书工作。小型企业采取集中办文组织形式,既能保证文书的办理质量与效率,又不妨碍承办人员对文书的查阅,还可减少文书的转交手续,便于文书的保密。

大中型企业一般适用分工形式。因大中型企业的内部结构较多且分工较细,管辖的面较广,形成的文书数量较多,办公厅(室)没有条件和能力承担全部文书工作。而且办文形式过分集中会使业务部门不便利用,还容易造成承办人员不愿意上交文书或有些文书不能及时准确处理等情况的发生。采取分工形式,应当为各业务部门配备或明确文书主管人员,杜绝无人管理情况的发生;同时应明确相应制度,避免随意行为。办公厅(室)要注意对业务部门提出要求,并定期检查督促他们的工作。对文书办理任务的分配(如文书

内容类型和办文环节等）要合理，并且避免因经常调整而出现的遗漏与脱节。

三、企业文书工作的责任

在企业文书工作中，不同类型的工作人员承担着不同的具体工作任务及与之相对应的责任。为了保证文件工作的秩序和质量，应注重对文件工作责任做明确区分。这里所说的责任主要是指以科学的方法和标准，对文件工作各个岗位进行认真分解，从而确定每一个工作岗位的职责任务及任职条件。科学的分工有利于合理用人，更有利于充分发挥人的潜能，以实现文件工作各要素及要素内部各方面的最佳配合，提高工作效率与工作质量。

（一）企业领导的文件工作责任

企业领导是一个企业的负责人，在文件工作中，其主要责任在于以下几个方面。

（1）亲自参与重要文件的撰拟，审定签发以本企业的名义制发的重要文件并承担其法律和行政后果。

（2）审阅处理重要来文并指示处置原则与方法。

（3）直接承办最重要的来文。

（4）审定企业文件工作方面的计划、规章和标准，确定对文件工作系统的重大改造方案，指导解决企业内文件工作活动中带有根本性的随机事件。

（二）综合办公部门负责人的文件工作责任

综合办公部门是企业内部设置的办公厅（室）等综合服务、综合管理机构。该部门是文件信息流通的中枢，因此，其负责人对文件工作负有全面而具体的多种责任。

（1）亲自动手撰拟部分重要的综合性文件。

（2）审定签发以本部门的名义制发的文件并承担其相应的法律或行政后果。

（3）亲自审核重要的对外发文。

（4）经企业领导明确授权，代为审定签发以企业的名义制发的文件。

（5）审阅处理或经企业领导明确授权代为审阅处理部分来文并指示处置原则与方法。

（6）直接拟办和承办重要来文。

（7）制定本企业文件工作计划及实施方案，组织制定文件方面的规章制度和标准并督促检查实施情况；组织规划文件工作流程，建立文件工作质量与效率保障体系；确保企业文件工作的质量与效率，协调企业内外的行文关系；指导解决企业文件工作中的一般性随机事件，指导下级企业的文件工作。

（三）业务部门负责人的文件工作责任

业务部门指企业内设的具体承担企业某一项或某几项职能的职能机构。这些部门负责人的文件工作责任包括以下几个方面。

（1）亲自撰拟部分比较重要的文件。

（2）审定签发以本部门的名义制发的文件并承担相应的法律和行政后果。

（3）审核由本部门承办以企业的名义发出的文件。

(4) 审阅处理由本部门直接办理的来文并确定具体处置方案。

(5) 直接拟办和承办的重要来文,协调与其他部门间的行文关系。

(6) 指导本部门的文件工作,控制其质量,确保工作效率,向企业领导或综合部门反映有关情况,解决部门内部文件工作中的矛盾和问题;按企业文件工作组织形式的要求在职能部门设置专(兼)职文件工作机构的部门负责人;制定有关计划和实施方案,组织规划文件工作流程,指导文件工作等。

(四) 文件工作机构负责人的文件工作责任

文件工作机构又称文书部门、公文处理部门或文件机构。它是在综合办公部门或业务部门内部下设的专门承担文件管理任务的机构。该机构负责人主要的文件工作责任包括以下几个方面。

(1) 草拟由领导交办的文件。

(2) 审核文件。

(3) 拟办、承办部门来文。

(4) 组织文件工作人员集中完成部分文件工作。

(5) 具体组织控制部门文件的流程,以多种渠道了解文件工作的具体情况,直接指导解决或提请领导解决有关具体问题。

(6) 根据授权提出文件工作计划及实施方案,设计工作制度、标准和规程,规划文件工作流程。

(7) 具体指导下级企业的文件工作。

(五) 专(兼)职文件工作人员的文件工作责任

企业中专门承担或部分承担文件工作任务的工作人员,一般被称为文件工作人员、文秘人员或机要人员。他们在文件工作中的主要责任包括以下几个方面。

(1) 分类集中承担部分文件工作,特别是其中具有管理性质的工作,如收发、分办、启封、登记、摘编、用印、归卷、清退、销毁、保管、提供借阅利用、组织传阅、催办、查办、印制、注发、对外传递及审核文件等。

(2) 组织文件的具体运转过程。

(3) 辅助设计制定文件工作制度、标准和规程等。

(六) 一般业务人员的文件工作责任

企业各职能部门的一般业务人员在文件工作中的责任,就是按质量要求和规定的时限阅处文件,提出拟办意见,具体承接办理文件,解决其中所涉及的问题,起草和修改文件,参与审核一部分文件等。

在具体分工时,还应注意以下几个方面。

第一,要掌握正确的分解标准,保证工作人员实际分担的工作量大致均衡,否则将会影响总体工作效率的提升。

第二,使每个工作人员的岗位尽可能与其法定职责、知识层面、能力结构及性格特点等相适应。

第三,不要过度专门化,以免降低工作人员的工作热情和创造力,使工作变得单调

枯燥。

第四，分工要相对稳定，因为频繁变更会抵消熟练程度，给工作带来的负面影响，降低工作质量。

第五，分工的结果应明确化、“文件化”，应形成职务岗位说明书，以便为检查衡量和人员培训工作提供便利。

第六，注意各岗位间的协调，以各种方式强化其“自动”协调能力，避免或减少推诿和漏管现象。

第七，按制度规定必须由专、兼职文件工作人员从事的活动（收发、销毁、立卷归档等）不得指派给其他工作人员。

四、企业文书工作的基本要求

文书工作作为企业一项日常的却又十分重要的工作不可随意开展，必须按照有关原则和规范进行。企业文书工作应当达到准确、及时、安全、重效的要求。

（一）准确

准确是对文书工作最重要的要求，即制发和处理文书要保证质量。质量是文件的生命，更是文书工作的生命，没有质量保证的文件和文件工作将失去存在的价值。为此，质量控制成为文件工作管理的核心内容之一，文件质量控制既为现实文件工作目的所必需，又是提高文件工作效率的前提保障，更是提高文书工作管理总体水平的关键。企业文书工作的准确要求主要体现在以下几方面。

（1）文件的观点符合国家政策，反映的情况和提出的措施符合企业实际，提出的要求和解决问题的办法无侵权越权现象。

（2）文种选用恰当，符合发文目的、发文企业的性质及收发企业间的关系。

（3）文件的格式符合国家规范和本文内容表现与办理要求的需要。

（4）用词恰当，表意准确，无模棱两可或模糊不清现象。行文口气符合企业身份和收发企业间关系，标点符号使用正确。

（5）文书制作和处理程序符合规定与本企业工作及本文内容要求的实际。

（6）文件的发送方式恰当，符合企业的组织关系和本文的处理要求。

（7）归档文件的整理符合要求，移交符合规定。

（二）及时

及时是保证文书发挥应有效能的另一重要方面，就是要注意文书的时效性，讲究办文的效率。对每一份文书都要根据其内容及时处理，做到不积压、不拖延、不误时、不误事。接到一个文书制作任务，就要及时搜集材料，构思写作，及时审核签发、打印校对，保证企业的意图得到及时传达与落实，进而使有关问题得到及时解决；收到一份文书，要及时登记、分送、传阅和办理，保证国家和企业的方针政策及时传达贯彻，进而使有关问题得到及时处理。

要保证文书得到及时办理，应做到如下四点。

(1) 使文书工作人员树立时间观念和效率意识。

(2) 建立和健全文书办理时限制度和催办制度。

(3) 提高办文者的素质和办文现代化水平。

(4) 加强传递环节的管理。

(三) 安全

安全包括文件的实体安全和信息安全两个方面。

1. 实体安全

实体安全就是维护好文件,保证文件不丢失,不受损,即要求文件和文书工作不受各种危险因素的威胁和危害,能完整有效地保存,确立行之有效的防火、防水、防盗、防尘、防侵蚀保障。应积极做到以下几个方面。

(1) 做好收发文件的登记,防止出现文书管理人员不知道文件下落的情况。

(2) 及时或按期清查与清退文件,按照登记簿上的记录清点库中文件,发现不在的按登记簿上的线索收缴。

(3) 注意文件办毕随时入库,避免乱搁乱放,散落丢失。

(4) 阅读文件时不吸烟喝水,以免使文件遭受火烧水滴,在运送传递时,不乱折、乱叠,以免使文件遭受机械磨损。

(5) 在放置文件时,不选择阳光直射或潮湿的地方,免使文件干燥发脆或潮湿发霉。

(6) 注意制发文件时选用的油墨、纸张等材质质量。如书写、印刷文件的墨水、油墨质量要高;不用圆珠笔和铅笔书写与批办文件,避免出现褪色或模糊不清;选用无酸纸,避免文件粗糙断裂、受潮发霉等。

2. 信息安全

信息安全就是保证企业文件中所包含的涉密信息不泄露,即要求建立严格有效的保密机制,使企业的秘密得以保守。应尽可能做到以下几点。

(1) 消除企业无密可保的错误观念。在激烈的市场竞争中,商业间谍为窃取其他企业的商业机密,以获取更大的商业利益,可能会针对保密工作存在的漏洞,获取企业文件中的涉密信息。因此,企业绝不是无密可保。

(2) 正确地划定秘密级别,分清哪些是应当在一定时期内保密的,哪些是无须保密的,以确定涉密人员的范围和保密期限的长短。

(3) 在涉密文件上作保密标记,设置保密文书框夹、保密文书事项记录本。

(4) 建立和健全保密制度,并定期检查执行。

(5) 保管好涉密文件,保证不丢失、不被盗,散存于有关单位与人员手中的涉密文件应及时收回。

(6) 严格限制接触涉密文件的范围,如设置涉密文件打印区,非文书保管人员不得随意拆阅文件,一般人员不得随便传递、捎带文件和帮助整理文件等。

(7) 养成良好的保密习惯,如不随意放置文件,特别是保密文件,不在电话或其他人际交往中谈秘密,不在非保密记录本上记录秘密,不在私人通信活动中涉及秘密,不携带秘密文件游览、探亲、访友和出入公共场所等。

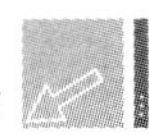

（四）重效

重效即注重文书工作的实际效果。要在企业文书工作中避免官僚主义虚浮作风和形式主义、文牍主义，树立主人翁责任感，培养注重实效的工作作风。

（1）在拟发文件的时候，根据现实需要，可发可不发的，坚决不发；用其他形式比发文形式简便又可以达到发文效果的，采用其他形式；用其他形式比发文效果好的，也采用其他形式。

（2）拟发文件时，要充分研究针对事项，使文件具有较强的针对性；提出的解决方法要充分比较论证，要具有可行性。

（3）文件中去除套话、官话，有一说一，实事求是。

（4）阅处文件要根据文件内容要求和企业实际，拿出具体可行的意见，切忌圈阅了事。

（5）保管登记文件，要将有保管查阅价值与无保管查阅价值的分开。前者重点保管，并进行登记；后者另行暂存，可不予登记。

（6）归档整理的范围，是有查考保存价值的文件；重份文件不必整理归档。

第三节　企业档案

一、档案的定义

要科学地管理企业档案，做好企业档案工作，必须首先理解档案定义的含义。一般认为，档案是国家机构、社会组织和公民个人在实践活动中直接形成的有一定保存价值的各种形式的历史记录。

（一）档案的来源

档案来自于人们的社会活动，是在机关、团体、企事业单位工作中，以及在私人活动中产生出来的。其来源包括两个方面：一是国家机关和社会组织；二是公民个人。人们的社会活动是丰富多彩的，这就决定了档案的内容也是极为丰富的，上自天文、下至地理，包罗万象，直接记录了人们在各个领域、各个方面的工作活动。

对于企业档案而言，其来源主体是企业，并且是在企业研发、生产、经营和管理等活动中形成的。

（二）档案的形成条件

并非所有的活动记录都需要或都可能转化为档案。人们在工作中形成的文件要转化成档案，一般需要三个条件。

（1）必须是办理完毕的文件。

正在承办的文件不是档案，这些文件具有它的现行效用，要等办理完毕后，它才能作为档案保存起来，以备今后查考利用。所谓办理完毕的文件，是指文件的处理程序和文件办理的事情已经完毕。文件处理程序和文件办理完毕的事情，一般情况下是同时完成的。但有时文件处理程序结束了而文件办理的事情还没有结束，也就是说，这些文件还具有它的现行效用。这样的文件也可以转化为档案。文件办理完毕是相对的，主要是针对文件的处理程序而言。

(2) 必须是具有一定保存价值的文件。

由于工作需要而形成的文件数量是相当庞大的,有的单位每年要产生、发出或收到几万、几十万份文件,这些文件随着工作的结束将会失去它的现行效用,有的对今后工作无参考作用,没有保存价值,这部分文件必须销毁。而那些对今后仍有查考、利用价值的文件则要作为档案保存下来。

(3) 必须是按照一定的程序集中保存起来的文件。

文件不能自动地转化为档案,人们要把平时形成的文件经过挑选和集中,按照一定的特点和规律组合起来,才能成为档案。一般意义上的档案,都是由文件经过归档程序转为档案集中保存起来的。

档案与文件既有密切联系又有重要区别,具体表现在以下三个方面。

第一,档案由文件转化而来,文件是档案的前身。档案与文件是同一事物的两个不同的发展阶段,有什么样的文件,就有什么样的档案。档案的质量,最初取决于文件的质量。

第二,不是所有的文件都能转化成档案,而仅仅是其中有保存价值的那部分文件才能实现这种转化。所以,文件是档案的基础,档案是文件的精华。归档时,既不能"有文必档",也不能遗漏有价值的文件。

第三,文件是经过整理成为档案的。文件转化成档案必须有一个过程,即整理归档过程。只有经过整理,向档案部门归档并集中保存起来的文件才是档案。

了解档案与文件的联系与区别,有助于在企业档案工作中文件材料的形成和积累,提高文件质量,做好文件的舍取、挑选工作。

(三) 档案的载体

档案以制成材料为载体,记录方式多种多样。从古至今,档案的制成材料有甲骨、金石、简牍、缣帛、纸张、胶片、磁带、光盘等;记录方法有手写、刀刻、印刷、晒制、摄录等;表达方式有文字、图表、声音、影像等。现代社会,特别是企业活动中,档案载体和记录方式的多样性特点十分明显。

二、档案的属性和价值

(一) 档案的属性

档案是工作活动中的直接记录,是原始记录材料,因而具有特定的历史记录性。档案的原始记录性,是档案区别于其他文献的根本标志。

企业档案是在企业研发、生产、经营和管理等工作活动中直接形成的,是企业各项工作的自然产物和原始记录,而不是工作活动事后形成的。

(二) 档案的价值

档案的价值,是指档案在人们的社会活动中具有的其他文献所不能代替的作用,它主要指档案的凭证作用和参考作用。前者被称为凭证价值,后者被称为情报价值。

1. 档案的凭证价值

档案是历史的真凭实据,具有一种法律效用,在这一点上它不同于其他文献。档案之

所以具有凭证作用，是由档案形成的特点和档案本身的特点所决定的。

档案是自然形成的，它是从工作活动中直接形成和使用的文件转化而成的，不是事后为使用而专门编制出来的。这种形成的自然性，决定了档案记录历史情况的客观性，也表明档案是令人信服的历史证据。

从档案自身物质体态上看，它保留了当事人的历史真迹，如亲笔手稿、印信等。有些档案还保留了当事人的声音、影像等。档案中记述的内容绝大多数是真实的，但也有少数档案内容有失真或被歪曲之处。即便如此，档案的形成过程对于后人了解形成者的认识水平、本来意图或者欺骗活动等仍是一种真实的原始记录，同样具有凭证作用。

2. 档案的参考价值

档案作为一种历史记录，不仅具有凭证作用，同样也具有广泛的参考作用。这是因为档案不仅记录和反映了人们社会实践活动的深度，而且也反映了实践活动的广度，为人们认识自然、改造自然提供了正反两面的经验。比如，工作中产生的文件，可以反映这一工作的始末、实践者的思想以及工作得失、经验教训等。董必武在《题赠档案工作》中写道，“创业扩基，前轨可迹”，“察往知来，事兹故轶”，对档案的参考作用给予了高度的概括。档案和图书、资料等都具有参考作用而且各有所长。档案的参考作用的主要特点在于它的可靠性和广泛性。

（1）档案参考作用具有较大的可靠性。档案是原始记录，是第一手的资料。历史学家称档案为“没有掺过水的史料”，可见，档案比其他资料来源可靠。

（2）档案参考作用具有一定的广泛性。档案是人类在活动中形成的，人类的活动是广泛的，因而，所形成的档案也是很广泛的。同时，档案内容也是很丰富的。它是单位和个人广泛利用的资料。每个单位都有档案室，保存着本地区、本单位各种内容的档案，人们遇到难题，都可以到档案部门参考档案、寻找答案。

三、档案发挥作用的规律

档案发挥作用，有一定的规律，具体表现在以下几个方面。

（一）档案作用范围的递增律

档案自形成之日起，即可发挥特定的作用，其作用的范围逐渐扩大。时间愈长，范围愈广，时间与范围成正比，呈递增趋势。

对于企业而言，档案是在企业所从事的某项具体工作中产生的，所以，它首先是对形成者发挥作用。企业在今后的工作中会不断地查考利用自身形成的档案，这也是档案形成的初因。这时，档案作用的范围，仅局限于本单位。但随着时间的推移，档案作用的范围已不仅限于一个企业，社会上各个单位或个人都有可能会利用到档案。

档案作用范围的递增规律，要求处理好档案发挥作用过程中当前与长远、局部与整体的关系。企业档案形成于企业内部，最初保存于文件形成部门，归档后移交企业档案室，甚至可能移交企业档案馆或国家档案馆。不管企业性质是国有还是私有，亦或档案的权属如何，企业档案如果能够保存后世，则对于国家和社会而言，都是十分宝贵的财富。

(二) 档案机密程度的递减律

档案随着人类社会活动而产生。人们的某些活动可能涉及国家的利益和安全尚不能公开,因而它所产生的档案也有一定的机密性。档案的机密程度有不同等级,确定之后需要经常变化。从总体上讲,随着时间推移,档案的机密程度将愈来愈小,时间与机密程度成反比,呈递减趋势。

某些档案在形成之初,因为某种原因需要在一段时期里控制在一定的范围内使用,所以这部分档案在这一阶段有一定的机密性。但不是所有的档案都有机密性,只是一部分档案有机密性。档案的机密程度是不同的,而且是变化的,时间愈久,机密性愈弱,直至消失。根据这一规律,国家规定了档案自形成之日起满 30 年后,如无特殊情况即可向社会公开,提供利用,但同时也规定:经济、科学、技术、文化等类档案向社会开放的期限,可以少于 30 年,涉及国家安全或者重大利益以及其他到期不宜开放的档案向社会开放的期限,可以多于 30 年。企业可根据档案内容的实际情况参照执行。

(三) 档案作用的转移律

过去,档案的作用更多地体现在政治方面,这是当时社会发展的需要。随着社会主义建设事业发展的需要,档案的作用逐渐地从主要用于阶级斗争转移到主要用于经济建设、科学研究、文化教育事业等方面。从这一转移大致可以看出这样一个规律,即档案作用是由社会需要决定的,社会的需要在各个时期不断变化,档案作用的主要方面也随之变化。今天,党和国家的工作重点已经从政治斗争转移到经济建设上来,档案作用的主要方面也相应发生了转变,转向为经济建设服务。

(四) 档案发挥作用的条件律

档案的作用不会自觉地发挥出来。它是潜在的,需要创造条件才能实现。档案作用的发挥受到以下三个条件的限制。

(1) 受到社会发展水平的限制。档案和档案工作所处的社会环境是不断变化的。不同的社会制度,不同的历史发展阶段,不同的路线、方针、政策对档案的需求不同,档案作用发挥的程度也不同。档案的作用受到了社会发展水平的限制。

(2) 受到人们对档案和档案工作认识水平的限制。档案的作用是通过人们在日常活动中反复利用而发挥出来的。档案工作的作用发挥程度取决于人们的利用程度。而人们对档案的利用,又取决于人们对档案、档案工作的认识和重视程度。实践证明,凡是对档案的作用有足够的认识,对档案工作比较重视的地区或单位,档案的作用发挥越好。

(3) 受到档案管理水平的限制。档案发挥作用需要有基础条件,要把档案收集齐、整理妥、保管好,便于随时查找利用,就必须进行科学管理。企业要尽可能采用先进的技术和管理方法,提高档案管理水平,使档案的作用充分发挥出来。

四、档案的种类

(一) 国家档案全宗及其基本构成

国家档案全宗是指归国家所有的、由国家统一管理的,各个历史时期、各个单位或个

人形成的各种内容和形式的档案。

国家档案全宗按档案形成时期划分，有两大部分，即中华人民共和国成立后档案和中华人民共和国成立前档案，后者按政权性质，又可分为革命历史档案和旧政权档案。

中华人民共和国成立后档案，简称建国后档案，是指新中国成立以来，党和国家的中央及地方的各级机关、部队、团体、企事业单位档案和国家征集或个人捐赠的某些著名人物的档案。

中华人民共和国成立前档案，又称历史档案，是指所有新中国成立以前产生的各种内容或形式的档案，其中又分为革命历史档案和旧政权档案。

革命历史档案，是指 1919 年“五四运动”至 1949 年中华人民共和国成立前整个新民主主义革命时期内，中国共产党及其领导下的人民政权、军队、企事业单位、青年团体和其他社会组织、革命活动家所形成的档案。

旧政权时期档案，泛指除革命历史档案以外的其他历史档案，包括中华人民共和国成立前历代王朝、民国时期的单位、军队、企事业单位、党团及各种社会组织等的档案。

（二）档案的分类

对于国家档案全宗内所有档案，除上述按照历史时期划分为两大类外，还可以从不同的角度进行多元分类，即按照若干不同的标准，对国家档案全宗进行多层次的划分。比较常用的标准有以下几个方面。

(1) 按档案的形成时间划分，可分为古代档案、近代档案、现代档案。

(2) 按档案的形成地区级别划分，可分为中央机构档案和地方机构档案，而地方机构档案可再分为大行政区、省(直辖市)和地、市、县等。

(3) 按档案的来源划分，可分为机关档案、企业档案、事业档案等。

(4) 按档案使用范围划分，可分为普通档案和专门档案两大类。其中，普通档案可分为党务档案、政务档案等；专门档案可分为科技档案、会计档案、人事档案、公安档案、艺术档案等。

(5) 按档案的制成材料划分，可分为纸制档案和非纸制档案两大类。其中，非纸制档案可再分为甲骨档案、简牍档案、缣帛档案、胶片档案、磁带档案等。

在实际工作中，一般将一个单位的档案划分为以下四大门类，即文书档案、科技档案、业务档案和声像档案。这虽然在理论上存在着分类标准不一、相互交叉的问题，但在实际工作中已成为惯例。

五、企业档案的定义及其特点

企业档案是企业在研发、生产、经营和管理活动中形成的有保存价值的各种形式的文件。企业档案符合档案的一般属性及其发挥作用的一般规律，但又有其特殊性。掌握企业档案的特点，有利于更好地开展企业档案工作。

（一）企业档案的工具性和自用性

企业档案是企业活动的产物，它又是企业职能活动的工具、生产要素和资本，企业档案主要供企业自用。

企业档案是在企业职能活动中形成并围绕企业目标而体现其使用价值的,其中,科技档案中的产品技术图纸、工艺参数、规程、工装、配方等技术文件在它们形成时即成为生产中的依据材料,在归档后作为定型的母本材料又会被经常复制,在现实生产中频繁使用,它们是企业现实生产中必不可少的自备信息"工具"。企业档案人员大部分精力是用在为本企业生产一线做技术文件复制、更改、分发工作上,生产离不开技术档案,而这些技术档案也是为了生产而制作、保存的,当产品暂停生产,这些档案作为技术储备的载体保留下来供今后再度生产时使用。设备档案也是如此,没有设备无法生产,而设备的正常运行和维修又必须有设备档案。企业中科技档案的工具性及其与产品生产的共生关系非常明显。企业档案中的经营档案及其他生产管理性档案也是用于企业组织自身生产和进行产品销售、物资流通之用的,这些档案实际上已构成企业的生产力要素,为企业的现实工作和延续发展服务,这也是企业档案的价值所在。

企业档案虽因难以计价而不属于会计核算中的资产,但它作为企业有形资产和无形资产的载体在使用中产生财富,因而是企业资本的存在形式。企业档案集中了企业所有资产的证据,如房产证、土地所有权或使用权证、固定资产凭证、营业执照、企业名誉证据、产品生产许可证及质检证、商标、专利公证、资金存折、股权证、债权证以及各种合同等。而且,企业档案中的科技档案和经营档案本身就是无形的知识资本和商业资本的存在形式。

由于企业档案是企业延续发展的工具和资本,所以企业管理层对文件的归档保存有内在的要求,企业各部门会选留对他们有用的材料,这是企业自身利益的需要。精明的企业领导人会牢牢控制住对企业直接相关的证据性材料、核心技术和商业秘密,在这方面从大工厂到小公司都是如此。

(二)企业档案的专业性和系统性

企业档案的主体部分是围绕企业生产、经营活动而形成的专业性材料。工业企业、农业企业、商业企业形成的文件材料是各不相同的,工业企业中的机械、电子、船舶、纺织、交通等行业也都各自形成专业材料,企业的技术材料有明显的专业性。管理性材料也各具行业特征,甚至文书档案也有行业色彩,如商业企业的来往文件大都是各种格式的商务文书,农业企业、交通企业来往文书也都各具行业特色。各企业形成不同专业的档案,因而,各企业文件的选留范围和选留标准并不相同。

企业档案的系统性也是显而易见的。一般来讲,企业的产品档案、设备档案都是各自配套的,经营管理中形成的市场调查、经营决策、计划管理、物资供应、质量检验、财务和成本管理以及销售服务等材料也都是自成体系又相互联系的材料,它们都是围绕着企业过去和现在的经营销售等一系列活动而产生的材料,它们对企业今后发展有着重要的考查作用,所以,在企业文件的选留鉴定中必须瞻前顾后,应注意从材料的相互联系中鉴别其保存价值,以判断其中哪些部分的材料是按"套"而不是按"件"来定保管期限的。

(三)企业档案的动态性和时效性

企业档案中的文书档案和财会档案在形成归档后一般不变动,这与党政机关及事业

单位的情况相同，但企业档案中主体部分的产品档案、经营档案和设备档案等在内容上有较强的动态性和时效性。在市场经济和全球化经济的现代社会，企业竞争相当激烈，为适应不断变化的市场需求，企业的产品要经常更新换代，而产品技术文件往往在归档前就处于更改变动之中，且定型归档后还会有变动。因此，产品档案的真实、准确是有时间性的，其保存价值也会起变化。如果产品淘汰了，其产品档案也应当做相应处置。此外设备在企业生产的运行中也会局部变化，特别是压力容器和腐蚀容器及管道系统，要经常检修更换，设备改造更是常事，所以归档的设备档案也必须定期核查。

企业档案主要是供企业查用的，其中大部分档案的有效使用时间比较短，如设备档案是供设备调试、维护、检修之用的，工厂为保持先进生产水平经常更换设备，有些技术领先的公司每半年至一年就会淘汰一批生产设备，有关的设备档案也就因而失去原来的效用。产品档案也是如此，或许"名优特"产品可以长盛不衰，其档案效用时间长，而且有历史研究价值。但对大多数一般产品的档案来说，由于产品的更新换代很快，它们的档案生命周期也就比较短，经营档案因市场的瞬息万变，也会很快成为过时材料而使其保存价值大大降低。

从总体上看，档案具有现行价值和历史价值，有供形成者使用的价值和供社会使用的公共价值。企业档案只有很少一部分是有历史价值和公共价值的，其中大部分都只有企业的现行使用价值，而企业作为社会的经济细胞，处于优胜劣汰的市场竞争中，其稳定性较差，所以无论从企业的寿命还是从企业档案的动态性、时效性来看，大部分企业档案的生命周期都比较短。企业档案是我国档案中增长最快、数量最多、"半衰期"最短的档案，比如，大的船厂图纸达百万张，引进设备的档案有的多达数吨，许多老厂的各种档案积存几十年，库房拥挤不堪，但真正有用的却只有近期档案。以前中央各工业部还规定企业要交定型产品的档案，部级档案馆及仓库储存的档案中的大量失效的产品档案，都成了空耗资财的包袱。失效的企业档案不仅给企业带来沉重的负担，而且由于企业撤并破产越来越多，上级主管部门和档案馆对接管破产企业档案会越来越力不从心。

第四节　企业档案工作

一、企业档案工作环节及其相互关系

档案工作是管理档案并提供档案信息为社会服务的一项事业。从广义上讲，档案工作包括档案室工作、档案馆工作、档案行政管理工作、档案专业教育工作、档案科学技术研究工作、档案宣传出版工作、档案外事工作等。也就是说，档案工作是指以档案室工作为基础，以档案馆工作为主体，以档案行政管理工作为组织和指挥中心，以档案专业教育、档案科学技术研究、档案宣传出版、档案界国际交往与合作等为条件的，具有国家规模的、有中国特色的社会主义档案事业体系。

通常所说的企业档案工作，是从狭义的角度理解的，指企业档案馆（室）所从事的具体的档案业务工作，即运用科学的原则和方法管理档案，提供档案为企业服务的一项工作。

(一)企业档案工作基本业务环节

企业档案工作的基本内容包括档案的收集、整理、鉴定、保管、统计、检索、利用和编研八项工作,这些通常被称为档案工作的八个业务环节。

企业档案的前身是企业文件,而文件是随着工作活动分散形成的,为了今后使用方便,需要对分散的文件加以挑选,择其重要的一部分集中保存,以备今后利用,这就形成了档案的收集工作。档案收集工作是指文件由分散到集中的过程,它是档案工作的起点。

收集起来的档案是相对零乱的,因为档案数量较多,内容复杂。为了便于管理和今后查找,还需要对零乱的档案进行分门别类,逐步条理化,这就形成了档案的整理工作。档案整理工作是指档案由零乱到系统的过程,它是档案工作的基础。

由于档案数量日益增多,有些档案失去了保存价值,为防止庞杂,则需要剔除那些丧失了保存价值的档案,还要区分档案不同的保存价值,以便分级保管档案和发挥重要档案的作用,这就形成了档案的鉴定工作。

由于自然的和人为的各种因素,档案总是处于渐变性的自毁过程,甚至可能遭到突变性的破坏,比如,纸张发黄、字迹褪色,或遭受火灾、水灾等,为了解决档案的不断损毁和长远利用的矛盾,就需要将档案妥善地保管起来,采取各种保护措施,保证其完整与齐全,尽量延长其寿命,这就形成了档案的保管工作。

对档案进行科学管理,首先需要对档案和档案工作的情况进行全面了解,因此,对档案和档案工作状况进行数量的统计、分析和研究,就形成了档案的统计工作。

档案数量很多,基本上是按自身形成规律整理和存放的,但利用档案的要求则是特定的,又是多方面的。利用者面对堆积如山的档案,要查找自己所需要的档案材料犹如“大海捞针”,这就需要编制一些查找工具,从各种途径揭示档案的内容和成分,供利用者使用以解决数量庞大的档案与利用者特定需要的矛盾,这就形成了档案的检索工作。

保存档案的目的是提供档案为企业各项工作服务,充分发挥档案作用。为了能使档案的作用及时、充分地发挥出来,我们要开辟各种途径,采取各种形式和方式,向利用者介绍企业档案馆(室)藏,提供利用,这就形成了档案的利用工作。

为了更广泛而又主动地使档案为更多利用者服务,同时,也为了保护档案的原件,就需要对浩瀚的档案史料进行研究,汇编并出版档案史料,在更大范围内发挥档案的作用,这就形成了档案的编研工作。

(二)企业档案工作诸环节的相互关系

企业档案工作各项业务环节都有各自不同的工作内容、特点和要求,每项工作都是整个档案工作的重要组成部分,都是必不可少的、相对独立的必要环节。档案工作诸环节是彼此依存,相互制约的一个有机整体。

从企业档案工作诸环节的相互作用,可以看出它们之间的基本关系。档案的收集、整理、鉴定、保管、统计、检索等各个环节,为档案的利用创造条件,它们都属于基础工作范畴。整个档案工作的内容可以划分为基础工作和利用工作两个方面。基础工作为利用工作提供基础、创造条件;利用工作直接体现了档案工作的目的和方向,基础工作在利用过程中不断发展、完善。

案例分析

“企业档案人员必须先发制人”

国家档案局主办《外国档案工作动态》中有一篇文章《美国企业档案馆的发展和企业文件的管理》，其中讲到：“档案人员必须先发制人——寻找机会来提供服务，并持续地参与企业的工作。美国最成功的企业档案馆，如可口可乐公司、福特汽车公司和卡夫食品公司，它们的档案人员都直接参与了自己公司的工作。同样，由于明尼苏达历史协会的档案人员也直接参与了一些公司的活动，协会和这些公司的关系也变得更加密切。在3M公司去年的百年庆典活动、西北航空公司50年泛太平洋空中服务庆典以及其他一些公司的市场推广活动中，档案人员都直接参与了公司的主流活动，并提升了档案馆的价值，这对他们获得支持非常重要。”

企业档案人员必须了解企业正在开展的工作、项目及其发展方向，这样就可以看出企业可能产生的需求，并利用自己掌握的馆藏来服务于这种需求。同时，还应该主动了解什么样的文件将会被生成，并尽快地参与这些文件的鉴定和处置。

二、企业档案工作总则

（一）档案工作基本原则

《中华人民共和国档案法》用国家法律的形式确定了我国的档案工作基本原则：档案工作实行统一领导、分级管理的原则，维护档案的完整与安全，便于社会各方面的利用。

1. 统一领导，分级管理

统一领导，分级管理，是我国档案工作的组织原则和管理体制，它包含三个内容。

（1）档案行政管理部门，对本地区的档案工作实行统一的、分级的管理。

① 档案工作统一领导，是指各级党委和政府统一领导档案工作，全国的档案工作由中共中央国务院直接领导，地方档案工作则由地方各级党委和人民政府统一领导。

② 档案工作统一管理，是指国家档案局对全国档案工作进行全面规划、统筹安排，制定统一的方针、政策、法规、制度、标准、规范等，对全国档案工作实行分级管理和分专业管理。

③ 档案工作分级管理，是指各级档案行政管理部门根据国家有关档案工作的统一规定分层管理本地区的档案工作，结合本地区情况，制定档案工作规划、制度和方法等，监督、指导本地区的档案工作。

④ 档案工作分专业管理，是指从中央到地方的某一专业系统，由专业主管机关，按照国家有关档案工作的统一规定，结合本专业系统具体情况，制定档案工作规划、制度和方法等，监督、指导和检查本专业系统的档案工作。

（2）国家的全部档案分别由各级各类档案保管机构集中管理。各级党政机关、团体、企事业单位所形成的档案,必须由单位设立的档案室集中管理,不得由各部门或个人分散保存。各单位已经保存若干年的并且需要长远保存的档案,必须移交到各级、各类档案馆集中管理。

(3) 党政档案和党政档案工作实行统一管理。从1959年开始,我国实行了党政档案和党政档案工作统一管理。这一做法是我国档案工作管理体制的一大特点。其主要内容是:一个单位的党、政、工、团档案,均由该单位的档案室集中统一管理;各级党的机关和政府机关,以及群众团体等所形成的档案,具有长远保存价值的,均由中央和地方综合性档案馆集中管理;党的系统和政府系统的档案工作,均由档案行政管理部门统一监督、指导和检查。

2. 维护档案的完整与安全

维护档案的完整与安全,是档案工作的最基本要求。

(1) 维护档案的完整。档案的完整,包括数量完整与质量完整两个方面。

在数量上,要求将所有具有保存价值的档案,收集齐全,不残缺,且能全面反映出一个单位或一个地区工作活动面貌,这就是数量完整。

在质量上,要求将收集起来的档案,按照它们之间的内在联系,系统地整理,组成有机整体,不零乱,且能真正、系统反映出一个单位或一个地区工作活动面貌,这就是质量完整,即从质量上保证一定的档案综合体的完整性。

档案数量完整与质量完整是辩证统一的,它们互有联系,彼此影响。只追求数量而不顾质量,势必使档案庞杂,给管理和利用带来不便;过于强调质量而忽略数量,会使档案缺少某一部分,若不能反映出全部活动面貌,也不是真正的完整。

(2) 维护档案的安全。档案的安全,包含着档案实体安全与档案内容安全两个方面。

档案实体安全,是指在档案管理过程中,要求采用一切手段,尽量延长档案寿命,不致使档案实体遭受破坏。

档案内容安全,是指档案在政治上的安全,对档案机密采取保密措施,不致使档案机密泄露。

档案的完整与安全是相互联系、相互制约的两个方面。只有维护档案的完整,才能有效地保证档案的安全;反之,只有维护了档案的安全,才能真正确保档案的完整。维护档案的完整与安全,既关系到党和国家的利益,同时也为子孙后代积累了档案财富。

3. 便于社会各方面的利用

便于社会各方面的利用,是档案工作的最终目的,是检验档案工作好坏的主要标准,是档案工作各项业务建设的出发点,它支配着档案工作的全过程。

(二) 企业档案工作总则

档案工作的基本原则,揭示了档案工作的客观规律,对我国档案工作的理论和实践具有普遍的指导意义。根据档案工作基本原则,《规范》确立了企业档案工作的总则。

(1) 企业档案是企业知识资产和信息资源的重要组成部分。企业档案工作是企业研发、生产、经营和管理活动的基础性管理工作。

(2) 企业档案工作应以企业资产关系为纽带,实行统一领导、统一管理、统一制度、统

一标准。

(3) 企业档案工作应以满足企业各项活动在证据、责任和信息等方面的需求为导向，运用现代技术与管理方法，通过资源整合和开发，为企业研发、生产、经营、管理和持续发展提供有效服务。

(4) 企业应维护档案的完整、准确、系统与安全。

三、企业档案工作的组织

（一）档案工作组织体系

档案行政管理部门、档案馆、档案室，这些机构在全国范围内形成了一个结构合理、管理科学、颇具规模的档案工作组织体系。

1. 档案行政管理部门

档案行政管理部门是党和国家监督、指导档案工作的管理机关，它本身并不直接管理档案，它的职能是按照“统一领导，分级管理”的原则，对各地区、各专业系统的各级各类档案馆、档案室的档案业务工作进行分层、分专业地管理。档案行政管理部门是我国档案工作组织体系中的行政系统，是国家档案事业的组织和指挥中心，国家授权各级档案行政管理部门管理国家档案事务，它在整个档案事业发展中起着决策、规划、组织、协调、监督和指导的作用。

2. 档案馆

一般意义上的档案馆，是指国家档案馆。它是党和国家集中管理档案的科学文化事业单位，是永久保存档案的基地，是爱国主义教育基地，是科学研究和各方面工作利用档案史料的中心。这些档案馆保存的，既有历史档案，又有党政档案；既有一般档案，又有机密档案。国家档案馆分中央级档案馆和地方级档案馆。中央级档案馆有中央档案馆、中国第一历史档案馆和中国第二历史档案馆。地方级国家档案馆则如每省有一省档案馆，每市有一市档案馆，每县有一县档案馆，这类档案馆数量众多，构成了星罗棋布的档案馆网。

另外，如果按照保存档案的内容特征来区分，各级各类档案馆中还有专业档案馆，如城建档案馆；按照档案形式特征进行区分，则有专门档案馆，如照片档案馆；按档案来源特征进行区分，则有部门档案馆，如外交部档案馆。

企业达到一定规模，档案数量较多，也可专门建立档案馆保管档案，如上海石油化工股份有限公司档案馆。

3. 档案室

档案室是集中统一管理本单位档案的内部组织机构，主要是为本单位的工作、生产和科研等各项活动管理档案并提供服务。档案室与档案馆业务基本相同，是我国档案工作组织体系中的主要业务机构。

档案室与档案馆的主要区别在于：管理的范围不同，档案室管理的是本单位的档案，而档案馆则是各个单位汇集起来的档案；服务对象不同，档案室主要为本单位各项工作服务，而档案馆则是为整个社会服务。而上述区别决定了档案室的地位和作用有双重性。一方面，它是本单位各项工作的必要条件，档案室工作做好了，可以提高本单位各项工作的效率和工作质量;另一方面,档案室又是国家档案工作组织体系中的基层组织,是档案馆工作的基础。档案室保存的档案,不仅是本单位的档案,而且是国家档案的一部分,档案室工作不仅是为本单位工作服务,而且为国家档案馆积累和输送量多质优的档案文化财富。

档案室的具体类型包括以下几方面。

(1)综合档案室,指集中统一管理本单位全部档案的档案室。它比分别设立各种档案室优越,既精简机构,又加强了本单位档案工作的集中统一领导和管理,便于汇总档案,综合开发档案信息。

(2)文书档案室,指集中管理本单位文书档案和其他一些档案的档案室,包括党、政、工、团的档案和会计档案等。文书档案室通常在党、政办公室领导下开展工作。

(3)科技档案室,指集中管理本单位科学技术档案,并由该单位负责生产或科研的具体部门或负责人领导的档案室。

(4)专业档案室,指专用性比较特殊的单位设置的专门保管本单位某一专业业务档案的档案室。

(5)专门档案室,指某单位设置的专门管理本单位音像档案、机读档案等档案室。

(6)联合档案室,指若干个性质相近、关系密切、驻地集中的单位联合成立一个档案室,共同管理各单位形成的档案,类似于某些国家的文件中心。

(7)人事档案室,指各单位人事部门设立的专门管理人事档案的档案室。

(二)企业档案工作的组织

《企业档案工作规范》明确指出,企业应确定档案工作的分管领导,确定各职能或承办部门、各项目档案工作的负责人,确定档案部门的负责人;还应根据规模和管理模式设置专门的档案机构,或指定负责档案工作的机构,大型企业应设立档案馆。一般情况下,企业档案室是企业档案工作的核心。企业应建立以档案部门为核心,各职能或承办部门,各项目专、兼职档案人员为基础的企业档案工作体系。

1. 企业档案人员的配备

企业应配备与企业研发、生产、经营和管理相适应的专职档案人员;各部门、各项目应配备专职或兼职档案人员。企业应保持档案人员相对稳定。具体要求包括以下几个方面:档案人员应遵纪守法、忠于职守、具有专业知识;档案部门负责人应具有中级以上专业技术职称或大学本科以上学历;档案人员应具备大学专科以上学历或同等学识水平;档案人员应定期接受档案业务培训。

2. 企业管理中的档案职责

企业在日常管理中,应承担相应的档案职责。主要包括以下几个方面。

(1)企业应贯彻国家有关档案工作法律、法规和方针政策,建立健全档案工作规章制度,将档案工作纳入企业发展规划和工作计划,为档案工作持续发展提供保障。

(2)企业应将文件形成、积累和归档要求纳入各部门、项目及专项工作职责和有关人员岗位职责,并对分管领导、部门和项目负责人及有关人员职责履行情况进行考核。

(3)企业应采取必要措施,维护和确保档案的完整、准确、系统和安全。

(4) 企业资产与产权变动时应做好档案的处置工作。

(5) 企业应对档案工作中做出成绩的集体或个人给予表彰或奖励；对违反有关规定造成档案损失的相关人员给予处分。

3. 企业部门管理中的档案职责

企业各职能或承办部门及项目负责人在日常工作中，也应承担相应的档案职责。其中包括以下几个方面内容。

(1) 企业各职能或承办部门及项目负责人应对本部门或项目归档文件的完整和系统负责。

(2) 企业各职能或承办部门及项目文件形成者应负责积累文件，并对归档文件的齐全、准确和形成质量负责。

(3) 部门专、兼职档案人员应负责收集、整理应归档的文件，对归档文件的整理质量负责。

4. 企业档案部门的职责

企业档案部门，是企业档案工作的主要责任部门，它的主要职责包括以下几个方面。

(1) 统筹规划企业档案工作，制定企业文件归档和档案鉴定、整理、保管、统计、利用、移交等有关规章制度。

(2) 负责企业档案的收集、整理、保管、鉴定、统计和提供利用工作。

(3) 指导企业各部门、项目及专项工作文件的形成、积累、整理及归档工作。

(4) 监督、指导、检查企业所属单位（包括派出机构和投资的全资、控股企业）的档案工作。

(5) 依照有关规定向国家档案馆或有关单位移交档案。

技能训练

阅读《中华人民共和国档案法》

【目的】

通过认真阅读《中华人民共和国档案法》，丰富对档案、档案工作相关概念的认识。

【指导】

(1) 从网上下载《中华人民共和国档案法》全文。

(2) 重点摘录《中华人民共和国档案法》第二条、第五条、第七条、第十三条、第二十四条。

(3) 对照书中的相关知识点，解读上述条款，提出您对这些条款的认识。

本章小结

在学习本章的过程中，学员不仅要掌握文件与档案的一般概念，文件工作与档案工作

的基本特性,还要根据《规范》的要求,重点掌握企业文件的种类及内容,明确企业档案文书工作和档案工作的组织及相关工作要求。同时还要注意,我国已逐步建立社会主义市场经济和现代企业制度,并进行了一系列改革,其核心内容是建立政企分开、责权分明、产权清晰、管理科学的法人治理结构,赋予国有企业法人财产经营权和处置权。企业档案是依附企业而存在的,它是企业进行生产和经营的工具和资本,企业对企业档案有占有权、使用权和处置权,也就是说,企业对档案工作不仅有权决定建立什么样的档案管理机构,配备多少管理人员来进行档案管理,而且有权决定选留什么材料作档案以及清除或销毁什么文件。有些中小企业为了精简和效益,不设档案机构,只是指派人员管理档案,或者采取“工作外包”、“委托管理”等形式管理档案,这种形式在国外并不鲜见。

实践活动

实地参观档案馆

【目的】

通过参观档案馆,使学员了解档案和档案工作,明确档案工作各个环节的主要任务。

【内容】

如有可能,可安排学员实地参观一座国家综合档案馆或企业档案馆,请工作人员介绍档案接收、整理、保管、检索、利用等环节的主要工作任务。

【要求】

参观完毕后,结合书中相关内容,绘制一张表格,表格中列出:档案工作各个环节的名称、该馆承担相应工作任务的部门名称、各个工作环节的主要任务。

本章练习

一、判断题

1. 档案是文书工作的主要对象。 (　　)

2. 专指型文件定义专指公共文件,把文件形成者仅界定为“政府部门”或“公共机构”。 (　　)

3. 扩展型文件是指所有公私机构和个人活动中形成的文件,即指一切公私文件。(　　)

4. 文件的第一价值又称原始价值,文件的第二价值又称附属价值。 (　　)

5. 文件与档案既有共同性又有差异性。 (　　)

6. 一般来说,企业办公厅(室)或秘书处(室)是主要从事文书工作的机构。 (　　)

7. 专门从事文书工作的部门通常称为文秘部门。 (　　)

8. 维护档案的完整,包括数量完整与内容完整两个方面。 (　　)

9. 企业即使达到一定规模,档案数量较多,也不能建立档案馆保管档案。 (　　)

10. 企业档案部门,是企业档案工作的主要责任部门。 (　　)

二、单项选择题

1. 文件内容具有(　　)这一最主要特点。

A. 本源性　　B. 记录性　　C. 原生性　　D. 记载性

2. 文件是有特定(　　)的信息记录。

A. 体式、名称　　B. 格式、名称　　C. 格式、标准　　D. 规范、标准

3. (　　)主要是指企业在经营管理、日常行政管理、组织管理、科技与生产管理等工作中形成的直接记录。

A. 科技类文件　　B. 管理类文件　　C. 会计类文件　　D. 干部职工类文件

4. 党和国家监督、指导档案工作的管理机关是(　　),它本身并不直接管理档案。

A. 档案室　　B. 档案馆　　C. 档案行政管理部门

5. 集中统一管理本单位全部档案的档案室是(　　)。

A. 科技档案室　　B. 综合档案室　　C. 文书档案室　　D. 专门档案室

三、多项选择题

1. 文件具有(　　)功能。

A. 描述　　B. 记载　　C. 凭证　　D. 传递　　E. 存贮

2. 根据形成和作用的具体公务活动领域的不同,企业文件按内容可分为(　　)。

A. 管理类文件　　B. 决策类文件　　C. 科技类文件

D. 会计类文件　　E. 干部职工类文件

3. 根据制发文件的企业文件传递方向的不同,可将企业文件分为(　　)三类。

A. 上行文　　B. 下行文　　C. 平行文　　D. 通行文

4. 企业应维护档案的(　　)。

A. 完整　　B. 准确　　C. 系统　　D. 安全

5. (　　),这些机构在全国范围内形成了一个结构合理、管理科学、颇具规模的档案工作组织体系。

A. 档案行政管理部门　　B. 档案馆　　C. 档案室　　D. 档案局

四、简答题

1. 简述文件的特征。

2. 简述企业文书工作的主要内容。

3. 简述档案工作的基本原则。

4. 简述企业档案工作的总则。

5. 简述企业档案工作的组织体系。

五、案例分析题

消除“部门藏档”现象

某企业的归档文书材料整理工作由企业档案室承担,但档案室通知各部门移交应归档文书材料时,总有一些部门不仅拖延时间,而且移交的文书材料也不全。究其原因,相关部门认为,有些文书材料本部门还要经常使用,移交到档案室后可能就会使用不便。企

业档案室通过加强企业文书档案工作的组织和管理,规范规章制度,简化档案利用手续,并及时与相关部门沟通,逐步消除了这种“部门藏档”的现象,使企业文书与档案工作走向正轨。

根据以上案例完成下列题目。

1. (　　)是企业知识资产和信息资源的重要组成部分。

A. 企业档案　　B. 企业产品　　C. 企业设备

2. 企业应建立以(　　)为核心,各职能或承办部门,各项目专、兼职档案人员为基础的企业档案工作体系。

A. 档案部门　　B. 文书部门　　C. 领导部门　　D. 业务部门

3. 维护档案的(　　),是档案工作的最基本要求。

A. 完整与安全　　B. 完整与系统　　C. 安全与系统　　D. 科学与系统

4. 企业档案工作的主要责任部门是(　　)。

A. 企业职能部门　　B. 企业领导部门　　C. 企业文书部门　　D. 企业档案部门

第三章　企业常用文种

学习目标

本章重点掌握决定、通告、通知、通报、报告、请示、批复、意见、函、会议纪要、决议、规定等企业常用公文文种的适用范围、类型及主要特点；同时要求了解企业常用事务文件和专门文件的适用范围、类型及主要特点。

案例引导

文种使用的常见错误

据统计，公文写作中关于文种使用的常见错误主要有以下几种。①自制文种，在正式文种之外随心所欲，生造公文文种并以正式公文行文。常见的有“请示报告”、“工作思路”、“情况”、“汇报”、“申请”、“郑重声明”等。②误用文种，把其他应用文，特别是事务文书中的文种，作为正式公文文种使用。如把计划类文种“要点”、“打算”、“安排”、“设想”等作为公文文种直接使用。③混用文种，不按文种的功能和适用范围去选用文种，而造成临近文种相互混用，导致行文关系不清，行文目的不明，行文性质混淆。常见的有“公告”与“通知”、“决议”与“决定”、“请示”与“报告”、“请示”与“函”等混用。④越权使用文种，超出本单位的权限行文，如随意制定“条例”。⑤降格使用文种。如应该用“命令”、“指示”发布的公文用“通知”发布，影响行文的权威和效力。

文件的名称通常又称为文种。它与发文目的、发文者权限及发文单位之间的关系等有直接关系。企业常用文件名称种类繁多，不同名称的文件适用于各种不同的情况。通用公文是企业最常用的文件；事务文件实用价值较大，使用也相当广泛；专门文件仅在某些专业领域中使用。

第一节 企业常用公文文种

一、公文文种

通用公文是各级各类单位在公务活动中普遍使用的文种。目前,我国党政机关现行的公文文种是根据2012年7月1日起施行、由中共中央办公厅和国务院办公厅联合印发的《党政机关公文处理工作条例》(以下简称《条例》)中规定的15种。即:①决议;②决定;③命令(令);④公报;⑤公告;⑥通告;⑦意见;⑧通知;⑨通报;⑩报告;⑪请示;⑫批复;⑬议案;⑭函;⑮纪要。

党政机关以法规文件形式发布的通用公文文种,在企业日常工作中也经常使用。从事企业文书工作,必须掌握上述企业常用公文的性质、特点和作用。

二、公文文种的选用

(一)正确选用公文文种的意义

不同名称的公文,其用途、特性、写作的结构、语言表达方式等都不相同。不同情况下,应当正确选用合适的公文文种。

正确选用文种是文书工作人员必须掌握的基本功。公文拟写不同于一般文字材料写作,公文一旦颁布,就会体现发文单位的权力、意图。如果文种选用失当,会影响工作的顺利进行,甚至会带来极其严重的后果。正确选用文种的意义主要体现在以下三个方面。

1. 有利于公文写作的规范化

各文种有不同的写作特点和要求,正确地选用文种,能根据文种特有的写作要求、特点,准确地采用相应的结构、语言表达公文主旨,从而提高公文撰写质量并达到规范化。

2. 有利于公文处理的科学化

各文种有不同的制发目的,因此对其处理方式也不同。正确地选用文种,有助于及时、准确地处理公文,从而达到发文目的。

3. 有利于公文工作的制度化

各文种有不同的性质、特点和用途,由党和国家以法规文件的形式固定下来,体现了公文的权威性和严肃性。正确选用公文文种,是对公文法定权威的有效维护,有助于公文工作制度化。

(二)公文文种选用规则

正确选择恰当的公文文种,做到有法定规范可依,有规律可循,这主要考虑以下几个因素。

1. 选用文种应联系发文目的

制发文件通常是为了解决某一问题,达到某种意图,不同的发文意图应选择不同文种。例如同属上行文,需要上级做出批准和指示时应用“请示”,而“报告”则用于向上级单位汇报工作、反映情况、答复询问事项。

2. 选用文种应考虑行文关系

收、发文单位之间构成了行文关系。根据收、发文单位各自所处的地位及职权范围，它们之间的行文关系可归纳为三种：上行文、下行文和平行文。《条例》所明确的行文规则，要求选用文种时，应严格按照行文关系，在相应的文种范围内，选择恰当文种。如平行单位行文时，切勿在上行文种中选择。

3. 选用文种应根据发文单位的权限和地位

每个单位都有自己特定的职权范围，而有些文种的拟制和发布有一定的级别和职权限制。因此选用文种时，应根据本单位拥有的权限和所处的地位。例如“命令（令）”是行政机关的文种之一，党的机关不宜使用。命令（令）适用于公布行政法规和规章、宣布施行重大强制性措施、批准授予和晋升衔级、嘉奖有关单位和人员。

4. 选用文种应以国家法规为准绳

中共中央办公厅和国务院办公厅联合修订、印发《条例》，将公文的用法纳入法律监管并予以严格规定。应正确领会各种公文适用范围的法规精神，在选用文种时，严格遵循，避免误用。

三、企业常用公文文种

根据《条例》中所规定公文文种的用法，企业常用公文文种主要有：决定、通告、意见、通知、通报、报告、请示、批复、函、纪要。

（一）决定

1. 决定的适用范围

《条例》规定：决定“适用于对重要事项作出决策和部署、奖惩有关单位和人员、变更或者撤销下级机关不适当的决定事项”。

2. 决定的类型

决定常用的有以下几种类型。

(1) 决策部署类。决策部署类包括对重要事项或重大行动做出决策、安排、部署，有很强的导向性和指挥性，有关单位及人员必须贯彻执行，如《××集团公司关于加快企业信息化发展的决定》。

(2) 知照类。知照类记述较重要事项的决定结果，并传达到相关范围，具有知照性，不要求执行和实施，如《××公司关于设立浙江办事处的决定》。

(3) 奖惩类。奖惩类主要用于表彰对本单位作出重要贡献的先进集体和先进个人，以及批评处理违法乱纪、造成重大损失的反面人物和事情，如《××银行浙江分行关于授予××等人 2008 年度先进个人称号的决定》。

决定常用于对重要事项的处理和安排部署，是一种重要的领导性、指导性公文。在公文标题下往往注有通过或批准日期及会议名称的题注项。决定具有较强的强制性，决定的事项往往具有单一性。

(二)通告

1. 通告的适用范围

《条例》规定,通告“适用于在一定范围内公布应当遵守或者周知的事项”。

2. 通告的类型

(1)法规性通告。法规性通告主要由各企业以通告的形式发布在一定范围内必须遵守事项的公文,具有较强的行政约束力和法律效力,如《××厂关于安全注意事项的通告》。

(2)周知性通告。周知性通告将某项需在一定范围内周知的事项告知有关组织和群众,一般各级各类组织都可使用,使用范围相当广泛。如迁址、业务变更、税务等事项中经常使用这种通告。

3. 通告的特点

通告是在一定范围内公布应当遵守或周知的事项时所使用的一种重要的法定公文。通告具有法规性、政策性、广泛性、周知性及具体性的特点。

(1)法规性。通告通常是关于某些事项作出规定或限制,成为被告知范围内人们行动的准则,不得随意违反。

(2)政策性。通告常常是方针、政策的体现,是方针、政策在一定范围和某些事项上的具体化。

(3)广泛性。通告的内容可以是国家的法令、政策,也可以是社会生活中的具体事务。通告的使用单位极其广泛,从高层领导机关、职能机构到基层单位都可以使用。通告的使用频率很高。

(4)周知性。通告一般通过新闻媒体或在公共场所张贴的方式直接传送、公开宣传,要求在一定范围内周知并执行。

(5)具体性。通告的内容一般只针对社会生活的某一方面,较为专一、具体,所列事项清晰明确,以便于遵照执行。

企业使用通告时,还应注意与公告相区别。公告是国家行政机关的重要文告,具有消息性、庄重性,其内容往往有法定性。公告有严格的使用范围,大多用于国家权力机关、较高级别的行政机关及一些职能机构,社会机构如企事业单位、团体等一般不轻易使用公告。

(三)意见

1. 意见的适用范围

《条例》规定,意见“适用于对重要问题提出见解和处理办法”。作为党、政机关的一种正式法定公文,意见所涉及的问题都是工作中重大的、急需解决的问题,比一般的口头意见要严肃规范。

2. 意见的类型

(1)指示性意见。指示性意见主要对重大问题提出指导性和政策性措施,对下级单位布置工作,阐明工作活动的原则、要求等,有指示的功能。

(2)计划性意见。计划性意见结合本地区工作实际,对一个阶段的工作提出原则性

要求，让有关单位执行，包括工作目标、措施和方法、步骤等。

(3) 建议性意见。建议性意见用于向上级反映情况，对现实重要工作提出见解和处理改进的建议设想，供上级或主管部门决策时参考。建议性意见往往是发文单位受本单位职权所限，而请求上级单位批转相关单位执行时所用的文种。

3. 意见的特点

(1) 多向性。意见的行文方向可以是上行文，也可以是平行文和下行文。作为上行文，应按请示性公文的程序和要求办理。上级单位应当对下级单位报送的意见做出处理或给予答复。作为下行文，文中对贯彻执行有明确要求的下级单位应遵照执行；无明确要求的，下级单位可参照执行。作为平行文，提出的意见供对方参考。

(2) 用途广。一是行文内容广泛，各种指示性、计划性、建议性、商洽性等内容均可使用意见发文；二是发文单位极其宽泛，不受发文单位级别高低的限制和单位性质的限制。

(3) 指导性。意见要符合涉及的方针、政策，又要结合具体实际情况。意见表达的虽是见解、主张，但却具有指导性、规范性，具有行政约束力。

(四) 通知

1. 通知的适用范围

《条例》规定，通知“适用于发布、传达要求下级机关执行和有关单位周知或者执行的事项，批转、转发公文”。

2. 通知的类型

(1) 指示性通知。指示性通知具有指示性和指导性，主要用于对下级单位布置与指导工作、传达上级单位的指示精神，下级单位应贯彻执行。这类通知通常是上级单位针对工作中出现的问题提出解决办法，要求下级单位执行。

(2) 批转与转发性通知。批转和转发都是行文形式，即将其他单位制发来的文件转达给有关单位知照或贯彻执行。

批转性通知用于上级单位针对下级单位报送的文件进行批示，并把批示意见和所报文件转发给所属有关单位、部门，以实施领导、指导职能。因此，批转文件受等级和组织系统的严格制约。被批转的文件一般具有参照执行的价值，批转性通知通常带有指示性质，要求有关单位参照执行。对下级单位“请示”的批转具有批复和批转双重作用，它既是对请示单位所作的批复，又批转给其他各个未发“请示”的下属单位遵照执行。

转发性通知使用较广，可以转发上级单位的文件，也可以转发下级、平级和不相隶属单位的文件，即转发文件不受等级和组织系统的制约。

对下级单位报来的文件是用“批转”还是“转发”行文，应根据被转文件的内容来确定。若来文反映的内容是上级单位要求其他下属单位贯彻执行的原则性、规定性意见，对工作具有执行意义的，如重要的工作意见、建议、措施等，应用“批转”行文；若来文属仅供其他单位参考、了解的试行性、非规定性内容，则用“转发”行文。

(3) 周知性通知。周知性通知用于告知有关单位需要了解或需办理的事项。此类通知的使用非常广泛，包括仅需了解而不需办理的事项，如印章的启用等；也包括需了解还需办理的事项，如通知办理某项事务等，会议通知也可看做此类通知。

(4) 任免通知。任免通知用于有关人员的任免或聘用事宜,是人事任免中的一个必要程序。

通知是法定公文中使用最为频繁的文种。通知的使用范围极广,这与通知在作者、行文内容等方面的宽泛、灵活是密切相关的。通知的行文方面以下行文为主,同时也可以平行发文。

通知具有一定的权威性、指示性和显著的时效性。按照通知的形式分,还有补充通知、紧急通知、联合通知等。

(五) 通报

1. 通报的适用范围

《条例》规定,通报"适用于表彰先进、批评错误、传达重要精神和告知重要情况"。

2. 通报的类型

根据作用和应用范围,通报可分为三类。

(1) 表扬性通报。表扬性通报用于表扬先进人物、先进事迹、推广先进经验和做法等,以弘扬优秀品德与精神,树立先进典型。

(2) 批评性通报。批评性通报用于在一定范围内批评不良的人和事,包括批评典型事故。批评性通报通过分析总结错误,使人吸取教训,并借此教育他人引以为戒。

(3) 情况通报。情况通报用于传达上级重要指示精神或需周知的有关情况、动态、沟通信息,以统一认识,推动工作。情况通报有较强的时效性,具有指导作用,侧重于告知,一般不涉及表扬和批评。

表扬和批评性的通报通常针对具有普遍意义的典型事例、成功经验和失败教训等,对人们有示范、教育和警示作用。同时,这类通报要及时,其内容应是近期发生的事情,以对受文者的思想、行为及时发挥指导、导向作用。因此,表扬和批评性通报除具有典型性的突出特点外,还有指导性和时效性特点。

通报属知照性公文,其内容可以是综合性的,也可以是专题性的。

通报属下行文,但也可根据需要抄送给上级和平级单位。除对外通报,也可在单位内部通报。

用于奖惩性的通报与决定的使用频率都较高,也很容易混淆。两者都用于表扬和批评事项,都有教育、导向作用,但决定较通报的内容更为重要、严肃,所表彰的先进人物、先进集体的事迹更突出,因此,其影响力更大。另外,决定的使用更侧重于公布对奖惩对象的处理结果和组织意见,以达到褒奖优秀和惩罚错误的目的;通报则重在树立典型,扩大影响,以达到教育、号召干部群众的目的。

(六) 报告

1. 报告的适用范围

《条例》规定,报告"适用于向上级机关汇报工作、反映情况,回复上级机关的询问"。

2. 报告的类型

按报告的内容性质,主要有工作报告、情况报告和答复报告三种。

(1) 工作报告。工作报告是为使上级单位了解本单位工作情况而作的书面工作汇报。工作报告用于总结工作经验、汇报工作进展状况及今后工作的设想、打算。

(2) 情况报告。情况报告主要用于向上级单位反映情况，尤其是重大问题、重大事件及特定情况等。

(3) 答复报告。答复报告用于答复上级单位的查询、提问，按要求汇报对上级某项指示执行的结果。

按内容涉及的范围，报告可分为综合报告和专题报告。另外，还有调查报告、会议报告、总结报告等。

报告是一种重要的呈报性公文，其使用具有广泛性。报告为各级各类单位普遍使用。报告在工作开始前、进行过程中与工作结束后都可以使用，可以定期报告也可以不定期报告。报告是参阅件，不需要上级回复。

（七）请示

1. 请示的适用范围

《条例》规定，请示“适用于向上级机关请求指示、批准”。

工作中应注意做到尽力处理好自己职权范围内的事项；不应事无巨细都请示，把矛盾推给上级；也不要超出自己的职权范围，越权处理问题。一般遇到下列具体情况均需向上级发文请示。

(1) 有关上级的方针、政策、指示或法规等不够明确，或在执行中有不同理解，需待上级明确解释或答复才能办理的事项。

(2) 工作中遇到的新情况、新问题需要处理而又无章可循、无法可依，需上级明确指示的事项。

(3) 本单位内部或协作的各单位之间需请示上级以求得协调或帮助的事项。

(4) 因本单位情况特殊，难以执行现行的统一规定，需要变通处理的事项。

(5) 涉及重大问题的解决方案，需经上级批准才能生效发布的文件及上级明确规定必须请示，否则无权自行处理的事项。

(6) 需请求上级解决的本地区、本单位的某一具体问题或困难，如人力、财力、物力的不足等事项。

2. 请示的类型

根据内容和行文目的，请示可分为三类。

(1) 请求指示的请示。凡在工作中遇到疑难问题，包括对上级的方针、政策、指示的认识和理解方面有不甚明了、无章可循的问题，以及涉及其他单位职权范围的问题，需提请上级予以指示解决。

(2) 请求批准的请示。重大问题的解决方案、重要措施的变更及其他必须经上级单位批准、认可的事项，如机构设置、人事任免等。

(3) 请求批转的请示。这类请示通常是针对某项涉及面广、需有关方面协同办理的工作，以及某项工作、活动涉及其他单位的职权范围，本单位提出具体意见、建议和办法后，请求上级按权限批转给其他相关单位执行。

3. 请示的特点

(1) 在行文目的上,请示内容系本单位无权决定或难以解决,需要上级指示或批准的事项。因此,请示中不仅要提出问题,还要有处理的意见或设想,以便上级批复。

(2) 在行文时间上,请示必须事先行文,然后按照上级的批复精神行事。

(3) 在行文内容上,请示应坚持一文一事原则,以便于公文及时处理。切忌一文多事。

(4) 在处理方式上,请示属需办件,上级单位无论同意与否均应按公文处理程序予以批复。

(5) 在报送制度上,行文规则规定,请示一般只能主送一个上级单位,不得多头主送;需要同时送其他单位的,应当用抄送形式,但不得抄送其下级单位;除上级单位负责人直接交办的事项外,请示不得直接报送领导个人。

请示是重要的报请性法定公文,与报告一样使用范围广、频率高,是上级单位开展工作的参考和领导、指导下属单位的依据。应注意区分两者,尤应注意报告不得夹带请示事项。

(八) 批复

1. 批复的适用范围

《条例》规定,批复"适用于答复下级机关请示事项"。

批复是上级单位对下级单位的请示事项给予答复时所使用的一种带有指示性、答复性的下行公文。因此,批复具有指示性、针对性和被动性。批复必须对下级请示的问题明确批示、指示和答复。批复是针对下级单位的请求而发布的被动性公文,没有请示就没有批复。

对事关方针、政策、组织机构、人事任免、党纪处分等重大问题,应以上级单位名义批复,以体现其权威性,并具有长期保存价值;对于一般事务性问题,可以办公厅(室)名义复函。

批复和请示都只能用于有直接隶属关系的上下级单位之间。若批复事项需其他单位了解,可用"抄送"的形式送有关单位。

2. 批复的类型

由于请示类型的不同,批复可分为指示性批复和表态性批复,前者是对下级单位提出的请示事项和问题提出处理意见以指导下级单位的工作,后者是针对请求批准事项表明上级单位的态度。

(九) 函

1. 函的适用范围

《条例》规定,函"适用于不相隶属机关之间商洽工作、询问和答复问题、请求批准和答复审批事项"。

函是平行文,主要用于平行单位之间或不相隶属单位之间,同时函也用于上下级单位之间具体问题的商洽、问答,还可用于单位对个人的公务联系,如答复群众来信、人事介绍等。

2. 函的种类

按行文目的和性质，函可分为如下几种。

(1) 商洽函。同级单位或不相隶属单位之间商洽和联系工作时使用，诸如商洽协作事项、商调干部等。

(2) 请批函。用于向有关业务主管部门请求批准具体事项。

(3) 知照函。用于向有关单位或部门关于某些具体事项的晓谕、联系和催办，如《××集团公司关于征求外派职工安置办法意见的函》。

按形式，函有公函和便函之分。便函格式简便，不具备国家标准所规定的正式公文格式，可用于一般程序性、事务性的具体事项。

按行文方向，函可分为问函和复函。

3. 函的性质和特点

函属于商洽性、问答性公文，不具有强制性或指示性。

函是一种日常工作中使用频率很高的文种，具有应用范围广、制发灵活、事务性强的特点。函的行文自由、使用简便，多用于解决具体事务，内容单一、务实。

使用函时应注意请批函与请示的区别。虽然都有“请求批准”的功用，但这两者的区别主要在于以下几个方面。

第一，行文方向和文种用途不同。请批函是平行文，主要用于向无隶属关系的主管部门请求、批准；请示则是上行文，主要用于向有隶属关系的上级单位提出请求、批准。

第二，内容不同。请批函的内容范围较窄，通常只限于主管业务，事务性较强；请示的内容则涉及政策性、方针性及业务性问题，范围更宽泛。

另外，在行文中应注意避免随意以请示代替函行文的情况，不能因为对方掌握有主管权就误认为是上级单位而乱用请示；也不能不管行文关系如何，只要有求于人，为办事顺利就用请示，从而打乱行文规则。

案例分析

交通部广州救捞局催办函

××造船厂：

贵厂××年为我局建造的2640马力拖轮“穗救202”轮，出厂至现在已经三年了，可是当时欠装的拖缆机至今尚未安装。为此我局曾多次去函催贵厂尽快给予解决，但贵厂一直未明确答复。该轮由于缺少拖缆机，长期无法正常完成生产任务，经济上已造成了很大的损失。为此特再次函请贵厂尽快为我局“穗救202”轮安装拖缆机，以免再延误该轮的正常生产。

敬礼

交通部广州救捞局(盖章)

××年×月×日

以上是交通部广州救捞局致××造船厂的催办函。这份函在内容、格式、措辞、语气方面都体现了一定水平。函的写作，首先要注意行文简洁明确，用语把握分寸。无论是对平行机关还是不相隶属单位的行文，都要注意语气平和有礼，不要倚势压人或强人所难，也不必逢迎恭维、曲意客套。至于复函，则要注意行文的针对性，答复的明确性。其次，函也有时效性的问题，特别是复函更应该迅速、及时。应及时处理函件，以保证公务活动的正常进行。

（十）纪要

1. 会议纪要的适用范围

《条例》规定，纪要“适用于记载会议主要情况和议定事项”。通常影响面较广的会议以纪要形式记载会议情况和精神，用以公布和向上汇报、向下传达，据此了解会议情况。

纪要通常是在会议结束后，以会议记录、报告、决议等会议文件为依据撰拟而成。

2. 纪要的类型

不同会议形成不同的纪要。纪要可分为以下两大类。

(1) 办公会议纪要。办公会议纪要又称决议性会议纪要。主要用于较重要的一定权力机构召开的研究工作的会议。会议纪要可以作为传达和部署工作的依据，用以指导有关工作的开展。这是各级各类单位最常用的会议纪要，如《××公司董事会会议纪要》。

(2) 其他会议纪要。其他会议纪要包括学术研讨会、座谈会、专题会等各类会议形成的纪要。

3. 纪要的特点

(1) 指导性。会议纪要所记载的主要精神，不但与会单位要遵照执行，其他有关单位也必须遵照执行。会议纪要具有约束力，成为传达、部署、指导工作的重要手段。

(2) 沟通性。会议纪要可以向上级呈报、向下级传达，也可以与平级交流或公开发表，是沟通会议信息、统一认识的重要工具。

(3) 提要性。对会议情况和议定事项的写作，必须是对会议内容的归纳、概括，重在对会议提要、共识和结论的反映。

会议纪要使用时应注意：会议纪要一般没有主送单位；可以直接下发与会者和有关单位，也可以呈报上级批转下达，还可以在报刊上公布；会议纪要的落款一般不盖章，以通知形式发出的，应在通知落款处盖章。

第二节　企业常用事务文种

在社会组织的日常工作中，有相当一部分比较常用的文种，如简报、会议记录、计划、总结等。这类常用事务文件不属于《条例》中规定的法定公文，属广义的公务文件，不具备正式法定公文的特点和效能，但对于企业文书工作仍具有较大的实用意义。

一、简报

（一）简报的适用范围

简报是用于各单位交流信息、沟通情况的书面材料。简报又称动态、信息、通讯、参考等，是交流情报、沟通信息、了解动态、建立信息网络的重要手段。

（二）简报的种类

常见的简报类型有以下三种。

（1）工作简报。工作简报主要反映本单位、本部门常规性工作情况。这类简报涉及的内容比较广泛、全面，一般连续编发，如《工作简报》等。

（2）专题简报。专题简报通常报道某一专项或中心工作的进展、动态、经验和问题等。这类简报反映事项较为集中、单一，有较强的专业性，在此项工作完成后即停发。

（3）会议简报。会议简报专门记载报道会议概况、进展情况、重要讲话及与会者讨论意见等内容。这类简报有较强的时效性。会议简报期数根据会议的期限、规模和重要程度而定。

（三）简报的特点

简报具有以下几个特点。

（1）简明。简报要简明扼要，突出重点，使阅读者一眼就能抓住要领。

（2）快捷。简报编写和印发要注重时效性，尽快反映情况，迅速传递信息，以便有关方面及时掌握最新动态，赢得工作的主动。

（3）真实。作为工作依据之一的简报所反映的内容必须真实可靠，具体事件、数据等应认真核实，有根有据，确凿无误。

（4）新颖。简报的内容和观点要新，反映新问题、新情况，提供新观点、新经验。简报具有新闻的特点。

简报虽然在各单位中有较高的使用频率，但它不能代替法定公文。简报通常由办公厅（室）主任签发，处理程序比公文简便。

简报有特定的格式。一般由报头、报核、报尾三部分组成。报头约占 1/3 的篇幅，包括简报的名称、期号、编发单位名称、编发日期及密级等；报核则是简报的主体部分，包括标题、正文、出处等；报尾包括发送范围和印制份数。

二、会议记录

会议记录是对会议情况、会议过程和内容的原始记载，包括会议的基本情况、议题、议程、发言、讨论及结果等。

会议记录是由专门人员对会议情况的真实记录，客观反映会议内容和会议进程。会议记录通常作为起草正式公文和会议文件的基础材料，为开展工作提供参考资料，也是日后提供查考的可靠依据和凭证。

会议记录具有真实性和完整性的特点。会议记录要准确地记录原话，不能加入记录者的主观意图，应注重客观、强调准确；会议记录与会议同始同终，内容完整准确，尤其不能遗漏会议中的关键事项。

会议记录是拟制会议纪要的主要依据，两者间有着密切的联系，也有较大差别。

三、计划

计划是对一定时期的工作，于事前拟定的目标以及准备执行的具体措施、步骤等内容的安排和谋划。

计划通常是根据上级的方针、政策，结合本单位的实际情况和客观条件，提出具体目标，制定相应措施和办法。根据计划，相关单位能合理安排人力、物力、财力以取得较高效益。此外，计划不仅可作为本单位努力的方向，便于督促和检查，也可以取得上级单位的指示和支持，并对下级单位进行指导和动员。

计划是计划类文件的统称，也是其中最常见的一种文种。鉴于时限不等、详略不同，计划类文件还包括规划、方案、打算、安排、设想、要点等。

计划的拟定要目标明确，切合实际，措施具体，便于操作。

四、总结

总结是对某一阶段的工作，于事后进行回顾、检查、分析和研究，从理论认识上概括经验教训的一种应用文种。

总结是在回顾的基础上对过去的工作进行检查、分析，在归纳经验、成绩和教训、不足的同时，找出事物规律性，指明以后的努力方向。因此，总结的基本内容通常应包括情况回顾、经验教训、存在问题和今后打算等几部分。

总结的类型很多，按内容性质分，有学习总结、生产总结、科研总结等；按时间分，有月度总结、季度总结、年度总结等；按范围分，有个人总结、部门总结、单位总结等；还可分成全面总结和专题总结等。总结或称为小结、体会、回顾等。

根据总结的范围来看，总结的对象具有较强的针对性，总结的时间具有限定性。一方面，总结是对过去执行计划情况的回顾；另一方面，通过总结规律，可对今后的工作提供有益的指导和借鉴。

五、启事

启事是一种向公众说明情况、提请注意、寻求协助以办理某个事项的告启类应用文种。

启事按性质内容不同，可分为征召启事、声明启事和找寻启事。

启事的内容表达应清晰、明了，语气应诚恳、真挚。启事一般以登报、张贴、广播电视的形式发布。

第三节　企业常用专用文种

专用文件是指在一定工作部门或业务领域，根据特殊需要专门使用的文件。专用文件在国家建设和社会生活中起着重要作用，是不可或缺的一部分。

专用文件具有自己的特点，如特定的使用领域、特定的格式要求、特定的文件处理程序等。因此，专用文件同通用文件有很大区别。

由于业务性质的要求，专用文件具有很强的专业性，因此，不同业务的文种不可互用，即便是同一业务不同环节的公文亦不可相互代替。专用文件用于专门业务，发挥专门效用。另外，较多地使用专业术语也是专用文件的一大特点。

专用文件的种类十分广泛。企业常用专用文种有经济文件、财会文件、审计文件、金融文件、商务文件、涉外经贸文件、人事文件、城建及房地产文件、教育及教学文件、工商文件、税务文件、保险文件、海关文件、公证文件等。本节仅择要介绍。

一、经济文件

经济文件是经济领域和各级各类机构经济部门中以经济活动的科学管理为目标的各种专用文件总称。经济类文书种类很多，包括经济合同、经济活动分析文件、经济调研决策文件及其他经济文件。

（一）经济合同

经济合同是在经济活动中，单位与单位、单位与个人、个人与个人之间，为完成某项共同任务，实现各自的经济目的，将经过协商取得的一致意见以书面形式表达出来，并以此明确各方的权利和义务的一种信用文件。

经济合同按不同的分类标准可分出不同的种类。

(1) 从合同内容划分，可分为购销合同、工程承包合同、货物运输合同、财产租赁合同、借款合同、加工承揽合同、财产转移合同。此外还包括科研、技术咨询项目的协作，等价交换等经济合同。

(2) 从合同时间划分，可分为长期合同、中期合同和短期合同。

(3) 从合同形式划分，可分为条款合同、表格式合同、条款表格结合式合同。

经济合同具有其特性，即经济合同的签订，既是经济活动，又是法律行为。经济合同内容必须合法，一经签订，即具有法律效力。当事人应正确履行自己的权利和义务，不得反悔，不得违约，否则必须承担相应的法律责任，任何一方不得擅自变更或解除合同。法律规定，经济合同的当事人应是具有在国家法律允许的范围内的一定的权利能力和行为能力者。合同任何一方当事人的地位都是平等的，订立合同时应坚持平等互利、协商一致的原则。

经济合同的格式比较固定，包括表格式、条款式、表格条款混合式。表格式适用于内容简单、固定的购销、订货合同等；条款式则多用于相对复杂、多变的财产租赁、科技协作合同等。合同的内容主要包括标题、立约单位、合同内容、签署,其中,经济合同的内容应写明标的、数量与质量、价款与酬金、履行的期限、地点和方式、违约责任等要素。

(二)经济活动分析文件

经济活动分析文件是根据有关经济资料,进行系统的分析比较,进而做出评价、总结以改进经营管理的一类专用文件。

经济活动分析文件以国家的方针、政策和经济理论为指导,以计划指标、会计核算、统计数据和调查研究结果为依据,对某一单位或部门的经济活动现象进行分析,反映其经济活动状况,揭示经济活动规律,提出改进意见,以改进经营管理,提高经济效益。

经济活动分析文件包括经济活动分析报告、产销分析报告、质量分析报告、生产成本分析报告、财务分析报告等。

(三)经济调研决策文件

经济调研决策文件有市场调查报告、市场预测报告、经济预测报告、可行性研究报告、项目建议书、项目评估报告、经营决策报告等。

(四)其他经济文件

其他经济文件是指在经济活动中所产生的除上述文件以外的其他一系列经济文件,包括招标及投标书、经济计划、经济统计报告、产品说明书、经济评论、经济信息、经济广告、催款通知单等。

二、公证文件

公证文件是国家公证机关依照法定程序,根据公证当事人的申请,确认有关事务的真实性和合法性的非诉讼活动而形成的一种专用文件。

公证文件种类繁多,内容多样,可分为公证申请文件、民事事务公证文件和经济事务公证文件等类型。

公证申请文件主要包括各类公证文件申请表、申请书,如拍卖公证申请书、婚前财产公证申请书等。

民事事务公证文件种类多种多样,如委托公证书、继承权公证书、遗赠抚养协议书公证书、未婚公证书、遗嘱公证书、财产分割公证书、亲属关系公证书、学历公证书、声明公证书等。

经济事务公证书有合同公证书、商标注册公证书、招标(投标)公证书、拍卖公证书、保全证据公证书,以及拒绝公证通知书、撤销公证通知书等。

国家司法部对公证文件的作者、格式等做了具体规定,公证书作为国家公证机关在办结公证事项后出具的证明文件,必须由国家公证机关制作、出具。公证书具有法律效用,并适用于国内外。

公证书的格式包括首部、正文、尾部三个组成部分。首部有标题和编号;正文主要是证词,是公证书的主体部分;尾部由公证机关、公证员签名、时间和公证处印章组成。

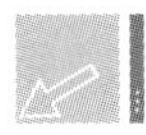

三、涉外经贸文件

涉外经贸文件即外贸文件，是有关机构在从事对外经济贸易活动中处理各类外贸业务时形成和使用的专用文件。

外贸文件种类很多，包括外贸进出口业务文件、国际招标文件、外贸合同文件、外贸函电等。

外贸进出口业务文件包括进出口商品经营方案、出口商品检验申请单、进出口货物报关单、进口货物许可证、进口检验申请单、出口许可证、对外贸易产地证明书、商品检验证书等。

国际招标文件包括涉外招标通告、涉外投标申请书、涉外投标保证书、涉外投标书等。此外还有涉外意向书、采购委托代理文件、各种外贸合同文件等。

技能训练

《党政机关公文处理工作条例》

【目的】

通过认真阅读《党政机关公文处理工作条例》，加深对企业常用公文文种的认识。

【指导】

(1) 从网上下载《党政机关公文处理工作条例》全文。

(2) 对照书中列出的企业常用公文文种，认真阅读《条例》对相关文种的规定。

(3) 对照书中的相关知识点，对其中的重点内容进行摘录。

本章小结

公文是传递策令、沟通信息的文字载体，正确写作公文是政令有效传递、工作顺利开展的必要条件。然而，在公文写作中经常发生公文格式不规范、数字运用不正确、语言不得体和文种模糊等错误。企业文书工作人员应加强业务知识的学习，多参与实践，明确文种并熟练运用，以更好地发挥公文在工作中的巨大作用。

实践活动

撰写一份请示和一份批复

【目的】

使学员基本掌握请示、批复两种常用公文的撰写方法。如有可能，也可对其他公文文种尝试撰写。

【内容】

请根据书中对请示和批复的阐述，撰写一份请示和一份相关请示的批复。

【要求】

请示要求遵守“一文一事”的原则，主旨鲜明集中，理由充分。请示事项明确、具体，语气平实，恳切。批复要求以请示为前提，内容具有针对性，注意效用的权威性和态度的明确性。

本章练习

一、判断题

1. 我国行政机关现行的公文文种是国务院于 2000 年 8 月发布的《党政机关公文处理工作条例》中规定的 13 种。 (　　)

2. 根据收、发文机关各自所处的地位及职权范围，它们之间的行文关系可归纳为上行文、下行文两种。 (　　)

3. 通知应用广泛，因此不具有权威性、指示性和显著的时效性。 (　　)

4. 决定常用于对重要事项的处理和安排部署，是一种重要的领导性、指导性公文。 (　　)

5. 公告“适用于公布社会各有关方面应当遵守或者周知的事项”。 (　　)

6. 批复和请示都只能用于有直接隶属关系的上下级单位之间。 (　　)

7. 报告是参阅件，不需要上级回复。 (　　)

8. 经济合同的格式比较固定，包括表格式和条款式。 (　　)

9. 公证书的格式由首部、正文、尾部、附件四个组成部分。 (　　)

10. 涉外经贸文件即外贸文件，是有关机构在从事对外经济贸易活动中处理各类外贸业务时形成和使用的专用文件。 (　　)

二、单项选择题

1. 选用文种应根据发文单位的(　　)。

A. 目的　　B. 职能　　C. 作用　　D. 权限和地位

2. 通报属(　　)，但也可根据需要抄送给上级和平级单位。

A. 上行文　　B. 下行文　　C. 平行文

3. (　　)通知用于上级单位针对下级单位报送的文件进行批示，并把批示意见和所报文件转而发给所属有关单位、部门，以实施领导、指导职能。

A. 批转性　　B. 指示性　　C. 转发性　　D. 指导性

4. 按行文方向，函可分为(　　)。

A. 来函和去函　　B. 上行函和下行函　　C. 问函和复函

5. 意见所涉及的问题都是工作中重大的、急需解决的问题，严肃规范性(　　)一般的口头意见。

A. 大于　　B. 等于　　C. 次于

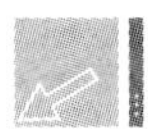

三、多项选择题

1. 决定常用的类型有(　　)。

A. 决策部署类　B. 决议类　C. 知照类　D. 告知类　E. 奖惩类

2. 通告的主要特点是(　　)。

A. 法规性　B. 政策性　C. 广泛性　D. 周知性　E. 具体性

3. 按报告的内容性质,报告可分为(　　)。

A. 工作报告　B. 情况报告　C. 答复报告　D. 请示报告

4. 根据请示的内容和行文目的,请示可划分为(　　)。

A. 请求指示的请示　B. 请求批准的请示

C. 请求批转的请示　D. 请求确认的请示

5. 按行文目的和性质,函可分为(　　)。

A. 公函　B. 商洽函　C. 请批函　D. 知照函　E. 私函

四、简答题

1. 列举2012年7月起施行的《党政机关公文处理工作条例》规定的15种公文名称。

2. 列举参照《党政机关公文处理工作条例》规定的10种企业常用公文名称。

3. 简述公文文种的选用规则。

4. 简要说明请示的主要特点。

5. 简要说明批复的主要特点和适用范围。

五、案例分析题

公文文种使用分析

公文文种是用以表明公文的性质和要求的。一份文件只能用一个文种,两种文种不可混用。如某单位《关于扩建油库的请示报告》,请示和报告本来是两个截然不同的文种,混在一起会让人分不清到底是请示还是报告。有些单位在向同级单位及无隶属关系的单位进行请求性或答复性行文时往往使用请示函、批复函,如某单位的《关于拟录用2000应届大学毕业生的请示函》和《关于批准录用××等×名同志的批复函》,这两篇公文把"函"和"请示"、"批复"混在一起使用,让人搞不清楚互相行文的两个单位之间到底是什么关系。另一种常见错误是生造行政公文文种,如《关于燃煤供应问题的补充说明》、《关于我厂实行全员聘任制的有关问题的解释》和《关于进一步加强安全工作的汇报材料》,这三份文件把"补充说明"、"解释"和"汇报材料"当成了公文文种使用,而这三个名称在法定公文中是不存在的。同时,还要注意不滥用公文文种,如应该用某些社会事务性文书(广告、声明、启事等)去解决问题,却滥发通知、通告和公告;在提出一般事项的请求时能用申请办理的,却用请示或报告行文解决。

根据以上案例完成下列题目。

1. 企业使用(　　)时,还应注意与公告相区别。公告是国家行政机关的重要文告,具有消息性、庄重性的特点,其内容往往有法定性。

A. 通告　　B. 布告　　C. 通报

2. 通知的行文方面以(　　)为主。

A. 上行文　　B. 平行文　　C. 下行文

3. 在行文内容上,请示应坚持(　　)原则。

A. 一文一事　　B. 一文多事　　C. 多文一事

4. 若批复事项需其他单位了解,可用(　　)的形式送有关单位。

A. 抄送　　B. 抄报　　C. 转发　　D. 通知

第四章　公文的格式与稿本

学习目标

本章要求重点掌握公文的构成要素，眉首、主体、版记及其标识规则。又因公文的实质性内容均在公文主体，所以要特别注意掌握公文的主体部分，包括公文标题、题注、主送单位、正文、附件、公文生效标识、特殊情况说明等各要素的标识规则。同时还要求了解公文用纸及排版要求，以及草稿、定稿、正本、副本、存本等不同文件稿本在制作过程中的注意事项。

案例引导

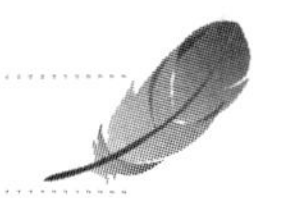

一则存在多处问题的公文

关于电解铝节能环保改造项目增加投资的请示报告

××公司办公厅、投资部、财务部并××总经理：

××分公司15万t电解铝节能环保改造项目基础建设工程基本完成，目前已进入厂房结构吊装和设备运输进厂安装阶段。但5号台风影响航运改道，导致海运费用大幅增加，加上钢材、水泥等原材料涨价，项目投资总额超过预算5800万元，特请求增加投资预算……

以上请示，请予审批。此致

敬礼！

××分公司投资管理部

二〇〇八年×月×日

这是一则请求批准的请示公文。但短短的例文中却存在多处问题：标题不规范，文种错误，结语不得体，发文单位不合适，且有多个主送单位等。

公文具有特定的格式，这是公文的特点之一。公文的格式是公文具有权威性和行政约束力在形式上的表现。为提高党政机关公文的规范化、标准化水平，根据中共中央办公厅和国务院办公厅联合印发的《党政机关公文处理工作条例》（以下简称《条例》），2012年6月29日，国家质量监督检验检疫总局、国家标准化管理委员会发布了《党政机关公文格式》(GB/T 9704—2012,以下简称《格式》)。该标准于2012年7月1日起正式实施。

《格式》"规定了党政机关公文通用的纸张要求、排版和印制装订要求、公文格式各要素的编排规则,并给出了公文的式样。本标准适用于各级党政机关制发的公文。其他机关和单位的公文可以参照执行"。企业文书工作,应严格按照《格式》的要求制发公文。

第一节　公文的格式

一、公文用纸及排版要求

公文格式是公文全部书面项目和公文的用纸、排版及印装要求的组合。

《格式》对公文用纸的技术指标、幅面及版面尺寸、排版规格、印制装订要求等均做了具体规定。

(一) 公文用纸主要技术指标

由于公文的特殊地位,一方面要考虑其外观严肃、庄重,另一方面更要考虑其频繁使用和作为档案长期保存的要求,因此对公文用纸的技术指标必须做出相应的规定。《格式》规定:公文用纸一般使用纸张定量为60～80克每平方米的胶版印刷纸或复印纸。纸张白度为85%～90%,横向耐折度≥15次,不透明度≥85%,pH值为7.5～9.5。

(二) 公文用纸幅面及版面尺寸

公文用纸采用A4型纸,其成品幅面尺寸为210 mm×297 mm。

(三) 公文页边与版心尺寸

公文用纸天头(上白边)为37 mm±1 mm。

公文用纸订口(左白边)为28 mm±1 mm。

版心尺寸为156 mm×225 mm(不含页码)。

《格式》规定,公文用纸采用GB/T 148中规定的A4型纸,其成品幅面尺寸为:210 mm×297 mm。

(四) 排版规格与制版要求

为了使公文印制和装订时达到规范,保证公文印制过程中的质量控制,《格式》做了以下规定。

(1) 排版规格。正文用3号仿宋体,文中如有小标题可用3号小标宋体或黑体,一般每面排22行,每行排28个字。

(2) 制版要求。版面干净无底灰,字迹清楚无断画,尺寸标准,版心不斜,误差不超过1 mm。

二、公文的构成要素及其标识规则

《条例》第9条规定:"公文一般由份号、密级和保密期限、紧急程度、发文机关标志、发文字号、签发人、标题、主送机关、正文、附件说明、发文机关署名、成文日期、印章、附注、附件、抄送机关、印发机关和印发日期、页码等组成。"

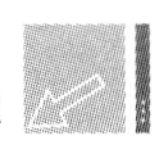

上述公文的构成要素及其标识规则，在《格式》中做了进一步区分和规定。《格式》第7款“公文中各要素标识规则”规定：“本标准将版心内的公文格式各要素划分为版头、主体、版记三部分。公文首页红色分隔线以上的部分称为版头；公文首页红色分隔线（不含）以下、公文末页首条分隔线（不含）以上的部分称为主体；公文末页首条分隔线以下、末条分隔线以上的部分称为版记。”

根据《格式》中的有关规定，公文的版头、主体、版记应分别达到以下要求。

（一）版头部分

公文的版头部分包括的项目有：份号、密级和保密期限、紧急程度、发文单位标识、发文字号、签发人。

1. 份号

公文的份号，是将同一文稿印制若干份时每份公文的顺序编号。如需标识公文份号，一般用6位3号阿拉伯数字，顶格编排在版心左上角第一行。公文份号便于在登记、分发、统计、清退公文时核对，掌握其有否丢失或遗漏，了解公文去向，以加强公文管理。

2. 密级和保密期限

密级是标识公文秘密程度的一种标志，涉及国家秘密的公文应当按照国家秘密及其密级具体范围的规定标明密级。公文标注密级，有利于国家秘密的安全，同时也便于公文的处理和管理。《条例》规定，涉密公文应当根据涉密程度分别标注“绝密”、“机密”、“秘密”和保密期限。《格式》规定，密级“一般用3号黑体字，顶格编排在版心左上角第二行。”

保密期限是对公文密级的时效加以规定的说明。《格式》规定，保密期限中的数字用阿拉伯数字标注。

3. 紧急程度

紧急程度又称缓急时限，是制文单位对公文送达和办理时限的要求。一般用3号黑体字，顶格编排在版心左上角；如需同时标注份号、密级和保密期限、紧急程度，按照份号、密级和保密期限、紧急程度的顺序自上而下分行排列。

《条例》规定，公文送达和办理的时限要求。根据紧急程度，紧急公文应当分别标注“特急”、“加急”，电报应当分别标注“特提”、“特急”、“加急”、“平急”。

4. 发文机关标志

发文机关标志又称公文的身份名称、“红头”，是发文单位用来制发正式公文时使用的一种固定版式，由发文单位全称或规范化简称后加“文件”二字组成。发文单位全称应以批准该单位成立的文件核定的名称为准。规范化简称应由该单位的上级单位规定。

《格式》规定，发文机关标志居中排布，上边缘至版心上边缘为35 mm，推荐使用小标宋体字，颜色为红色，以醒目、美观、庄重为原则。

联合行文时，如需同时标注联署发文机关名称，一般应当将主办机关名称排列在前；如有“文件”二字，应当置于发文机关名称右侧，以联署发文机关名称为准上下居中排布。

发文机关标志是版头部分最主要的项目。其作用主要是突出表明文件的身份，是公文权威性、郑重性的一种标志。

应注意，公文首页必须显示正文，若发文单位过多，可将其字号、行距缩小，直至保证公文首页显示正文为止(还要考虑留出发文字号、主送单位、标题及最少一行正文的位置)。

5. 发文字号

发文字号又称文号,是发文单位制发文件的编号,也是文件的一种代号。发文字号的作用,主要是便于公文的检索、处理、管理和统计。

发文字号编排在发文机关标志下空二行位置,居中排布。年份、发文顺序号用阿拉伯数字标注;年份应标全称,用六角括号“〔 〕”括入;发文顺序号不加“第”字,不编虚位(即1不编为01),在阿拉伯数字后加“号”字。

上行文的发文字号居左空一字编排,与最后一个签发人姓名处在同一行。

最常用类型的发文字号由三部分构成,即发文单位代字、年份和发文顺序号。以下简要介绍发文单位代字和发文顺序号。

(1) 发文单位代字。发文单位代字应能准确反映制发单位名称和性质,以便于查找利用。应注意杜绝出现两个单位之间单位代字使用重复、混淆的情况,发文单位代字应保持稳定。发文单位代字不应与单位简称相混同。

单位代字往往由两个层次组成。第一个层次是发文单位代字,第二个层次是发文单位主办文件的部门的代字。如“工银办”中“工银”代工商银行,“办”代办公厅。此外,有的单位代字还包含其他的层次,如“国发”、“国函”中“国”代国务院,而“发”和“函”则代“国务院文件”和“国务院函”这两种发文形式。

发文单位代字应尽量以简化为好。

(2) 发文顺序号。发文字号的顺序号是发文的流水号,以年度为编号周期。编号的方法有大流水编号法和小流水编号法两种,主要是编号序列的范围不同。

大流水编号法以单位全部发文为编号对象,将本年度单位的所有发文按先后顺序进行编号。这种编号法是一个单位一年只编一个发文序列。大流水编号法的特点是,一个单位一年只编一个发文序列,发文顺序号没有重复,编制简单,便于对整个单位发文情况的了解和发文数量的控制,适用于发文数量少、单位职权范围小的单位。

分类流水编号法也称小流水编号法。以单位内各个部门的发文为编号对象,将各部门的发文按先后顺序分别进行编号,这种编号法一个单位内有几个发文部门就会有几个发文序列。小流水编号法的特点是,一个单位内各个发文部门的发文顺序号都自成序列。因此这种方法较适用于发文数量大,单位职权范围广的单位,便于对各个发文部门的发文情况和发文数量的掌握,尤其适宜按部门检索文件。

正式外发公文均应标注发文字号。发文字号的结构、顺序等必须按规定书写。联合行文,只需标明主办单位发文字号。

6. 签发人

《格式》规定:由“签发人”三字加全角冒号和签发人姓名组成,居右空一字,编排在发文机关标志下空二行位置。“签发人”三字用3号仿宋体字,签发人姓名用3号楷体字。

如有多个签发人,签发人姓名按照发文机关的排列顺序从左到右、自上而下依次均匀编排,一般每行排两个姓名,回行时与上一行第一个签发人姓名对齐。

签发人项专用于上行文。在上报的公文中标识签发人姓名,主要目的是为上级单位的领导了解下级单位谁对上报事项负责。

（二）主体部分

公文的主体部分包括的项目主要有：标题、主送单位、正文、附件、公文生效标识、特殊情况说明。公文的实质性内容均在这一部分，因此较为重要。

1. 公文标题

公文标题是对公文主要内容的简要概括，也是行文部分比较重要的项目。公文标题具有特定的结构，一般由发文单位名称、内容（事由）及文种三部分构成。如《人民银行总行关于贷款利率调整的通知》等。

《格式》规定：公文标题一般用2号小标宋体字，编排于红色分隔线下空二行位置，分一行或多行居中排布；回行时，要做到词意完整，排列对称，长短适宜，间距恰当，标题排列应当使用梯形或菱形。

公文标题应当揭示公文主要内容与行文目的，引导阅读；必须言简意明、措辞准确；反映公文的基本观点、主张。

《条例》规定，公文标题由发文机关名称、事由和文种组成。公文标题中除法规、规章名称加书名号外，一般不用标点符号。但惯常情况下也可对有些部分省略。但应注意不能随意省略，否则会给公文处理造成困难，也不利于公文格式的规范化。尤其注意不能随意省略公文文种。因为公文文种表明了行文关系及公文的性质、用途等，是公文标题中不可缺少的部分。

当公文标题字数较多，超过一行的3/5时，可分行排列，除注意对称、美观外，还要注意固定的名称、词组等不能分写在两行，回行不断开词意是应遵守的基本规定。

2. 主送机关

主送机关指公文的主要受理单位，即发文单位要求对公文予以办理或答复的对方单位。《条例》规定，主送机关“应当使用机关全称、规范化简称或者同类型机关统称”。

主送单位标注的位置应编排于标题下空一行位置，居左顶格，回行时仍顶格，最后一个机关名称后标全角冒号。如主送机关名称过多导致公文首页不能显示正文时，应当将主送机关名称移至版记，标识方法同抄送。

主送单位是对文件中所表达事项予以贯彻执行和研究答复的单位，负有保证公文效用实现的责任。

根据主管业务的分工，一个文件只写一个主送单位，一般不主送个人、不多头主送、不越级主送。

当在一定范围普发文件时，应标识主送单位为同类单位的统称，如“各分公司”。若主送单位多，可按单位性质、职权和其他隶属关系的顺序排列，具体即按党、政、军、群及先单位后部门的顺序来排列。排列时应注意主送单位之间标点符号的运用，应按单位性质、职权、分群组标点，同一群组单位之间用顿号，不同群组单位之间用逗号。例如党中央、国务院联合发文的普法性文件，主送单位的排列是：各省、市、自治区党委和人民政府，各大军区、省军区、野战军党委，中央各部委、国家单位各部委，军委各总部、各军兵种党委，各人民团体党组。

主送单位的表现形式有多种。

(1) 特称。特称又称单称。如某商业银行对中国人民银行发文主送单位为“中国人民银行”。

(2) 转称。如部门将报告给分公司并请分公司转给总公司,则主送单位为“分公司并报总公司”。

(3) 递降称。递降称多用于垂直几层下级单位的行文。如公司党委给各党支部的行文的主送单位为“各党支部”。

并非所有公文都必须标注主送单位,通常一些普发性、法规性、公布性文件不必写主送单位,会议纪要也不写主送单位。

主送单位标注的位置在标题下空 1 行,左侧顶格用 3 号仿宋体标识,回行时仍顶格,最后一个主送单位名称后标全角冒号。如主送单位名称过多而使公文首页不能显示正文,应将主送单位名称移至版记中的主题词之下、抄送之上,标识方法同抄送。但如果因仅差一行就可以不挤出正文时,主送单位在标题下也可以不空 1 行。

另外应注意,会议纪要不分主送、抄送,而用“分送”这一特定形式,分送单位名称置于末页分送栏内。

3. 正文

正文是文件要表达的主要内容,是文件构成的核心和主体。正文用来传达发文单位的制文意图,实现制文目的。

公文的正文,通常由开头、主体和结尾三部分构成。正文具体阐述文件的思想内容,写作正文时,应严格遵循行文规则,体现公文的特点和写作要求(正文的拟写,参见第五章第一节“发文办理”中的“撰文”)。

《格式》规定,公文首页必须显示正文。一般用 3 号仿宋体字,编排于主送机关名称下一行,每个自然段左空二字,回行顶格。文中结构层次序数依次可以用“一、”“(一)”“1.”“(1)”标注;一般第一层用黑体字、第二层用楷体字、第三层和第四层用仿宋体字标注。

公文中的数字、年份不能回行。因为数字、年份回行易出现差错,也易使读者看错。另外,当公文排版后所剩空白处不能容下印章位置,应采取调整行距、字距的措施加以解决,务必使印章与正文同处一面,不得采取标识“此页无正文”的方法解决。这一规定,为正文后的空白堵上缺口。具体的调整方法是:当正文之后的空白只有一两行时,可以加宽行距,至少将一行文字移到下一页;如果正文之后的空白只有一两行便可容下印章位置,可以缩小行距或缩小一两行字距,挤出能容下印章的空间。

4. 附件

附件是对正文起补充说明、印证、参考作用的材料。公文中有些内容,如图表、名单、规定等,如穿插在公文正文中,往往会隔断公文前后语意的联系而造成阅读上的不便。故要将其作为公文的附件单独表述,且是放在公文生效标识印章之后。

公文如有附件,应当另面编排,并在版记之前,与公文正文一起装订。“附件”二字及附件顺序号用 3 号黑体字顶格编排在版心左上角第一行。附件标题居中编排在版心第三行。附件顺序号和附件标题应当与附件说明的表述一致。附件格式要求同正文。

如附件与正文不能一起装订,应当在附件左上角第一行顶格编排公文的发文字号并

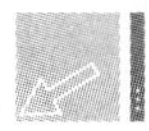

在其后标注“附件”二字及附件顺序号。

应当明确的是，公文的附件是正文内容的组成部分，与公文正文具有同等效力；标注附件的序号和名称，就是为显示附件与正文的不可分割的关系；附件往往是进一步开展工作的具体依据。

5. 成文日期

成文日期是公文生效的时间。它是公文效力发挥在时间跨度上的重要标志，是公文的一项重要内容。

《格式》规定，成文日期中的数字用阿拉伯数字将年、月、日标全，年份应标全称，月、日不编虚位（即1不编为01）。

由于印章一般要盖在成文日期上，成文日期要依印章的位置而定。

公文的成文日期有以下几种情况。

(1) 一般情况下，以负责人签发的日期为准。

(2) 会议讨论通过的公文，以通过日期为准，并加括号写在公文标题的正下方，如“（××年×月×日××会议通过）”。

(3) 法规性公文以批准日期为准，若批准日期与实施日期不一致，应同时注明。

(4) 联合发文以最后签发单位领导人的签发日期为准。

(5) 电报以实际发出的日期为准。

6. 公文生效标识

公文生效标识是证明公文效力的表现形式，它包括发文单位印章或签发人签名章。

(1) 印章。印章是公文的生效标志。一般情况下，不加盖印章的公文应视为无效。《条例》规定，公文中有发文机关署名的，应当加盖发文机关印章，并与署名机关相符。有特定发文机关标志的普发性公文和电报可以不加盖印章。

用印有专门的格式。《格式》规定：成文日期一般右空四字编排，印章用红色，不得出现空白印章。

单一机关行文时，一般在成文日期之上、以成文日期为准居中编排发文机关署名，印章端正、居中下压发文机关署名和成文日期，使发文机关署名和成文日期居印章中心偏下位置，印章顶端应当上距正文（或附件说明）一行之内。

联合行文时，一般将各发文机关署名按照发文机关顺序整齐排列在相应位置，并将印章一一对应、端正、居中下压发文机关署名，最后一个印章端正、居中下压发文机关署名和成文日期，印章之间排列整齐、互不相交或相切，每排印章两端不得超出版心，首排印章顶端应当上距正文（或附件说明）一行之内。

(2) 签发人签名章。签发人签名章由发文单位负责人盖章代替签署姓名，用以代表发文作者、证实文件效用。签名章应包括负责人的职务和姓名。签名章一般用红色。

单一机关制发的公文加盖签发人签名章时，在正文（或附件说明）下空二行右空四字加盖签发人签名章，签名章左空二字标注签发人职务，以签名章为准上下居中排布。在签发人签名章下空一行右空四字编排成文日期。

联合行文时，应当先编排主办机关签发人职务、签名章，其余机关签发人职务、签名章依次向下编排,与主办机关签发人职务、签名章上下对齐;每行只编排一个机关的签发人职务、签名章;签发人职务应当标注全称。

7. 附注

附注一般是对公文的发放范围、使用时需注意的事项加以说明。

公文如有附注,居左空二字加圆括号编排在成文日期下一行。

应注意的是,附注一般是对公文的发放范围、使用时需注意的事项加以说明,如"此件发至县团级"、"此件不登报"等;不是对公文的内容做出解释或注释。对公文的解释或注释一般在公文正文中采取句内括号或句外括号的方式解决。

(三)版记部分

版记部分应置于公文最后一页,版记的最后一个要素置于最后一行。为了保持公文的完整性,版记一定要放在公文的最后即公文的最后一面(公文为双面印刷)的最下面的位置,由此可以准确认定公文是否完整。

1. 抄送机关

抄送机关指除主送机关外需要执行或者知晓公文内容的其他机关,应当使用机关全称、规范化简称或者同类型机关统称。

文件如有抄送机关,一般用 4 号仿宋体字,在印发机关和印发日期之上一行、左右各空一字编排。"抄送"二字后加全角冒号和抄送机关名称,回行时与冒号后的首字对齐,最后一个抄送机关名称后标句号。

如需把主送机关移至版记,除将"抄送"二字改为"主送"外,编排方法同抄送机关。既有主送机关又有抄送机关时,应当将主送机关置于抄送机关之上一行,之间不加分隔线。

文件抄送要严格遵循规定的行文规则,既严格控制抄送范围,又要避免缺漏抄送给工作带来的不良影响。

2. 印发单位和印发日期

印发单位是指公文的印制主管部门,一般应是各单位的办公厅(室)或文秘部门。因此,印发单位与"红头"标识的发文单位并非同一概念。当然,有的发文单位没有专门的办公厅(室)或文秘部门,也可标识为发文单位。

标识印发日期是为了准确反映公文的生成时效。印发日期以公文付印的时间为准,由此可以使收发文单位掌握公文制发、传递的时间效率,有利于公文的办理。

印发机关和印发日期一般用 4 号仿宋体字,编排在末条分隔线之上,印发机关左空一字,印发日期右空一字,用阿拉伯数字将年、月、日标全,年份应标全称,月、日不编虚位(即 1 不编为 01),后加"印发"二字。

版记中如有其他要素,应当将其与印发机关和印发日期用一条细分隔线隔开。

3. 版记中的分隔线

版记中的分隔线与版心等宽,首条分隔线和末条分隔线用粗线(推荐高度为 0.35 mm),中间的分隔线用细线(推荐高度为 0.25 mm)。首条分隔线位于版记中第一个要素之上,末条分隔线与公文最后一面的版心下边缘重合。

（四）页码

公文页码一般用 4 号半角宋体阿拉伯数字，编排在公文版心下边缘之下，数字左右各放一条一字线；一字线上距版心下边缘 7 mm。单页码居右空一字，双页码居左空一字。公文的版记页前有空白页的，空白页和版记页均不编排页码。公文的附件与正文一起装订时，页码应当连续编排。

（五）公文中的表格

在实际工作中，有些公文需要附一些表格。为使表格规范，《格式》对表格如何放置做了较为明确的规定。A4 纸型的表格横排时，页码位置与公文其他页码保持一致，单页码表头在订口一边，双页码表头在切口一边。这样放置可保证连续编排的表格可以依次顺序向下看，避免了阅读时反复颠倒公文造成的不便。

公文如需附 A3 纸型表格，而且是作为公文正文的最后一页，应使表格处于封三之前位置，而不应将表格贴在文件最后一页（封四）上，因为表格开本较大，这样做可避免表格脱落。

（六）公文的特定格式

1. 信函格式

单位公文制发中，经常使用一种只标识发文单位名称而不标识“文件”二字的“信函格式”公文。这种公文用于处理日常事务的平行文或下行文，并且有较高的使用频率。《格式》对此类“信函格式”公文格式作了规定。

（1）发文机关标志使用发文机关全称或者规范化简称，居中排布，上边缘至上页边为 30 mm，推荐使用红色小标宋体字。联合行文时，使用主办机关标志。发文机关标志下 4 mm 处印一条红色双线（上粗下细），距下页边 20 mm 处印一条红色双线（上细下粗），线长均为 170 mm，居中排布。

（2）如需标注份号、密级和保密期限、紧急程度，应当顶格居版心左边缘编排在第一条红色双线下，按照份号、密级和保密期限、紧急程度的顺序自上而下分行排列，第一个要素与该线的距离为 3 号汉字高度的 7/8。

（3）发文字号顶格居版心右边缘编排在第一条红色双线下，与该线的距离为 3 号汉字高度的 7/8。标题居中编排，与其上最后一个要素相距二行。第二条红色双线上一行如有文字，与该线的距离为 3 号汉字高度的 7/8。首页不显示页码。版记不加印发机关和印发日期、分隔线，位于公文最后一面版心内最下方。

2. 纪要格式

以办公会议的方式议定决策事项是单位行使职权的重要途径之一，并通常以固定形式的会议纪要印发。因此，除用“文件式”公文形式和“信函式”公文形式来发会议纪要外，《格式》还专门对纪要格式做了统一规定。

纪要标志由“×××××纪要”组成，居中排布，上边缘至版心上边缘为 35 mm，推荐使用红色小标宋体字。标注出席人员名单，一般用 3 号黑体字，在正文或附件说明下空一行左空二字编排“出席”二字，后标全角冒号，冒号后用 3 号仿宋体字标注出席人单位、姓名，回行时与冒号后的首字对齐。标注请假和列席人员名单，除依次另起一行并将“出席”二字改为“请假”或“列席”外，编排方法同出席人员名单。纪要格式可以根据实际制定。

案例分析

公文的式样

《格式》对几种主要的公文格式,分别附有式样图。其中A4型公文用纸页边及版心尺寸见图4-1;公文首页版式见图4-2;联合行文公文首页版式1见图4-3;联合行文公文首页版式2见图4-4;公文末页版式1见图4-5;公文末页版式2见图4-6;联合行文公文末页版式1见图4-7;联合行文公文末页版式2见图4-8;附件说明页版式见图4-9;带附件公文末页版式见图4-10。

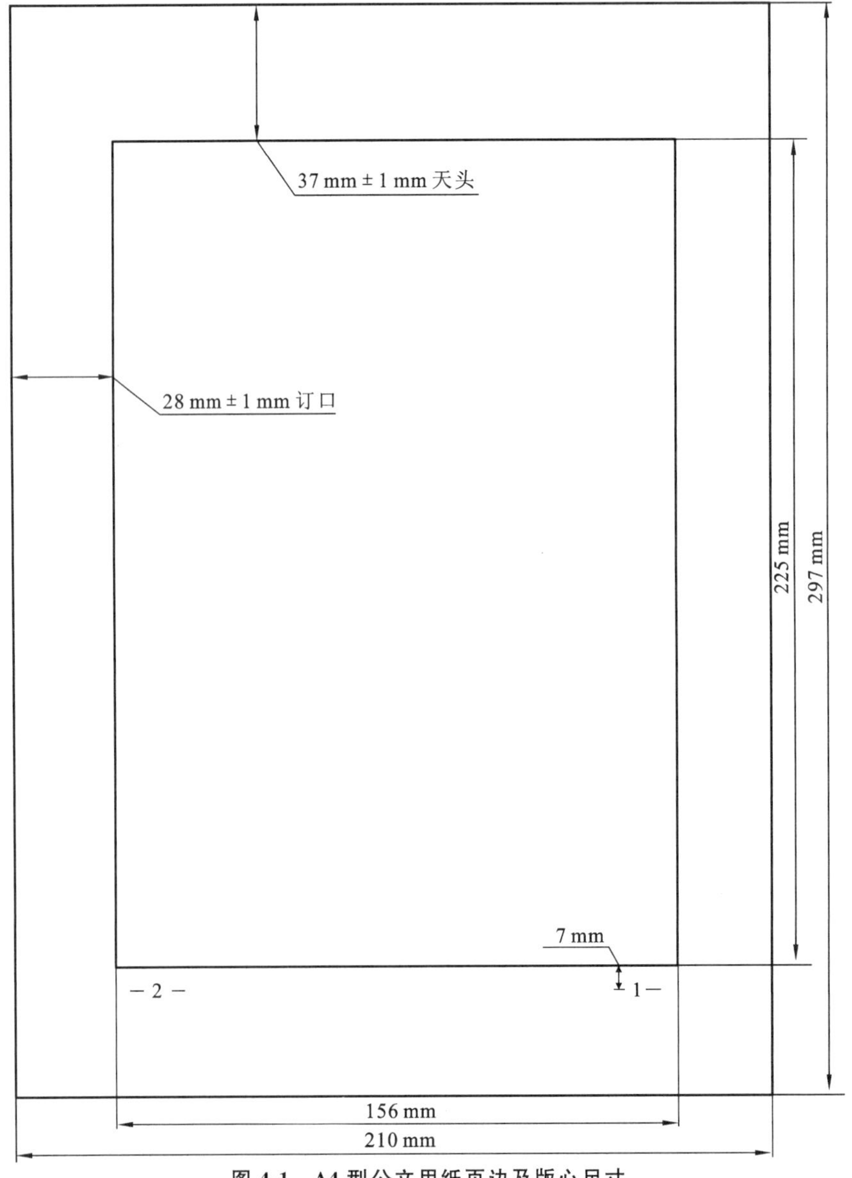

图4-1　A4型公文用纸页边及版心尺寸

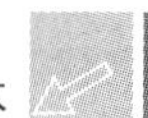

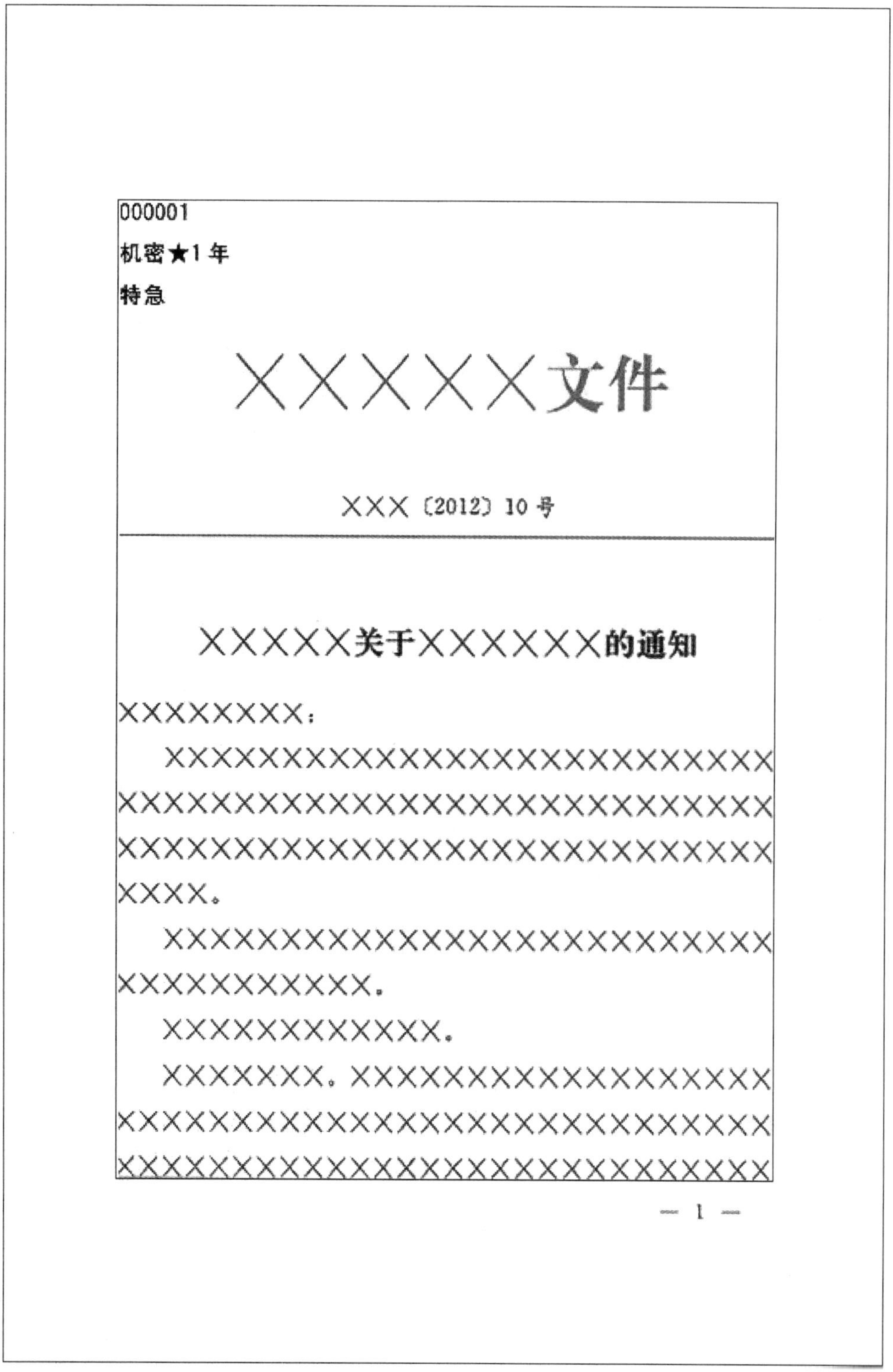

000001
机密★1年
特急

XXXXX文件

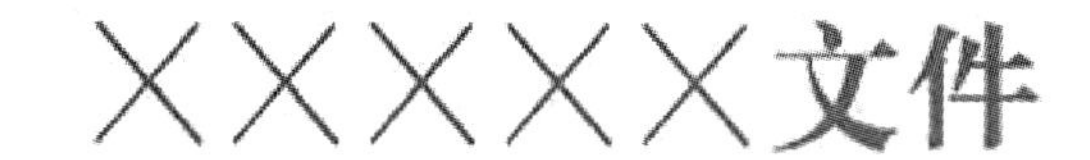

XXX〔2012〕10号

XXXXX关于XXXXXX的通知

XXXXXXXX：

　　XXXXXXXXXXXXXXXXXXXXXXXXXXXX
XXXXXXXXXXXXXXXXXXXXXXXXXXXXXX
XXXXXXXXXXXXXXXXXXXXXXXXXXXXXX
XXXX。

　　XXXXXXXXXXXXXXXXXXXXXXXXXXXX
XXXXXXXXXXXX。

　　XXXXXXXXXXXXX。

　　XXXXXXX。XXXXXXXXXXXXXXXXXXXX
XXXXXXXXXXXXXXXXXXXXXXXXXXXXXX
XXXXXXXXXXXXXXXXXXXXXXXXXXXXXX

— 1 —

图 4-2　公文首页版式

注：版心实线框仅为示意，在印制公文时并不印出。

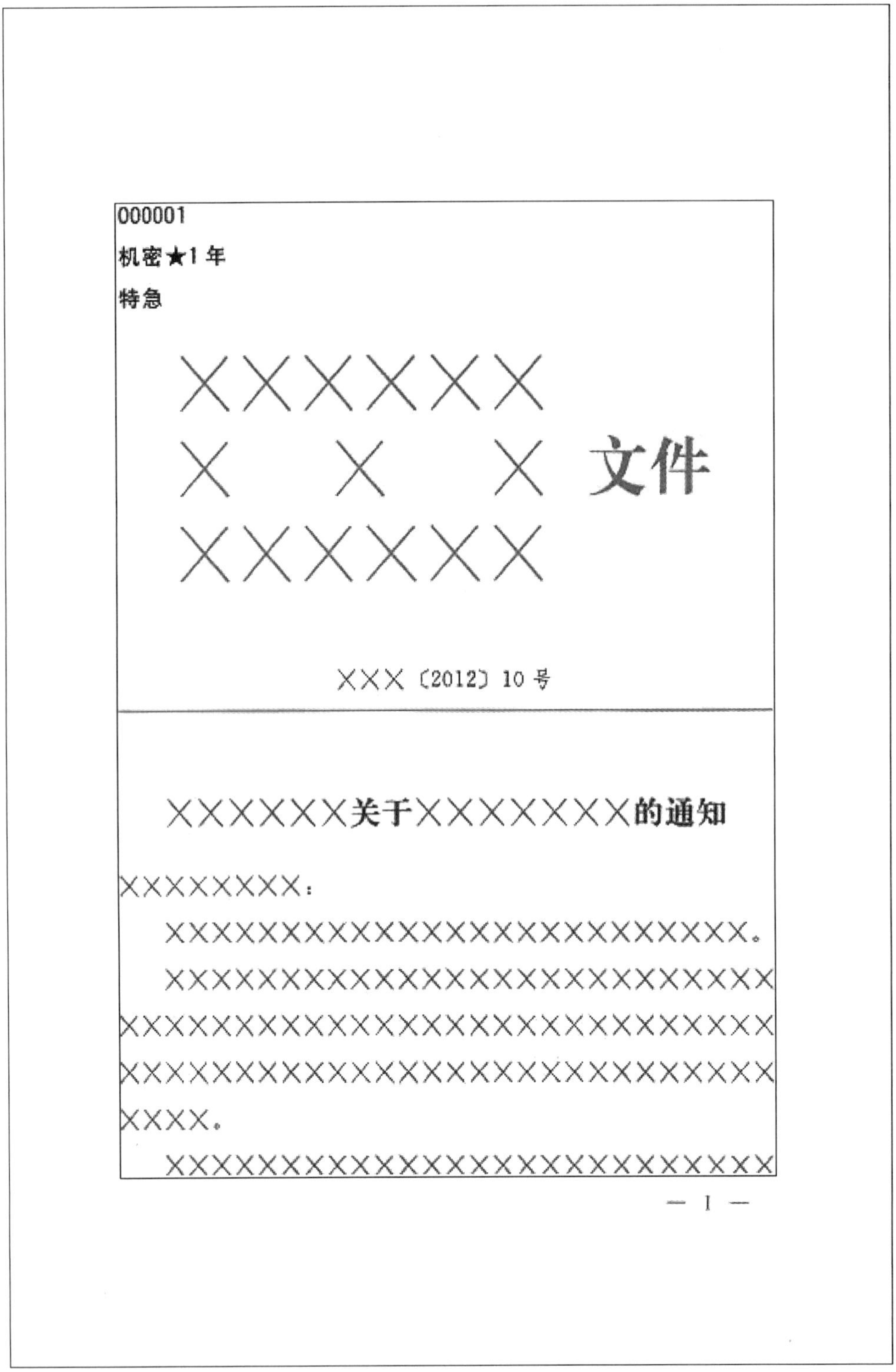

000001
机密★1年
特急

××××××
× × × 文件
××××××

×××〔2012〕10号

××××××关于×××××××的通知

××××××××:

××××××××××××××××××××××××××。

××。

×××××××××××××××××××××××××××

— 1 —

图4-3 联合行文公文首页版式1

注:版心实线框仅为示意,在印制公文时并不印出。

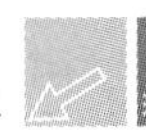

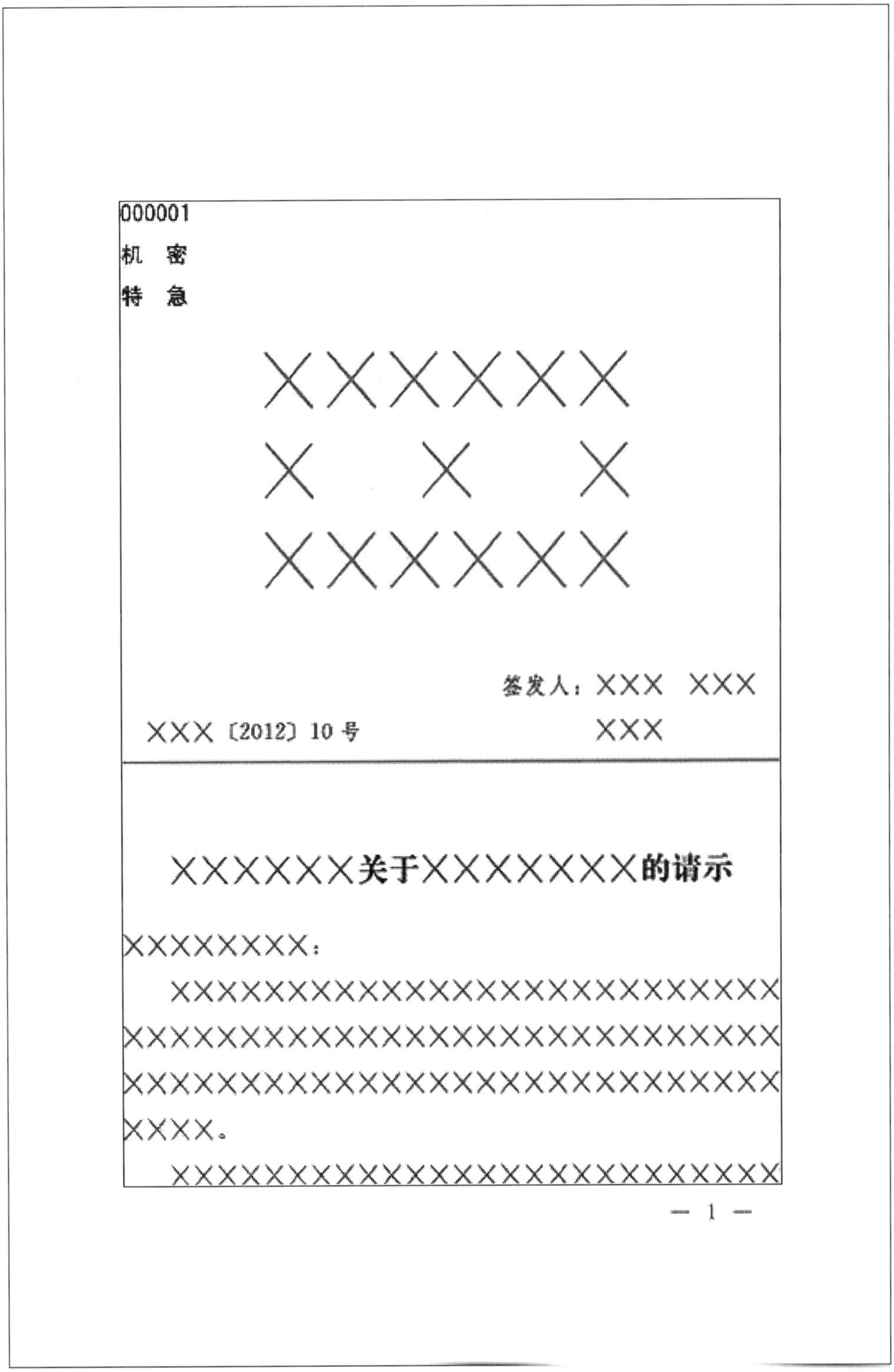

000001
机　密
特　急

XXXXXX
X　X　X
XXXXXX

签发人：XXX　XXX
XXX〔2012〕10号　　　　XXX

XXXXXX关于XXXXXXX的请示

XXXXXXXX：

XXXXXXXXXXXXXXXXXXXXXXXXXXXXXXXXXXXXXXXXXXXXXXXXXXXXXXXXXXXXXXXXXXXXXXXXXXXXXXXXXXXXXX。

XXXXXXXXXXXXXXXXXXXXXXXXXX

— 1 —

图 4-4　联合行文公文首页版式 2

注：版心实线框仅为示意，在印制公文时并不印出。

XXXXXXXXXXXXXXX。

　　XXXXXXXXXXXXXXXXXXXXXXXXXXXXXXXXXXXXXXXXXXXXXXXXXXXXXXXXXXXXXXXXXXXXX。

（XXXXX）

抄送：XXXXXXXX，XXXXXX，XXXXX，XXXXX，XXXXX。

XXXXXXXXX　　2012年7月1日印发

— 2 —

图 4-5　公文末页版式 1

注：版心实线框仅为示意，在印制公文时并不印出。

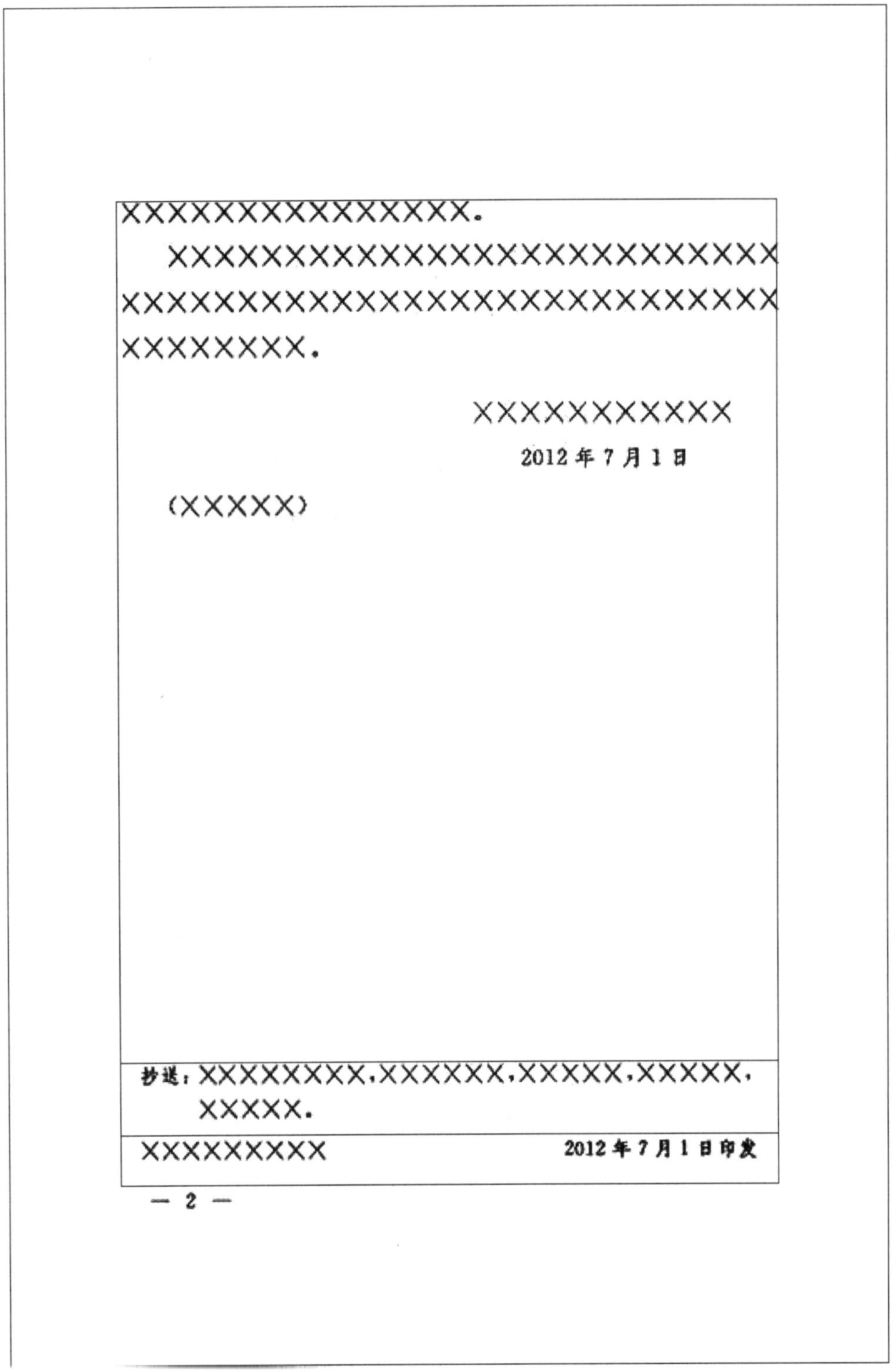

XXXXXXXXXXXXXXX。

XXXXXXXXXXXXXXXXXXXXXXXXXXXXXXXXXXXXXXXXXXXXXXXXXXXXXXX.

XXXXXXXXXXXX

2012年7月1日

（XXXXX）

抄送：XXXXXXXX，XXXXXX，XXXXX，XXXXX，XXXXX.

XXXXXXXXX　　2012年7月1日印发

— 2 —

图 4-6　公文末页版式 2

注：版心实线框仅为示意，在印制公文时并不印出。

XXXXXXXXXXXXXXX。

　　XXXXXXXXXXXXXXXXXXXXXXXXXXX

XXXXXXXXXXXXXXXXXXXXXXXXXXXXX

XXXXXXXXXXX。

（XXXXX）

抄送：XXXXXXXX，XXXXXX，XXXXX，XXXXX，
　　　XXXXX。

XXXXXXXXX　　　　2012年7月1日印发

— 2 —

图 4-7　联合行文公文末页版式 1

注：版心实线框仅为示意，在印制公文时并不印出。

XXXXXXXXXXXXXXX。

XXXXXXXXXXXXXXXXXXXXXXXXXXX
XXXXXXXXXXXXXXXXXXXXXXXXXXX
XXXXXXXXXX。

2012年7月1日

（XXXXX）

抄送：XXXXXXXX，XXXXXX，XXXXX，XXXXX，
XXXXX。

XXXXXXXXX　　2012年7月1日印发

— 2 —

图 4-8　联合行文公文末页版式 2

注：版心实线框仅为示意，在印制公文时并不印出。

XXXXXXXXXXXXXXX。

XXXXXXXXXXXXXXXXXXXXXXXXXXXXXXXXXXXXXXXXXXXXXXXXXXXXXXXXXXXXXXXXXXXX。

附件：1. XXXXXXXXXXXXXXXXXXXXXXXXXX

2. XXXXXXXXXXXXXX

XXXXXXX

X X X X

2012年7月1日

(XXXXX)

— 2 —

图 4-9　附件说明页版式

注：版心实线框仅为示意，在印制公文时并不印出。

附件2

XXXXXXXXXXXXX

　　XXXXXXXXXXXXXXXXXXXXXXXXXX
XXXXXXXXXXXXXXXXXXXXXXXXXXXX
XXX。

　　XXXXXXXXXXXXXXXXXXXXXXXXXX
XXXXXXXXXXXXXXXXXXXXXXXXXXXX
XXXXXXXXXXXXXXXXXXXXXXXXXXXX
XXXXXXXXXXXXXXXXXXXXXXXXXXXX
XXXXXXXXXXXXXXXXXXXXXXXXXXXX
XXXXXXXXXXXXXXX。

抄送：XXXXXXXX，XXXXXX，XXXXX，XXXXX，
XXXXX。

XXXXXXXXX　　**2012年7月1日印发**

— 4 —

图4-10　带附件公文末页版式

注：版心实线框仅为示意，在印制公文时并不印出。

第二节　公文的文稿

文件在拟稿、核稿、签发、印制的形成过程及处理、使用的过程中,因各种需要会产生多种稿本。由于各稿本产生的背景不同,所以它们在内涵、外延、效用等方面存在着差别。正确认识和区分各种稿本,掌握各种稿本的特征和作用,不仅有利于文件处理工作的开展,而且有利于文件本身效用的发挥。

文件稿本,实质上是文件的各种文稿和文本的总称,可分为草稿、定稿、正本、暂行本、修订本、副本、存本等。

一、草稿

草稿是拟成而未最后定稿的历次文稿,是文件的未定型的非正式文稿,具有多种形式。

为征求意见而印发给有关方面的称征求意见稿;供讨论修改使用的称讨论稿;依据各方意见,对讨论稿修改后形成的文稿称修改稿、修正稿、修正草稿;向上级报送审批的文稿称送审稿,等等。鉴于上述文稿都尚未定稿,故均属草稿性质。

草稿是在文件形成过程中供进一步讨论、征求意见、修改、审批的非正式文稿。它只能反映文件撰拟、修改的过程,没有正式文件的效用,不具备形式和法律效力。

草稿主要被在单位内部使用,除了征求意见外,一般不发送外单位。

二、定稿

定稿是由领导正式签发或经会议正式通过生效的最后定型文稿。

定稿是文件的标准稿本,通常只有一份,在稿本中具有举足轻重的地位。定稿是已经确认、定型的最后完成稿,单位和签发领导对它负有最终责任,故不经认可,任何人不得对定稿内容予以修改。

定稿上有单位领导签发及会议讨论通过情况的文字记录和标志。故定稿是制发正式文件的依据和日后查考的原始凭证,是印制正式文件的唯一依据和标准稿,又称原稿、底稿或签发稿。

重要文件的定稿不仅有文件的现行效用,还具有历史价值,是校订和考核正本文件的依据,还可以依据定稿分清文件形成、处理各环节的责任。

三、正本

正本是根据定稿,按一定的格式制作的供主送单位贯彻执行的正式文本。

正本具有文件的规定格式,有文件的生效标识。正本的内容应是定稿完整的体现。正本发至主送单位,成为主送单位办事的依据。

若是领导的亲笔信函,则应将原件作为正本发出,另录一份作副本留存。记录性文件,如会议记录、信访记录等,也是以记录原件为正本的。因此,在这类文件的形成初期,就应在格式等方面予以注意。

四、暂行本

暂行本又称试行本、实行草案，是基于文件内容尚不完善，有待实践检验再予修订而先行发布试行的文本。暂行本是一种常用的规范性文件形式。

此类文本通常是以“暂行”、“试行”、“试行草案”等字样加圆括号标在公文标题后面或不加圆括号标在文种前面，如《××商业银行关于国际贸易清算规则的暂行办法》。此类文本事实上已获批准，已非草稿性质，因此在试行期具有先行文件的实际效用。待正式文件发行，这类文件即行废止。

五、修订本

修订本指已经发布生效的文件经实践检验后，重新修正、补充、完善后再行发布施行的文本。修订本是一种常用的规范文件形式。经重新修订后再发布的文本以圆括号括起——(修订本)，标注在文件标题后，也可以在标题下以题注的形式注明“××年×月×日修订”。修订本发布之日起，原文本即行废止。

六、副本

副本是文件正本复制、誊抄的文本或正本的复份。

副本可以根据文件正本复制而成，又称抄本、复制本。也可以是和正本同时制作出来的正本的复份，前者往往不完全具备文件的规定格式，而后者则与正本有着同样的外观形式。

副本的用途与正本不同，是抄送单位办事的主要依据，一般主要用于抄送、传阅和备查。

七、存本

存本是发文单位留底存档的文本。

凡是比较重要的有历史查考作用的文本，发文单位在文件制成后要预留几份，与定稿一起留底存档。应注意将须归档的定稿、存本等及时归卷。

存本是正本的代表和样本，可以与定稿对照检查正本发出后出现的问题。若是文件印制过程中的问题，即属发文单位内部的责任，以存本和定稿核对即可查清；以存本和正本核对则可分清外部责任。

技能训练

《党政机关公文格式》

【目的】

通过认真阅读《党政机关公文格式》，加深对公文用纸及排版要求、公文构成要素及其标识规则的认识。

【指导】

(1) 从网上下载《党政机关公文格式》。

(2) 认真阅读《格式》对公文用纸及排版要求、公文构成要素及其标识规则的规定。

(3) 对照书中的相关知识点,对其中的重点内容进行摘录。

本章小结

通过本章学习,学员应初步了解公文文体、结构方面的特点,掌握公文的组成,明确公文各组成部分的功用;了解公文格式、稿本的特点,掌握公文格式方面的规范性要求,能正确标注、编排公文各组成部分,掌握公文各种文稿文本的特点,能正确理解和标注公文稿本标记。并在此基础上,逐步掌握公文写作的基本要求,并能结合工作实际正确遵守,正确书写公文文稿。

实践活动

对请示和批复进行排版和标识

【目的】

使学员了解和掌握公文排版和标识的主要要求。

【内容】

对前章撰写的请示、批复或其他公文进行排版,并对公文的版头、主体、版记进行标识。

【要求】

排版和标识后的公文应达到《党政机关公文格式》的基本要求。

本章练习

一、判断题

1. 公文用纸采用 A5 型纸,其成品幅面尺寸为 210 mm×297 mm。 ( )

2. 公文的排版规格要求:正文用 4 号仿宋体。 ( )

3. 发文单位标识又称公文的身份名称、“红头”。 ( )

4. 发文字号又称文号,是发文单位制发文件的编号,也是文件的一种代号。 ( )

5. 公文标题应当揭示公文主要内容与行文目的,引导阅读;必须言简意明、措辞准确。 ( )

6. 成文日期是公文生效的时间。它是公文效力发挥的时间跨度上的重要标志,是公文的一项重要内容。 ( )

7. 签名是公文的生效标志。（　　）

8. 文件稿本，是文件的各种文稿和文本的总称。（　　）

9. “修正稿”属于定稿。（　　）

10. 副本指已经发布生效的文件经实践检验后，重新修正、补充、完善后再行发布施行的文本。（　　）

二、单项选择题

1. 公文(　　)是公文全部书面项目和公文的用纸、排版及印装要求的组合。

A. 格式　　B. 规格　　C. 版式　　D. 形式

2. 置于公文首页红色反线以上的各要素统称(　　)。

A. 版头　　B. 主体　　C. 版记　　D. 眉首

3. (　　)等级简称密级，是标识公文秘密程度的一种标志。

A. 机密　　B. 绝密　　C. 秘密

4. 签发人项专用于(　　)。

A. 上行文　　B. 平行文　　C. 下行文

5. (　　)是公文的主体，用来表述公文的内容。

A. 标题　　B. 检索词　　C. 索引　　D. 正文

三、多项选择题

1. 公文主送单位的表现形式有(　　)。

A. 特称　　B. 简称　　C. 转称　　D. 递降称　　E. 递升称

2. 紧急公文应当根据紧急程度分别标明(　　)。

A. 加急　　B. 紧急　　C. 特急　　D. 急件

3. 常用类型的发文字号由三部分构成，即(　　)。

A. 发文单位代字　　B. 地理代字

C. 年份　　D. 月份　　E. 序号

4. 公文的主体部分包括的项目有(　　)以及附件、公文生效标识、特殊情况说明等。

A. 公文标题　　B. 题注　　C. 主题词　　D. 主送单位　　E. 正文

5. 文件稿本，实质上是文件的各种文稿和文本的总称，可分为(　　)等。

A. 草稿　　B. 定稿　　C. 正本　　D. 副本　　E. 存本

四、简答题

1.《党政机关公文格式》对公文幅面及版面尺寸做了哪些规定？

2. 简述《党政机关公文格式》第7款对公文格式的要求。

3. 拟写公文标题，应注意哪些事项？

4. 简述公文格式对发文单位标识的要求。

5. 简述定稿和正本的作用。

五、案例分析题

一份错误的公文

××市红光公司文

×红司(2005)31号

请求免征2005年企业所得税的报告

市国税局、地税局、××局长、××副局长：

在这次特大洪灾，我公司部分设备、产品被洪水和泥石流冲毁，1000 m^2 的××车间几乎夷为平地，企业蒙受了极大损失，预计损失500万元。为此，根据国税(1997)99号文的规定，请求减免2005年全年所得税××万元。可否，请批准。

××市红光公司

2005年11月20日

附件：红光公司灾情一览表1份

主题词：免征　所得税

报：市政府

送：市国资委、发改委。

××市红光公司办公室2005年11月20日印发

根据以上案例完成下列题目。

1. 该份文件的文头存在错误，应改写为(　　)。

   A. ××市红光公司　　B. ××市红光公司发文

   C. ××市红光公司公文　　D. ××市红光公司文件

2. 该份文件的主送存在错误，应改写为(　　)。

   A. 市国税局、地税局　　B. 市国税局、××局长

   C. ××局长、××副局长

3. 该份文件的文种存在错误，应改写为(　　)。

   A. 请示　　B. 请示报告　　C. 建议　　D. 函

4. 该份文件的主题词存在错误，缺少(　　)。

   A. 主送单位　　B. 时间　　C. 地点　　D. 文种

第五章 收发文办理及办毕文件处置

学习目标

本章重点掌握发文处理程序的一般过程，了解发文处理各工作环节的内容，掌握会商、核稿、签发、校对、用印、登记、分发等环节；同时还要着重掌握收文处理的一般过程，了解各工作环节的内容，掌握分办、拟办、批办、承办、催办、查办、注办的方法与要求；了解办毕公文处置活动的基本内容，掌握清退、销毁、立卷归档的范围及有关规范性要求。

案例引导

一份《收发文工作制度》

这是一份从网上下载的某单位《收发文工作制度》，内容如下。

一、收文处理办法

（一）收文包括上级来文、平级来文、下级来文及一般通知、明传电报，办公室要对来文认真签收，及时传送，做到收文无遗漏。

（二）收文处理程序是：来文登记—阅读分类加签—送办公室主任签署阅办意见—按阅办意见送交有关领导批示—按批示意见送有关股室处理—限期催收归档。

（三）公文传递要高效、快捷、随收随办、特件特办、切实提高办事效率，保证工作顺利进行；不得拖延或丢失公文，造成不良后果的，追究有关人员责任。

（四）文书人员每月对照收文登记簿对本月来文进行收集整理，做到不遗漏、不丢失；严禁各股室私自处理来文。

二、发文办法

（一）发文包括下发、平发、上报的各类公文，公文制作要认真，切实维护公文的权威性。

（二）发文处理程序是：拟稿单位或拟稿人拟出初稿—办公室核稿把关—局领导审阅签发—办公室编号—文印室印制校对—办公室加章发送。

（三）办公室负责把好用印关，并要按发文实施细则对文件的内容、层次、文字、进行审核，要做到认真、细致、不出差错，保证公文质量，提高工作效率。

（四）凡不按照发文程序印制公文的，办公室一律不予编号用印。

这份《收发文工作制度》,基本涵盖了收发文工作的主要要求,但还可以进一步细化。发文办理和收文办理,统称收发文办理,有严格的程序和要求,包括企业在内的所有单位的文书工作人员,必须掌握收发文每一工作环节的具体内容,才能保证收发文处理程序的正常运转,使文件发挥应有的效用。而对于办理完毕的文件,应根据文件的具体情况及时有效地处置,恰当地销毁或保存。

第一节　发文办理

发文是指单位撰制并向外发出的一切文件。发文办理指以本单位名义制发文件的全部过程,包括草拟、审核、签发、复核、缮印、用印、登记、分发等环节。整个发文办理过程按工作性质又可以分为撰文阶段和制发阶段两部分。

一、撰文阶段

撰文阶段,要经历文件的草拟、审核、签发程序,是文件处理全过程的启动阶段。

(一)草拟

草拟文稿是形成文件的首要环节。拟稿是一项政策性、思想性和业务性很强的工作,是比其他文书处理程序更具创造性的脑力劳动。因此,拟稿环节所费的时间、精力往往较多。

1. 文件写作的要素

文件写作具有四个要素,即主旨、材料、结构、语言。文件写作过程就是运用这些要素,表达写作意图的过程。

(1) 主旨。主旨是一篇文件要表达的中心思想,是文件的灵魂和统帅,它统领着文件写作包括材料的选择、结构和排布、语言的运用等各个过程。主旨把握到位,就能使文件的写作围绕主题集中、深入阐述,从而使文件的写作准确表达思想意图,而不至于产生偏差。文件的主旨应正确、鲜明、集中。如果文件主旨错误,则必然使撰写出的文件无法达到其本来写作目的。如果文件主旨不鲜明、不集中则会令人阅文后不明所以,如坠雾里。因此,正确提炼文件主旨,是成功撰写文件的重要前提。

(2) 材料。材料是文件主旨的支撑,充分地搜集和掌握材料,是写好文件的又一重要条件。材料的内容、形式和来源十分广泛,国家政策、法律、法规客观存在的历史事实和现实实践等,只要能说明和表现主旨,都可作为文件撰写的材料。可以通过实地调查研究掌握第一手资料,通过阅读文件、资料、档案等获得书面材料,还应当做好平时材料的积累,尤其是数据、群众反映等。材料的搜集应尽量充分全面,内容应准确客观。不仅要有现在的材料,还要有过去的材料;不仅要有成功的材料,还要有失败和不足的材料。只有这样,才能在材料取舍过程中避免捉襟见肘,在文件撰写中游刃有余。充足的材料使拟稿者能以比较全面、客观的眼光看待和分析问题,有充分的事实依据来说明问题,从而为文件撰写打好扎实的基础。

(3) 结构。结构安排又称谋篇布局,是对文件内容材料进行组织安排,使文件内容和形式成为和谐统一整体的方式。文件的结构是文件的基本格局,直接关系到文件写作的质量。谋篇布局既有灵活性又有规定性,因为文件各部分连缀成篇的顺序安排和衔接的

手段等是灵活多变的，而文件本身总体格局是有别于其他文艺作品而具有独特的规定性的，这就要求拟稿者在文件拟写的特定结构框架下，掌握各种文件拟写的规律，合理安排篇章结构，力求达到表达主旨的最佳效果。

文件的开头应简洁、明了，尽快切入主旨。常见的开头方式有概述式、依据式、引叙式、说明式和结论式等。

文件的主体是文件的主干和核心部分，反映文件的主体内容和发文意图。根据文件篇幅大小，文件可分为一段式、条块式、表格式和复合式。根据文件层次安排，文件可分为纵贯式、并列式、递进式和交错式等。

文件的结尾则应自然、有力、深化主旨。常用的结尾方式有总结式、号召式、说明式、结语式、强调式和自然式等。

此外，由于文件每段内容相对独立，文件拟写中还应使用过渡和照应等手法，使上下文结构连接、语意顺畅。除了上下义内容之间具有逻辑关联可自然过渡外，还可在层次分总处、内容转换处以"总而言之"、"综上所述"和"现通知如下"、"为此，特作如下批复"等语句过渡。内容单一的文件通常在开头结束后，以一转承过渡语句使文件内容转入主体部分，如请示"……现请示如下"等，使文件这部分的拟写形成基本固定的模式。在文件拟写中，为突出文件主旨，段落内容之间的照应，结尾和开头的照应也常常用到。

(4) 语言。文件语言是文件主旨、材料、结构的最终实现方式。缺乏应有的语言表达能力，"茶壶倒饺子"是无法完美表达文件主旨的。因此，拟稿者必须熟练掌握语言表达这一基本功。文件的语言受其性质、作用的制约，与其他文学作品相比有其特点，文件的语言要求准确、简明、庄重、规范；文件的用语必须真实可靠、用词确切严密；一般采用比较质朴、庄重的书面语言，不带感情色彩，体现文件的权威性和实用性。文件拟写较多地采用叙述、议论、说明而忌用夸张、隐喻等表达方式。

文件写作语言的另一特点是使用规范用语，如称谓用语、期请用语、经办用语、引叙用语、表态用语、征询用语、期复用语等。

另外，还有文件结构中用于开头、过渡、结尾的用语等。

2. 文件撰拟的步骤

(1) 领导交拟，明确主旨。交拟是领导向拟稿人交代写作文件任务的过程，也是拟稿人得到授权、接受任务的过程。文件的性质和特点决定了文件拟写者所写文件是代表了法定机关的，因此首先必须得到授权。领导可以通过口头或批示等方式向拟稿人交拟。在这一过程中，拟稿人应弄清楚所撰文件的主旨、依据、背景、领导的态度和要求、阅读对象、完成时限等，以便文件拟写的开展。

(2) 了解情况，选取材料。在动笔之前应掌握与本文件有关的情况，争取全面充分地搜集材料，并对材料认真核实，尤其要对事实和数据仔细鉴别真伪，在此基础上对材料进行取舍，尽量选取具有典型意义的真实可靠的材料，选用最能说明主旨的材料拟写文件。

(3) 全面构思，拟定提纲。提纲是文件拟写者写作思路的外在体现。拟写提纲是在文件正式撰拟之前，围绕主旨对文件结构和材料进行通盘考虑、具体排布，为拟稿打好基础的重要步骤。拟写提纲应根据文件拟写的规律和规范，对文件的开头、主体和结尾各部分选用最佳的表达方式。有些重要的文件，在提纲拟出后，还要广泛听取意见，修改完善。

(4) 起草正文，反复修改。在做好前几步工作的基础上，可着手起草正文。应紧紧围绕主旨,充分利用材料进行撰写。一般文稿的撰拟如果内容比较简单、篇幅有限,往往由个人撰拟。而一些重要文稿,如大型工作报告等则可能由集体合作撰拟。不管何种形式撰拟的文件,均应按照文件拟写的要求反复修改完善。

3. 文件拟写的基本要求

草拟文件应当做到如下几个方面。

(1) 符合国家的法律、法规及其他有关规定。如提出新的政策、规定等,要切实可行并加以说明。

(2) 情况属实,观点明确,表述准确,结构严谨,条理清楚,直述不曲,字词规范,标点正确,篇幅力求简短。

(3) 文件的文种应当根据行文目的、发文单位的职权和与主送单位的行文关系确定。

(4) 拟制紧急文件,应当体现紧急的原因,并根据实际需要确定紧急程度。

(5) 准确使用人名、地名、数字、引文,引用公文应当先引标题,后引发文字号。引用外文应当注明中文含义。日期应当写明具体的年、月、日。

(6) 结构层次序数,第一层为“一、”,第二层为“(一)”,第三层为“1.”,第四层为“(1)”。

(7) 应当使用国家法定计量单位。

(8) 文内使用非规范化简称,应当先用全称并注明简称;使用国际组织外文名称或其缩写形式,应当在第一次出现时注明准确的中文译名。

(9) 文件中的数字,除成文日期、部分结构层次序数和在词、词组、惯用语、缩略语、具有修辞色彩语句中作为词素的数字必须使用汉字外,其他应当使用阿拉伯数字。

在计算机上起草文件,就是利用中文操作系统输入汉字,然后经过排版得到电子文件,或通过拷贝到纸张、磁盘、光盘等介质上得到文件实体。目前,在各单位普遍使用的中文操作系统是微软公司开发的 Windows 98、Windows 2000、Windows XP 等。应用 WPS 2000 可利用各种模板建立新文件,单击文件菜单即出现创建新文件界面。Word 软件也带有公文模板,可供拟写公文时使用。

键盘输入是常用的输入法,此外还有扫描输入、手写输入、语音输入等方法。

办公自动化条件下的文件拟稿,可以运用删除、剪切、复制、粘贴、移动及恢复等方法实现边拟写边修改。还可通过拟文稿进行编辑排版,与手工拟稿相比极大地提高了拟稿质量和效率。

(二) 审核

审核又称核稿,是文稿送交领导签发之前,由文秘部门或职能部门的人员,对撰拟的文稿进行全面检查与修正。

1. 审核的作用

1) 文稿审核能提高文件的质量

文件自身所具备的法定权威性和作用,决定了文件应有较其他文种更高的水平和质量。文件因疏漏而造成的后果,往往会非常严重。文件拟写是一项难度较高的、艰苦的脑力劳动,是拟稿人领导交拟的受命之作,所拟文稿可能与客观实际、领导意图,以及文件拟写的基本要求有一定距离和偏差。审核不仅提供了全面修改、完善的机会,而且可以让行家里手审读文稿,从而确保文稿的质量。

2）文稿审核能控制文件的数量

文稿审核的重要内容之一就是审查是否需要行文。作为单位文件工作中枢机构的办公室(厅)能够纵观整个单位全局，通过对各部门文件的审核，可以对各业务部门的文件进行综合平衡，避免重复发文和零散发文，做到发文精简、高效和规范，有效地控制文件的数量。

3）文稿审核能直接辅助领导工作

文稿审核是对文件的内容、体式等方面所做的全面检查和修改，是关系到文件质量的关键环节，故审核文稿也称“审核把关”。审核环节是领导签发前的重要程序，通过审核把关全面扫除文件中的错漏、弥补缺陷，可以减轻领导终审的负担，为领导签发即文件的正式成文打好基础。

2. 审核形式

(1) 集体审核。集体审核又称审议，区(县)级以上党政领导机关的重要文件特别是普发性的领导指导文件、法规性文件等，通常都要经过一定的会议讨论。审议是集体审核文稿的基本形式。集体审核有横向集体审议、纵向集体审议及纵横结合集体审议等几种。参加横向集体审议的人员有各机构、各部门负责人或代表，他们应对全文尤其是本单位、本部门分管工作的有关部分，充分检查审核，提出修改意见，以便在会上集体审议时讨论、统一意见；参加纵向集体审核的人员有单位分管领导、相关部门领导、办公部门负责人、拟稿人等；纵横结合集体审议即纵向审核人员听取横向审核人员的修改意见，以便将意见结合进修改方案中。

(2) 个人审核。一般文稿的审核多用此方式。个人审核要个人负责文稿全方位的审核，因此审核人责任重大，应对文稿进行反复的审查，弄清所有的疑点，修正谬误、完善不足之处。

3. 审核的分工与责任

业务主管部门的审核人员通常就文稿中业务方面的问题进行检查和修改。他们对文稿中业务方面政策、法规理解得更准确，对业务更加熟悉，这些则更有利于他们承担起对文件中业务方面问题审核和修改的责任。

办公部门人员的审核则侧重于从文稿的质量、发文的必要性和行文规则等角度进行审核。办公厅(室)是综合职能部门，是文件工作的中心机构。作为领导的近身辅助人员，秘书人员对单位工作全局和领导的意图即主旨把握得更透彻，而其职业特点也决定了他们在文稿撰写、行文制度的解读等方面更为擅长，并可承担相应责任。

领导对文稿签发前的终审，是文件生效前的最后把关，这要求领导以全局的眼光审核文稿，全面审核文稿的思想、观点是否符合主旨，同相关文件有否矛盾，措施、步骤是否可行等。总之，签发领导对文稿负有全面责任。

4. 文稿审核的范围

《党政机关公文处理工作条例》第 20 条规定：“公文文稿签发前，应当由发文机关办公厅(室)进行审核。审核的重点是：(一)行文理由是否充分，行文依据是否准确。(二)内容是否符合国家法律法规和党的路线方针政策；是否完整准确体现发文机关意图；是否同现行有关公文相衔接；所提政策措施和办法是否切实可行。(三)涉及有关地区或者部门职权范围内的事项是否经过充分协商并达成一致意见。(四)文种是否正确，格式是否规范；人名、地名、时间、数字、段落顺序、引文等是否准确；文字、数字、计量单位和标点符号等用法是否规范。(五)其他内容是否符合公文起草的有关要求。”在实际工作中,人们把公文审核的重点归纳为行文、政策、措施、程序、文字、格式“六关”。

(1) 行文审核。行文审核即首先审核是否确需发文。精简、高效是文件处理的基本原则。行文规则规定:“行文应当确有必要,注重效用。”属于可发可不发的文件就坚决不发;属本单位职权范围内发文的事情,就不要请上级批转;凡可用电话、传真方式解决的,就不再发文件;凡已有过明确规定或在报上公开登载的就不重复发文等。

对涉及其他部门职权范围内的事项,主办部门应当主动与有关部门协商,意见一致后方可行文。看行文关系、行文方向等是否符合行文规则,联合行文是否符合条件。总之,规范行文、精简行文,维护文件的严肃性、权威性是文件审核的首要任务。

(2) 政策审核。政策审核即审核文件的内容是否符合党和国家的方针、政策、法令、法规。对不符合党和国家方针、政策或与本系统上级单位要求相抵触的文件内容应予以改正。如与本单位以往所发文件精神相比有变动,则应说明以此文件为准。

(3) 措施审核。措施审核即审核审查文中所提要求和措施是否符合实际情况,能否解决实际问题,是否明确具体、切实可行;审核执行的组织人员等。

(4) 程序审核。程序审核即审核公文处理的程序是否按规定履行。如涉及其他部门职权范围的事项,则查看是否已取得一致意见,该会签的文件有关部门是否已经会签,该经过一定会议讨论通过或报有关领导批准的文件是否按规定做到等。

(5) 文字审核。文字审核主要是查看审核文件结构安排、语言表述是否较好地表达文件的主旨,内容条理是否符合逻辑规则,文字运用是否符合语法规则,标点使用是否规范准确,有无别字、错字、漏字。还要注意核实引文、数字、时间、人名、地名等,力求准确无误。

(6) 格式审核。格式审核主要查看审核文件的文种是否恰当,语气是否得体;文件各个项目的内容拟写和位置标注是否正确;文件的管理项如密级、时限是否合理,阅读对象是否有疏漏等。

电子文件管理系统中的审核,是将审稿意见直接批注在所审核的电子文件上。文件拟成后提交,在电子文件管理系统内把文件草稿传递给审核人员。

(三) 签发

文件签发是发文单位的领导人对文稿审定后批示注明发文意见并签署。

1. 签发的意义

签发是文件形成的决定性环节。文稿经签发后,稿本性质由原来的草稿变成了定稿,具有法定效力,并据此印制正式文件。因此,签发意味着文稿已被认可确定,决定了文件的正式成文和发出,是发文程序中必不可少的一环。

签发环节是领导人行使领导职权、承担责任的具体体现。文稿签发后,签发领导代表单位对文件负全面责任。因此,签发环节有一定的要求和规范。

2. 签发的要求

(1) 签发前应对文稿做全面的审核。签发是决定文件成文的最后环节,签发人应本着认真负责的态度从各个方面对文件做全面、认真、严谨的审核,以最终确保文件质量。

(2) 签发必须遵循“先核后签”原则。签发是文件生效的法定程序,文件经过文字和内容上的全面审核、修正后方能交领导签发,一经签发,文件即具备法律效力,不经签发人

同意，任何人不得再对定稿做任何内容和形式上的更改或变动。

（3）根据签发文件的实际情况和需要，根据签发人的身份、职权范围选择适当的签发类型。签发的类型有正签、代签、核签和会签。

（4）签发时应在公文“发文稿纸”的“签发”栏里写“同意发文”等签发意见，并签署全名和具体审批年月日。应注意签发意见要明确表达签发人意图，不应写“拟同意”之类模棱两可的内容，也不应用画圈代表审批意见；其他审批人圈阅，应当视为同意；代签时，应注明“代”、“代签”字样。

（5）同草拟、修改一样，签发用笔用墨必须符合存档要求。签发不得用圆珠笔和铅笔。

3. 签发的原则

（1）以单位名义制发的重要或涉及面广的文件，应当由单位正职领导或主持日常工作的副职领导签发。

（2）在既定的方针、政策、法令、计划、决议范围内的一般业务问题的发文，可由单位主管领导签发，或由领导委托秘书长或办公厅（室）主任签发。

（3）以单位内部名义发出的文件，应由部门负责人签发。如果文件涉及方针、政策的重大问题，还应送单位分管领导审核加签。

（4）联合发文时，须经各主办、协办单位的领导会签。各单位签发领导的级别应对等。

（5）会议讨论通过的文件由会议主持人签发。

文件经签发后，其内在内容已拟定，实质上已拟制形成，撰文阶段告一段落，文件即可进入制发阶段。

案例分析

文件签发单见表 5-1。

表 5-1　文件签发单

<table>
<tr><td colspan="2">×（×）字（2010）×号</td><td colspan="2">紧急程度（特急/急/缓急）</td><td colspan="2">密级（秘密/机密/绝密）</td></tr>
<tr><td colspan="3" rowspan="2">签发：

年　月　日</td><td colspan="3">办公室审核：</td></tr>
<tr><td colspan="3">拟文单位/部门：
拟稿人：
负责人：</td></tr>
<tr><td colspan="6">标题：</td></tr>
<tr><td colspan="6">主报（送）：</td></tr>
<tr><td colspan="6">抄报（送）：</td></tr>
<tr><td colspan="6">附件：</td></tr>
<tr><td colspan="6">主题词：</td></tr>
<tr><td>打印：</td><td colspan="2">校对：</td><td colspan="2">主件　份</td><td>附件　份</td></tr>
<tr><td colspan="6">备注：</td></tr>
</table>

年　月　日

表5-1是一份文件签发单样本，其中各个空格内的项目都有特定含义，在实际发文前都必须填写。学员可结合前文所述知识点填写这份文件签发单，如因条件不足无法填写清楚，应尽可能描述每个空格的具体含义。

二、制发阶段

在撰文阶段的基础上，制发阶段对文件的外在形式进行进一步加工，具体包括复核、缮印、用印(签署)、登记、分发等环节，从而使文件具备法定的规范格式。

(一) 复核

复核即在文件正式印制前，文秘部门对文件进行全面复查。

复核是为了确保文件的质量，避免文件程序、内容、格式上出现疏漏和不足，是保证文件质量、提高文件处理效率的监督机制和有效措施。

复核的重点包括如下方面。

(1) 审批、签发手续是否完备。通过复核可以再次检查是否符合签发环节的要求、制度，是否有利于提高文件工作的效率和规范化程度。

(2) 附件材料是否齐全。附件等文件本体之外的材料容易被疏忽和混淆，有必要将附件说明项与附件实物再作对照复查。

(3) 格式是否统一、规范。在撰制阶段，难免会出现文件整体格式脱节、内容疏漏等，如上行文眉首未写签发人等，付印前的复核可有效解决此类问题。

经复核需要对文稿进行实质性修改的，应按程序复查，即不得擅自修改，应经签发领导同意后修改，再签发、复审。

在复核时，还要根据领导的指示和实际具体情况，补充和完善文件印发中的必要项目，即做好注发工作。

注发的内容包括：第一，注明发送对象和范围；第二，编写发文字号；第三，注明文件管理项的具体内容，如缓急时限、秘密等级和保密期限；第四，确定文件的缮印方式和印数；第五，明确文件的发出方式和时限等。

文件注发内容应由进行复核的文秘部门的秘书人员填写在“发文稿纸”的相应栏目中。如此，为文件的印制和发出做好充分的准备。

在电子文件管理系统中，电子文件在运转处理的环节能通过发文管理模块中的发文查询菜单和收文管理模块中的收文查询菜单，在查询公文界面上指定查询条件，然后单击“查询”按钮查看，并对该文件及其处理情况的详细信息进行查询和复核。

在文件复核环节中，有权限的处理人员还可通过“重写”按钮等请求进一步修改。通过对拟稿界面中有关信息的复核、修改，完成文件的注发。此后，电子文件管理系统中的文件即可进入校对环节。

(二) 缮印

文件缮印是指将领导签发或会议通过的定稿，按一定的格式制成正式文件。

在现代印刷技术发展迅速，尤其是办公自动化在文件工作领域广泛应用的情况下，手工缮印文件已很鲜见，如领导的亲笔信函等。印制文件的方式有打印、油印、铅印、胶印和

复印等。现代化办公环境下的一些文字处理和排版系统，使文件的印制更便捷、规范、美观，大大提高了文件处理工作的效率。

目前，越来越多的拟稿人在计算机上直接拟写初稿并进行修改，利用计算机上的文件格式模板制版，再通过网络履行文件的审核、签发、电子签名等文件处理程序，最后打印出文件的纸质文本。这无疑是提高效率、降低成本的先进做法，但在采用这种方法时，尤其应注意各环节也应严格遵循文件处理要求。大批量印制文件通常还需要通过印刷厂等进行。

文件的印制大致要经过以下三个过程。

1. 打字与排版

这一过程主要是将原稿内容录入计算机并排版。在打字时应绝对忠于原稿，一丝不苟；排版时应严格遵守国家有关规定，并在此基础上制成文件校样。

为了使公文印制达到规范要求，保证印制过程中的质量控制，《格式》做了具体规定。

（1）排版规格。正文用3号仿宋体，文种如有小标题可用3号小标宋体或黑体，一般每面排22行，每行排28个字。

（2）制版要求。版面干净无底灰，字迹清楚无断画，尺寸标准，版心不斜，误差不超过1毫米。

2. 校对

校对是根据定稿，对文件校样进行核对校正的环节。

校对是保证文件质量的重要措施，它可以保证版面格式的规范，准确体现原稿的内容、杜绝错漏现象、维护文件的规范性与有效性。因此，校对是文件印制过程中必不可少的程序之一。

校对一般文件要坚持初校、二校，重要的文件还应进行三校或更多次的校对。在校对过程中应忠于原稿，认真仔细、逐字逐句、从头至尾核对，将与原稿不符的错字、漏字、多字、别字检出并依据《中华人民共和国国家标准　校对符号及其用法》予以改正。还要依据原稿对校样的标点符号、图表、标记、格式及排版等进行全面的核查和纠正。当发现原稿中文字、符号、格式等有误时，不得擅自更改，应通知拟稿人或核稿人处理。

校对的具体方法有对校法、折校法和读校法。

（1）对校。左手执原稿、校样放在右侧，右手执笔指出校样中相应位置，先看原稿，再看校样，逐字逐句校对。此法应注意眼睛和双手协调配合。

（2）折校。将校样折到校对的位置并置于原稿上相应一行进行校对，使校样上和原稿上对应的文字尽量接近。这种方法在校对时不易串行串字。

（3）读校。一人读原稿，另一人核对校样并改正校样上的错误。读原稿的人应逐字逐句读清楚，每个符号、格式、易混淆的字词等都要读出和说明。读稿人发现错漏要及时通知拟稿人或核稿人处理。

对校、折校、读校三种方法各有长短，应视具体情况灵活掌握。

在电子文件管理系统中的校对与纸制文件中的校对有很大不同。

通常可设置“自动更正”功能，这样在电子文件的拟写过程中有出现输入有误等情况，会自动在这些词下打上波浪线做“可能错误”提示。有些软件还会以不同的颜色显示错误等级:红色为确定错误,绿色为疑似错误。当然,以波浪线提示的词并不一定都是错误的,它只是提供了进一步校对的线索。

“自动更正”功能的具体使用方法如下。

单击“工具”菜单,再单击“自动更正”命令,在“键入时自动替换”前的复选框里打钩即完成。

利用“拼写和语法”功能,可对上述打波浪线的词及文件中其他拼写错误和语法错误进行更正。具体方法是:单击“工具”菜单,再单击菜单中“选项”命令,在“键入时检查拼写”和“键入时检查语法”前的复选框里打钩即完成。

右击打上波浪线的词,即出现“输入错误和特殊用法”快捷菜单,可单击“语法”和“关于此句型”命令了解修改途径,最终完成校对修改。

另外,还可利用各种校对软件进行校对。

在手工拟稿后以文字输入方式完成电子文件制作的情况下,可通过一人读计算机上的输入稿,一人看底稿的方法进行校对,针对输入过程中的错漏进行检查、校对。

3. 印刷与装订

(1) 印刷要求。双面印刷,页码套正,两面页码误差不得超过 2 mm。黑色油墨应达到色谱所标 BL 100%,红色油墨应达到色谱所标 Y 80%、M 80%,印品着墨实、均匀;字面不花、不白、不断画。

(2) 装订要求。公文应左侧装订,不掉页。公文的封面与书芯不脱落,后背平整、不空。两面页码之间误差不超过 4 mm。骑马订或平订的订位为两钉钉锯外订眼距书芯上下 1/4 处,允许误差±4 mm。平订钉锯与书脊间的距离为 3 mm~5 mm;无坏钉、漏钉、重钉,钉脚平伏牢固;后背不可散页。裁切成品尺寸误差±1 mm,四角成 90°,无毛茬或缺损。

在电子文件管理系统中,校对后的电子文件即可进入用印环节。

实行“双套制”电子文件管理的,此时应打印出纸制文件。打印前可通过“打印预览”浏览页面情况,然后单击“文件”菜单中“打印”命令设置打印范围、份数等打印要求,打印出所需文件。

(三) 用印

用印即盖印,指由管理印章的文秘人员在需要用印的文件上加盖单位印章或领导人签名章。

印章是单位职权的重要凭证,用印是公务文件制发的程序之一,凡以单位名义发出的公文经加盖印章或签署,才具有法定的效力,因此印章是公文的生效标志。另外,印章还是鉴定公文真伪的最重要标志。

一般除了“会议纪要”和以电报形式发出的文件外,都应当加盖印章。联合上报的公文,由主办单位加盖印章;联合下发的公文,发文单位都应当加盖印章。为了保证印章的真实性,提高印章的防伪性,《格式》对印章的格式做了详密的规定,在盖印时应认真遵循。

单位的印章应由指定的专人负责保管,大多由办公室文秘人员负责保管和盖印。应

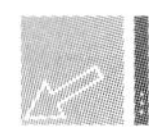

建立起相应的用印制度，具体如下。

(1) 用印应先填写用印登记单(见表 5-2)。文件用印时，应以“用印登记单”为依据，所盖印章应与批准用印人的职权范围相符，且与发文名义相符。任何人不能私自运用、越级运用公章。

表 5-2　用印登记单

文件名称			
发往单位		份　　数	
用印日期		申请用印人	
批 准 人		备　　注	

(2) 用印时，应严格按照领导已批准的用印份数加盖印章。

(3) 盖印应认真负责，所盖印章要清晰端正，用印位置应上距正文 1 行之内，端正、居中，下压成文时间。

(4) 不得在空白信纸、介绍信上盖印，以防弊端。

(5) 用印后，应根据用印登记单填写用印登记簿(见表 5-3)。一些文件如命令、议案、合同、协议、公报等，应以签署的形式生效。

表 5-3　用印登记簿

顺序号	用印日期	文件名称	发往单位	份数	批准人	用印人	备注

电子文件的用印目前主要采用电子印章、电子签名等。电子印章可通过扫描完成。电子签名是发送方利用密码形成密钥生成“数字签名”，收文方通过相应的密钥能检验此数字签名的真实性。另外，还可利用专门的光笔签名，即用光笔直接签在输入板上，得到亲笔签名的“笔迹”。

(四) 登记

登记即发文登记，向外发出的文件在发出之前应进行登记，主要是便于对所发文件的管理、查找和统计等。

大多数单位的发文登记是采用簿册式登记形式。登记的项目包括顺序号、发文日期、发往单位、文件标题、份数、密级、归入卷号、签收人和备注。

较大的单位，由于内部机构多、职能范围广，故发文数量相应较大，可分设发文登记簿或在同一本簿册上分类登记。

在内收发与外收发之间还应设立送文登记簿，以履行交接手续。外收发在文件发出前也要进行简要登记，即登记在外收发的收发文登记簿上。因为对外收发来说，外单位与本单位的来文都可视为收文,登记后都是要转手发出的。

电子文件的发文登记是在管理系统中,将文件要素登记到电子文件发文簿中。

许多单位发文的复核、注发、发文登记和分发环节都由文件人员统一负责操作,这样有利于文件的控制和管理,有利于提高文件工作的效率。

(五)分发

分发也称封发,即文件人员将文件分装并发出的工作。

印制完毕的文件通常以传递或公布的方式把文件信息传递给相应的接收者。大部分文件传递前需要经过分发过程。分发工作又可分为以下几个步骤。

1. 装封

装封是文件工作人员将印制好的文件按领导签订的意见和注发要求将文件装入信封以便发出的工作。

装封时要求在装寄文件的信封和封套上准确填写收文单位的邮政编码、地址、收件人(部门)名称和发文单位的相关信息。在把文件装入信封前应仔细审核文件的种类和清点文件份数,避免装错信封。若有发文通知单等,应一并装入。如果文件是密件、急件或亲启件,应在信封上加盖密件戳、急件戳或写明"亲启"字样。

2. 封口

文件的封口有普通封口和密封两类。对一般的或机密性不强的文件通常采用普通封口的方式,要用胶水封牢;对机密性较强的文件,如绝密件等,应采用密封的方式。现常用的是纸封,即在信封上加密封封条。印封,即在封口处加盖密封专用章。也有的在用封条的基础上再加盖密封专用章。

3. 发送

发送即将文件以一定方式传递给收文单位的工作程序。

文件的传递是将文件从发文单位发向收文单位,即发文处理程序转向收文处理程序的一个转折点。传递环节通常由文书人员交单位外收发人员统一办理,这之间应严格履行交接手续,明确责任,以备核查。

根据发文单位及收文对象的具体情况和所发送文件的重要程度、数量、密级、缓急时限等因素,文件的发送可分别采用以下几种方式。

1)通过专人直接传递

通过专人直接传递即指定专人把文件直接送至收文单位的工作。一般单位应设机要通信员专职或兼职负责本单位文件的直接传递。在直接送达秘密文件时,必须采用保密措施,确保文件安全。此方式一般适用于收发文单位相距不远的重要文件,能确保文件及时、迅速送达。

2)通过邮政系统传递

通过邮政系统传递主要包括普通邮寄传递和机要通信传递,分别适用于平件和涉密文件(不包括绝密件)。普通邮寄处理除可用平信邮寄外,还可用挂号信等方式邮寄;机要通信是为传递党政机关涉密文件而单独开设的邮递通道。

3）通过机要交通传递

机要交通机构是传递党政领导机关重要涉密文件的专门机构。机要交通传递文件具有中间环节少、规范、可靠程度高的特点。使用机要交通方式传递的机关及传递的文件通常有一定密级。

4）通过文件交换传递

县级以上城市，一般都设有文件交换站。专门用于本埠范围内有固定文件往来关系的机关集中交换文件。此方式通常只适用于同一地区中在文件交换站内有常设信箱的领导机关。通过文件交换传递具有减少文件流转环节，节省时间、经费等特点。

5）通过电信系统传递

利用电信系统以计算机网络、传真、电报方式传送文件。

电子分发是凭借网络等远程传输系统，以电子邮件的形式将文件直接发送至收文单位，并通过电子签收或电子回执的方式进行跟踪、确认。目前，电子文件的传输渠道主要是通过局域网和专用网，党政机关将一部分普发性文件或没有特殊保密要求的文件上网传输，这样可以把同一个文件发送到一个或多个单位。对于各单位部门来说，这种电子邮件系统成为电子文件传输的最佳平台。

同传统的通信方法相比，电子邮件网上传输发送有许多优越之处。

第一，格式公式化。电子文件的网上传输发送和回复可根据提示填写要求，用这种公式化的书写方式书写公文比用纸张信函方式书写公文更容易。另外，使用公式化回复也有助于避免草率。

第二，时间任意化。电子文件的网上传输发送可在任意时间进行，不受时区和工作时间的限制，下班后仍可以保持与他人的联系，有利于工作任务的完成。

第三，地域无限化。电子文件的网上传输发送是全球性的，不管用户身在何处、文件何时发出，都可以立即传送的目的地，尤其适合文件的远距离传递。

第四，效益经济化。电子文件的网上传输发送更经济、快速，和传统的通信方法相比，它发送时的成本几乎可以忽略不计。电子邮件不需要纸张，没有物理意义上的废物处理问题，有利于环保。

电子文件的发送有以下三种情况。

（1）新文件。需要指定收件人，需要填写主题和文件内容。

（2）回复文件。不需要指定收件人，不需要填写主题，但要写回复文件内容。

（3）转发文件。需要指定收件人，不需要填写主题，不需要写文件内容，可引用、复制并修改原文件。

发送电子文件的步骤，首先双击桌面图标进入 Outlook Express 或 Internet Express，通过联网，输入 E-mail 地址、用户名、密码，进入邮件信息界面，点击“发件箱”即可进入发送文件窗口进行电子文件的发送操作。

“收件人”栏，输入收件人的地址，如果是回复文件，则会自动填入收件人地址，如果需要同时发送给几个收件人，只要在每个收件人地址之间加上逗号或空格等分隔符即可。在各单位的电子文件管理系统中通常有固定的收文对象，故大多采用下拉框的方式，以便于选择。

“抄送栏”,输入其他需要了解文件的信息人的地址,也可以在下拉框中选择。

“文件主题”栏,输入该文件的标题。这一栏很重要,因为收件人第一眼看到的就是此项,如果输入时过于随意,会造成标题含糊、不明确,往往会导致信息不被重视甚至被当做垃圾信息来处理。

“附件”栏,点击“附件”图标可浏览计算机中及其他载体中所存文件,将所需文件上传到所发文件后作为附件,并随之发送。

“文件正文”区,输入文件内容。

上述工作完成后,还可设置一些发送文件的特殊属性。如对电子文件进行加密、要求回执、设置优先级等。选择完毕,点击“发送”按钮完成电子文件的传送。

以网络传送文件的方式,保密性难以保证,因此应特别注意机密性文件在传递过程中的保密,否则将很容易被盗窃,造成损失。目前许多单位采用下载等方式传递涉密文件。

文件的传递必须遵循文件工作原则,做到及时、准确、安全;防止文件积压、误投,确保涉密文件在传递过程中不失密、不泄密。涉密文件必须通过机要途径传递,如果选择传真方式传递,则必须对传真设备加密,绝密、机密级文件不得利用计算机、传真机传输。

对大多数文件来讲,文件传递是发文处理工作的最后一个环节,它是从发文处理程序向收文处理程序转化的必经之途。

第二节　收文办理

收文是指收进由外单位制成并传递至本单位的文件。收文办理是指对收到文件进行运转处理的全部过程,包括签收、登记、审核、拟办、批办、承办、催办、注办等程序。收文办理又可分为接收和办理两个阶段。

一、接收阶段

文件的接收阶段包括签收、登记、审核等环节,文件接收是对收文进行办理的前提和基础工作。

(一)签收

签收指收件人收到文件后,在对方传送单或传送文簿上签字或盖章的活动。签收是收文处理的第一个环节。签收,不仅可以明确交接双方的责任并以此作为凭证,而且可以掌握文件的流向,为确保文件安全运行提供保障。

签收时应认真检查、核对收文单位名称、所收文件的件数、文件的包装等,在确认无误后签字或盖章并注明签收时间,完成签收手续。若是急件,还应注明收件的具体时间,精确到分钟。

签收分外发签收和内发签收两层。外发签收即单位收发室签收;内发签收即单位办公室文书工作人员对外收发转来的文件以及机要交通或外单位直接送达的文件进行

签收。

文书人员的签收应在启封后进行。启封是文书人员的特有职责。收到的来文，凡标明单位的，一律由单位的文书人员拆封；凡标明单位领导“亲收”、“亲启”的来文，都应送本人或其委托人拆封；密件应交机要室或指定的机要人员拆封；标明本单位具体部门的，应由该部门文书人员拆封。

文件拆封应注意认真细致，保持信封和文件的完好，并认真核对，若发现问题应及时与发文单位联系。检查无误后，若有发文通知单或回执单的应及时填好寄还。文书人员在办毕与外发签收人员的签收手续后应在文件的右上角加盖收文章，然后进行收文登记。

电子文件的收文管理亦有多种方式。有些单位将收到的纸质文件先通过扫描输入计算机中，然后在电子文件管理系统中进行收文办理流程的处理。有些单位使用的文件管理系统提供邮件到达提示信息，这些信息以图像或声音的形式传达。收文单位采用Outlook Express接收文件，进行电子文件签收。在电子文件签收界面上，选定用户名，输入密码（口令）完成登录并签收，打开文件及附件浏览其内容，也可将其保存到计算机中。

（二）登记

这里的登记指文件收进后的收文登记。收文登记时将收进的文件编号入账，是对收文处理的记录，也是文件运转、管理的基础工作。

做好收文登记工作能使文件有序化，有利于对文件的处理、管理和保护，防止文件积压、丢失和泄密；有利于对文件的控制，便于对文件的查找和利用；收文登记在册后，收文的统计和监管变得方便可行；收文登记还是明辨工作环节中的责任所在的最佳凭证和依据。

1. 收文登记的方法与内容

大、中型单位一般都设有外收发和内收发两个层次。内收发机构在签收后，应分别进行各自的收文登记功能工作。由于工作职能不同，内外收发的登记内容有很大差别。

外收发对收文的了解只限于信封的信息，故其收文登记内容较为简单，通常仅采用按时间顺序依次登记的流水法进行登记。登记的主要内容包括顺序号、收件日期、来文单位、收文单位、签收人、发送方式和备注等。外收发登记簿如表5-4所示。

表5-4　外收发登记簿

顺序号	收件日期	来文单位	收文单位	签收人	发送方式	备　注

内收发对收文的登记方法除流水登记外还有分类登记法，分类登记的主要方法有按来文单位分、按来文内容性质分、按来文单位的行文方向分等，其中流水登记法多见于收文数量较少的单位。至于收文数量较多的大、中型单位则宜采用分类登记法。内收发登记的主要项目有收文顺序号、收文日期、来文单位、文件标题、来文字号、密级、份数、承办单位、签收人、办理结果、文件处理号、备注等。内收发登记簿如表5-5所示。

表 5-5　内收发登记簿

收文顺序号	收文日期	来文单位	文件标题	来文字号	密级	份数	承办单位及签收人	办理结果	文件处理号	备注

2. 收文登记的范围

收文登记的范围主要根据文件的性质、重要程度、数量和工作需要来定。

一般必须登记的文件材料有:上级单位的领导性、指导性文件,下级单位的请示性、报告性文件,同级或不相隶属单位的商洽性、需办性文件,重要的会议文件和材料,机密性的文件和资料及其他重要的有价值的文件、材料等。

为减少工作量,提高文件工作效率,有些文件可直接分发处理而不需登记,如上级单位下发的一般性抄件,下级单位的一般性抄件,公开发表的文件,公开的或内部不保密的出版物,各种事务性的通知、便函、介绍信等及私人信件等文件。

登记的范围与文件的载体形式无关,随着办公自动化的深入发展,各种非纸质文件大量产生,凡有价值的文件均应登记。此外,还应注意对非常规收文渠道来文的登记,如对本单位领导和工作人员外出开会等带回的有价值文件也应登记在册。对领导“亲收”、“亲启”件,则应由收件人本人或其委托人拆阅后再决定是否登记。对急件、要件,则应优先登记,做到随到、随登、随办。

3. 收文登记的形式

1)簿册式登记

簿册式登记即用装订成册的专门用于登记收文情况的簿册进行登记。每个文件的信息集中登记在一行中。这种登记方式的优点是:易于保管,收文信息相对集中、不易散乱,便于对文件信息的统计和控制。缺点是:检索不便,文件信息固定不易修改。

2)联单式登记

联单式登记即将收文的情况一次复写登于若干联单上进行收文登记的方式。采用联单式登记法可根据本单位情况选用联单的数量,一般至多用四联。第一联为文件处理单;第二联存内收发处,按顺序集结装订作为总收文簿;第三联存经办部门,最终成部门收文簿;第四联作催办单。

联单式登记法的优点:便于分类,使用灵活,可减少登记次数,提高工作效率。缺点是易散乱、丢失,不便于保存和对文件信息的全面控制。

3)电脑登记

电脑登记即将文件的有关信息输入电脑的文件登记方式。利用电脑检索、查询文件信息,减少文件输入、传送等环节,极大地提高工作效率,更重要的是适应目前文件工作现代化发展的趋势,是电子文件管理中的基础步骤。

此外,文件登记还有卡片式登记。目前也有将上述若干登记方式组合起来进行文件

登记，以取各方式之长的做法。

（三）审核

审核是指文秘部门对下级单位上报的需要办理的公文进行审查核实。

文秘人员在着手将所收到的文件分送、办理之前，应对下级单位上报的需要办理的公文进行认真审核，以进行文件办理前的最终把关。这样就能在启动文件办理程序前将种种不符合行文要求和不具备办理资格的文件予以剔除，避免文件办理过程中出现问题，避免人力、物力和时间的浪费，确保单位的工作效率。

对下级需要办理文件审核的重点有以下几方面。

(1) 是否应由本单位办理。审核下级来文需要办理事项是否超出本单位的职能范围。

(2) 是否符合行文规则。审核下级来文是否具有行文的必要，是否符合行文规则中的要求。

(3) 内容是否符合国家法律、法规及其他有关规定。任何单位的文件内容不能与国家法律、法规和规定相违背。

(4) 涉及其他部门或地区职权的事项是否已协商、会签。涉及其他部门职权范围内的事项，主办部门应当主动与有关部门协商，取得一致意见后方可行文，会签是提高办事效率、防止纠纷的必要程序。

(5) 文种使用、公文格式是否规范。文种和公文格式体现了文件的发文意图，因此其使用是否规范关系到文件办理的程度，关系到文件效用的正确发挥。

经审核，对不符合规定的公文，经办公厅(室)负责人批准后，可以退回呈报单位并说明退回理由。对符合规定的公文，文秘部门应当及时提出拟办意见送负责人批示或者交有关部门办理。

在电子文件管理系统中，可通过收文管理模块中的“收文查询”菜单进行收文审核。

文件的分发，即收文登记、审核后，文书人员根据原则和要求对收文进行分类并分别送交有关部门或人员阅办。

文件的分发，首先要认真阅读文件的内容，根据文件的内容、性质和办文要求，如文件的密级、紧急程度等，结合本单位领导和部门的工作职责范围科学合理地进行。分发时应优先处理重要的、紧急的文件。其次，文件分送应按先正职后副职、先办理后阅知、先主办后协办的次序进行。

文件分发的具体做法包括如下几个方面。

(1) 方针政策性文件和综合性文件，送办公部门办理。

(2) 单位日常业务性、事务性文件，按业务分工和职责范围送相应部门办理。

(3) 来文单位答复本单位问文的回复性文件，送原来发文的承办部门或主管人员。

(4) 例行公文和有规可循的文件，按常规送有关业务部门；无法判定承办部门的文件，送办公部门，根据拟办、批办意见办理。

(5) 领导亲启件，直接送领导本人或其委托人。

(6) 文件有明确传达对象和要求的，直接送阅文对象。

文件的分发应及时，防止文件积压，对急件应做到随到随分发。在分送文件时，文书人员应履行签收手续,以分清职责。

电子文件的分发是按照一定的原则、要求,通过管理系统,把电子文件分送给有关领导和职能部门的活动。这是对文件的运转处理实施控制的环节。通常由文书人员根据文件处理的需要,在一定部门和人员范围内选择分发对象,在“可处理人员”下拉菜单中选择或输入处理人员名单,点击“提交”按钮,将该文件发至相应部门和人员。

二、办理阶段

文件的办理阶段包括拟办、批办、承办、催办、注办、查办等环节,是对文件进行具体办理的阶段。

(一)拟办

拟办指对来文的办理提出建议和初步意见,以供领导人批办时作参考的工作。

经审核对符合规定的公文,文秘部门应当及时提出拟办意见送负责人批示或者交有关部门办理。拟办是对收文所涉及事项进入实质性办理阶段的第一个环节,也是一项十分重要的文件处理工作。

1. 拟办承担者

拟办工作通常由办公室负责人或具有较高政策理论水平和文秘工作能力的秘书人员承担。拟办工作是站在单位全局的立场上,从领导的角度去分析和处理问题,为领导提出合乎客观实际的科学可行的意见和建议。这就要求拟办人员具备较高的政策水平,能够全面认识和准确把握党和国家方针政策并以此指导实际工作,高质量地处理事务、辅助领导。另外,拟办人员还必须深谙秘书业务和具备较广博的知识面,以准确有效地提出拟办意见和高质量的设想、方案。除此之外,拟办人员还要熟悉本单位各领导、各部门职责分工和业务范围,具有高度的工作责任感,以饱满的工作热情解决日常工作中纷繁的矛盾,避免差错。

2. 拟办的作用

办公室是单位领导工作的辅助机构和整个单位工作的中枢机构,拟办是文秘人员辅助领导工作的具体体现环节。提出拟办意见,不仅可以辅助领导进行决策,而且可以节省领导大量的时间,使他们可以把有限的精力用到更重要的工作上去。经过文秘人员深入细致的前期准备工作,往往可以避免仅凭领导个人才智和经验去决断问题而发生决策性错误。因此,领导工作中少不了文秘人员的辅助。当然拟办意见是建议性而非决定性的,但它对领导思考、处理问题有重要的作用。此外,拟办有利于发挥文秘部门的积极主动精神。

3. 拟办的范围

并不是所有收文都必须拟办。通常已有规可循的文件、事务性文件和不需具体办理的文件都不要拟办。需拟办文件的大致范围包括如下几个方面。

(1)上级单位主送本单位需要贯彻落实的文件。

(2)下级单位或单位直属部门主送本单位的请示性文件或建议性文件。

(3)平级和不相隶属单位主送本单位的商洽性文件、询问性文件。

(4) 内容涉及几个业务部门或有争议的文件。

(5) 其他需要办理的文件。

4. 拟办的方法及内容

做好拟办，首先应认真研读文件，吃透文件，在此基础上根据办理的要求和规定提出拟办意见。

对阅知类文件，只需相关人员阅读、了解，无须办理，故一般拟办意见可写明阅知范围："请××同志阅"或"请××、××、××同志阅"等。

对办理类文件，则应根据文件具体情况提出拟办意见，如来文需传达周知并贯彻执行由相关领导提出批示性意见的，可用"请××同志阅示"；有时拟办人员可对文件的办理提出建议性意见，为领导批办提供参考"此文拟由××部办理，请××总经理阅示"等；对涉及两个或两个以上部门联合办理的文件，拟办意见应明确指出牵头单位，可写"拟请××部主办，××部协助办理"；一些文件的办理，还应注明办理的具体时限"拟请××部在×月×日前提出处理预案"等。

5. 拟办应注意事项

(1) 拟办意见应写在文件处理单的"拟办意见"栏内。

(2) 提拟办意见要注意掌握政策、规定。拟办意见应符合党和国家方针政策，符合实际情况，具有可行性。

(3) 拟办意见应观点鲜明，直述意见和建议，不可含糊其辞。拟办意见表述应准确、简明扼要、一目了然。

(4) 为便于领导决策，可将有关政策、规定等参考文件和背景材料一并提供给领导，以供领导参考。

(5) 当提供的拟办方案不止一种时，应表明拟办人员的倾向性意见，以便领导定夺。

电子文件的拟办同纸质文件的拟办实质一样，只是形式不同。

(二) 批办

批办是指领导人对文件办理提出批示性意见的工作。

1. 批办的承担者

批办工作通常由领导承担。重要的、方针政策性的、全局性的文件应由单位领导批示办理。单位内职责分工明确的业务文件，可由分管领导或业务部门领导负责批办。一般性、事务性文件及阅知性文件也可授权办公室负责人直接批办。

2. 批办的意义

(1) 批办决定了收文办理的人员、办理的时间、办理的程度等，对文件的办理起着决定性的作用。批办环节是领导对本单位工作领导管理职能的具体体现，领导以其所站高度，从单位或部门整体利益出发，向有关承办部门或人员阐述其意图，具有行政管理的权威性。

(2) 通过批办领导及时阅读收到的重要文件，掌握工作发展的情况。

(3) 批办能使领导对单位工作实行有效控制。通过合理分配任务，分清各部门的工作职责,提高工作效率。

3. 批办的范围

批办的范围应适当,并非所有收到的文件都要批办,如果批办的范围太大,会影响领导处理其他重要工作,也难以调动部门人员的工作积极性。如果批办的范围太小,该批办的文件不批,则会削弱领导的职能,致使职责不清,甚至造成部门之间的推诿。

批办的范围主要是无规定可循的文件、需领导决策的主送本单位主办的重要文件等。

4. 批办的方法及内容

批办是收文处理中的一个重要环节,批办意见正确与否、恰当与否,直接关系到文件能否准确、及时地被处理。批办要根据文件的性质、内容而定。

其一,对来自上级的重大方针、政策性文件和针对本单位的重要指示性文件,应批明贯彻意见、承办部门和办理措施,传达文件应指出传达的范围。

其二,对来自平级或不相隶属单位需要协助办理的文件,应批明承办的部门,必要时批明处理原则、方法和要求等。

其三,对来自下级的重要请示,应批明具体答复的原则、意见及承办部门;对重要的报告,应批明是否批转及阅知的范围等。

批办意见没有固定格式。一般对必须办理和答复的来文,可用“请××办理”、“请××处拿出处理意见”;或提出原则性意见,如“请××部办理,应……”等。对一些阅知性文件,则可用“请××阅”等。

审批公文时,对有具体请示事项的,主批人应当明确签署意见、姓名和审批日期,其他审批人圈阅视为同意;没有请示事项的,圈阅表示已阅知。

5. 批办应注意事项

(1) 批办意见应写在收文处理单的“批办意见”栏内。纸制文件中应注意采用适当的书写材料。

(2) 批办应在认真阅读文件的基础上进行。应针对文件内容和拟办意见明确表达态度和意见。对有具体请示事项的不能批“拟同意”、“阅”之类模棱两可的文字或语句;更不能只画圈打钩了事,不提具体批办意见。

(3) 批办要及时,紧急文件应随到随批,并注明处理时限。承办部门要选择正确,以免影响文件的及时处理。

(4) 批办领导人要在批示意见后面签上自己的姓名和日期。姓名要写全名;日期要注明年、月、日;紧急而又重要的文件,批办时还应注明批办的年、月、日、时、分。

电子文件的批办是领导通过电子文件管理系统,对该文件做出电子批示。目前批办方式有多种,一般根据各单位情况进行批办。归纳起来批办方式有如下几种。

其一,批办领导将批办意见直接输入电子文件管理系统中收文处理单的“批办意见”栏中。

其二,在一些单位,通常由领导做书面批示后,秘书将批办意见扫描到电子文件管理系统中,以保证批示意见的真迹权威性,并将书面批示连同纸质文件一同归档。

其三,有的电子文件管理系统将收文批办设置为与拟办相对应的一个专门环节。

拟办和批办都是文件处理工作中的重要环节，对文件的承办处理有重要作用。但应注意认清两者间的联系和区别。

（三）承办

承办是指主管部门或有关人员根据领导的批办意见或有关规定，对文件内容和要求进行的具体执行和办理。

承办是文件处理中的关键环节，是具体解决问题的重要阶段。承办是对本单位组织管理目标、组织整体利益的具体体现。承办的质量，直接关系到单位工作的质量和效率。因此要重视并做好承办工作。

文书部门在收到需要办理的文件后，应及时提出拟办意见，经领导批办后送有关承办部门或承办人员，文件进入承办阶段。实际工作中，承办有两种含义：一是由业务主管部门业务人员承办，这是对来文具体工作问题的实际执行和处理解决，是一种具体操作的业务行为过程；二是由有关人员根据批办意见及有关规定对来文的具体问题以文件形式予以答复，这则是公文处理工作过程。就文件学而言，主要指办理复文的承办方式，对来文的承办具体体现在复文中，因而，承办及拟稿既是收文处理程序的最后环节，又是发文处理程序的第一个环节。

1. 承办的原则和要求

(1) 负责承办的部门和人员首先应认真研究承办文件的内容和批办意见，弄清是否属于自己承办的范围。应按拟办、批办意见办理；若没有批办意见，应根据有关规定、惯例办理。凡不属于自己承办范围或不宜由本单位办理的，应当及时退回文书部门，并说明情况。对属于自己承办范围的文件，收到后应及时办理，不得延误、推诿。

(2) 承办应符合时限要求。急件通常随到随办，一般文件也应及时办理不得拖延。若按时限要求办理确有困难的，应当及时予以说明。

(3) 文件办理过程中若遇到涉及其他部门职权的事项，凡领导批办意见中明确提出由某部门主要承办的，该部门应提出办理意见，并主动与协办部门会商、会签，统一意见后报领导审批。如若主办单位与协办单位意见分歧，则主办部门主要负责人要出面协调或裁定。

(4) 对不能一次办理结案的文件，应放在待办件中，以便再办。承办人员对已经办理结案的文件要向交办的文书部门告知，将文件处理结果填写在文件处理单相应栏目上，并做好注办工作。

(5) 对一些问题的承办若是以电话、面谈等形式处理的，也应向交办的文书部门报告情况，并注办。

电子文件的承办就是利用文件管理系统，对电子文件进行处理。如同纸质文件的承办环节一样，仅指承办过程中针对电子文件的处理环节，而非广义的对文件中事项的办理过程。在对具体工作事项的实际执行和处理解决的整个过程中，文书人员应对文件的承办进度、处理状况及去向等有所监控，而不能置文件的承办处理于放任、失控的状态，这样不仅可以有效保证文件处理的顺利进行，也便于文书人员对文件催办、注办等环节工作的开展。

(四) 催办

催办即文书人员对部门文件的承办情况进行监督和检查的活动。

文件处理过程中的催办,是对需办文件在承办过程中的督促、查询工作。送负责人批示或者交有关部门办理的文件,文书部门要负责催办,做到紧急文件跟踪催办,重要文件重点催办,一般文件定期催办。

1. 催办的意义

通过催办可以提醒承办部门和承办人员在规定时限内把事情办完,催办是文件处理工作中一项必要的制度和保证机制。建立健全催办制度对监督和检查文件的运转处理,克服文牍主义、官僚主义,提高单位工作效率和质量等有重要作用。

2. 催办的范围及类型

文件处理过程中的催办并不是每个文件都必经的工作程序,但催办贯穿了文件处理各程序的始终,不仅对需办复文件要催办,对知照性文件的某些环节也要催办,如督促传达和执行等。

需催办文件的具体范围主要包括以下几个方面。

(1) 上级单位主送本单位并需要具体实施、贯彻执行的文件。

(2) 所属部门及下级单位主送本单位的请示及其他需要办理的文件。

(3) 平行或不相隶属单位发来商洽、征询事务需办理或答复的文件。

(4) 本单位发给上级单位批复的请示、批转的报告等。

(5) 本单位要求下属部门或下级单位报送的保管材料等。

(6) 本单位发给平行或不相隶属单位要求协办或会签的文件等。

(7) 其他需催办的文件,如需办复的重要的群众来信来访;重要的议案、提案、会议决议等。

文件处理中的催办按对象不同,可分为两类:第一类是对内催办,即对本单位内有关部门文件承办情况进行督促,如催促文件的传阅、承办等;第二类是对外催办,即对本单位发往其他单位并需回复的文件进行催询,如催促协作单位会签文件等。

文书部门催办工作的重点应放在对内催办上。对外催办往往可由单位业务主管部门负责。在催办文件过程中,催办的重点文件是急件和重要件;在文件处理的众多环节中,催办的重点环节是拟稿环节和签发环节。

3. 催办的方式

目前,对文件办理进行催办的做法主要有电话催办、书面催办、网络催办、会议催办和登门催办几类。可根据实际情况选择适宜的催办方式。

电话催办简便易行,适用于单位内部的对内催办和相距较远的对外催办。书面催办包括利用催办卡、催办单、催办函及简报等书面催办工具,催办卡和催办单对内催办和对外催办均适用,催办函则使用于较为重要的对外催办。电子文件管理系统中的催办是通过网络系统,根据催办时限等要素,由单位文书人员利用系统设置或系统自动发送电子催办单的催办方式,这种方式简便、高效,尤其适合在文件处理现代化程度较高的单位的对内、对外催办。会议催办较适合范围广、催办对象多的重要文件的催办。登门催办包括催

办人员到承办部门催办和请承办部门来人汇报两种，前者能较直接地掌握文件办理的进展情况，适合对内催办或相距较近的单位之间的催办，后者往往用于对一些重要而又紧急的文件，领导要直接听取承办情况时，可请承办部门派人来汇报，这种方法不常使用。

4. 催办的要求

1）在思想上、组织上加强催办工作

催办是文件处理程序中的监督环节，并不是直接的文件处理环节，容易被忽视。因此，首先要在思想认识上高度重视催办环节。单位领导不仅要关心、检查催办工作，必要时还要亲自催办。在较大单位的文书部门可设专人或专门机构负责催办；小型单位也应有人监管，使催办工作落到实处。

2）建立健全催办制度

以制度的形式，把催办工作的人员组织、职责范围、工作要求等明确并固定下来，使催办工作制度化、规范化。催办应有登记、汇报制度，将催办情况及时反馈、报告有关领导。催办应在催办登记表或收文登记簿有关栏目上登记，并填写催办单或催办卡。文书部门应根据文件具体情况，对承办部门提出办理时限要求，并据此进行催办。

3）认真及时检查落实

催办文件通常都有承办时限要求，催办工作一定要扎实认真、一抓到底，赶在承办限期前督促有关部门办理完毕。文件部门要定期检查需催办文件和正在催办的文件的催办工作，使催办工作落到实处。

（五）注办

注办又称留办、签注，是指文件承办人在文件办理完毕之后，对文件办理的经过和结果作简要注明以备查考的工作。

1. 注办的作用

(1) 有利于日后查考。有注办内容，日后查考文件时，就可以了解当时承办的具体情况，而不受时间、人员变动等因素的影响，便于达到查考利用目的。

(2) 有利于分清责任。根据注办内容和签名，可以掌握文件处理运转过程中相关人员的工作内容、分清责任，使问题有明确的追查线索和责任对象。另外，签注注办意见，也使承办人员感受到自己的责任，有利于加强工作责任心。

(3) 有利于文件的整理归卷。注办意见反映了此文件的有关信息，可以了解诸如文件之间的内在联系，文件的运转经过、处理结果及相关责任制等，有助于文件的归卷和整理。注办为日后工作的准确、高效开展奠定了基础。

2. 注办的方法和内容

注办通常由承办人员完成，注办内容一般写在收文处理单相应栏目内。电子文件的注办，有的在收文处理单中设置注办栏目，有的管理系统则在流程监控等界面中进行注办。

对不同文件的注办意见亦不同。传阅件，注明传阅范围、阅文人姓名、阅文日期；办件中需复文办理的，注明是否办复，标注复文字号及复文日期；以会议方式办理的，注明会议的名称、简要内容及日期;以电话或面洽等方式办理的,注明相关人员的情况及时间、地点、主要内容等及其他需要注明的事项。

(六)查办

查办指针对上级和本级单位领导交办、批示的文件对承办单位进行督查落实并回报办理结果的工作。

查办既是文件处理的程序之一,又是文书部门督查工作的组成部分。查办对落实决策、解决实际问题提高办文效率、改进单位作风有着重要意义。

1. 查办的原则

查办的原则有:围绕单位的中心工作,为领导服务;尊重和依照有关单位及职能部门,督促、检查、帮助使之完成有关事项;实事求是,全面、客观、准确地反馈办理结果。

2. 查办与催办的关系

查办与催办有着密切的联系,查办工作常常与催办工作结合在一起进行,查办过程中往往要催办,而查办事项通常是催办的重点。查办和催办都是对文件的承办情况进行督促和检查。两者的区别在于如下四个方面。

(1) 查办主要以单位工作中的重要事项为对象,针对的是事项的整个承办过程;催办以具体文件的运转处理环节为对象,针对的仅仅是某个环节。

(2) 查办是通过立项,检查、督促有关承办部门限期落实、完成有关事项,并将办理结果反馈给交办单位和领导;催办则主要了解文件是否已办理,并催促将文件按时办理完毕。

(3) 查办仅查领导批示、交办立项的事项;催办则关注文件的办复和文件处理环节的及时办理,是一个例行程序。

(4) 一般只有在区(县)以上党政机关才专门设有查办机构,负责本单位的查办工作;凡是独立对外行文的单位都设有催办机构或岗位,开展对内、对外的催办工作。

3. 查办的程序

查办工作的程序一般有以下几个步骤。

(1) 查办立项。督促部门针对领导批示或交办事项提出立项和拟办意见,由分管领导审批后立项。

(2) 查办交办。通过开会、发文等方式将已立项事项布置、交办给相应部门办理。

(3) 查办办理。及时了解、检查办理进展情况,做好协调工作。

(4) 办结反馈。审查办理结果是否符合要求。符合要求的,将办理结果向交办的领导和单位做出书面汇报,报领导审定结案;不符合要求的,再做改进。

(5) 立卷归档。查办事项办结后,应及时将各种文字材料整理立卷。

4. 查办的要求

(1) 紧急文件要跟踪查办,重要事项要重点查办。

(2) 查办人员要定期向有关领导汇报承办情况和承办结果。

在电子文件管理系统中,查办主要体现在利用系统进行查办文件的制作、处理和传递等方面。

第三节　办毕文件的处置

如果说收文办理和发文办理是处于文件办理阶段，办毕文件的处置则要求针对已经办理完毕的文件进行管理。根据文件生命周期理论，文件经历了上述制作形成和现实使用过程，其行文目的已达到，其现行价值消失。此时，应将这类文件从大量尚处于处理阶段、还具有现行价值的文件中区分出来，根据文件的具体情况，恰当地安排文件的"归宿"。

办毕文件的处置方式具体包括清退、销毁、暂存和整理归档。尤其是对部分有查考价值、需继续留存的文件来说，实际上已经从文件办理阶段进入档案管理阶段。

一、办毕文件的界定

所谓文件办理完毕，是指文件在处理程序上已经办理完毕。值得注意的是，这并不意味着文件中提到的事项已办理结束。

同一个文件从收、发文单位的不同角度来看，"办理完毕"的含义往往是不相同的，因为同一个文件在收、发文单位里处理的程序完全不同。应根据具体情况，对文件"办理完毕"的含义做具体界定。

(1) 参阅性文件。由于参阅性文件只需收文单位周知、执行而不必办复，在发文单位发出后即办理完毕；收文单位在收到并经传阅完成后即办理完毕。

(2) 办复性文件。由于办复性文件需要收文单位收到后研究予以答复，因而只有在发文单位发出复文或收文单位收到复文，并采取相应措施办理落实后才算办理完毕。

(3) 时效性较长的规范类文件等。此类文件发文单位印发后或收文单位阅知后即办理完毕。

二、办毕文件处置方法

由于文件种类繁多，价值体现的差异很大，因而，应根据不同情况选择对办毕文件最适当的处置方式。对办毕文件处置的主要方法有清退、销毁、暂存和整理归档四种。

在电子文件管理系统中，通常由文书人员负责对办毕文件进行处置。

(一) 清退

文件的清退是指文书部门依照有关规定或要求，将办理完毕的文件退还原发文单位或文件指定机构的工作。

文件的清退使部分办毕文件分流处置，有利于文件工作的开展。清退有利于文件的安全保密，可以防止文件丢失，避免信息的不恰当散发，保证文件的严肃性、有效性和权威性。

1. 清退范围

(1) 涉密文件，通常上級单位发的绝密文件均需清退。

(2) 有重大错误的文件。

(3) 供单位领导和有关人员内部传阅的文件。

(4) 在一定范围内审阅或在相关部门征求意见的文稿。

(5) 未经领导同意外发的会议讲话稿。

(6) 需清退的会议文件。

(7) 其他由制文单位明确指定应退还的文件。

2. 清退方法

(1) 绝密文件的清退,应由机要部门统一办理。按照发文单位的要求实行清退。清退时要填写"文件清退单",经清点、核对后将文件退还原制发文件单位或文件指定的其他单位。下级单位报送的绝密文件,一般不清退,应由上级单位销毁或暂存备查。

(2) 传阅文件的清退,应加盖阅后退回戳,对阅文者提出阅文时限后在相应范围内传阅,阅毕,由机要人员收回,负责办理清退。

(3) 有重大错误文件的清退,一经发现,应及时全部收回,以尽量缩小影响。

(4) 会议文件的清退,由会务组负责在发放会议文件时发给与会者清退文件目录,以便会后文件的清退。

(5) 送审稿和征求意见稿等文件,属外单位的,由本单位文书部门统一负责清退;属本单位的,可直接退还。

3. 清退要求

(1) 文件清退应按照要求的期限、数量,保质保量完成,不得任意拖延或内容缺漏。

(2) 清退要按规定程序进行,填写"文件清退单"一式二份,并履行签字手续。

(3) 清退文件应在收文登记簿上有所反映,如在相应文件栏目上注明清退的日期和编号等。

从目前各单位文件工作实践来看,为了安全起见,确需清退的文件一般都会标明"此件不准翻印"等,一般不进入电子文件管理系统运转和处理。

(二) 销毁

销毁指按照有关规定,对没有归档和保存备查价值的办毕文件材料进行鉴别和批准,予以毁灭的过程。

文件的销毁是防止文件丢失、泄密,减轻文书部门负担,使文件工作有序、高效、更有针对性的积极措施。

1. 销毁范围

不具备归档和保存备查价值的文件均在销毁范围内。具体包括以下方面。

(1) 上级指定销毁的文件。

(2) 上级任免、奖惩非本单位人员的文件,普发供参阅、无须办理的文件。

(3) 归档文件的重份文件。

(4) 供工作参考、备案的一般性文件。

(5) 征求意见文件的未定稿。

(6) 下级仅供参阅的工作简报、情况反映,不应抄送或不必备案的文件。

(7) 下级越级抄送的不需办理的文件。

(8) 非主管单位会议所发,无须贯彻执行,没有查考价值的文件。

（9）本单位无查考利用价值的事务性、临时性文件。

（10）本单位未经会议讨论、未经领导签发的未生效文件，电报草稿，除重要法规文件定稿外的一般性文件的历次修改稿，文件的校对稿。

（11）无保存价值的信封。

（12）一般性表态、询问一般性问题，提出一般性建议或意见的群众来信。

（13）本单位领导人兼任外单位职务形成的与本单位无关的文件。

（14）其他非纸质载体的失去归档和保存备查价值的文件。

2. 销毁的程序

（1）清理鉴别。将符合销毁条件的文件从文件整体里分离出来。

（2）核查登记。重要文件或秘密文件应逐份核对查验文件价值，并将应销毁文件逐份登录在文件销毁登记表上，以报领导审批。

（3）审查批准。一般文件的销毁，可由文书部门或业务部门领导审批，重要或秘密文件的销毁，由文书部门负责人审核批准后，再由保密部门审批。

（4）实施销毁。销毁方法有多种，如机器碎纸、化纸浆、焚烧等，可按实际情况选用。非纸质文件，则可采用信息覆盖和实体的物理损毁等方式销毁。

3. 销毁要求

（1）个人不得私自销毁文件，欲销毁的文件必须经鉴别，并得到有关领导批准。

（2）机密文件的销毁须由两人同时监销，文件不得丢失、漏销；应销毁的文件、材料，严谨被当做废纸向废品收购部门出售。

（3）文件销毁后，监销人员应在“文件销毁登记表”的“监销人”和“销毁时间”栏签字，注明销毁的时间、地点、方式，文件销毁中产生的登记表、请示等文件应存档。

在电子文件管理系统中，各文件处理环节在完成处理提交后，该环节文件处理人就只能通过查询方式查看此文件，因为此文件已存在服务器上了。因此，电子文件管理系统中文件的销毁通常由单位文件人员最后实施。电子文件的销毁同样要严格遵循文件销毁的范围、程序和要求等，以保证电子文件销毁的顺利进行。

单位文书工作人员在输入销毁部门、人员、销毁请示等内容后，将文件提交给相应领导审批。领导签注批准人姓名、批示意见及批示日期后再发还文书人员，从而完成销毁环节的程序性准备。而在电子文件管理系统中文件销毁的实施非常便捷，只需选中该文件然后点击“删除”按钮即可。值得注意的是，在对系统内的文件做物理删除之前，务必检查确认需归档的文件已留有纸质文本，以便归档。

（三）暂存

暂存指对既不属于规定清退范围又暂不宜销毁的办毕文件，再留存一定时间以备查考。

此类文件的暂存，有利于文件的日常利用、查阅，在一定时期的考查后，能对这些文件的价值及去留做出更客观、准确的判断，暂存是提高文件工作质量与效率的有效措施。

通常有些暂存文件仍具有查考利用价值，这类文件包括仍需经常查阅的已整理（立卷）归档文件的重复文本或复印件，上级单位非针对本单位主要职能的普发性文件，有关单位报来的备案性文件,一时难以判定去留的文件,有一定查考价值的简报、资料等。

文书人员应对暂存文件适当整理、集中妥善保管,使它们在日常工作中发挥积极作用而不是干扰作用,并为它们今后销毁或整理归档打好基础。

(四)整理归档

整理归档,是文件办理完毕,将具有查考保存价值的文件按一定的原则和方法,及时整理(立卷)、归档。

公文办理完毕后,应当根据《中华人民共和国档案法》和其他有关规定,及时整理(立卷)、归档。整理(立卷)、归档,是有查考保存价值文件的归宿(相关内容见第六章"企业文件的归档与鉴定"、第七章"企业归档文件的整理")。

技能训练

《文件处理程序流程图》

【目的】

通过认真观察了解文件处理程序流程(见图5-1),结合本书相关知识点,加深对文件收发文工作流程的认识。

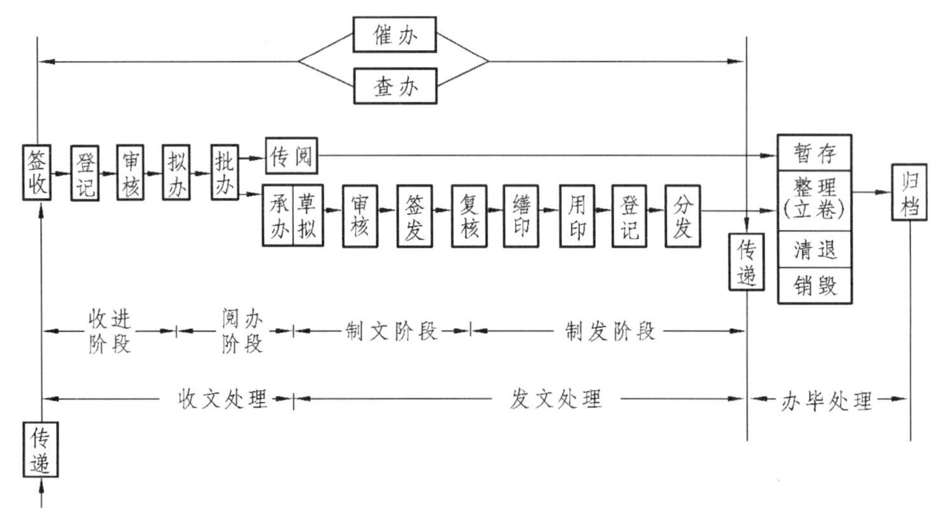

图5-1 文件处理程序流程图

【指导】

(1)认真学习所提供的《文件处理程序流程图》。

(2)分析图中所示意的"三个处理"(收文处理、发文处理、办毕处理)和"四个阶段"(收进阶段、阅办阶段、制文阶段、制发阶段)的具体含义。

(3)具体说明图5-1中方框内签收、登记至归档各环节的工作内容。

本章小结

收发文办理是文书工作的重要组成部分，它是围绕文件的撰制、传递、处理和管理而展开的一系列活动。企业文书工作人员应该了解收发文办理工作的基本要求，熟悉收发文工作的基本环节，着重其培养、训练文件制作、编辑、修改和处理的实际操作能力。而整理（立卷）、归档是文件工作和档案工作的交接环节，既是文件工作的最后环节，又是档案工作的起始点。针对同一对象，归档前被称为文件，归档后被称为档案。

实践活动

模拟办毕文件处置

【目的】

通过模拟办毕文件处置，使学员进一步熟悉对办理完毕文件的处置要求和处置方法。

【内容】

假设有一批办毕文件，请学员按照清退、销毁、暂存、整理归档四种不同处置方式进行处理。重点模拟清退、销毁环节。

【要求】

说明采用每种处置方式时的文件范围、具体方法及处置要求。

本章练习

一、判断题

1. 草拟文稿是办文的首要环节。（　　）
2. 审核又称核稿，领导对撰拟的文稿进行全面检查与修正。（　　）
3. 文件签发是发文单位的领导人对文稿审定后批明发文意见并签署。（　　）
4. 在文件正式印制前，文秘部门对文件进行全面复查，称为复审。（　　）
5. 批办指对来文的办理提出建议和初步意见，供领导人批办时作参考的活动。（　　）
6. 所有收文都必须拟办。（　　）
7. 注办是指领导人对文件办理提出批示性意见的活动。（　　）
8. 办毕文件应当及时销毁。（　　）
9. 所谓文件办理完毕，是指文件在处理程序上已经办理完毕。（　　）
10. 整理（立卷）、归档是文件工作和档案工作的交接环节，既是文件工作的最后环节，又是档案工作的起始点。（　　）

二、单项选择题

1. 整个发文办理过程按工作性质又可以分为撰文阶段和(　　)两部分。

A. 审核阶段　　B. 制发阶段　　C. 办文阶段　　D. 定稿

2. 行文应当确有必要,注重(　　)。

A. 效果　　B. 成效　　C. 效率　　D. 效用

3. (　　)是指主管部门或有关人员根据领导的批办意见或有关规定,对文件内容和要求的具体执行和办理。

A. 拟办　　B. 批办　　C. 承办　　D. 注办

4. (　　)指按照有关规定,对没有归档和保存备查价值的办毕文件材料,经鉴别和批准,予以毁灭的过程。

A. 销毁　　B. 清退　　C. 清理　　D. 删除

5. 公文办理完毕后,应当根据(　　)和其他有关规定,及时整理(立卷)、归档。

A.《中华人民共和国档案法》　　B.《国家行政机关公文处理办法》

C.《企业档案工作规范》　　D.《归档文件整理规则》

三、多项选择题

1. 发文办理指以本单位名义制发文件的全部过程,包括(　　)和用印、登记、分发等环节。

A. 草拟　　B. 审核　　C. 签发　　D. 复核　　E. 缮印

2. 撰文阶段要经历文件的(　　)程序,是文件处理全过程的启动阶段。

A. 草拟　　B. 撰文　　C. 审核　　D. 签发　　E. 登记

3. 文件的接收阶段包括(　　)等环节,是对收文进行办理的前提和基础工作。

A. 签收　　B. 登记　　C. 备注　　D. 审核　　E. 批办

4. 文件的办理阶段包括(　　)等环节。

A. 拟办　　B. 批办　　C. 承办　　D. 催办　　E. 注办

5. 办毕文件的处置方式具体包括(　　)。

A. 清退　　B. 销毁　　C. 暂存　　D. 整理归档　　E. 鉴定

四、简答题

1. 简述文件撰拟的步骤。

2. 简述制发文件用印的注意事项。

3. 文件拟办的作用是什么?

4. 简述文件承办的原则和要求。

5. 简述办毕文件处置方法。

五、案例分析题

规范文件管理　健全收发文制度

为进一步加强和规范文件收发、管理工作,充分发挥文件效用,确保党的路线、方针、政策及时传达贯彻,以及公司党委和集团公司的决策、部署及时落实,信息及时传递和沟

通，也为了迎接集团公司7月中旬对下属各单位办公室文件管理工作的抽查和调研，某集团公司下属某公司于7月9日组织人员对单位收发文进行重新统计和核对，重新制定了严格的收发文制度。

针对文件收发散乱的情况，对收发文件进行了重新整理，把收、发文签单和收、发文登记表进行了重新核对，查漏补缺；并在原来整理的基础上，将文件更细化，分别贴上标签，分门别类地存放，以便于及时查阅；重新制定出了严格的收发文件制度和印鉴管理制度；收发文件指定专人负责，要求管理人员及时对收文和发文进行登记，同时填记好收发文签单，及时放入文件柜，并由办公室组织人员进行定期清查，以防止文件的丢失，确保文件的科学管理。

根据以上案例完成下列题目。

1. 发文是指单位撰制并(　　)的一切文件。

A. 向外发出　　B. 对内发出　　C. 向上发出　　D. 向下发出

2. 文件写作具有四个要素，即主旨、材料、(　　)、语言。

A. 格式　　B. 体式　　C. 结构　　D. 规则

3. 在实际工作中，人们把公文审核的重点归纳为行文、政策、落实和(　　)“六关”。

A. 文字、程序、体式　　B. 文字、规范、体式

C. 文字、规范、格式　　D. 文字、规则、格式

4. 大多单位的发文登记是采用(　　)登记形式。

A. 条目式　　B. 卡片式　　C. 表格式　　D. 簿册式

第六章　企业文件的归档与鉴定

学习目标

本章重点掌握归档制度各项要求，明确归档范围、归档时间、归档案卷质量要求和归档手续等内容。明确企业文件归档的组织工作，并要求了解企业文件平时收集的主要工作内容。同时还要了解企业文件归档鉴定工作的内容和意义，并重点掌握企业文件归档鉴定工作的原则和标准；掌握企业文件归档鉴定的制度和组织；掌握档案保管期限表的作用与类型。

案例引导

曾三同志论归档制度

曾三同志从延安时期就领导档案工作，他是接待苏联第一位来华档案专家米留申的主要负责人之一，是成立中国人民大学档案教育专业和国家档案局的主要倡导者，并被任命为国家档案局首任局长，由此担负起了设计、规划和创建新中国档案工作的历史使命。新中国的档案事业尚在探索阶段，曾三同志对我国档案工作的性质、根本目的及现实意义已进行了积极有益的探索。他在一次华北、东北协作区技术档案工作扩大会议上总结报告中特别指出："没有归档制度，就没有健全的档案工作，也就不会有完整的档案。"这是一个十分正确的指示。

文件办理完毕，其中具有查考保存价值的部分，应当按照一定的原则和方法及时整理、归档。包括企业在内的各单位都要建立、完善归档制度，制定符合企业实际情况的档案保管期限表，以加强文件的归档鉴定工作。

第一节　企业文件的归档

一、归档制度

归档是指各单位在工作活动中产生的文件材料处理完毕后，不得由承办部门或个人

分散保存，必须由文书部门或业务部门整理立卷，定期移交档案室集中保存。在我国，归档是党和国家明文规定的一项制度，并且以法律的形式固定下来，即通常所说的归档制度。

（一）企业建立归档制度的必要性

归档制度是保证文件齐全、完整的基础，是企业档案室取得档案的必要手段。立卷归档工作是文书工作与档案工作的交接点，既是文书工作的最后一个环节，也是档案工作开始的环节。档案是由各种文件材料转化来的，而文件材料转化为档案一般又通过归档来实现的。所以，建立健全企业归档制度不仅能够确保档案来源的连续性，而且也是企业积累档案财富的重要保证。统一的归档制度使企业档案工作有了牢固的基础，归档制度是企业档案室收集工作的重要内容和最基础的工作。此外，归档制度是各部门做好文件立卷归档工作，及时、科学地移交档案的重要依据。企业档案管理人员要做好档案收集工作，必须尽可能完善企业内部的归档制度。

（二）企业归档制度的内容

企业建立归档制度，应明确归档范围、归档时间、归档案卷的质量要求和归档手续等内容。

1. 归档范围

归档范围决定了哪些文件应当归档，哪些不应归档。根据国家规定，凡是反映本单位工作活动、具有查考利用价值的各种形式和载体的文件材料均属于归档范围。

国家规定的文件材料具体归档范围如下。

（1）反映本单位主要职能活动和基本历史面貌的，对本单位工作、国家建设和历史研究具有利用价值的文件材料。

（2）单位工作活动中形成的在维护国家、集体和公民权益等方面具有凭证价值的文件材料。

（3）本单位需要贯彻执行的上级单位、同级单位的文件材料；下级单位报送的重要文件材料。

（4）其他对本单位工作具有查考价值的文件材料。

不归档的文件材料的具体范围如下。

（1）上级单位的文件材料中，普发性不需本单位办理的文件材料，任免、奖惩非本单位工作人员的文件材料，供工作参考的抄件等。

（2）本单位文件材料中的重份文件，无查考利用价值的事务性、临时性文件，一般性文件的历次修改稿、各次校对稿，无特殊保存价值的信封，不需办理的一般性群众来信、电话记录，单位内部互相抄送的文件材料，本单位负责人兼任外单位职务形成的与本单位无关的文件材料，有关工作参考的文件材料等。

（3）同级单位的文件材料中，不需贯彻执行的文件材料，不需办理的抄送文件材料。

（4）下级单位的文件材料中，供参阅的简报、情况反映，抄报或越级抄报的文件材料。

凡属企业归档范围的文件材料，必须按有关规定向本企业负责档案工作的部门移交，实行集中统一管理，任何个人不得据为己有或拒绝归档。

2. 归档时间

归档时间是指文书处理部门或业务部门将需要归档的文件材料向档案室移交的时间。一般来说，文件归档时间是在文件形成后的第二年上半年，即在次年 6 月底以前向档案部门移交。以一年为界限，一年一归档，比较符合文件的形成规律。对于某些专门文件，如会计档案等可以另行规定合适的时间。特殊载体的文件、机密性强的文件、驻地分散的单位文件等，则可以根据实际需要，适当地延长归档时间。

《规范》规定的企业文件归档时间具体包括以下几个方面。

(1) 经营管理工作、生产技术管理工作、行政管理工作、党群工作中形成的文件一般应在办理完毕后的第二年一季度归档。

(2) 科研开发、项目建设文件应在文件项目鉴定、竣工验收前归档，周期长的可分阶段，单项归档；产品生产及服务业务应定期或按阶段归档。

(3) 产权产籍、质量认证、资质信用、合同协议、知识产权等文件应随时归档；外购设备仪器或引进项目的文件应在开箱验收或接收后即时登记归档。

(4) 会计核算专业材料应在会计年度终了后由会计部门整理归档，保管一年后向档案部门移交。

(5) 电子文件逻辑归档宜定时进行，物理归档应与相应门类或内容的其他载体归档时间一致。

(6) 磁带、照片、底片、胶片等载体形式的文件应在工作结束后及时归档，或与相应内容的纸质载体归档时间一致。

(7) 更新、补充的文件，企业内部机构变动和干部职工调动、离岗时应清退的文件，企业资产与产权变动过程中形成的文件，其他活动中形成的文件等，应随时归档。

3. 归档案卷的质量要求

归档案卷质量的基本要求是：遵循文件的形成规律和特点，保持文件之间的有机联系，区分不同价值，便于保管和利用。具体包括以下几个方面。

(1) 归档文件要齐全完整。归档文件材料应做到种类齐全、份数完整及每份文件不缺页。

(2) 归档文件要系统、有条理。归档文件材料要按不同特征结合不同保管期限进行组卷，组成一个具有内在联系的有机整体，能够反映单位活动的基本面貌，便于保管和利用。卷内文件应依次排列，卷内文件的排列一般是按时间顺序结合重要程度来进行。

(3) 归档文件要进行基本的编目。编目要依次编定页号或件号，并逐件填写卷内文件目录和卷末备考表。案卷装订后，按规定逐项准确填写案卷封面，并对案卷进行排序，编制案卷移交目录一式两份。

4. 归档手续

文书部门或业务部门在向档案室移交档案时，应当根据案卷移交目录详细清点案卷。经过认真核对，交接双方才履行签字手续，交接双方各存一份目录。

二、企业文件归档的组织工作

企业文件归档的组织工作，一般由企业档案室负责，各归档部门协同，具体包括三个方面。

（一）企业档案室关心文书部门或业务部门的文件形成

为了保证归档文件的齐全完整，以便于日后利用，企业档案室的工作人员不仅要通过归档将已经形成的文件收集齐全，而且要督促文书部门或业务部门关心文件的形成与办理过程中的各种情况。如，单位的重要会议和重要活动与事件，领导现场办公处理的重要问题，电话请示与答复等是否都有记录，文件的内容结构是否完整；领导和有关业务人员在形成文件时是否使用了耐久的书写材料和纸张等。以上种种因素都会影响档案的形成和积累。对此，档案室有责任将文书处理工作制度、文件的用纸、文书的书写格式和书写材料等方面存在的问题，向领导和业务部门反映情况，提出意见和建议，力求自上而下明确有关规章制度，在文件的形成方面建立有效的保障机制，以保证归档文件的完整。

（二）企业档案室指导和协助文书部门或业务部门做好归档工作

企业档案室应指导、协助文书部门或业务部门做好立卷①归档前的准备工作。

1. 协助选择正确的立卷环节

选择立卷环节即立卷工作放在企业内哪一级机构，由谁负责立卷。一般来讲，立卷工作与文书工作的组织形式相适应。小型单位，文件数量少，而且内部机构层次单一，文件由办公室集中处理，所以，立卷环节就可以设在办公室；而大、中型单位，如果文件数量较多，内部机构层次较多，文件处理可采用分散的办法，如此，立卷环节就可以分别设在办公室和各业务部门，然后分别向企业档案室移交。

2. 划定科学的立卷范围

为了避免重复立卷和防止遗漏文件，企业档案室还必须协助文书部门划定科学的立卷范围，明确单位和单位之间、企业内部机构之间的分工，特别对于分散立卷的单位，一定要确定各部门立卷范围，做到分工明确。如，上级单位的综合性文件由本单位的办公室负责；上级主管部门的业务文件由对口的内部机构负责；本单位的发文和内部文件，谁办理谁负责立卷。这样有利于确保档案的完整和优化。

3. 协助编制立卷类目

立卷类目是在文件尚未形成之时，事先编制的立卷计划。立卷类目通常是由文件立卷人员、企业档案室、文件承办人员和秘书部门共同在当年年初或上半年，按照立卷的要求和方法及预计可能产生的文件种类而拟制的详细而具体的立卷方案。立卷类目是文件归档的依据，也是企业日常工作查考的工具，同时还为年终正式立卷打下基础，所以又称为“预立卷”。

① 在实际工作中，档案整理可以分别以“卷”和“件”为单位，参见本章第三节“企业归档文件的整理”，此处沿袭惯例，统称“立卷”。

（三）全面检查归档案卷的质量

文书部门或业务部门立卷结束后，企业档案室只对已组成的案卷进行检查是远远不够的，还应全面检查归档案卷的整体质量，如应归档的文件数量和种类是否收集齐全，案卷内容是否全面反映企业的主要工作活动，保管期限是否划分准确，卷内目录的编制是否符合标准等。

三、企业文件的平时收集

企业文件的平时收集是指企业档案室在执行归档制度之外对零散文件的收集。加强文件的平时收集，是保证归档制度落实和不断完善的有效方法。

（一）平时收集的内容

1. 零散文件的收集

零散文件的收集是正常的文件收集工作的一个补充措施，是对企业内散存文件的随时收集。某些企业可能由于归档制度未建立或归档制度执行不严，一些文件材料分散保存在内部机构、单位领导人或业务人员手中，使得一些文件不能按规定及时归档，特别是未经收发室登记的文件和某些内部文件，再加上机构调整、干部变动等种种因素，都会使归档文件不齐全、不完整。

2. “账外”文件的收集

“账外”文件是指未经单位文书部门登记入账，在收发文登记簿上无“账”可查的文件。这些文件不易控制，容易遗漏，如各种会议文件材料、单位领导人和业务人员外出开会或参观学习考察等活动中获取的文件材料、各种规章制度、统计数字材料等；此外，在单位机构调整、人员变动的过程中，也会出现文件被经办人带走的情况。为此，要重点做好平时收集工作，以集中到企业档案室统一管理。

3. 专门文件的收集

专门文件是指在各项专业活动中形成的文件和特殊载体的文件材料。过去重视对文书档案、科技档案的收集，忽略了对业务文件的收集；重视对纸质文件的收集，忽视了音像等其他载体文件的收集，致使企业档案室保存的文件门类不够齐全。企业档案室一方面要健全归档制度，明确归档范围；另一方面，还应特别重视对各种专门文件的收集。

（二）平时收集的方法

1. 建立岗位责任制，职责落实到人，明确各自收集的重点

企业的内部机构在工作活动中或多或少都会形成一定数量的文件，哪些文件应该由哪些人负责收集应当予以明确。如，综合性文件的收集应明确由文书人员负责；各种会议文件，应由办公室主任负责收集；各部门形成的文件，则由该部门指定的人员收集并向档案部门移交。

2. 充分发挥主观能动作用，及时了解、掌握本企业工作动向，跟踪收集重要活动文件

本企业召开大型会议，企业档案室要派人参加，或在会前事先和主持会议的领导及有

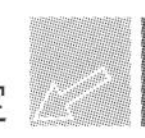

关会务人员沟通，请他们协助搞好收集，特别是领导讲话材料。对外出开会的同志，要及时提醒并督促他们将带回来的会议文件材料交到企业档案室归档保存，甚至可规定只有将带回的文件材料向档案部门移交后，才可到财务部门办理报销手续；调动工作的人员只有将手中保管的文件向有关人员移交后，才能到人事部门办理调动手续。

3. 面向企业，加强对归档制度的宣传

为了保证档案收集工作的顺利进行，还要注意将收集和宣传结合起来，边收集，边宣传，特别要宣传文件归档后可给各部门使用带来便捷。针对有人担心文件归档后用起来不方便，存在自己手中更便捷等顾虑，企业档案室应做到，文件“收得来，借得出”、“交出的少，得到的多”、“收进的是一部分文件，借出的是经过整理的系统材料”。这是最有效的宣传手段，使大家认识到档案收集的重要性，并变被动为主动，积极争取大家对文件收集工作的关心和支持。

4. 抓住时机，结合其他工作随时收集

在保密检查、人员与机构变动，放假前，以及有一些临时性、突发性的活动时，要检查、清理文件，这时，档案部门要不失时机地同有关人员一起边检查边收集，发现散存在各职能部门或个人手中的属于归档范围的文件，随时收集归档。

第二节　企业文件的归档鉴定

档案鉴定是档案管理业务工作环节之一，一般包括档案价值鉴定和档案真伪鉴定。企业文件的归档鉴定，属于档案价值鉴定，它是指按照一定的原则、标准和方法来鉴别和判定文件的价值，确定归档文件范围及其保管期限的工作。

一、企业文件归档鉴定工作的内容和意义

档案鉴定工作的内容主要包括：制定鉴定档案价值的有关标准，包括单行规定和档案保管期限表等；具体判定档案材料的价值，确定其保管期限；剔除失去保存价值和保管期限已满的档案，按规定进行销毁或做相应处理。

由此可见，企业文件归档鉴定工作是一项“两分清”的工作：分清哪些文件需要保存，哪些不需要保存；还要分清应该保存的文件具体保存多长时间，对应存归档文件划定保管期限。

企业文件归档鉴定工作的意义在于以下三个方面。

（一）企业文件归档鉴定工作是决定企业文件“生死存亡”的基本手段

档案价值鉴定工作直接关系到档案文件的去留存毁。档案有无价值、是保留还是销毁是鉴定工作的第一大任务。企业文件归档鉴定工作应当力求准确，从而确定档案是否存毁和保管期限。如果鉴定不准确，尤其是错误地销毁了有用的文件，就会造成难以弥补的损失，因此，鉴定工作必须慎重、认真。

（二）企业文件归档鉴定工作是保护档案安全和应对突发事件的有效措施

通过归档鉴定，把文件按照价值高低及作用时间的长短等划定不同的保管期限，这样

有利于对具有重要保存价值的档案的重点保护,做到保护重点,照顾一般。通过鉴定分清主次,使重要档案在遇到突发事件时能得到重点保护和及时抢救。

(三)企业文件归档鉴定工作是解决文件庞杂与精练之间矛盾的主要途径

随着时间的推移和企业的发展,文件数量会日益增多。其中,有些文件已经失去了保存价值,而企业需要保存和利用的是有价值的文件。企业文件归档鉴定工作通过对文件的"去粗存精",使有价值的档案得到妥善保管,合理地使用人力、物力和财力,从而解决了企业文件庞杂与精练之间的矛盾。

案例分析

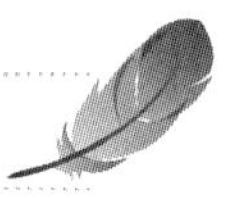

档案数量激增造成的后果

山西某煤炭工业公司企业档案馆工作人员提供的数据:馆藏档案数量由1987年的700多卷增加到2001年的17402卷,增加约23.9倍;资料由500卷增加到15174卷,增加约29.3倍,而未鉴定整理的数量则是整理保存数量的9.6倍。该公司下属三个矿,七个分公司,三十多个处室,接收进馆档案数量仅占全公司档案数量的65%,还有35%的档案因种种原因未接收回来,如果把这35%的档案接收回来,再按上述档案数量增长速度计算,其数目更加庞大。

企业档案如长期不进行鉴定,就会内容庞杂、数量臃肿,还会造成档案的玉石不分现象,甚至会招致玉石俱焚之灾,导致人力、物力、财力的不必要浪费,最终制约档案工作效益的产出和档案工作社会地位的提高。

二、企业文件归档鉴定工作的原则

企业文件归档鉴定工作必须从国家和企业的整体利益出发,用全面的、历史的、发展的观点判定档案的价值。

(一)从国家和企业的整体利用出发衡量档案的价值

这是鉴定工作总的指导思想,也是判定档案价值的基本原则。档案是国家和企业宝贵的历史文化财富,它的形成、存在以及如何发挥作用,关系到各方面的利益,因此,在判定档案价值时,决不能从个人的好恶和小团体的利益出发,必须从国家和企业的整体利益出发,深入研究档案的内容及其他因素,充分估计档案对整个社会发展将产生的作用,从而准确地判定档案的价值。

(二)全面的观点

企业文件归档鉴定工作的全面观点体现在三个方面。

1. 全面地分析文件的各方面特征

不同的企业文件构成价值的要素不尽相同,大量的企业文件是因其内容重要而具有

较高价值的，而在分析文件内容时，通常应结合文件的来源、形成时间等因素才能得出比较正确的认识。此外，也有的文件是因时间久远、载体特殊等而“身价倍增”，因此，在分析档案价值时要全面兼顾档案的内外特征，从档案的来源、内容、时间、文本和外形等方面综合判定档案价值，不可片面根据某一特征下结论。

2. 全面地把握被鉴定文件与其他文件的联系

企业文件的产生和存在不是孤立的。企业生产经营活动中形成的文件之间具有密切的有机联系，是一个不可分割的整体。不能孤立地判断单份文件的保存价值，只有在一定范围内将有关的档案材料联系起来，才能准确分析每一件（卷）档案的内容和用途，从而对文件的价值做出正确的判断。

3. 全面地预测社会对档案利用的需求

社会对档案的需求是多层次、多角度、多方面的，档案本身也具有满足社会需求的各种价值形态。一个企业不需要利用的档案，其他单位可能需要利用；现实生活中不需要查考的档案，可能对历史研究等方面具有重要的参考价值。所以，鉴定企业文件的价值，必须从全面考察和分析，既要考虑企业的利用需求，也要考虑社会其他方面的利用需求；既要考虑当前的需求，也要考虑长远的需求；既要考虑在行政、业务、生产、科研方面的需求，也要考虑学术研究、编史修志等方面的需求。

（三）历史的观点

鉴定企业文件的价值，必须尊重历史。应当把企业文件放在它所形成时的历史条件和特定时代背景下来具体分析其内容和形式及文件之间的相互关系。经验证明，离开时代背景，对文件的某些内容就难以充分理解。企业文件是企业生产经营活动的产物，应当坚持历史唯物主义的观点和方法，客观分析，结合当前和未来的需要判定文件的价值。

（四）发展的观点

要研究企业和社会需求的变化，用发展的眼光去预测未来的档案利用需求，促进档案价值的实现。由于档案的价值有时效性和扩展性的特点，社会对企业归档文件的利用需求可能在未来会有新的变化。因此，既重视企业文件的现实价值，又要重视企业文件的未来价值。要运用辩证唯物主义的观点和方法，预测档案的长远价值。

三、企业文件归档鉴定的标准

企业文件归档鉴定是一项对企业文件的价值进行认知和评价的工作，带有一定的主观性。为了保证鉴定工作的质量，必须明确档案价值鉴定的标准。企业文件归档鉴定的标准主要有以下几个方面。

（一）来源标准

来源即文件的形成者。文件形成者在企业内的地位、作用和职能在很大程度上决定了文件的价值。在对企业文件进行归档鉴定时，具体可以从两个方面去分析文件的来源特征。

1. 区分不同立档单位在企业中的地位和作用

由于文件形成者在企业中的地位与作用不同，形成的文件价值也往往不同。相对而言,企业的首脑部门、领导机构、重要业务部门或著名人物所形成的文件往往具有较高的保存价值。例如,企业领导人、决策部门和办公室、人事部及主要业务部门制发的文件能较直接地反映企业的基本情况和主要活动,因而,其中具有长远保存价值的文件比例较高;行政事务机构、后勤部门及辅助性部门形成的文件大多为事务性文件,其中具有长久保存价值的文件比例较低。

2. 分析不同文件与立档单位之间的关系

在判定文件价值时,要分析文件与立档单位之间的关系。文件有本单位形成的,也有外单位发来的。外单位发来的文件中,又包括上级单位、下级单位和平级单位的文件。一般来说,本单位的文件最集中反映了企业的主要活动和基本面貌,因此最有保存价值。对于外单位的来文,则应分析来文单位与本单位的关系,以及来文内容与本企业职能活动的关系。通常情况下,上级单位特别是上级主管单位形成的文件的保存价值,大于平行单位、下级单位的文件;有隶属关系的单位的文件比非隶属单位的文件重要;针对本企业核心业务的、需要贯彻执行的文件比一般参考性文件价值更高。

(二)内容标准

内容标准是鉴定企业文件价值的基本标准。文件内容是决定文件价值的最重要因素,它是价值鉴定最重要的依据。文件内容可以从三方面分析。

1. 文件内容的重要性

在判定文件价值时,不能只看文件的名称,而应具体分析文件内容的重要程度。如分析文件的内容是反映本企业主要工作还是非主要工作;是方针政策性的,还是事务性的;是反映全面和全局性的,还是局部性的问题;是典型的,还是一般的;是反映中心工作的,还是日常工作的。

2. 文件内容的独特性

在鉴定文件价值时,应对具有企业和部门特色的档案特别给予重视。记述本企业特殊事件、特殊产品、特殊人物、特殊成果,以及反映企业发展过程中具有开创意义的新人、新事、新政策、新做法的文件,有独特的保存价值。

文件内容的独特性还包括最大限度地减少文件的重复归档现象。企业档案馆(室)要加强协调和平衡,避免部门之间的文件重复立卷;还要通过划定科学的保管期限,避免文件的内容重复。

3. 档案内容的时效性

企业文件作为处理事务、记录事实、传递信息的手段,在行政上、业务上和法律上具有一定的时效性。文件的时效性也对档案的价值发生直接影响。文件的不同内容及其有效期的长短对档案价值的影响程度也不同。例如,方针政策性文件、法规性文件、综合计划性文件在失去现行效用后,其价值将由行政价值转变为科学价值,而契约、合同协议等法权方面的文件通常在有效期及法律规定的起诉时效期内十分重要,此后便会价值降低以至失去保存价值。

(三)时间标准

文件的时间,主要是指文件的形成时间。一般说来,文件形成时间距今越远,被保存

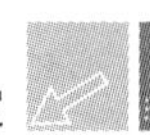

下来的文件就越少，文件的相对保存价值就越大。德国档案学家迈斯奈尔提出的"高龄案卷应当受到尊重"的观点在世界上产生了广泛影响。年代久远的档案幸存下来的不多，即使内容不那么重要，也可起到提供史事踪迹的作用。

（四）相对价值标准

相对价值标准是指被鉴定文件与其他文件相比较而存在的价值。在一定情况下，某些文件的保存价值可以适当提升或降低。文件的相对价值，主要依据两方面判定。

1. 所存档案的完整程度

如果一个企业保存的档案比较完整，可以正常判定档案的价值；反之，如果该单位保存下来的档案不完整，那么判定档案的价值时应酌情放宽条件，可相对延长某些文件的保管期限，特别是当某些反映全面情况的重要文件遭到损毁时，那些可以从一定角度说明企业活动的次要文件就会显示出其重要性，其保存价值就会上升。

2. 文件内容的可替代程度

如果一份文件的内容已被其他更重要的文件所包容，那么这份文件的价值就相对降低了，可以适当缩短保管期限或不予归档保存。例如，企业年度总结应当永久保存，季度或月度总结应当长期或短期保存；但在无年度总结的情况下，季度或月度总结的保存价值就会相对提高。

（五）形式特征标准

文件的名称、稿本、可靠程度、外形特点等因素，也会不同程度地影响到文件的保存价值。

文件的名称反映了文件的重要程度和不同用途。如法规性文件比通用公文价值高；命令、指示、通令等比通知、通报、公函等价值高；总结和决议比规划、计划、预算重要。当然这些不是绝对的，具体还应结合文件的其他特征综合分析。

正本、副本、草稿、定稿等不同稿本的文件，在行政效能、凭证作用等方面是有区别的。可靠程度不同，决定了各类文件的保存价值也不同。一般来说，正本、定稿可靠性较强，其价值往往大于副本和草稿，但某些重要文件的草稿等也具有较高的保存价值，应与定稿、正本一样永久保管。

文件的外部特征也会影响到文件的保存价值，如规格样式、制作材料、文件的图案设计、笔迹等，以及具有一些独一无二的物质形态方面的特色，如独特的纸张、色彩、印章、邮戳及装帧设计等。某些平常的文件，由于经过著名人物的题词、批注、修改和签名等，从外形上增加了文件本身没有的特殊标记符号，使文件具有了新的价值。

总之，文件的价值是由文件各个方面因素所决定的，不能孤立地、机械地去套用某一个标准，必须根据每份或每组文件的具体情况，从文件的内容入手，综合考察分析其来源、形成时间、形式等因素，全面判定企业归档文件的价值。

四、企业文件归档鉴定的制度和组织

为了保证企业文件归档鉴定工作的质量，必须建立健全鉴定工作制度，加强鉴定工作的组织和监督。

（一）企业文件归档鉴定制度

企业文件归档鉴定制度的基本内容包括三个方面。

1. 制定文件归档鉴定标准

文件归档鉴定必须有统一的鉴定标准。鉴定标准首先以国家档案行政机关制定的全国性的指导性文件作为总的原则和标准，如《机关文件材料归档范围和文书档案保管期限规定》。其次，企业以此为依据并结合自身实际，制定具体的本企业文件归档范围和保管期限表。本企业制定的鉴定标准，条款内容应尽量结合实际，对每一类文件材料都有一个比较明确的保管期限，以增强操作性。（相关内容见本章第三节“企业档案保管期限表”）

2. 加强鉴定工作的组织领导

鉴定工作必须有组织有领导地进行，做到层层负责，逐级领导。企业应成立由主管领导、职能部门、专业技术人员和档案人员组成的档案鉴定委员会（或小组），负责确定文件保管期限和到期档案鉴定。

3. 严格文件、档案销毁的审批程序

对于经鉴定不属于归档范围的企业文件，应及时采取措施，暂存（采用这种方式应尽可能明确暂存时间）或销毁。

另外，企业还应定期对已到保管期限的档案进行鉴定。经档案鉴定委员会（或小组）鉴定，仍需继续保存的档案应重新划定保管期限；对保管期满确无保存价值的档案应登记造册，填写销毁清册，经企业法定代表人批准后进行监督销毁。销毁清册永久保存。

（二）企业文件归档鉴定方法

鉴定档案价值的基本方法是直接、具体地审查文件，通常把这种方法称为直接鉴定法。直接鉴定法要求工作人员逐卷逐件逐页审查档案材料，从它的内容、作者、名称、可靠程度等方面，全面考查分析确定其价值，不能只根据文件题名、文件目录、案卷题名、案卷目录等确定档案的价值。

第三节　企业档案保管期限表

为了保证企业归档文件鉴定工作的质量和提高鉴定工作的效率，便于鉴定工作的顺利进行，必须根据档案价值鉴定的原则，制定档案保管期限表。

一、档案保管期限表的作用与类型

档案保管期限表是以表册的形式，明确文件归档范围，列举档案的来源、内容和形式，并指明其保管期限的指导性文件，它是档案馆（室）鉴定档案保存价值、确定档案保管期限的依据和标准。

（一）档案保管期限表的作用

1. 档案保管期限表能够统一思想认识，便于操作，提高效率

档案保管期限表是档案价值鉴定原则的具体化，为档案鉴定工作人员提供了一个共

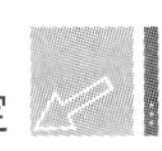

同的标准和具体的依据，容易统一认识，可以避免由于个人认识的局限性、片面性和随意性而造成判定档案价值过宽或过严的偏向，从而确保档案价值鉴定的准确性，提高工作质量和效率。

2. 档案保管期限表能够避免错毁档案

档案保管期限表具体规定了各类档案的保管期限，基本明确了各种档案必须保存的期限，标准明确，界限清楚，可以有效地防止错误销毁档案，维护档案的完整和安全。

（二）档案保管期限表的类型

目前，我国的档案保管期限表，按其适用范围分类，主要有以下五种类型。

1. 通用档案保管期限表

通用档案保管期限表，亦称“标准档案保管期限表”，由国家档案行政管理部门编制，供全国各机关、团体、企事业单位鉴定档案使用。2012 年 12 月，国家档案局颁布的《企业文件材料归档范围和档案保管期限规定》（本教材中简称《规定》，一般又被简称为“十号令”）就属于这种类型。它有两个特点，一是通用性，它是全国各个企业确定档案保管期限的标准；二是依据性，各企业应按照通用档案保管期限表，结合各自的实际情况来制定各自范围的档案保管期限表。

2. 专门档案保管期限表

专门档案保管期限表由国家档案行政管理部门会同有关主管部门编制，供各机关、团体、企事业单位鉴定专门档案时使用。如，文化部与国家档案局制定的艺术档案保管期限表和司法部与国家档案局制定的司法档案保管期限表等就属于这种类型。

3. 同系统单位档案保管期限表

同系统单位档案保管期限表是由主管领导单位编制，作为同一系统内各单位、企事业单位鉴定档案的依据和标准。如《中国人民解放军文书档案保管期限表》就属于这一类型。这种档案保管期限表必须经过本部门领导人批准后执行，并报送上一级档案行政管理部门备案。

4. 同类型单位档案保管期限表

同类型单位档案保管期限表是由档案行政管理部门编制，作为同一类型（如学校、医院、街道等）各单位鉴定档案的依据和标准。如，浙江省教育局与浙江省档案局制发的《浙江省中小学档案案卷类目及保管期限》就属于这一类型。

5. 机关档案保管期限表

机关档案保管期限表是各机关、团体、企事业单位根据本单位档案的具体情况编制，只供本单位鉴定档案时使用。如宝钢总厂档案保管期限表、浙江大学档案保管期限表等。该表条款应涵盖本单位在工作活动中可能形成的所有文件，它是本单位文件立卷归档和档案鉴定时不可缺少的标准，每一个单位都应该编制。有些基层单位还将归档范围和立卷类目结合起来，编制成机关文件材料归档范围和保管期限表。

以上五种类型的档案保管期限表之间有一定的相互制约关系。标准档案保管期限表是制定其他四种档案保管期限表的依据,后四种档案保管期限表所确定的各类档案保管期限,只能与标准档案保管期限表中相应的保管期限持平或延长,而不能任意缩短;而机关档案保管期限表,必须以前面四种档案保管期限表为依据。此外,市级单位制定的档案保管期限表应当分别报省、市档案局审批,以加强档案行政管理部门对文件材料价值鉴定工作的监督与指导,保障国家档案资源的质量。

二、企业档案保管期限表的制定

在实际工作中,企业可结合《规定》中的《企业管理类档案保管期限表》(参见附录 3),以及《规范》中的《企业文件归档基本范围与保管期限参考表》(参见附录 2),制定符合本单位实际情况的企业档案保管期限表。

(一) 企业档案保管期限

保管期限是档案馆(室)根据档案鉴定标准对每个案卷所确定的保存年限。企业档案保管期限的划分是企业文件归档鉴定工作的主要任务。《规定》第 7 条明确:"企业档案的保管期限定为永久、定期两种,定期一般分为 30 年、10 年。"《规定》第 8 条明确了永久保管的企业管理类档案的主要内容范围。《规定》第 9 条明确了定期保管的企业管理类档案的主要内容范围。

(二) 企业档案保管期限表的内容

企业档案保管期限表的主体内容分为序号、基本范围(条款)、保管期限三个部分。

1. 序号

企业档案保管期限表的各条款按类别系统排列后,必须在各个条款前面统一编序号。编号的目的是固定各条款的排列位置,并作为鉴定人员使用档案保管期限表时引用条款的代号。编号方法以使用层累编号法为宜,如 1,1.1,1.1.1……这样,既可以反映条款内容的相互关系,又可以表示顺序。

2. 基本范围(条款)

条款是一组类型相同的文件的名称或标题。条款的拟制,要求简明扼要,力求用比较简练的文字概括出一组档案文件的来源、内容和形式,但对这三部分内容不要求一应俱全,应当根据档案保管期限表的适用范围、各种文件的特点来决定。条款不宜过多过细。如果保管期限表条款数量较多,可以对条款做适当的分类,即将条款按一定的方法归纳起来,分为不同类别,使条款条理清楚,便于工作人员查找使用。企业档案保管期限表的条款一般按内容分类,各个条款均应按照一定次序加以系统排列,以便查阅。

3. 保管期限

保管期限是根据各类档案的保存价值确定的,是对档案价值的真实反映,一般是将各类文件的保存年限列于每一条款后。根据国家现行规定,企业档案的保管期限分为永久、30 年和 10 年三种。

技能训练

《企业文件材料归档范围和档案保管期限规定》

【目的】

通过认真阅读《企业文件材料归档范围和档案保管期限规定》，加深对企业档案保管期限表制定和使用的认识。

【指导】

(1) 从网上下载《企业文件材料归档范围和档案保管期限规定》。

(2) 认真阅读《企业文件材料归档范围和档案保管期限规定》，结合企业实际情况，界定企业文件的归档范围、准确划分档案保管期限。

(3) 对照书中的相关知识点，对其中的重点内容进行摘录。

本章小结

建立科学、合理的归档制度是在企业档案管理实践中不断完善、不断提升的。对于初学者而言，独立编写企业归档制度有一定难度，但“不积跬步无以至千里”。学员可尝试自己动手编写，并将编写结果与本单位常用的归档制度进行比较，寻找其中的不足之处。归档制度一旦建立，就要在实际工作中严格执行，它是整个档案管理工作的基础和出发点。

实践活动

编制一份“企业文书档案保管期限表”

【目的】

通过编制一份“企业文书档案保管期限表”，使学员进一步熟悉档案保管期限表的内容、结构和作用。

【内容】

了解一家小型企业每年所产生的文件数量和范围，在此基础上结合企业实际情况编制一份“企业文书档案保管期限表”。

【要求】

了解该企业的文件情况；比照《企业文件材料归档范围和档案保管期限规定》、《规范》，以及《企业文件归档基本范围与保管期限参考表》，确定该企业文件的归档范围，并对归档文件进行保管期限的划分；在此基础上归纳一份企业文书档案保管期限表。

本章练习

一、判断题

1. 归档制度是指哪些文件应当归档,哪些不应归档。（　）

2. 企业文件归档的组织工作,一般由企业档案室负责,各归档部门协同。（　）

3. 划定立卷范围即明确立卷工作放在企业内哪一级机构,由谁负责立卷。（　）

4. 档案价值鉴定工作主要是一项对存与毁“两分清”的工作,其中,我们更应着眼于存。（　）

5. 档案检索工作是解决档案的庞杂与精练之间矛盾的主要途径。（　）

6. 档案鉴定工作中的历史观点,就是从产生档案的历史背景出发去鉴定档案的价值。（　）

7. 鉴定档案价值的基本方法分为直接鉴定法和间接鉴定法两种。（　）

8. 直接鉴定一般以全宗为基本单位进行。（　）

9. 企业档案保管期限表的主体内容分为序号、基本范围(条款)、保管期限、密级四个部分。（　）

10. 企业档案的保管期限分为永久、30年和10年三种。（　）

二、单项选择题

1. （　）是保证文件齐全、完整的基点,是企业档案室取得档案的必要手段。

A. 收集制度　　B. 鉴定制度　　C. 保管制度　　D. 归档制度

2. 文件归档时间是在文件形成后的次年（　）月底以前向档案部门移交。

A. 3　　B. 4　　C. 5　　D. 6

3. 企业文件的归档鉴定,属于档案的（　）。

A. 职能鉴定　　B. 销毁鉴定　　C. 价值鉴定　　D. 真伪鉴定

4. 文书档案的保管期限分为永久、定期两种。定期一般分为（　）。

A. 50年、30年　　B. 30年、10年　　C. 20年、10年　　D. 10年、5年

5. 全国各个单位鉴定档案时使用的依据和标准是（　）。

A. 通用档案保管期限表　　B. 专门档案保管期限表

C. 同类型单位档案保管期限表　　D. 机关档案保管期限表

三、多项选择题

1. 企业建立归档制度,应明确（　）等内容。

A. 归档范围　　B. 归档时间　　C. 归档责任人

D. 归档案卷质量要求　　E. 归档手续

2. 企业文件归档鉴定工作必须从国家和企业的整体利益出发,用（　）观点判定档案的价值。

A. 全面的　　B. 历史的　　C. 发展的

D. 辩证的　　E. 唯物的

3. 企业文件归档鉴定的标准主要有(　　)。

A. 来源标准　　B. 内容标准　　C. 时间标准

D. 相对价值标准　　E. 形式特征标准

4. 目前我国的档案保管期限表，按其适用范围，主要有(　　)等类型。

A. 通用档案保管期限表　　B. 专门档案保管期限表

C. 同系统单位档案保管期限表　　D. 同类型单位档案保管期限表

E. 机关档案保管期限表

5. 企业档案保管期限表的主体内容分为(　　)几部分。

A. 序号　　B. 基本内容　　C. 基本范围(条款)

D. 保管期限　　E. 密级

四、简答题

1. 简述企业归档制度的内容。

2. 企业文件的平时收集的作用是什么？

3. 简述企业文件归档鉴定工作的原则。

4. 简述企业文件归档鉴定的标准。

5. 简述企业档案保管期限表的主要内容。

五、案例分析题

某企业的文件整理归档特别要求

某企业要求，文件整理归档过程中，尤其不能遗漏以下材料。①零散文件。零散文件指由于归档制度不健全，一些经过收发登记，因种种原因分散保管在领导、业务承办人或机构的文件。②“账外”文件。“账外”文件指未经正式收发文登记的文件，包括重大活动、重大事件、重要会议领导的讲话、记录、照片、录音、录像资料以及本单位的规章制度、汇编等。③各种统计数字报表。④企业党委和人事部门形成的材料。⑤企业向新闻媒体发布的新闻稿、照片、录音带、录像带等；⑥企业领导公务活动的声像材料。⑦上级领导视察、检查本企业工作形成的文字或声像材料。

根据以上案例完成下列题目。

1. 反映(　　)工作活动、具有查考利用价值的各种形式和载体的文件材料均属于归档范围。

A. 上级单位　　B. 下级单位　　C. 本单位　　D. 外单位

2. “账外”文件是指未经单位文书部门登记入账，在(　　)上无“账”可查的文件。

A. 账册　　B. 收发文登记簿　　C. 文件目录　　D. 档案目录

3. 企业文件的(　　)是指企业档案室在执行归档制度之外对零散文件的收集。

A. 平时收集　　B. 日常收集　　C. 特殊收集　　D. 定时收集

4. 在我国，归档是党和国家明文规定的一项制度，并且以(　　)的形式固定下来，即通常所说的归档制度。

A. 规章　　B. 规则　　C. 法规　　D. 法律

第七章 企业归档文件的整理

学习目标

本章重点掌握企业归档文件整理的工作程序和主要步骤，以及企业归档文件整理的工作原则。以卷为单位对企业归档文件进行整理，要把握好归档文件的常用分类方法、"六个特征"立卷法的基本含义，以及案卷整理与编目各个主要环节的步骤和要求。以件为单位的文件整理归档，同样要把握各个整理环节的步骤和要求。

案例引导

五项举措规范档案管理

某企业采取五项举措，规范档案管理，其具体内容如下。

一是请进来。邀请县档案局档案管理工作经验丰富的同志来局做全程指导，尤其是在归档材料收集过程中，确保具有查考利用价值的各种门类和载体档案齐全完整。

二是走出去。到档案达标单位进行实地参观学习，确保分类准确，整理规范，保管期限划分准确，编排有序，目录清楚，粘贴裁剪，装订材料，档案盒符合档案保护要求。

三是定制度。制定本单位达标工作计划、档案分类大纲、归档范围、保管期限表和归档文件整理办法。

四是严要求。工作中严格遵守档案整理工作细则要求，认真鉴别、分类、排列、编号、编目、登记、整形，最后入档。

五是保投入。实行"五个专"，即专用房间、专用档案柜、专用微机、专人接待、专人管理，从而为迅速、准确地查询、利用，以及日常监管工作打下了坚实的基础。

从以上案例可以看到，该企业明确了档案整理工作的细则要求，是规范档案管理的五项重要措施之一。而在实际工作中，企业归档文件的整理方式主要有两种，即以卷为单位进行整理和以件为单位进行整理。但无论采用何种方式，都必须符合通用的归档文件整

理方式和原则。

第一节　企业归档文件整理的方式和原则

一、企业归档文件整理的方式

企业归档文件整理，是指需要归档的企业文件原本处于零乱状态，经过分类、组合、排列与编目，达到系统化的过程。企业归档文件的整理主要有两种方式。

（一）文件组卷

文件组卷，也称文件立卷，是指将办理完毕的、具有查考价值的文件，按其形成规律、特点、价值和有机联系，经整理、组合成案卷的工作。通过这种整理方式形成的档案以案卷作为基本保管单位。

在我国，组卷（立卷）一直是国家规定的归档文件整理的主要方式之一。它按照一定的逻辑关系，将归档文件组合成较大的实体单位——案卷，并通过层层组织目录来提供检索途径，从而限定检索范围，增强手工检索的目的性和效率。

（二）“文件级”整理方式

随着计算机技术广泛应用于档案管理，其高效、快捷、灵活的检索方式，为立卷改革提供了新的可能和方向。2016 年 6 月 1 日，修订后的《归档文件整理规则》（DA/T22—2015，以下简称《规则》）正式实施。《规则》在充分调研国内外归档文件整理方法的基础上，适应档案管理现代化的需要，提出了不同于传统立卷方式的“文件级”整理方式。“文件级”整理方式以单份文件作为整理和保管单位，一般称为件。

二、企业归档文件整理的工作程序

无论是组卷还是文件级整理方式，企业归档文件整理的工作程序都主要包括归档文件分类、立卷、案卷（文件）的排列和案卷（文件）的编目等步骤。

（一）归档文件分类

归档文件分类即把一个企业内的全部归档文件按其在来源、时间、内容和形式上的异同，分门别类，并按照一定方法排列。具体包括分类方法的选择、分类方案的拟订与调整、文件的归类等。

（二）立卷

如果是按组卷方式整理文件，要将企业归档文件按一定特征分门别类地组成档案的基本保管单位——案卷。主要工作程序包括文件材料的组合、卷内文件的排列、拟制案卷标题、案卷编目和装订等。

（三）案卷（文件）的排列

按组卷方式整理归档文件，要将案卷按年度、组织机构或问题等标准系统排列，以固定案卷序列。以件为单位整理归档文件，同样需要按照一定次序进行排列。

(四) 案卷(文件)的编目

按照案卷(文件)排定的顺序,依次将有关内容登记在表册上,形成档案整理工作的最终结果——案卷(文件)目录。

以上程序习惯上被称为档案整理的全过程。如果从整理工作性质分,这些程序又可分为系统化和编目两个部分。

系统化是对档案的内容和成分进行科学分析和综合的工作,即按一定的方法对档案分门别类、组织综合、条理排比,使之构成有机联系的整体。系统化的具体内容包括归档文件分类、立卷、案卷(文件)的排列等。

编目是以一定形式揭示和介绍档案内容与形式特征的工作,具体包括填写卷内文件目录、卷末备考表,编写案卷封面和编制案卷目录、档号等。

系统化是编目工作的基础,而编目工作是系统化的体现,是用以固定系统化的成果。

三、企业档案整理后的整体调整

按照我国档案工作管理体制,档案整理工作的工作程序一般由不同的工作机构和人员分别承担,归档文件整理工作一般分别由直接产生、处理文件的文书部门和业务部门相关人员承担;经过归档整理后的全部企业档案的分类、案卷(文件)排列和编号,以及编制案卷(文件)目录的工作,一般由企业档案馆(室)承担。但在某些特殊情况下,企业档案馆(室)也要承担企业档案整理后的整体调整工作。整体调整工作主要有三种情况。

(一) 系统排列和编目

正常情况下,企业档案馆(室)接收的是文书部门和业务部门按照归档要求组合好的案卷(文件)。在文件归档之前,企业档案馆(室)已经对归档整理部门或人员进行了指导检查。对于企业档案馆(室)而言,档案整理工作主要是在企业范围内对接收的各部门归档案卷(文件)进行排列、分类及编制案卷目录等工作。

(二) 局部调整

企业档案馆(室)在日常管理工作中,要定期对所藏档案进行检查,发现明显不符合要求、确实影响保管和利用的档案,企业档案馆(室)有责任对不合理的整理状况,如案卷标题与卷内文件内容出入过大、卷内文件排列次序混乱等的,进行局部的调整。

(三) 全过程整理

由于企业档案馆(室)还可能接收企业散存文件、历史档案,以及征集社会散存档案,其中有些档案由于种种原因没有经过系统的整理,处于零乱状态,这就必须进行重新分类、立卷、排列和编目的全过程整理工作。

四、企业归档文件整理的工作原则

无论是组卷还是按件整理归档文件,都要对文件进行分类和排列。在进行文件分类和排列时,应注意归档文件整理工作要遵循保持文件之间的历史联系、充分利用原有基础、便于档案的保管和利用的原则。

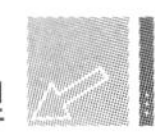

（一）保持文件之间的历史联系

文件之间的历史联系是指文件在产生和处理过程中所形成的固有关系，主要表现为文件在来源、时间、内容和形式等方面的联系。

1. 文件在来源方面的联系

文件是由一定的单位及其内部组织机构和个人在活动中形成的，形成于同一单位或内部机构或个人的文件之间必然地存在一种内在的联系，从而构成了文件在来源方面的联系。来源方面的联系是首要的联系，只有保持了文件在来源方面的联系，才能更好地保持文件在时间、内容等方面的联系，才能更好地理解和反映立档单位活动的面貌。

2. 文件在时间方面的联系

每一份文件都在一定的阶段或某一特定时刻的社会活动中形成，时间上存在着自然的延续性，从而构成了文件在时间方面的联系。如，一个历史阶段或一个年度的文件，记述和反映了这一历史阶段、这一年度的工作与活动，而且因同一年度的文件，由于统一的计划和安排，文件之间的联系也较密切，在整理时，应当利用这一联系，把这一历史阶段、这一年度的文件集中在一起，并按形成时间的先后顺序加以排列，有助于系统地了解和掌握文件形成的历史背景及过程，便于对文件内容的理解。在文件的各种联系中，时间方面的联系是最广泛的一种联系，在整理时，应当注意保持时间上的这种联系。

3. 文件在内容方面的联系

文件是单位在社会活动中围绕一定的问题而产生的，文件形成者的特定活动，构成了文件在内容方面的密切的历史联系。在文件的各种联系中，文件在内容方面的联系是最紧密的联系。如，解决一个问题、处理一个案件、召开一次会议等都会形成一系列文件，在整理时应当尽可能地把这些内容相关的文件组合在一起，以反映活动的完整性。因此，在保持来源和时间联系的情况下，不能忽视文件在内容方面的联系。

4. 文件在形式方面的联系

形式一般是指文件存在和表达的方式，如文种、载体材料及记录方式等。文件形式往往标志着文件产生时的特定作用，在某种程度上，也是文件的来源、时间和内容的体现。如命令来自上级单位并反映了它对本单位的领导关系，而批复则反映了本单位的职权范围及其与请示单位和文件内容的具体联系。在必要的情况下，应适当地保持文件在形式方面的联系。

文件之间的历史联系是客观存在的，这些联系体现了文件形成时的一些特点，但在整理档案时，不可能同时保持所有的联系，因此在具体整理时，应当根据文件的不同类型、不同情况和不同要求，辩证地综合考虑和处理。

（二）充分利用原有整理基础

利用原有整理基础，是对已经整理的档案力求保持原先的整理结果，不随意推倒重来。作为一种历史文化的积累，档案不仅记载了社会的发展过程，同时也反映了不同时期档案整理工作的水平和特点，反映了前人的工作成果。所以，对于已经整理的档案，只要有规可循、有目可查，就应尽量保持其原有整理体系，不要轻易否定、随意重整。

在整理中要判别原整理基础的不合理部分,有针对性地进行调整。特别是对历史档案原有整理基础,更应持慎重态度,力求保持历史原貌。

一般而言,充分利用原有整理基础主要包含了三层含义。

(1) 在原有整理结果基本可用的情况下,维持原先整理状况不变,同时通过编制必要的检索工具来弥补其中的不足。

(2) 某些整理结果明显不合理,可在仔细研究的基础上,尽量在原来整理的体系内做局部调整。

(3) 原有基础确实问题突出,严重影响了保管和利用,可以重新整理,但也应当尽可能吸收或保留其中的可取之处,包括原有的时间等标记。

人们的认识在实践中不断地发展变化,档案整理的方法也是在实践中不断完善的,档案人员必须正确理解和始终坚持"充分利用原有整理基础"的原则,不要反复重整,影响检索、编研等其他环节,从而为进一步提供利用打下扎实的基础。

(三) 便于保管和利用

便于保管和利用是档案整理工作的出发点和根本目的。在档案整理过程中,要始终考虑是否便于保管和利用。一般而言,按保持文件之间的历史联系整理出来的档案,是能够便于保管和利用是否,这两者基本上是一致的。但在某些特殊情况下,也有可能发生矛盾。如,一次重要会议的文件,包括会议记录、会议录音、会议录像、会议照片及会务财务凭证等,作为同一次会议的材料,它们在内容上有着不可分割的联系,但由于这些材料的载体形式存在着较大的差异,对保管条件的要求也不同,所以,从保管的角度来看,不适合集中在一起,而应充分考虑档案保管和利用的方便。在具体整理过程中,对一些制成材料、机密程度和保存价值等显然不同的档案,都应根据具体情况,分别加以处理。

总之,当保持文件之间的历史联系与便于保管和利用发生冲突时,不能机械地运用保持文件联系的原则,而应充分考虑档案保管和利用是否方便;同样,从方便保管和利用角度来说,档案整理也必须以保持文件之间的历史联系为前提。

第二节　企业归档文件的整理:以卷为单位

组卷(立卷)的实质是通过对归档文件的分类和组合,将单份文件组合成符合档案质量要求的案卷。

一、企业归档文件分类要求

归档文件的分类,就是把立档部门所形成的归档文件,按照来源、时间、内容和形式上的联系,分成若干层次和类别,构成有机的体系。归档文件的分类具体包括分类方法的选择、分类方案的制定、档案的归类和案卷排列等内容。

归档文件必须分类,分类的要求有如下三个方面。

(一) 客观性

档案是社会活动中系统积累形成的历史产物。因此,归档文件分类必须遵循档案形

成时的自然规律和特点，从实际出发，科学地选择分类方法，合理地设置类项，准确地归类，使归档文件分类最大限度地保持文件之间的历史联系，全面系统地反映立档单位的历史原貌。

（二）逻辑性

归档文件分类必须合乎逻辑性。设置的类和项，要做到标准一致、概念明确、层次分明，从而构成一个科学合理的分类体系。在具体分类时应当遵循正确的划分规则：子类外延之和等于母类的外延；在同一层次上，分类的标准必须统一，不能出现两个不同的分类标准；子类之间必须界限分明，不能交叉。

（三）实用性

类别设置必须注重实用。一般情况下，一个企业的规模大小、内部机构的复杂程度，以及文件数量的多少和成分的特性等，都是类项设置时应该考虑的因素。在分类层次上，也应充分考虑到实用性。归档文件分类整理的目的在于便于人们寻找需要的文件，应避免出现分类过繁现象。

二、归档文件常用分类方法

归档文件分类方法，又称分类标准、分类原则，是划分归档文件类别的依据和方法。在档案整理过程中，为真实反映立档单位的历史面貌，需要根据来源、形成时间、内容等特征，对归档文件进行区分和归类。具体有以下几种方法。

（一）年度分类法

年度分类法，就是根据形成和处理文件的年份对归档文件进行分类。每一年设一类，年度即类名。由于年度分类法简便易行，因而成为最常见、运用最广泛的一种分类方法。

1. 年度分类法的优点

(1) 按年度分类，符合档案形成的特点。企业一个年度内形成的文件之间有着密切的联系，通过年度分类，将归档文件按年度加以区分，使每一年度的档案相对集中，按年度对文件进行分类可以反映出一个企业每年工作的特点和逐年发展变化的情况。

(2) 按年度分类，可以同现行的文书处理制度相吻合。文书处理制度要求以年度为单位对文件进行整理和移交，从而使文件一年一归档，一年一个类，类目设置标准清楚、明确。

(3) 按年度分类，便于人们按时间查找、利用档案。

2. 年度分类法的文件归类

采用年度分类法进行分类，必须根据文件所属年度归入相应的类内。一般而言，文件的形成时间就是所属的年度，2001 年的文件归入 2001 年类内，但有些文件上存在几个属于不同年度的日期，归入哪一个年度，就需要具体分析，分别处理。

跨年度的文件，收文通常以收到的年度为准；发文以文件签发的年度为准，内部文件以定稿时间为准。如收文收到日期是 2002 年 1 月 5 日，虽然该文发出日期是 2001 年 12 月 25 日，但仍归入 2002 年。某些文件的形成时间与文件内容涉及的年度不一致，则以文件内容针对的年度为准。有些文件在形成过程中涉及多个时间,如,法规性文件会涉及起草时间、批准时间、公布时间、生效时间等跨越多个年度的情况,对此要掌握一个原则,即一定要以文件内容所针对的年度为主。计划、预算、会议等文件归入开始年度,总结、决算等文件归入结束年度;跨年度处理的专门案件和来往文书等可以放入关系最密切的年度或最后结案年度。像"某控股公司'十一五'总结"就应该归入2010年度。

在实际工作中,有些专业单位根据自身工作的特点,不按自然的年度来计算,而是另有起止日期,称为专业年度。对在专业工作中形成的文件,按专门年度进行分类。另外,有一些文件由于某种原因没有标注日期,因此需要根据文件内容或各种标记,考证和判定文件的准确或近似日期,并将文件合理归类。

(二)组织机构分类法

组织机构分类法也是一种常见的分类法。组织机构分类法是根据企业的内部机构设类和归类,即将文件按形成或承办部门来分类,一个机构设置一个类,机构名称就是类名。

1. 组织机构分类法的优点

采用组织机构分类法,能保持文件在来源方面的固有联系,客观地反映立档单位的历史面貌;同时由于企业内的每个机构都承担某方面的职能和任务,按组织机构分类法可以在一定程度上集中反映某一方面工作内容的文件,便于按照一定的专题查找和利用档案。企业文件归档前由各个内部机构分别保存整理,每个机构每年向企业档案室(馆)移交档案时,档案就自然构成一类,组织机构分类法方法简单,标准客观,便于掌握。

2. 组织机构分类法的适用条件

采用组织机构分类法,要求立档单位的内部机构相对稳定,不经常变动或变动不大,必须能看清历史档案或积存文件的形成或承办机构。

3. 组织机构分类法的要求

(1) 确定分类层次。一般情况下,一个企业的归档文件按组织机构分类时,只要分到第一层机构即可。如果企业规模庞大,内设机构层次较多,形成文件数量较多,也可分到第二层。

(2) 确定类别排序。各类的次序可按照企业内部机构固有的排序规定或习惯上的顺序来排列。一般是领导机构、综合性机构排在最前,再依次排列各业务部门和后勤部门等;同时,也可以按党政工团的顺序排列。只要组织机构排列顺序确定,就应保持一定的稳定性,不宜轻易变动。

(3) 文件的归类。如果文件涉及几个机构,应当有统一规定,以便将文件合理地归入相应的类别,以利于文件的查找利用。采用组织机构分类法,原则上是以哪个机构名义发文的文件归入哪个机构的类中。有些文件是由几个机构共同办理的,如何归类视具体情况而定:几个机构联合办理的文件一般应归入主办机构;业务部门起草而以企业或办公厅(室)名义发出的,如果内容属该业务部门,则应归入负责起草文件的机构类中,否则归入办公厅(室)类。

(三)问题分类法

问题分类法就是按照文件内容所说明的问题对企业归档文件划分类别。

1. 问题分类法的优点

按问题分类，符合文件形成时的特点和规律，采用问题分类法，可以减少同类问题文件分散现象的发生，能使内容性质相近的文件汇集在一起，便于按专题查找和利用档案。特别是，按问题设类可以不受内部机构的限制，企业的中心任务和主要活动可以单独设类，以便比较突出地反映企业主要职能活动的面貌。

2. 问题分类法的适用范围

(1) 立档单位内部机构不稳定、变动较大且又较为复杂的，不宜按组织机构分类，而适用于按问题分类。

(2) 各个机构的文件由于某种原因被打乱而混杂在一起，难以按组织机构分类，只能按问题分类。

(3) 在选用了组织机构作为第一级或第二级的分类法后，由于类内档案数量较多，确实有必要细分，这时就可以结合相关情况采用问题分类标准。

由于文件内容相当复杂，企业活动也在不断变化中，在编制归档文件分类方案时，通常将问题分类法运用于类目的第二级或第三级。只有在不便于按组织机构分类时，才会考虑在第一级选用问题分类法。

3. 问题分类法类目设置要求

采用问题分类法时，最重要的是如何设置类目。由于人们的认识水平不一，类目的设置会有很大差别，造成分类不准确。准确地确定类别的基本要求如下。

(1) 从实际情况设置类目。类目的设置，应该符合立档单位的实际情况，根据立档单位的职责和任务，抓住档案内容中最基本的问题设置类别。在实际工作中，大多参照本单位内部组织机构的基本职能来设置类别，例如，将党委、工会、共青团等机构形成的文件划为“党群类”，业务部门形成的文件划为“业务类”，行政后勤部门形成的归档文件划为“行政类”等，从而如实地反映立档单位的主要面貌。

(2) 类目体系力求简明，合乎逻辑。类目设置要求概念明确，层次分明。类名要概括性强，容易掌握；同级类和类之间不能彼此包含或交叉；上位类和下位类要层次分明，不能颠倒或混淆。

(3) 把握文件主要内容，有规律地归类。按问题分类时，经常会遇到有的文件内容涉及几个类目，既可归入 A 类，又可归入 B 类，这就需要在总结经验研究规律的基础上，制定出本企业适用的统一归类规则，以避免因分类人员不同而造成的归类不一的现象，也可在一定程度上保持工作的连续性。

(四) 保管期限分类法

保管期限分类法，就是按照归档文件不同的保管价值，将其归入不同的保管期限。按保管期限分类，既能为利用者提供文件的价值参考，又便于档案的分类保管。按照前述《规范》有关规定，企业归档文件的保管期限分为永久、30 年、10 年三类。

三、企业归档文件组卷

企业归档文件组卷，是指在上述分类基础上将同类文件中的单份文件按其特征和主要联系组合成案卷的工作。通过立卷,归档文件由单份组合成案卷,形成了档案保管实体的基本保管单位。

(一)“六个特征”立卷法

选用文件的共同特征,将联系密切的文件组合成一个案卷,这种立卷方法通常按照“六个特征”立卷,是我国最基本的组卷方法。

文件在结构上既有共性,又有个性,即所有文件都必须由作者、内容、名称、收文单位、形成时间等组成,但文件与文件之间在上述结构中既有相同的部分,又不可能完全相同。文件的立卷特征是从文件结构中概括出来的,根据文件本身在结构上具有的共性概括出的。文件的六个特征,即作者特征、问题特征、名称特征、时间特征、通信者特征和地区特征。

1. “六个特征”在组卷中的运用

(1) 作者特征及在立卷中的运用。所谓作者特征,是指制发文件的机关、单位及其内部机构和领导人。按作者特征组卷,即将统一作者制发的文件组合成一个案卷。

按作者特征组卷,便于利用者了解文件的来源,便于反映发文单位(作者)对事物的认识程度与过程及其各方面的工作活动;由于发文单位(作者)在职能、级别与地位上不同,因此按作者特征组卷能在一定程度上体现文件的重要程度和保存价值。

按作者特征组卷适用于本单位制发的命令、指示、决议、决定等重要文件,还有内部的会议记录、规章制度等。

(2) 问题特征及在立卷中的运用。所谓问题特征,主要指文件的内容所反映的主题。按问题特征组卷,即将内容为反映统一事件、问题、人物、工作活动、案件等的文件组合成一个案卷。

任何文件都反映着一定的问题,在单位中行使职权、处理或解决工作中的问题等一般均会形成内容相关的文件,按问题特征立卷既能够较完整、系统地反映某一活动,某一方面工作,某一文问题的发生、发展、结局,又保持了这部分文件的有机联系;在单位日常工作中,人们也往往是为了解决问题而查找、利用档案,而按问题特征组卷,既便于检索,又能够为利用者提供一组相关文件。因此,按问题特征组卷是使用最频繁的立卷特征。

在立卷实践中,运用按问题特征组卷应注意两个问题。

其一,按问题特征组卷是使用频率最高的立卷特征,但并不是任何文件都能使用立卷特征。按问题特征组卷,其必要条件是文件共同具有相同的某一“问题”,而在单位中,有些文件是主题较为分散的综合性文件,例如某些总结、工作会议记录等;还有某些“成套性”的文件,例如,行政例会文件等都不宜按问题特征组卷。

其二,应准确划分“问题”。由于对“问题”范围的界限一般可按人们的认识和实际需要来确定,因此,在按问题特征组卷对准确划分“问题”至关重要,它直接影响大案卷的内在质量和案卷的厚薄状况。“问题”划分得越笼统,案卷可包含的文件的内容面越宽,案卷中文件的页数相对多;“问题”划分得越具体,案卷可包含的文件的内容面越窄,案卷中文件的页数相对少。

准确划分“问题”是指应将“问题”划分得符合文件的实际情况,即在划分“问题”时应

考虑单位的主要职能和文件的数量等因素。就一般而言，单位主要职能问题的文件数量总大于其他问题的文件，因而，划分主要职能文件的“问题”应细些、具体些，使形成的案卷能具体地反映某一方面的（或某一个）问题，避免出现内容庞杂、案卷页数过多的现象；划分非职能文件或数量较少文件的“问题”应粗些、笼统些，使形成的案卷能保持文件在较大方面的联系，避免出现页数过少的案卷。例如，一个学校和一个医院，前者，教学问题是其主要职能，教学问题文件数量也多，应将教学问题划分得细些、具体些，而涉及教职员工医疗、保健、卫生等问题的文件则可划分得粗些、笼统些，一些规模较小的学校，一年中此类内容的文件不多，甚至可将其笼统归纳为教职员工医疗、保健、卫生一个问题，形成一个案卷；而后者，医疗问题是其主要职能所在，数量也多，应将医疗问题划分得细些、具体些，而涉及员工教育、培训等问题的文件相对少些，可划分得粗些、笼统些。

(3) 名称特征及在立卷中的运用。所谓名称特征，是指文件的名称，即文种。按名称特征组卷，即将相同名称的文件组合成一个案卷。

由于不同名称（文种）的文件反映了文件在形成者的地位、用途、性质、价值等方面的不同，因此按名称特征组卷，形成的案卷能反映其重要程度和价值。

按名称特征组卷适用于综合性文件（会议记录、计划、保管、总结、情况简报等）的组卷。由于这些文件不便于用问题特征组卷，而运用名称特征又恰好保持了它们之间的联系，除反映案卷重要程度和价值，还便于查找利用。按名称特征组卷还适用于某些价值、用途等方面有一定特殊性的文件（命令、指示、合同、协议书、统计报表和规章类文件等）。由于这些文件在归档文件中数量较少，价值、用途等方面有一定特殊性，而运用名称特征组卷突出了它们的重要性和特殊性，同时也便于查找。

按名称特征组卷应注意两个问题。

其一，依习惯做法，按名称特征立卷在文件不多时可以灵活运用，即将名称相近、保存价值相近的文件合并立卷，如决议与决定，条例、规定、办法与章程层，指示、意见和指示性通知，计划、安排、工作要点与规划，报告、总结、汇报与工作情况等。

其二，要认真阅读文件，区分同一名称在用法上的不同，不能将用法不同的文件按名称特征立卷。例如命令、通知、决定、函等，同一名称均有不同的用法；又如，依照有关法律公布行政法规和规章的命令、宣布施行重大强制性行政措施的命令、嘉奖有关单位及人员的命令不宜组合成一个案卷；同样，需要有关单位周知、执行事项的通知和任免人员的通知也不宜组合成一个案卷。

(4) 时间特征及在立卷中的运用。所谓时间特征，是指文件形成的时间或文件内容所针对的时间。

按时间特征组卷，即将针对同一年度或同一时期（相同时间段）的文件组合成一个案卷。现行机关均按规定每年立卷，形成的绝大多数案卷中文件是同一年度形成的，按时间特征组卷是指文件的针对时间。例如《××企业 2000 年度例会记录》中的“2000 年”，《××企业各车间 2000 年第一季度安全生产检查情况报告》中的“2000 年第一季度”，均指卷内文件的针对时间。

按时间特征组卷，可以保持文件在时间上的联系，也可反映出一个单位（部门）在特定时间范围内的工作情况与特点。利用者可以以时间为线索查找相关文件，也可以时间为线索比较变化状况,进而探索事物的发展规律。

按时间特征组卷要注意那些跨年度的文件,以及形成年度与文件内容所针对的年度不同的文件。

(5) 通信者特征及在立卷中的运用。所谓通信者特征,是指因处理业务与工作等问题而产生往复文件的双方单位。按通信者特征立卷,即将本单位与某一单位之间就一定问题进行工作联系而形成的问复性函件组合成一个案卷。

在六个立卷特征中,除通信者特征,其余五个立卷特征都是单一特征,在运用特征时强调文件的同一性,例如,按作者特征组卷,即将同一作者制发的文件组合成一个案卷;按名称特征组卷,即将相同名称(文种)的文件组合成一个案卷。而通信者特征本身就具有复合性,构成通信者特征必须同时具备三个条件——作者必须是本单位与某一单位;内容必须是同一问题;文件必须是问复性函件。按通信者特征立卷有利于了解两个单位就解决某一具体问题的要求与态度。

按通信者特征组卷应注意如下两个方面。

其一,按通信者特征组卷只用于本单位与某一单位之间就一定问题进行工作联系而形成的问复性函件,不能将本单位与某一单位互发的其他文件按通信者特征组卷。

其二,不能将本单位与上下级单位的请示与批复按此方法组卷。

(6) 地区特征及在立卷中的运用。所谓地区特征,又称地理特征,是指文件内容所涉及的地区。按地区特征立卷,即将内容反映同一地区的某些文件组合成一个案卷。按地区特征立卷便于反映该地区的工作情况,或对该地区问题的处理。这种方法一般多用于上级单位针对下属单位的来文、调查统计材料和某些专门文件的立卷。地区特征中的"地区"可按需要设定,可以是省(市),也可以是地(市)、县(区)等行政区,例如,《华东地区销售网建设情况调查》、《××市市场调研情况报告》等。

按地区特征立卷在运用时要注意不能与作者特征混淆。例如,《××市市场调研情况报告》运用了地区特征,而《××市人民政府关于规范音像制品市场的通报、情况调查》则运用了作者特征。

2. 文件组卷应注意的问题

六个立卷特征揭示了文件在作者、内容、名称、收文单位、形成时间等结构上所具有的共性,文件组卷时恰好可以以此作为文件区分和组合的参照。在实际运用中,六个立卷特征并不是六种孤立的、互相排斥的组卷方法,除通信者特征外,其余五个特征可以据文件的实际情况结合选用。

为了保证案卷的质量,在组卷时应结合归档文件的实际情况,充分发挥每个立卷特征的优点,避免可能产生的缺点,为此,还应注意如下两个方面。

(1) 结合运用两个或两个以上特征组卷。除通信者特征外,作者、问题、名称、时间、地区都只揭示了文件在一个方面的联系。如果只运用一个特征组卷,往往会出现文件只保持这一方面的联系,而割裂了文件在其他方面,甚至是本质上的联系,且只运用一个特征组卷形成案卷在区分价值、案卷厚薄等方面很难达到要求,也不便于保管和查找利用。结合特征越多,对文件的限定条件越多,形成案卷的专指向就越强,这样组成的案卷一般具有能保持文件间的有机联系、便于查找等优点。因此,组卷时一般应结合运用两个或两

 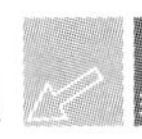

个以上特征组卷。在六个特征结合运用中，作者、问题、名称的结合应用比较广泛，因为这三个特征结合形成的案卷既集中了相同问题的文件，又能体现文件的价值，因此这三个特征结合运用的组卷频率较高。

（2）针对文件具体情况，保持文件间的有机联系，灵活选用立卷特征。

其一，保持文件间固有的不可分散性。在归档文件中有些文件，例如请示与批复、问文与复文、批转（转发）与被批转（被转发）文件等，以及内容属同一具体问题、同一会议、同一案件和同一性质的文件，具有不可分散性，为保持文件间的有机联系，应灵活选用立卷特征。例如，请示与批复可按问题特征组卷，问文与复文可按通信者特征组卷，内容属同一具体问题、同一会议、同一案件和同一性质的文件也可按问题特征组卷。针对文件具体情况，灵活选用立卷特征的目的在于保持文件间的有机联系。

其二，区分不同价值的文件。为文件保管和利用的需要，在组卷时一般将不同价值的文件分别组卷。如同问题的文件在组卷时可结合运用作者、名称等能体现文件价值的特征，将不同价值的文件分别组卷。例如，《××企业关于员工定岗定编的决定、实施方案》和《××企业人事处关于员工定岗定编工作调查会记录》应分别组卷。

（二）其他组卷方法

在长期实践中，很多单位总结六个特征组卷方法的经验和不足，提出了其他不同名称的立卷方法。但从总的方面看，这些方法还是属于运用六个立卷特征的范畴，是将六个特征组卷法更加具体化，具有一定的可操作性。

1. “一事一卷”立卷法

这种方法也叫“立小卷法”，主要针对150～200页的档案，即凡是一个问题、一次会议、一项工作、一起案件、一种活动形成的文件材料，只要保管价值相同，都可以单独组成一卷。

该方法的优点是：便于业务人员即时立卷，无须年底集中立卷；保持文件内容上的联系，操作简便，利于保密等。

2. “四分四注意”立卷法

“四分四注意”立卷法即分年度，注意文件内容针对的时间；分级别，注意上下级文件之间的联系；分问题，注意问题的联系、准确性，结合运用文件的作者、名称、时间、地区和通信者特征；分保管价值，注意保持问题的完整性。

该方法的优点在于：明确提出归档文件的分类顺序与立卷特征运用时的辩证关系。

3. “适当分级”立卷法

“适当分级”立卷法即按照文件来源的不同级别、不同保管期限，分别各自组卷。一般按上级、本单位、下级分成三级分级组卷。

该方法的优点在于：突出了归档重点——本单位的文件；较好地区分价值，便于查找。

4. 文件类型立卷法

文件类型立卷法即根据内容、形式等特点将文件划分为会议文件、综合性文件、规章类文件、计划统计报表及名册、信访文件、非诉讼案件材料、简报和期刊等，再针对不同类型的文件,采取不同的方法立卷。

(1) 会议文件。按会议的届次组卷。根据文件的数量,可以一会一卷、一会数卷或数会一卷。

(2) 工作计划、总结等综合性文件。一般可按作者或名称组卷。

(3) 单位管理和业务活动形成的条例、法规、制度等文件和调研材料,一般按单一问题组卷。

(4) 统计、报表、名册等文件。按照格式、名称或地区组卷。根据文件数量,可组成一卷或数卷。

(5) 群众来信材料、可按信件作者、信件的处理形式或信件所反映的问题组卷。

(6) 非诉讼案件材料。按立案问题或人头组卷,可以一案一卷或一案数卷。

(7) 简报、刊物。可按名称或期号组卷,根据文件的数量可一期一卷或数期一卷。

文件类型立卷法的优点在于:根据内容、形式等灵活地运用立卷特征,既保持了文件的有机联系,又便于查找利用。

四、案卷的规范化整理与编目

组卷是在平时归卷的基础上进行的。平时归卷工作按归卷类目存放了办理完毕的文件,要将办理完毕、具有查考价值的文件转化为符合质量要求的档案,还必须进行规范化整理。

(一) 调整定卷

调整定卷是指立卷部门在档案部门的指导与帮助下,对平时已归卷的文件,做全面的检查、调整与必要的修补,最后正式开始组卷的工作。

调整定卷的具体工作内容包括以下三个方面。

(1) 检查归卷文件是否齐全完整。按照立卷范围,对照收发文登记,检查归卷文件的份数及每份文件的页数是否齐全完整。剔除重份文件及不需要立卷归档的文件材料。

(2) 检查案卷质量。调整组卷后应检查是否正确地运用了立卷特征,是否保持了文件之间的联系,以及保管期限划分是否准确恰当。

(3) 检查卷内案卷质量。在保持文件之间的联系,以及保管期限大体一致的前提下酌情适当分卷或并卷。

(二) 卷内文件的排列

卷内文件的排列是指对卷内文件进行系统化排列,固定每份文件的位置,使它们排列有序,并方便检索利用。

卷内文件材料应区别不同情况进行排列,一般按文件的重要程度或形成时间顺序排列。按重要程度排列使用较为广泛,一般做法是:重要的排前,次要的排后;上级单位来文排前,下级单位来文排后;综合性的排前,专题性的排后;方针、政策性的排前,业务、事务性的排后。

不可分的文件材料应依序排列在一起,即批复在前,请示在后;正件在前,附件在后;印件在前,定稿在后;重要法规性文件的历次稿件依次排列在定稿之后;非诉讼案件卷的

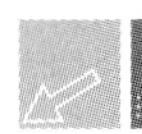

结论、判定、判决性文件材料在前，依据材料等在后；转发件在前，被转发件在后；其他文件材料依其形成规律或特点，按有关规定排列。

（三）拟写案卷题名

案卷题名是揭示卷内文件主要内容与成分的案卷名称，是重要的文件检索信息，也是案卷编目和编制各种检索工具的主要依据。

题名基本结构应包括主要责任者（制发单位）、问题和名称三个组成部分。按时间特征、地区特征和通信者特征组卷的案卷，题名中还应有表示上述特征的组成部分。

责任者（地区）（时间）（通信者）—问题—名称。

例如：《上海市××公司关于原材料、产品价格问题的通知、通报》。

案卷题名的拟写要简明、确切地反映卷内文件材料内容与成分，并要做到文字通顺、结构完整、格式规范。各部分具体拟写要求表现在如下几个方面。

(1) 责任者。必须用全程或通用简称，不得简称为"本部"、"本企"、"本省某某企业"等；两个以上同类责任者，可适当概括；卷内文件作者是个人，题名上应标明其职务或职称来体现其身份。

(2) 问题。问题的拟写要求概括准确、文字简练。由于问题部分揭示了卷内文件的主要内容，因此拟写时要将文件的主要内容做全面、确切、高度的概括。

如果卷内文件反映的问题单一，直接标出问题即可；如果卷内文件反映了几个问题，一般应都标出来，以便查找利用，例如《前进纺织厂关于计划生育、女职工保健问题的通知、通报》；如果卷内文件是同类性的问题，可以概括表示；如果卷内文件是非同类性问题，一般应将有关问题标明；会议文件可标明会议名称，例如《××厂关于召开安全工作会议的报告及有关文件》。

(3) 名称。题名中的名称部分能揭示出卷内文件的性质和价值。按名称特征组成的案卷，按卷内文件名称标明即可。按其他特征组成的案卷，其名称部分的标法可按文种的重要程度顺序标注二三个，兼顾不同性质的文种。

部分案卷题名的名称部分可使用如下几个专用术语表示。

① 案卷。只限于某个案件、事件或某人的某方面问题的调查处理形成的所有文件材料。

② 来往文书。只限于单位之间商洽一般工作问题的问文与复文，而且往往与通信者结合使用。

③ 材料。只限于针对正式文件以外的辅助材料、参考材料及其他有关材料。

④ 文件。只限用于概括某次会议形成的所有文件而只立一卷者，例如《××公司安全工作会议文件》等。

(4) 时间。案卷标题中的时间是指卷内文件内容针对的时间。

(5) 地区。当案卷中的文件内容针对或涉及地区时，案卷标题要标明地区。卷内文件内容涉及的地区不多，应尽可能一一标明；卷内文件内容涉及全部所辖地区，可用总的名称，例如《××公司下属各企业关于厂区绿化、环境建设的报告、通报》；卷内文件内容所涉及很多地区，但又不易概括的，可视情况标出几个主要的地区，其余用数字总括，例如《××公司下属大丰纺织、民丰纺织等五厂关于消防安全工作的报告》。

(6) 通信者。按通信者特征组卷的案卷题名中要标明通信的双方。例如,《××企业与××部队关于军民共建工作的来往文书》。

(四) 卷内文件的编号

卷内文件的编号是指卷内文件系统化排列后通过逐页(件)编号,固定排列顺序,以便文件的保护、统计和检索。

卷内文件材料应按排列顺序、依次编写页号或件号。装订的案卷,应统一在有文字的每页材料正面的右上角、背面的左上角填写页号;不装订的案卷,应在卷内给每一份文件编一个统一顺序的件号,在首页上方加盖档号章(包括全宗号、目录号、案卷号、件号),并逐件编件号;图表和声像材料等也应在装具上或在声像材料的背面逐件编号。

(五) 填写卷内文件目录

卷内文件目录揭示了卷内文件的来源、内容、形成时间和成分等,便于对归档文件的查阅和统计。卷内文件目录不仅是卷内文件的检索工具,也是编制其他档案检索工具的基础。永久和定期案卷必须按规定的格式逐件填写卷内文件目录。填写的字迹要工整。页面大小与卷内文件一致。

卷内文件目录置于卷首。它包括顺序号、文号、责任者、提名(文件的标题)、日期、所在页号(或件号)、备注。

卷内文件目录各项目应是归档文件信息的真实反映,其填写方法如下。

(1) 顺序号。以卷内文件排列先后顺次填写,一个文号的文件占一个顺序号。例如,问文与复文、请示与批复各自都有文号,应分别编号,登录两个栏目。而文件正文的附件是文件的组成部分,无单独的文号,因而不占顺序号,但附件标题可另占一行填写。

(2) 文号。填写文件的发文字号。如文件无发文号的,也可注明收文号。

(3) 责任者。责任者即文件作者,填写制发文件的单位、部门或个人。若发文单位全称太长,可写规范的简称。联合发文有几个责任者的,一般应同时标出。

(4) 题名。题名即文件的标题。题名是查找卷内文件的最重要的检索项目。

填写时文件材料的题名不要随意更改和简化,凡文件有题名的,按照文件的原题名填入栏内。无题名或虽有题名但无实质内容的(如仅有以文件名称命令、通告等作题名的),应根据文件内容拟出题名,并外加上“[ ]”,以区别文件原有的题名。会议记录应填写每次会议的时间和主要内容。如文件“责任者”栏已填过作者,在填标题时,标题中的作者部分可以省略。

(5) 日期。日期即文件的形成时间。填写方法一般按文件的落款日期填写即可。有些文件无落款日期的,可填写发文日期;如果这两种日期都没有,可在备注栏内标明收文日期,作为参考。会议决定或法规性文件,可填通过、批准或公布日期。日期可用阿拉伯数字表示,在年、月的数字右下角加“.”号,如“2001.1.1”。

(6) 页号。页号即卷内文件所在之页的编号。填写每份文件的起始页号,最后一份文件填写起始页码与终止页号。如卷内文件共30份,148页。第一份文件有5页,填写“1”;第二份文件就填写“6”……最后一份,第30份文件的起始号为140,页号则填写为“140/148”。

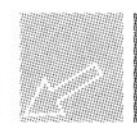

（7）备注。备注用来填写有必要说明的问题。

卷内文件目录制作应一式二至三份，放置卷首一份，其余留作备查或经过加工后作为检索工具（全引目录）使用。

（六）填写卷内备考表

卷内备考表置于卷内文件之后，卷内备考表是注明卷内文件状况和立卷的时间、人员情况以备查考的记录。

卷内备考表包括以下项目，即本卷情况、立卷人、检查人、立卷时间。（见表 7-1）

表 7-1　卷内备考表

本卷情况

立卷人：
检查人：
立卷时间：

卷内文件状况，填写该卷文件中有需要加以说明与解释的情况，如卷内文件是否完整，有无破损，是否有重要价值或特别意义的文件等，以便于管理者和利用者了解卷内文件的特点和有关情况。

“立卷人”、“立卷时间”以示本人对所立的案卷负责，如实填写即可，“检查人”栏，由案卷质量审核者签名。

备考表应置卷尾。页面大小与卷内文件一致。

（七）填写案卷封面

案卷在装订、排列之后，要填写案卷封面。

案卷封面项目包括全宗名称、类目名称、案卷题名、时间、保管期限、页数（件数）、归档号、档号。

填写方法如下。

（1）全宗名称。全宗名称即立档单位名称，应填写全称或规范的简称。有的单位按规格统一制作卷皮，可将全宗名称印制上去。

（2）类目名称。类目名称指全宗内分类方案的第一级类目名称。按组织机构分类的，填写机构名称；按问题分类的，填写问题的类名。

（3）案卷题名。将拟写后确定的案卷题名填上。

（4）时间。时间指卷内文件所属的起止年月。

（5）保管期限。按归档鉴定时划定的保管期限填上永久或定期（30 年或 10 年）。

（6）页数。装订的案卷填写卷内文件的总页数，不装订的案卷填写卷内文件的总件数。

（7）归档号。文书处理部门向档案室移交案卷时所编写的案卷顺序号。

(8) 档号。为固定案卷的排序,在案卷封面上要标识案卷的档号,案卷的档号由全宗号、目录号、案卷号组成。全宗号是由档案馆给立档单位的固定编号。目录号是全宗内案卷目录的编号,同一个立档单位不能有重复的案卷目录号。案卷号,即目录中案卷顺序的编号,同一册案卷目录内不能有重复的案卷号。档号一般由单位档案室统一编制。

案卷封面中各项目应填写得工整、清晰、规范。填写案卷题名还应做到使用简体汉字,字体美观,无错别字,排列均匀;应选用蘸优质墨汁、碳素墨水的毛笔或钢笔填写案卷封面。

(八) 装订案卷

装订案卷是防止卷内文件散失的一种措施,可按有关规定分别按卷或件装订。

装订前归档文件材料要去掉金属物。对存在问题的文件中要做好补齐页面、修复、折叠等工作。使用硬、软卷皮整卷装订的,均应采用三孔一线的装订方法;使用硬卷皮按件装订,可使用不锈钢针、塑料钉或采用三孔一线的细线装订;不装订的案卷,卷中的文件应逐件用细线装订。装订后的案卷要做到如下几个方面。

(1) 下齐,即地脚整齐,便于案卷竖立,页面不易磨损。

(2) 右齐,即翻口基本整齐,外观整齐美观,翻页时页面不易磨损。

(3) 左齐,即订口整齐,当文件用纸规格不一时不至于漏订。

(4) 装订时必须做到不掉页、不倒页、不压住字迹、不损坏文件。

(5) 装订线松紧适宜。过松文件难以固定,文件易磨损;过紧案卷难以平整;翻页困难,不利于案卷的保管。

(九) 案卷排列

案卷的系统化排列可参照归卷类目中类与条款的排列次序。

一般先按保管期限分开,即永久、定期(30 年或 10 年)的案卷分别排列;然后按归卷类目的排列顺序排列案卷顺序,即按组织机构排列或按问题排列。卷与卷之间必须保持一定的联系。案卷的排列方法应统一,前后保持一致,不可任意改动。

(十) 编制案卷目录

案卷目录,又称移交目录,即案卷的名册。由案卷经过系统化排列后逐一编号登记而成,是查阅利用档案的基本检索工具,也是归档时移交案卷的凭据。

案卷目录由目录说明、案卷条目、封皮与备考表构成。

案卷目录中的项目有归档号、案卷号、案卷题名、年度(也有编卷内文件起止日期的)、页数、保管期限、备注。

案卷号是案卷排列顺序的编号,用以固定案卷的位置,也可作为全宗内案卷的代号。

案卷目录可按年度、按保管期限,或由各内部机构分别编制。一般编制方法有三种,一是一个年度编一本目录,其中分永久和定期两个部分,每一部分按组织机构或问题分类;二是一个年度分保管期限编三本目录,每一本目录再按组织机构或问题分类;三是一个单位按组织机构分别编目录,案卷号可以接续上一个年度该组织机构的案卷号,即一个组织机构的数年的案卷编一本目录。各单位可据本单位的档案分类的实际情况选用。

案卷目录(见表 7-2)应制作一式三份,一份留文件管理部门备查,两份随档案移交给

档案室。案卷目录封面采用长×宽为 300 mm×220 mm 规格、漆皮或塑料面夹板纸。案卷目录采用 297 mm×210 mm 或 260 mm×185 mm(A4 或 B5)规格的办公标准用纸。

表 7-2　案卷目录

归档号	案卷号	题名	年度	页数	保管期限	备注

第三节　企业归档文件的整理:以件为单位

一、以件为单位整理归档文件的特点

以件为单位整理归档文件是将归档文件以件为单位进行装订、分类、排列、编号、编目、装盒,使之有序化的过程。

从"简化整理、深化探索"出发,对归档整理工作的诸多环节进行调整或简化,以件为单位整理归档文件与组卷整理方法相比具有以下特点。

(一) 简化了整理工作的步骤与内容

以件为单位进行整理,取消案卷,简化了归档文件的整理步骤,即省略了组卷、案卷的装订、案卷目录的编制等步骤。由于省略了组卷,只需遵循整理原则,按规定的方法对归档文件进行整理编目,因而,不需考虑选用哪些立卷原则、某份文件归入哪个案卷更合适等问题;由于省略了组卷,围绕案卷形成的具体工作也大大简化,例如,不需进行案卷装订、拟写案卷题名、编制案卷目录等。

简化了归档文件的排列。以件为单位进行整理,对归档文件只需在分类方案的最低一级类目内,按事由结合时间、重要程度等排列。会议文件、统计报表等成套性文件可集中排列,即强调按事由排列,把时间、重要程度等作为参考因素,而不需对每一个案卷根据不同的情况采用不同的排列方法。

简化了检索项目的填写。与案卷卷皮填写项目相比,档案盒的项目设置有了较大变化,封面只设"全宗名称"项,取消了类目名称、案卷题名、起止时间、保管期限、件页数量、全宗号、目录号、案卷号、归档号等项目;盒脊取消目录号、案卷号项,保留全宗号、年度项,增设保管期限、机构(问题)、起止件号、盒号项。

以件为单位进行整理的方法在实际操作上有较大的灵活性,例如,装订以件为单位进行,对装订材料不做统一规定,只要符合归档保护要求即可,装订方法也不限于三孔一线。

(二) 适用于计算机和手工两种整理方式

以件为单位进行整理的方法能兼顾计算机和手工两种整理文件的方式。

由于计算机技术的普及,组卷方法在许多方面阻碍了计算机技术高效、快捷的检索能力这一优势的发挥;但计算机技术的普及程度在我国各地区、各系统、各单位又不完全平衡,要立即废止立卷改用以件为单位进行整理的方法,也不现实。

以件为单位进行整理的方法,在立足适应现代化管理需要的前提下,加快了计算机技术较为普及地区、系统、单位的文件与档案工作现代化管理的进程。从实际操作来看,无论使用计算机与否,归档文件均可以件为单位进行整理。因此,以件为单位进行整理的方法对于各单位的归档文件的整理工作既具有一定的导向性,又具一定的过渡性。

二、以件为单位整理归档文件的意义

《规则》规定了归档文件以件为单位进行整理,这是新中国成立以来文件管理工作的一次重大变革。这一举措的意义表现在如下三个方面。

(一)提高归档文件整理工作的效率并节约费用

以件为单位进行整理简化了归档文件整理工作,其方法简便易行,既减少了人力占用,又缩短了工作时间,提高了归档文件整理工作的效率。由于不需进行组卷、案卷装订,案卷装订的设备不必购置;归档文件装入不同规格的档案盒,不会出现过多的“小卷”,避免包装材料与保存空间的浪费;档案盒规定采用无酸纸制作,保护了档案,在一定程度上节约了保管费用。

(二)有利于档案利用等工作的开展

其一,以件为单位进行整理,都以件为单位放置于档案盒内,避免了归档文件因装订成案卷而必须进行的钻眼打孔,从而完整地保持了档案的原貌。

其二,以件为单位进行整理,减少了检索层次,提高了检索效率与可靠性。

其三,以件为单位进行整理,解决了不同密级档案组合在一起而出现的利用与保密要求的矛盾。

其四,以件为单位进行整理,便于档案的复印、缩微、扫描等工作,有利于档案原件的保护。

其五,以件为单位进行整理,便于档案鉴定工作的开展,对于失去保存价值的档案无须拆卷,直接按件剔出即可。

(三)推动了文档一体化的进程

在日常工作中由于计算机、网络技术的介入,对文件的各种数据、信息可用计算机一次输入、多次输出,随机生成的各类目录,具有强大的文件级检索功能,查找所有需要的(相关或不相关的)文件可不必先查案卷,再查文件了。从计算机技术检索功能分析,组卷确无必要。

以件为单位进行整理。可改变原有的每年集中整理归档的习惯做法,使办理完毕的文件能够直接进入档案整理环节,“随办随归”,使归档文件整理变成一项日常工作;进而尽量以文书处理环节生成的项目来组织检索条目,使归档工作更加贴近文书人员、业务人员的工作实际,免除档案管理环节中再做大量重复的数据准备工作。换言之,文件办理完毕后,对相关文件进行价值判定和简单的排列、编号即可归档,不必再等到年终集中立卷,就能确定每份归档文件的位置。这样做,大大推动了文档一体化的进程。

三、以件为单位整理归档文件的原则

归档文件以件为单位整理,在整理原则方面与组卷并无明显区别,两者是基本一致的,因为,归档文件整理的原则是归档文件整理工作客观存在的基本规律。但由于整理方法的

不同，因此在实际操作中，贯彻整理原则在具体做法上侧重点也有所不同。

（1）以件为单位整理"遵循文件的形成规律，为保持文件之间的有机联系"，在最低一级类目内排列文件时，强调了"事由原则"，将同一事由形成的文件排列在一起，使文件间的有机联系得以充分体现，而不以文件的立卷特征来判别文件的联系与区别。

（2）以件为单位整理在"区分不同价值"时，从分类开始即将不同保管期限的文件从实体上区分开来，对不同保管期限的文件提出不同的整理要求。对于保存价值高、保管期限长的文件，重点整理和保管；对保存价值低、保管期限短的文件，根据条件区别对待；对无保存价值、不需归档的文件，则予以销毁。例如，保管期限为10年的归档文件，在有条件的地方可以不拆钉，在最低一级类目内文件的排列上也可以放宽要求，允许直接按形成时间或按文号排列。

（3）以件为单位整理归档文件，在最低一级类目内排列文件时强调"事由原则"，文件按排序装档案盒等具体做法都是力求达到"便于保管利用"的目的。

四、以件为单位整理归档文件的步骤和要求

《规则》规定的以件为单位整理归档文件的步骤和要求，基本适用于企业。

（一）归档文件整理单位及装订

装订，即采用符合档案保护要求的装订材料，将归档文件以件为单位固定在一起，它是归档文件整理的基础环节。文件收集齐全并加以修整后，使用符合档案保护要求的装订材料重新加以装订，可以起到固定文件页次、防止文件页码丢失的作用，同时从实体上最终确定归档文件整理的基本单位——件的形态，为后续工作的开展提供条件。

1. 归档文件的整理单位——件

以件为整理单位进行文件级整理，将归档文件整理的基本单位还原到文件本身，从而达到简化概念、简化操作的目的，这是制定《规则》的基本出发点。从这个思路出发，整理单位应为自然件，即单份文件，因此，定义中明确了"一般以每份文件为一件"。但有些文件，如正文与附件、转发文与被转发文等，各部分独立性较强，易被分散使用，造成归档不全或归档后查找不全；有些种类的文件，如正本与其他稿本、原件与复制件等，如果彼此间相互脱离，其中之一在检索上往往没有太大价值，反而会增加大量不必要的编目工作，影响整理和利用工作效率；还有一些文件，如单一的请示与批复、报告与批示等，关联性强，利用时通常需要相互查证，因此实体不宜分散。

这类情况包括如下几个方面。

（1）文件正本与定稿一般应作为一件；定稿过厚不易装订的，也可单独作为一件；重要文件需保留不同稿本（包括历次修改稿、讨论稿、征求意见稿、定稿等）的，可将正本与历次稿件各为一件。

（2）正文与附件一般为一件；如果附件数量较多，或者太厚不易装订，也可各为一件。

（3）正文与文件处理单（包括文件处理单（表）、拟办单、发文稿纸、签批条等）应作为一件。

（4）原件与复制件（包括复印件以及抄件等）应作为一件。

(5) 转发文与被转发文应作为一件。

(6) 报表、名册、图册等,应按照它们本来的装订方式,一册(本)作为一件。

(7) 来文与复文可为一件。这是比较特殊的一种规定。“来文与复文”,是对联系密切的来往性质的文件材料的概括性表述,也包括“去文与复文”,从文种上看包括请示与批复、报告与批示、函与复函、通知与报告等。根据检索的不同,此类文件可以作为一件,也可以分别作为一件,故《规则》中采用“可为一件”的表述方式。

“为一件”是指实体上装订在一起,编目时也只体现为一条条目。在归档文件整理中,绝大部分归档文件是以自然件的形式出现,而需要重新界定的“件”,是为了方便整理和利用的一种补充形式。实际操作中,界定“件”既要有原则性,又要有灵活性,兼顾到简化整理与便于检索。

2. 文件修整

为保证档案能够长期保存和有效利用,装订前必须对不符合要求的归档文件材料进行必要的修整。文件修整一般包括以下内容。

(1) 修裱破损文件,包括使用黏合剂和选定纸张对破损文件进行修补或托裱。修裱工作主要针对有重要保存价值的归档文件,不需移交进馆的档案一般保持原貌即可。

(2) 复制字迹模糊或易褪色的文件,包括纯蓝墨水、红墨水、复写纸、圆珠笔、印台油、铅笔等字迹材料及传真件等。目前常见的复制方法是复印,但复印本身也存在易粘连等耐久性方面的问题,操作时要注意墨粉浓度不宜太大,字迹颜色不宜太深,并且最好采用单面复印。

(3) 超大纸张折叠。目前,公文用纸幅面基本统一为国际标准 A4 型,但实际工作中的报表、图样等纸张幅面常常会大于 A4 规格,难以装入按照 A4 纸张的比例设计的档案盒,因此需要加以折叠。折叠的操作要求比较简单,但要注意尽量减少折叠次数,同时折痕处应尽量位于文件、图表字迹之外;此外,文件页数较多时,宜单张折叠,以方便归档后的查阅利用。

(4) 去除易锈蚀的金属物,包括钉书钉、曲别针、大头针等易氧化、腐蚀的装订用品。对于无须移交进馆的档案是否拆钉,档案行政管理部门可以在综合考虑本地区气候条件及单位档案保管条件等因素的情况下灵活掌握,例如,黄河以北及以西内陆地区气候比较干燥,具备较好库房条件的单位档案部门可以允许不拆钉;此外,对于装订成册不便拆钉的刊物、书籍等,也可以保持原貌。

3. 装订

《规则》规定,不只是单份文件,正本与定稿、原件与复制件、来文与复文等也可作为一件,因此装订前首先必须对它们进行排序。一般来说顺序是:正本在前,定稿在后;正文在前,附件在后;原件在前,复制件在后;转发文在前,被转发文在后;复文在前,来文在后;不同文字的文本,无特殊规定的,中文本在前,外文本在后,或者汉文本在前,少数民族文字文本在后。此外,有文件处理单的,可放在最前面,编号时作为首页加盖归档章,以便更好地保持正本的原始面貌。装订前应将件内的各页按一定方式对齐,便于将来翻阅利用。一般来说,采用左上角装订的,应将左侧、上侧对齐;采用左侧装订的,应将左侧、下侧

对齐。

装订方式和用品的选择,《规则》中并未进行统一规定,只提出“装订材料应符合档案保护要求”。具体选择时应考虑以下要求:材质符合档案保护要求,装订方式能较好地维护文件的原始面貌;成本低廉,简便易用。目前,常见的装订方式除传统的线装外,还包括黏接式,如裱糊糨糊、热封胶等,穿孔式,如钉书钉、铁夹背等,变形材料,如钢夹、塑料夹等,铆接式,如热压胶管等。

(1) 从材质的安全和经济来比较,线装无疑是较好的选择,常见做法是使用缝纫机在文件左上角或左侧轧边,或者在文件左上角或左侧穿针打结。但这种方式存在针脚过密、易造成纸页从装订处折断的问题,装订器材也有待改进。

(2) 使用变形材料对材质要求较高,如金属制品(不锈钢夹、燕尾夹等)必须采用质地优良的不锈钢,而且要根据所在地区的气候条件及库房保管条件谨慎使用,消毒时也不得使用微波设备;塑料制品则必须有足够强度,以免年久老化断裂。

(3) 黏接式使用裱糊糨糊以及其他对纸张无害的胶水,成本较低,但存在可逆性差,复印、扫描时不易拆除等缺点。

(4) 无酸纸封套也是一种可行的装具,它是使用60克左右无酸纸制成的右上两侧开口的封套,将归档文件以件为单位夹装其中。封套上可以直接印制归档章,利用时也能起到保护档案的作用。但纸套本身有一定厚度,占用存贮空间,因此一般适用于永久档案。档案袋、文件夹等也可以作为装具使用,如文件材料较厚时,可以使用档案袋或文件夹等直接装袋归档;借阅时也可用做临时文件夹,将多份归档文件装入其中再借出。

(二) 归档文件的分类

按照《规则》进行归档文件整理时,第一个步骤是分类。分类就是指所有的归档文件,按照其自身的内容、形式、时间、来源等方面的异同,分门别类地组放在一起,使所有归档文件构成一个有机整体的过程。分类的意义在于:保持归档文件之间的有机联系,为今后档案的查找和利用提供便利条件;为归档文件的编目、保管打下良好基础。

《规则》将分类作为归档文件整理过程中首先进行的环节,是后续环节的基础。如果归档文件实体不经过分类而直接进入后续环节,必然影响整理工作其他环节的开展和档案的保管、利用工作。试想,如果一个立档单位的所有档案没有经过分类,那么档案之间的历史联系必然得不到充分体现,排列结果也不能准确反映该单位各项职能活动的历史面貌。没有分类的归档文件整理一定是不科学的整理,因此,分类又是归档文件整理的必要环节。

《规则》提出的分类方法有三种,即年度分类法、保管期限分类法和组织机构(问题)分类法。

1. 年度分类法

年度分类法,就是根据形成和处理文件的年度对归档文件进行分类,即不同年度形成的文件材料要按年度具体分开。

年度分类法是运用得最广泛的分类方法。归档文件按年度特征分类,可以反映出一个单位每年工作的特点和逐年发展变化的情况,并且同现行机关以年度为单位将文件整理归档的制度相吻合,类目设置标准也很清楚、明确。

立档单位在整理时,应严格按照归档文件的形成年度进行分类,即按文件落款日期将归档文件归入相应年度。跨年度工作任务形成的系列归档文件应作为一个整体归入工作任务结束年度中,而不要分散在若干年度中。如果跨年度工作任务中各个年度形成的归档文件数量很大,或者立档单位对跨年度工作任务形成归档文件有单独规定,则仍应将这些归档文件分别归入各个年度中。

2. 保管期限分类法

保管期限分类法就是根据保管期限的不同对归档文件进行分类,即不同保管期限的归档文件要分开。

采用保管期限分类法,能够将不同价值的归档文件从实体上区分开来,从而使档案部门能够有针对性地采用整理和保护措施,同时为库房排架管理、档案移交进馆和到期档案鉴定等档案管理工作提供了便利。

3. 组织机构(问题)分类法

制定分类方案时,机构分类法与问题分类法不同时采用,而是根据单位归档文件的实际情况选择其中一种即可。

1)组织机构分类法

组织机构分类法就是根据文书处理阶段形成和处理文件的承办单位对归档文件分类,即立档单位内不同组织机构形成的归档文件要按机构分开。

采用组织机构分类法,能最好地保持全宗内文件在来源方面固有的联系,客观地反映立档单位的历史面貌;同时由于每个机构都承担某方面的职能和任务,按机构分类在一定程度上集中反映某一方面内容的文件,便于按照一定的专题查找和利用档案,特别是对于现行机关,在文件由各机构分工整理的情况下,每个机构向档案室移交的归档文件,就自然构成一类,使全宗内分类体系的设计大大简化。

2)问题分类法

问题分类法就是按照文件内容所说明的问题对归档文件分类,即归档文件要按其内容涉及的不同问题分开。

采用问题分类法,可以避免或减少同类问题文件分散的现象,便于按专题查找和利用档案。尤其是设类可以不受内部机构的限制,企业的中心任务和主要活动均可以单独设类,这样能够比较突出地反映一个企业职能活动的主要面貌。在实际工作中,使用问题分类法的立档单位,大多参照本单位内部组织机构的职能性质来设置类别。

《规则》不限定年度、保管期限、机构(问题)在组合成复式分类法时的先后顺序,但对三种分类方法的可选择性做出了规定。其中,年度、保管期限是必选项,任何复式分类法都必须具备,任何单位整理归档文件都必须分年度、分保管期限进行。机构(问题)作为选择项,是因为在基层单位或小单位,每年形成的文件数量少,或者内部机构设置简单,这种情况下无须再按机构(问题)进一步细分;而在大的单位,文件一般由各文书处理部门分工整理归档,机构(问题)则往往成为必选项。

为使分类方法更切合单位实际,《规则》并未限定单位档案部门必须采用的复式分类

法，只推荐了常见的方法，即“年度—机构(问题)—保管期限”或“保管期限—年度—机构(问题)”。

在选定分类方法的基础上，应联系单位实际情况编制出分类方案。分类方案是在确定的分类方法的基础上，标列各级类目名称，固定全宗内分类体系的分类纲要。分类方案是企业档案室工作的基础，是档案室规范化管理的起点，因此，任何一个企业档案室都必须具备切合实际的分类方案，并且保持相对稳定。各单位应根据本单位实际情况和同级地方档案行政管理部门的要求制定切合实际的分类方案。

（三）归档文件的排列

归档文件经过分类，整体上具有了一定的系统性，但具体到每一类内的文件，仍处于零散杂乱的状态，需要通过排列使之进一步系统化。《规则》规定：归档文件应在分类方案的最低一级类目内，按事由结合时间、重要程度等排列；会议文件、统计报表等成套性文件可集中排列。

1. 归档文件排列的事由原则

对于归档文件的排列，《规则》强调了事由原则，即同一事物由形成的相关文件应当排列在一起。这里的“事由”是一个比较有原则的概念，可以是指一件具体的事，一个具体的问题或一段较紧密的工作过程，等等。通过界定“事由”，使密切相关、参照性强的文件从实体上相对集中并保持“事由”办理过程的原始状态以便日后的查考。

按事由排列归档文件，是“遵循文件的形成规律，保持文件之间的有机联系”这一整体原则的具体体现。按公文办理过程的先后顺序，将同一事由形成的文件排列在一起，可以客观地反映出某一事由的发生、发展、结束的全过程，反映出这些文件之间的有机联系。这种有机联系，对充分体现文件的价值，尤其是凭证价值及文件完整性、真实性是十分必要的。

按事由排列归档文件，有利于目录检索和实体存取工作。在计算机检索条件下，如果归档文件随意排列，也可以做到“查准”，但进行族性检索时的“查全”则难以保证。即使是计算机“模糊检索”或“智能检索”，也只是依据利用者输入的检索条件对数据库内的数据进行机械的匹配，如果文件条目与输入的检索条件有较大差异，就肯定会造成漏检。计算机检索尚且如此，手工检索的难度就会更大。如果排列时将相关的文件相对集中，那么只要找到其中部分文件的条目，通过对其上下条目的审阅和判断，就可以直接查找到全部文件，从而提高检索的效率。实体存取同样如此，如果相关文件分散在不同档案盒内，必然会大大增加调卷和归位的工作量，按事由相对集中排列就可以避免这个问题。

关于归档文件的排列方法，《规则》规定：在分类方案的最低一级类目内，按事由结合时间、重要程度等排列。这里的“最低一级类目”，是指分类时所确定的类目体系中设在最低一级的类目，例如按照“年度—机构—保管期限”分类，则“保管期限”即为最低一级类目。

2. 归档文件事由内和事由间的排列

在计算机检索条件下，归档文件在事由内和事由间如何排序，对检索效率基本无影响。因此，《规则》对排列部分的要求提得比较有原则，在检查“事由原则”的前提下，可以有较大的随意性。但当最大一级类目内文件数量较大时,运用一定的方法,使归档文件有规律地排列,特别是对手工检索和实体存取有较大的意义。所以,《规则》也提供了时间、重要程度等因素作为进行事由间系统排列的参考依据,供立档单位根据自身实际选择使用。各单位根据不同实际情况还可以选择按文件的形成者、所反映的问题等进行排列。

这样,排列的实际操作可以体现为两步,即在最低一级类目内,先按照事由原则将属于同一事由的文件按一定顺序排列在一起,再采用一定的方法对不同事由的文件进行排列。

1) 同一事由内的排列

同一事由内归档文件的排列,最简单的方法是按文件形成时间的先后顺序,形成日期在前的排列在前面,形成日期在后的排列在后面;或者按文件的重要程度排列,重要性的、结论性的文件排列在前面,其他的文件排列在后面。

2) 不同事由间的排列

不同事由的归档文件的排列可以有多种方法,应根据单位的文书处理程序、归档要求、档案管理现代化水平等的不同加以选择。具体方法如下。

① 按不同事由形成时间的先后顺序排列。事由的形成时间即事由的办结时间。这种方法只要求将不同事由的文件,按其办结时间的先后顺序排列,而不必考虑其他因素。这种方法比较简单,适用于实行"随办随归"的企业。一般同一事由的文件办理完毕后,就可以将相关文件整理排序,这样不同事由的归档文件自然就按照形成时间先后排列起来。采用年终集中整理归档文件的企业,也可以按事由办结时间排列不同事由的文件。

② 按事由的重要程度排列。将主要职能或重要活动形成的文件排在前面,其他工作形成的文件材料排在后面,或将综合性工作形成的文件材料排在前面,具体业务工作排在后面。

③ 按事由具有的共同属性分别集中排列。包括以下两种情况。

其一,按责任者或承办部门分别集中排列。立档单位可以将不同内设机构例如处(室)形成的文件分别集中并按编制序列进行排列。

其二,按照不同问题分别集中排列。这里的问题是指同一机构内的不同职能工作。例如单位人事部门,可以将干部调配、职称评定、出国审查等问题形成的文件分别集中排列。

此外,《规则》还指出:会议文件、统计报表等成套性文件可集中排列。这里的"成套性"是指某些专项或专题性工作形成的系列文件。例如,一次会议往往形成许多文件,有的在时间上可能跨度很大,当表现出较强的系统性,利用时一般需要相互参照和查证。同样,统计报表、简报、内部刊物等在形式上有较强的一致性和成套性,集中排列便于查找和利用。

实际工作中,由于种种原因,有一些文件往往没有在规定时间内向档案部门归档。对于这些零散文件,应视情况进行处理。如可将零散文件排在相应类别的最后,或与相关文件装订成一件并在标题或备考中注明,等等。但这些都只是补救措施,应尽量避免使用。

(四) 归档文件的编号

归档文件整理工作可以分为系统化和基本编目两大部分。分类和排列使全宗内文件得以系统化,基本编目(包括编号)则是以一定的形式反映和固定这种系统化的状况,揭示和介绍归档文件的内容与成分。归档文件编号是指将归档文件在全宗中的位置标注符号,并以归档章的形式在归档文件上注明。编号是编目工作的基础和起点,它确定了归档

文件在全宗中的位置，并为后续的编目工作以及实体查找利用提供了条件。

1. 编号项目

编号的重要作用是固定归档文件在全宗中的位置。归档文件在全宗中的位置是由前期系统化工作各个环节共同决定的，因此，"编号"中的"号"也并不是一个简单的数字，而往往是包括全宗号、年度、保管期限、机构(问题)、件号等分类、排列要素在内的一组数字和字符的集合，统称为编号项目。编号项目分为必备项和选择项，必备项包括全宗号、年度、保管期限和件号，它们是根据归档文件整理和管理工作的基本需要设置的，企业档案部门在编号时都必须编制；选择项则包括机构(问题)等，可在档案行政管理部门的指导下，由企业档案部门根据实际需要选择使用。

各项编制方法及注意事项具体如下。

1）件号

件号即文件的排列顺序号，它是反映归档文件在全宗中的位置和固定归档文件的排列先后顺序的重要标识。件号分为室编件号和馆编件号两种。归档文件在分类、排列后，位置得到确定，此时编制的排列顺序号称为室编件号、供单位档案室管理阶段使用；档案移交档案馆时，由于有时需要再鉴定、整理，归档文件在全宗中的位置会发生变化，此时按照新的排列顺序重新编制的件号，称为馆编件号。

室编件号是归档文件在分类方案的最低一级类目内的排列顺序号。按照《规则》要求，室编件号应在分类方案的最低一级类目内，按文件排列顺序从"1"开始标注。以采用"年度—组织机构—保管期限"进行分类为例，室编件号应在同一年度同一组织机构的同一保管期限内从"1"开始逐渐流水编号。例如2010年办公室永久、30年、10年三个保管期限的归档文件，编号后形成三条流水，即永久的从"1"开始编一个流水件号；30年的从"1"开始编一个流水件号；10年的也从"1"开始编一个流水件号。需要注意的是，件号应逐件编制，使所有检索价值的归档文件都得到独立标注，以使建立在编号基础上的归档文件目录能够反映出归档文件的全貌，保证检索的查全率。此外，《规则》规定，编制件号"应依分类、排列次序，在分类方案的最低一级类目内"进行，不能跨越不同的类目流水编号，也不能以盒为单位进行流水编号。

馆编件号的设置主要是出于馆室衔接的需要，以防止档案移交进馆时，再鉴定、整理中对部分档案进行抽出、补入等局部调整，导致件号出现断号、跳号等现象。预先设置馆编件号，并在归档章盒档案盒盒脊等处预留位置，需要时可以直接填写，而不必重新盖章或更换档案盒。《规则》对馆编件号的编制方法不做具体要求，只提出"按进馆要求编制"，是因为该项主要取决于档案馆管理的需要，是否编制及怎样编制具体应由各级档案馆在《档案接收进馆质量标准》等相关文件中加以规定。

2）全宗号

全宗号是档案馆对它接收范围内各立档单位所编制的代号。全宗号往往由各级档案馆按照进馆计划给定，新组建单位或暂未列入档案馆接收计划的单位，可将此项空置，留待给定全宗号后再行填写。无进馆任务的企业不设全宗号项。全宗号最好事先给定，以方便企业填写。

3）年度

年度是指归档文件的形成年度，即形成和处理归档文件的年度。编号时，年度应采用公元纪年，以四位阿拉伯数字表示，如一九九八年应表示为“1998”，不能简化为“98”。

4）保管期限

保管期限是指企业文书、业务部门或档案部门在整理归档文件时，按照《文书档案保管期限表》给归档文件划定的保管期限。按照国家现行规定，保管期限分为“永久、定期”两种，“定期”中又分为30年、10年两种。

5）机构(问题)

《规则》将机构(问题)项作为选择项，是因为对于文件数量少或内部机构简单的企业，只选择年度、保管期限两种分类法即可满足整理工作的需要，不需再分机构(问题)。但对于大多数企业来说，选择机构(问题)进行分类还是必要的，编号时也必须编制相应机构(问题)项。填写机构项时，如机构名称太长，可使用规范简称表示，如政策法规部可简称“政法部”，经济贸易处可简称为“经贸处”，但不能使用“一司”、“一处”等难以判定其职能的简称。此外在全宗介绍中，应将机构名称与相应简称加以对照说明。填写问题项时，应按照分类方案设定类目直接填写，如“党群”、“行政”、“业务”等。

2. 加盖归档章

编号项目确定后，要以归档章的形式标注在每一件归档文件上，以方便归档文件的实体存取。归档章式样如表7-3所示。

表7-3　归档章式样

(全宗号)	(年度)	(室编件号)
(机构或问题)	(保管期限)	(馆编件号)

归档章的规格为长45 mm，宽16 mm，分为均匀的六格。归档章所设项目主要为编号项目中的必备项。鉴于选择项中的机构(问题)项使用率较高，在归档章中也为它预留了位置，不采用此分类方法的单位，归档章上可不设此项。表7-3为归档章式样，其中括号内加注的提示文字，用以说明各编号项目在归档章中的位置，实际制作归档章时无须刻出，以减小归档章的尺寸，节省归档章占用的空间。单位根据具体情况，需要在归档章上增加其他选项项目的，可在归档章的右侧按8 mm×15 mm增加空格填写，或填入归档章中机构(问题)或馆编件号等已明确空置不用的空格位置中。更改归档章格式应在同级档案行政管理部门指导下进行，并应保持相对稳定，不能随意更改。归档章填写完毕后的格式举例见表7-4。

表7-4　归档章示例

22	2010	16
办公室	永久	8

归档章一般应加盖在归档文件首页上端居中的空白位置；如果领导批示或收文章等占用上述位置，可将归档章盖在首页的其他空白位置，但以上端为宜。有发文稿纸、拟办

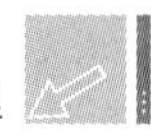

单等的，也可放在最前面作为首页，这样可以在上加盖归档章，以更好地保护文件正本的原始面貌。文件首页确无盖章位置或重要文件须保持原貌的，也可在文件首页前另附纸页加盖归档章。归档章尽量不要压住文件字迹，也不宜与批示文字或收文章等交叉。填写归档章项目时应使用符合档案保护要求的字迹材料，如碳素墨水等，也可使用打号机打号，禁止使用圆珠笔、铅笔、纯蓝墨水等不耐久的书写材料进行填写。归档章的材质和外形，由单位档案部门按照方便使用的原则自行确定。

在归档文件整理各环节中，加盖归档章的工作量相对较大，但归档文件借阅后要准确归位，必须借助归档章上项目的提示，因此盖章环节也必不可少。实际操作中，可以适当改进工作方法，减少盖章工作量，提高工作效率。例如，归档章中有些项目比较固定，如全宗号、保管期限、机构(问题)等，有条件的单位可以刻在归档章上直接加盖，以减少填写项目的工作量。另一方面，在由文书或业务部门负责整理归档的单位，可以给每个部门的相关人员分别配置一套归档章，每形成一件文件，即可由文书人员即时加盖归档章，从而将盖章工作分散到平时工作中，减少集中整理归档时的工作量。

（五）归档文件的编目

《规则》中的编目是指编制归档文件目录。按照《规则》规定，编目应以件为单位进行，一个文件在目录中只体现为一个条目。如来文与复文作为一件时，在归档文件目录中只填写复文的相关内容，在备注栏中填写“附来文”字样，通过检索复文来实现对相应来文的查找。

归档文件目录包括件号、责任者、文号、题名、日期、页数和备注等项目。这些项目基本包括了构成一份文件的主要部分，概括了归档文件内容和形式方面的各种特征，能够为利用者提供较完备的检索渠道。

1. 归档文件目录的内容要求

归档文件目录内容各项目的具体填写要求如下。

1）件号

件号包括室编件号和馆编件号两种，两者的具体编制方法在前面已经介绍。归档文件目录中直接设置“件号”项，而未区分室编和馆编，是因为在企业档案部门整理归档时编制的目录中，件号是指室编件号，件号栏中应填写室编件号，以与档案室整理体系相吻合。档案进馆前经过再鉴定、整理后，如果档案整理系统变动不大，则原有归档文件目录可以继续沿用，只需在备注栏中对移出、销毁的档案加注即可，此时的件号作用自然发生变化，成为馆编件号；如果档案变动较大，原有目录已失去检索作用，则应另行编制目录，并按进馆要求编制馆编件号并填入件号栏中，此时的件号指馆编件号。

2）责任者

责任者是指制发文件的组织和个人，即文件的发文单位和署名者。责任者可以是一个单位或单位内部的一个机构，也可以是几个单位，或者是一个人或若干人。它是文件的组成部分之一和重要的外形特征，对于确定文件来源有着重要的作用，也是检索利用档案的重要途径。

填写责任者项时一般应使用全称或通用简称，注意不能使用“本部”、“本企”、“本公司”等含义不明、难以判断的简称。联合发文时一般应将所有责任者照实抄录，责任者过多时可适当省略,但当立档单位是联合发文责任者之一时,则必须抄录立档单位名称。由于各种原因,企业内部文件常常会出现未署责任者的情况,编目时应尽量根据文件内容、形式等特征加以考证并填写。

3) 文号

文号即文件的发文字号,是由发文单位按发文次序编制的顺序号,一般由企业代字、年度、顺序号组成,如工行办[2000]8号。填写文号项时应照实抄录,代字、年度、顺序号都不能省略,否则将给查找和利用带来困难。

文号栏内不得出现诸如"会议文件之一"、"简报第一期"等内容。

4) 题名

题名即文件标题,完整的题名由责任者、问题、文种三个部分组成,如《××公司关于加强企业档案安全保管的通知》。也有许多文件将发文单位放在文头中说明,标题直接由问题和文种构成。

一般情况下文件只有一个题名(正题名),填写目录中题名项时应照实抄录。有的文件还有副题名或并列题名,在正题名能够反映文件内容时,副题名一般不需抄录。必要时,并列题名与正题名一并抄录。

有的文件没有题名,或题名含义不清不能揭示或不能全面揭示文件内容,应根据文件内容重新拟写或补充标题,并外加"[ ]"填写在目录中。如题名"××公司关于转发档发[1999]180号文件的通知",应重拟题名"××公司关于转发'××省档案局关于加强企业信用档案安全管理的几点意见'的通知"。会议记录需重拟题名时,应写明会议的时间和主要内容。

此外,有些归档文件的附件独立性强,如正文仅有实施意见,附件则是具体的条文规定,或者附件是正文的重要补充和说明。正件与附件作为一件时,如果目录中只著录正文题名,不能反映出附件的内容,可能造成漏检,此时也可在正件题名后抄录附件题名,外加"()",如"关于进一步加强企业精神文明建设的决定(附:企业员工公约)"。

5) 日期

日期即文件的形成时间。它是文件的重要特征之一,反映文件产生的时代背景,是查找档案的常用途径。一般文件的形成时间即发文时间(文件的落款时间)。具体填写日期项时应以8位阿拉伯数字标注年、月、日,如2000年1月17日,标注为20000117。有的文件上未注明日期,编目时应根据文件内容加以考证并填写。实际填写目录时,为避免日期项占用的列宽过大,影响其他项目的填写,可在表示年度的数字后回行填写,将表示月、日的数字填写到第二行。

6) 页数

页数项填写一件文件的总页数,用于统计和核对。计算页数时以文件中有字迹(指文件内容相关的文字、图画等)的页面为一页,空白页不计。大张的文件或图表折叠后,仍按折叠前有字迹的页面数计算页数。来文与复文、正本与定稿等作为一件时,统计页数应将构成该件的各文件页数相加作为该件的页数。

7) 备注

备注项用于填写归档文件需要补充和说明的情况,包括密级、缺损、修改、补充、移出、

 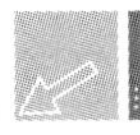

销毁等。前面在排列、编号部分提到零散文件排列和档案进馆前再鉴定、整理即属此中的补充、销毁情况。对备注项目的填写应严加控制，以免使目录条目杂乱不清。如果有些条目需说明的情况较多，备注栏填写不下时，可在备注栏中加注“*”，将具体内容填入备考表中。

以上为归档文件目录的基本项目，企业可根据实际需要增加其他项目，但应与同级档案行政管理部门的要求相协调。

2. 归档文件目录的格式要求

归档文件目录的格式，《规则》中以图例的形式进行了说明。企业可根据需要自行确定归档文件目录各项目的位置以及是否为竖式目录。同一立档单位的目录格式应保持一致，不能随意更改，以保持美观，并便于使用。鉴于目录中不同条目的内容长度不同，占用空间也不同，目录中的行距允许有所不同。

归档文件目录应单独装订成册并编制封面，这样既整齐、美观、不易损坏，又便于传递、携带和阅读。目录编制成册的方式视需要而定，可以与分类方案一致，也可以有所不同。例如按照年度—保管期限—机构（问题）进行分类的企业，可以每年按不同保管期限装订三本目录，每本目录中用夹页或者通过在目录表格的右肩上标注机构（问题）名称来区分不同机构（问题）。

归档文件目录封面的格式应与目录的编制方式一致，设置全宗名称、年度、保管期限、机构（问题）等项目。其中全宗名称栏为必选项，使用全称或规范化简称填写立档单位的名称。其他栏目根据目录编制成册的具体方式选择设置并填写。如同一年的归档文件目录按照不同机构分别装订成册，则目录封面应设置全宗名称、年度及机构项。

公文用纸统一为国际标准 A4 型（长×宽为 197 mm×210 mm）。与之相适应，归档文件目录及封面用纸幅面尺寸亦统一为国际标准 A4 型。此外，目录用纸应选择质地牢靠、耐磨损的纸张，以保证其使用寿命。企业可参照上述标准设定归档文件格式。

（六）归档文件的装盒

装盒包括将归档文件按件号顺序装入档案盒、填写备考表、编制档案盒封面及盒脊项目等工作内容。由于装盒体现归档文件系统化的结果，因此在装盒方式、档案盒盒脊项目设置等方面的原则、方法，与归档文件的分类、排列等相一致。

1. 归档文件装盒的基本原则

归档文件应严格按照件号的先后顺序装入档案盒，与归档文件目录中相应条目的排列顺序相一致，保证检索到文件条目后能对应查找到文件实体。装盒的基本原则包括：第一，不同形成年度的归档文件不应放入同一档案盒；第二，不同保管期限的归档文件不应放入同一档案盒；第三，分机构（问题）时，不同机构（问题）形成的归档文件不应放入同一档案盒。

装盒时应注意以下两个问题。第一，应视归档文件的总厚度选择厚度适宜的档案盒，尽量做到文件装盒后与档案盒形成一个整体，站立放置时不至于使文件弯曲受损。有时某个类目的最后几件文件不够装满一个档案盒，应选用厚度较小的档案盒或横置式的档案盒。第二，档案盒只是归档文件的装具，不具备保管单位的作用。因此，并不要求同一事由的归档文件必须装在同一档案盒内。

2. 归档文件装盒的具体要求

作为归档文件的装具，档案盒是反映盒内归档文件存址的载体。制作良好的封面和盒脊项目编制规范的档案盒，不但能很好地起到保护盒内文件的作用，也为检索、利用的顺利进行提供了保障。

1) 档案盒

档案盒外形的尺寸为长 310 mm、宽 220 mm 的长方体，是按照可放入纸张幅面为国际通用 A4 型(297 mm×210 mm)的文件，并能够较方便地取用盒内文件而设计。其厚度一般为 20 mm、30 mm、40 mm，也可以根据需要设置其他尺寸，以方便放置不同厚度的文件。同一企业使用的档案盒厚度相对统一，以便于按照排架长度进行档案数量统计。

档案盒按照摆放方式的不同，可以分为竖式和横式两种。横式档案盒增加了盒内文件与档案盒的接触面，可以使装订位置在左上角的文件避免因“头重脚轻”而发生弯曲折损现象。从长远考虑，档案盒横放更有利于档案的保护。

档案盒的封面应使用全称或规范化简称标明全宗名称(立档单位名称)，下加双横线。一般情况下，全宗名称在制作档案盒时即可先行印制。从档案保护的目的出发，档案盒应采用无酸纸制作，以避免长期保存时档案盒纸板中的酸性物质影响盒内文件寿命。

2) 盒脊各项目的填写

档案盒盒脊应根据摆放方式的不同，在盒脊或底边设置检索项，包括全宗号、年度、保管期限、机构(问题)、起止件号和盒号等。盒脊各项目具体填写要求如下。

(1) 全宗号。全宗号栏内按同级档案馆给定的全宗号填写，暂未给定的可先空置；无进馆任务的企业可以不印制全宗号一栏。

(2) 年度。年度栏内填写盒内文件的形成年度，具体填写方法参见“编号”部分有关内容。

(3) 保管期限。保管期限栏填写盒内文件所属保管期限，一般以汉字全称表示，如“永久”、“30 年”、“10 年”。

(4) 机构(问题)。机构(问题)栏填写分类方案中相应机构(问题)类类目名，具体填写方法参见“编号”部分有关内容；不按机构(问题)分类的单位，盒盒脊上可以不印制机构(问题)项。

(5) 起止件号。起止件号栏填写盒内排列最前和排列最后的归档文件的件号，其间用“—”号连接，如“18—36”。在归档章上其他项目的配合下，通过将件号与档案盒盒脊上的起止件号相对应，即可确定该份归档文件所属的档案盒。起止件号分为室编和馆编两栏，馆编栏供进馆前再鉴定、整理后直接填写馆编号。移交进馆时如经同级档案馆审定可沿用室编起止件号，则可将馆编起止件号栏空置。

(6) 盒号。盒号是指档案盒的排列顺序号，在档案移交进馆时按进馆要求编制。盒号一般按照档案盒上架排列后的顺序流水编制，可以每年一断号，也可以 4 位数为限几年一断号。

档案盒盒脊可以根据企业的实际需要，与归档章项目相协调，编制其他项目。增减项目的工作应在同级档案行政管理部门的指导下进行。单位档案部门可对栏目位置及尺寸

进行一定的调整，以规范、美观为原则。

3）备考表

装盒过程中还有一项工作，就是填写备考表。备考表放在盒内所有归档文件之后，用以对盒内归档文件进行必要的注释说明。备考表是单位档案部门对归档文件进行动态管理的有效措施。

备考表上设置的项目包括盒内文件情况说明、整理人、检查人和日期，各项填写要求包括如下四个方面。

（1）盒内文件情况说明。填写盒内归档文件需要说明的情况，包括文件收集的齐全完整程度，文件本身的状况（如字迹模糊、缺损等情况）等。整理工作完毕后归档文件如有修改、补充、移出、销毁等情况，应在备考表中加以说明。进行归档文件整理工作时，如某份文件需说明的内容较复杂，目录备注项中填写不下，也可在备考表中详细说明，并在目录相关条目的备注项中加“*”标示。

（2）整理人。填写负责整理该盒归档文件的人员姓名，以明确责任。归档文件在部门整理，此项一般由该部门负责整理归档工作的人员填写；归档文件在档案室集中整理，此项一般由档案人员填写。

（3）检查人。填写负责检查归档文件整理质量的人员姓名。此项一般由企业档案人员填写，以示对整理质量的监督检查；也可与企业内部机构负责人连署，由他们对文件材料归档的齐全完整情况进行监督检查。

（4）日期。填写归档文件整理完毕的日期。可以是全部归档文件整理完毕的日期，也可以是该盒归档文件整理完毕的日期。

如归档文件在企业档案部门保存阶段有变动情况，档案工作人员应随时在备考表中注明，以使后续管理以及档案移交进馆等工作得以正常进行。

案例分析

虚拟“卷”＋实体“件”

虚拟“卷”＋实体“件”，是浙江省电力公司采用的电子形态归档文件的整理模式。具体做法是：在电子系统中为“一件事”建一个文件夹，给每个文件夹一个唯一的流水号，使文件夹之间可以根据建立时间的先后依次排序。将处理具体事务过程中形成的所有文件统统归入同一个文件夹，这个文件夹就是虚拟“卷”。鉴于日常的检索利用完全可以利用电子文件实行全文检索，故简化纸质文件整理工作，取消实体案件，改用“件”为管理单位。

这是一种“卷”、“件”结合，传统做法与计算机技术“嫁接”的优化模式。与电子文件相对应的纸质文件按形成和收到的先后次序排列、装盒、上架，在纸质文件上标注存放地址号，电子文件则注明相对应的纸质文件的存放地址号。在减轻工作量的同时，文件之间的有机联系，依靠计算机为纽带并借助人工智能得以实现。

技能训练

《归档文件整理规则》

【目的】

通过认真阅读《归档文件整理规则》,熟悉以“件”为单位对企业文件进行归档整理的工作流程。

【指导】

(1) 从网上下载《归档文件整理规则》。

(2) 认真阅读《归档文件整理规则》,熟悉以件为单位整理归档文件,在装订、分类、排列、编号、编目等方面的规定。

(3) 对照书中的相关知识点,对其中的重点内容进行摘录。

本章小结

《归档文件整理规则》规定了以件为单位整理归档文件的方法。“六个特征”组卷方法沿用了近50年,为了简化归档文件的整理,广大文件与档案工作者在实践中做了许多探索。随着办公自动化进程的加快,计算机技术在文件与档案工作中普遍应用,为形成归档文件新的整理方法打下了基础。在实际操作中,学员应根据本单位实际情况,选择采用立卷或以件为单位整理档案。

实践活动

整理一组档案

【目的】

通过动手整理一组档案,使学员了解和掌握归档文件整理工作的基本要求。

【内容】

在前章所确定企业以及企业的归档范围基础上,进一步对企业的一组文件进行归档整理。组卷或以件为单位整理方式不限。

【要求】

组卷时应注意选择使用于本企业的分类方案;以件为单位整理文件,要注意保持文件之间的联系;在此基础上,概括出卷或件的标题,为归档文件整理出一份案卷目录或文件目录。

本章练习

一、判断题

1. 组卷(立卷)一直是国家规定的归档文件整理的主要方式之一。 (　　)

2. 在文件的各种联系中,文件在来源方面的联系是最紧密的联系。 (　　)

3. 所谓利用原有整理基础,就是对已经整理的档案力求保持原先的整理结果,不要随意推倒重来。 (　　)

4. 文书立卷工作一般由文书部门承担。 (　　)

5. 案卷类目也就是案卷目录。 (　　)

6. 全引目录,又称移交目录,即案卷的名册。 (　　)

7. 以件为单位进行整理,一般以每份文件为一件,但反映同一事由的来文与复文可合为一件。 (　　)

8. 归档章的规格为长 45 mm,宽 16 mm,分为均匀的四格。 (　　)

9.《归档文件整理规则》规定,编目应以卷为单位进行。 (　　)

10. 归档文件目录包括件号、责任者、文号、题名、日期、页数和备注等项目。 (　　)

二、单项选择题

1. 在进行文件分类和排列时,应注意归档文件整理工作要遵循保持文件之间的(　　)联系。

A. 科学　　B. 工作　　C. 历史　　D. 逻辑

2. “文件级”整理方式以单份文件作为整理和保管单位,一般称为“(　　)”。

A. 件　　B. 页　　C. 册　　D. 卷

3. 最常见、运用最广泛的一种分类方法是(　　)。

A. 机构分类法　　B. 问题分类法　　C. 职能分类法　　D. 年度分类法

4. 对于归档文件的排列,《归档文件整理规则》强调了(　　)原则。

A. 年度　　B. 机构　　C. 事由　　D. 问题

5. 归档章一般应加盖在归档文件首页(　　)的空白位置。

A. 上端居中　　B. 下端居中　　C. 上端右侧　　D. 下端右侧

三、多项选择题

1. 企业归档文件整理的工作程序主要包括(　　)等步骤。

A. 归档文件分类　　B. 立卷　　C. 案卷(文件)的排列

D. 案卷(文件)目录的编制　　E. 案卷(文件)入库

2. 文件之间的历史联系是指文件在产生和处理过程中所形成的固有关系,主要表现为文件在(　　)等方面的联系。

A. 来源　　B. 时间　　C. 内容

D. 责任者　　E. 形式

3. “六个特征”,即(　　)和地区特征。

A. 作者特征　　B. 问题特征　　C. 名称特征

D. 时间特征　　E. 通信者特征　　F. 来源特征

4. 编目是以一定形式揭示和介绍档案内容与形式特征的工作，具体包括(　　)等。

A. 填写卷内文件目录　　B. 填写卷末备考表　C. 编写案卷封面

D. 编制案卷目录　　E. 编制档号

5. 系统化是对档案的内容和成分进行科学分析和综合的工作，具体内容包括(　　)等。

A. 归档文件分类　　B. 立卷　　C. 装订

D. 案卷(文件)的排列　　E. 案卷(文件)的组合

四、简答题

1. 简述企业归档文件整理的工作原则。

2. 简述企业档案整理后，如何进行整体调整。

3. 简述年度分类法的主要内容。

4. 简述“六个特征”在组卷中的运用。

5. 以件为单位进行归档整理，加盖归档章有哪些注意事项？

五、案例分析题

企业档案整理业务现场培训会

某企业举办深化档案整理业务现场培训会，对企业下属各单位20多名档案管理人员进行相关业务知识培训。培训会上，组织学习了《企业档案工作规范》、《××企业档案管理办法》等相关内容。地区档案局业务人员结合企业档案的操作实际，从什么是企业档案、企业档案管理的内容及意义、企业档案归档的标准、企业档案整理的原则和质量要求、归档章的填写方法、企业档案的分类及归档整理方法等方面，现场讲解企业档案的建立、管理的相关知识。据了解，此次培训已经是该企业第二次档案管理员培训。通过培训，提高了企业档案管理人员的业务水平，并为进一步规范企业档案的收集、整理和归档，搞好企业文件收集、档案整理工作奠定了坚实的基础。

根据以上案例完成下列题目。

1. 企业归档文件整理，是指文件从零乱状态到(　　)的过程。

A. 科学化　　B. 规范化　　C. 系统化　　D. 程序化

2. 档案整理工作程序又可分为系统化和(　　)两个部分。

A. 规范化　　B. 著录　　C. 编目　　D. 格式化

3. 归档文件分类要注意客观性、逻辑性和(　　)。

A. 科学性　　B. 严密性　　C. 实用性　　D. 唯一性

4. 企业归档文件(　　)，是指需要归档的企业文件原本处于零乱状态，经过分类、组合、排列与编目，达到系统化的过程。

A. 接收　　B. 征集　　C. 整理　　D. 鉴定

第八章　企业常用专门文档整理

学习目标

本章要求了解建设项目文件的构成及其特点，建设项目文件的归档质量要求，重点掌握建设项目文件的编制要求和建设项目档案的整理；了解人事档案的内容，重点掌握人事档案整理过程中的分类、排序、编目；了解会计档案的归档范围和整理原则，重点掌握会计档案的立卷装订、划分保管期限、编目。

案例引导

为下岗人员建立个人档案

某市老工业园区，国有企业占相当大的比重。随着国有企业生产、经营的调整，该地区下岗人员一段时期内以一定比例递增。为解决下岗人员再就业问题，该地区政府专门成立了职业介绍所，积极为广大求职人员服务，并先后成立再就业服务中心，实施再就业计划。为了提高就业率，职业介绍所和再就业服务中心都为前来登记的下岗人员建立个人档案。档案详细记录了下岗人员的各方面情况，使用人单位能够及时、准确、全面地了解应聘人员的情况，方便供求双方，使下岗人员能够在较短时间内找到适合自己的工作。

（案例来源：《北京市档案利用成果百例》）

从这个案例可以看到人事档案发挥的重要作用。人事档案属于专门档案。企业日常工作中，除了会生成文书档案外，还会产生大量专门文件和档案，这些专门文档的整理有特殊规定和特别要求。本书重点介绍企业常用的建设项目文件、人事档案和会计档案的整理。

第一节　建设项目文件整理

一、建设项目文件

建设项目文件是指地上和地下构造物在项目管理、施工、监理等过程中直接形成的各种载体形式的历史记录。建设项目文件是建设项目自身的伴生物,是依附于项目管理、施工、监理等活动产生的,具有自然形成的历史记录性和资源的不可再生性,与图书、情报资料有本质区别。

(一)项目文件的构成

建设项目文件的形成积累与项目建设程序密切相关。建设项目要经历前期论证、立项申报、勘察设计、土地征用、工程建设、竣工验收等阶段,每一个阶段都形成了相应的文件。项目文件具体内容示意如图 8-1 所示。

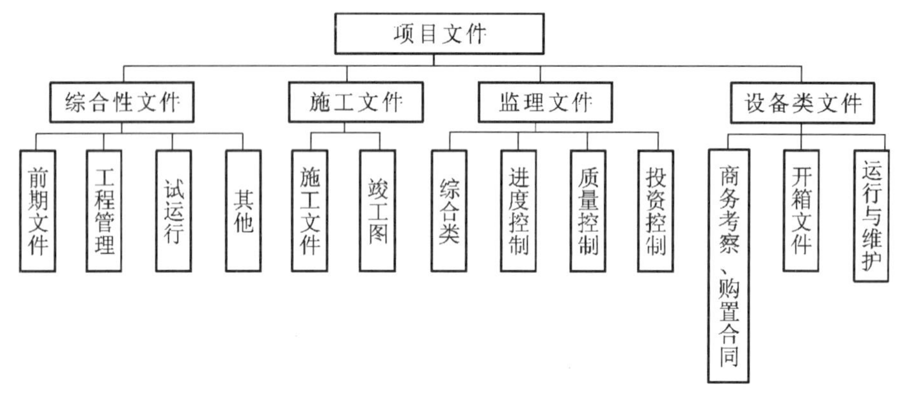

图 8-1 项目文件构成

根据《国家重大建设项目文件归档要求与档案整理规范》(DA/T 28—2002),项目文件中的前期文件包括项目筹建办、业主单位形成的可行性研究论证、立项申报、勘察设计、土地征用、招投标(招投标书、招标会议材料)等文件;工程管理文件包括项目开工、交工竣工验收会议文件,工程进度计划、资金使用与控制、质量管理与监督等相关文件;施工监理文件包括管理性文件、质保材料、各种施工及监理技术文件和变更文件、图纸等。

(二)建设项目文件的特点

(1) 原始性、真实性。项目文件是建设与管理活动中直接、自然形成的第一手资料,是工程建设过程的真实历史记录。

(2) 广泛性、多样性。项目文件内容丰富(涉及工程建设各阶段)、形成主体多元(筹备单位、业主单位、施工监理与设计单位等)、载体形式多样(纸质、照片、录音录像、软盘光盘等)。无论是文件的形式还是内容,都具有广泛性和多样性特点。

(3) 成套性、专业性。项目文件围绕着一个独立的工程形成,是密切联系的有机整体。它们以不同的工作阶段相区别,又以总体的建设程序和内容相联系,构成项目活动的材料总体。有项目活动的成套性、项目程序的成套性、立档单位的成套性及单位工程的成套性。不同的行业、领域、专业的工程文件,记载不同专业领域的技术内容,因此,每一个项目文件同时具有专业性特点。

(三)建设项目文件归档的质量要求

1. 完整性要求

完整性既是对文件数量的要求,也是对文件内容的要求。工程建设的每一个阶段、工

序、环节要求完备无缺;每一份文件的内容、格式要求齐全完整,不能有所遗漏。

2. 准确性要求

项目文件的原始性、可靠性要求其记载的内容信息与实际无误。具体包括文字内容无错、漏、差;图纸与文字相符、图纸与实物相符、总体与部分一致。

3. 价值性要求

项目文件是为工程建设的需要而产生的,同时要为工程的维护、运行提供持久的利用。因此,归档的文件应对项目运行和维护、处理各种纠纷、开展历史研究等有一定的保存和利用价值。工程建设中的普发性文件,重份的、事务性的、内容不清晰及不利于长久保管的文件,无保存价值,不属于归档文件。

4. 有效性要求

档案来源于文件,文件的有效性是档案发挥应有价值的前提。所谓有效,是指文件的载体形式和内容信息能达到档案的安全保管和长久利用目的。一是内容有效,即字迹清楚、图样清晰、图表整洁、签字认可手续完备。要严格按规定程序、要求制作施工文件、监理文件、竣工图等。特别是各种表式文件的填写、签章要准确、齐全、有效。二是字迹材料有效,文件制作不得用圆珠笔、铅笔、复写纸、纯蓝墨水、红墨水、复印件、热敏纸、涂改液等字迹材料。喷墨和针式打印也不符合要求,应使用激光打印。

二、建设项目文件的编制要求

(一)图样编制要求

1. 图样幅面

根据中华人民共和国国家标准《机械制图》(GB4457.1—2002)规定,为:A0～A5 号。

2. 图样标题栏

位于图纸右下角,由三部分内容组成。

(1)说明图样本身的情况,图样名称、编号、比例等。

(2)图纸设计单位、设计人、审核人、绘图人签字(用碳素墨水)。

(3)反映图样更改变化情况,包括修改部位标记,更改单号,更改人员签字等。

3. 竣工图编制符合规范要求

(1)没有变更的,用原施工图新图,并盖上竣工图章;

(2)凡有少量变更的,按照如下方法更改。

变更在原图上进行。文字、数字变更用杠改,线条、图形变更用划改,局部地方更改的用圈改。如要将 A 改为 B,表示如下。

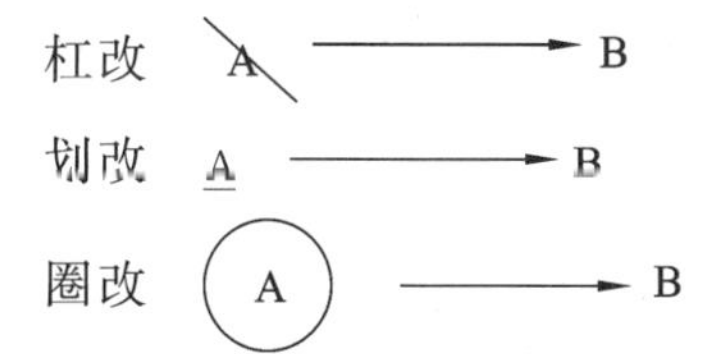

更改处要注明更改依据、日期,并且在图纸上变更相关内容,只能用碳素墨水,不得用其他不耐久字迹材料。

(3) 重大改变及变更图面面积超过 35%的,应重新绘制竣工图,重绘图按原图编号,末尾加注“竣”字,或在新图图标内注明“竣工阶段”并签署竣工图章。

(二) 文字材料编制要求

(1) 纸张幅面一般采用 A4 大小。小于 16 开的要用 A4 纸型粘贴,大于 A4 纸型的要折叠成 A4 纸型大小。特殊情况如 A3 纸型的、CAD 制图,允许使用并按原纸型保管。

(2) 标题简明确切,文字表达完整准确,简单明了,落款标识齐全。

(3) 使用碳素墨水、激光打印、红色印泥等耐久性好的书写、打印材料。

(三) 文件材料编号的基本要求

文件编号是指用文字和数字的形式表示文件内容特征的一组技术语言。一般单位的红头文件、管理性文件编号已非常自然、规范,但竣工文件编号却没有引起足够重视,或者无编号,或者编号不规范。

编号基本要求具体如下。

(1) 一致。同一个项目的文件应做出统一规定,同一类文件编号方法前后应一致。设计院的施工图、变更文件,监理单位的工程联系单,施工单位的检验表、施工记录、试验报告等都应明确统一的文件编号。

(2) 专指。专指即号码的唯一性、独立性。同一项目的文件编号不能重复。

(3) 适用。不同类型、内容的文件可以有不同的编号方法,编号要能体现文件特点,便于文件流转、管理和利用。

(4) 简短。尽量简单,便于记忆。

(5) 规范。编号统一由代字代号组成。

(四) 建设项目文件的审签

按基本建设程序履行审签手续。主要根据国家有关规定、建设单位制定的施工程序、监理规程等办法进行。每一项审签都要有相应文件作依据。签字认可手续齐全、规范,无代签、漏签、错签和不规范字迹材料签字现象。

除此以外,《国家重大建设项目文件归档要求与档案整理规范》规定,竣工文件编制还包括:监理单位应对施工单位形成的文件进行审核签字,根据合同规定的内容、数量收集、复制、补齐;凡易褪色的材料形成的文件如复写纸、热敏纸等,需要长期保存的,应附一份复印件。

三、建设项目档案的整理

文件积累是无序的堆积,应通过系统整理,对文件进行组卷,便于有效管理和利用。建设项目文件整理的内容包括:文件分类、组卷、归档,对归档案卷进行检查审核,对案卷系统化排列、编目、上架,编制检索工具,文件和案卷条目的数字化,建立档案统计台账等。

(一) 项目文件的分类

分类是档案整理的第一步,应做到分类清楚、合理,保持文件的有机联系,类号设置简

单实用。必须掌握四条原则。

(1) 排他性原则，同位类之间应互不相容。

(2) 包含性原则，下位类之和必须等于上位类。

(3) 一贯性原则，同一组划分必须采用同一标准。

(4) 阶段性原则，分类必须逐级进行，不能跳跃。

一个项目的文件按建设程序、阶段形成相应的文件，可以分为综合类、施工文件、监理文件三大类。

综合类主要以项目建设单位为主形成，可以分为前期立项申报、勘察设计、土地征用、招投标文件，建设过程中的工程管理性文件，后期的交工竣工验收文件等类。

施工文件以施工单位为主形成，包括工程管理性文件(如开工竣工报告、总结、预决算、施工组织计划、工艺技术文件等)、质保材料(原材料及构件出厂证明、质量鉴定及材料进场报验批文、材料试验报告)、施工技术文件(设计变更、技术联系单、定位测量勘探、地基处理、质量评定等)、竣工图、声像材料等。

监理文件以监理单位为主形成，可分为质量控制文件、资金控制文件、进度控制文件，以及协调业主与施工单位之间关系形成的文件四部分。

(二) 项目文件的组卷

组卷就是按一定的原则和方法，将具有内在联系的文件以卷或盒的形式组合在一起的一项活动。组卷的原则要求有如下几个方面。

(1) 卷内文件必须是具有一定的有机联系，而不是任意堆积。

(2) 尽可能使卷内文件表达一个相对独立的概念。

(3) 卷内文件数量应适度。

(4) 区分保管价值和不同的载体形式。

(5) 保证卷内文件完整齐全。

(6) 所立案卷力求规范、整齐、美观。

组卷实质上是文件分类体系中最小层次的分类，前面所述的分类规则在这里同样适用。项目文件内容复杂，不同类型文件可以采用不同的组卷方法。管理性文件按问题、时间或项目依据性、基础性材料组卷；施工文件中的质保材料按类型、批次组卷，技术文件按单位工程、结构、专业组卷；监理文件一般按文种组卷。组卷的基本方法包括如下几种。

(1) 按项目组卷，即一个项目(或分项、子项)的文件全部组成一个案卷，适用于项目小、文件数量少的情况，如某某项目建设文件。

(2) 按结构组卷，将一个项目内的文件按工程进行的阶段(立项、设计、施工等)、结构(桥梁的上部结构或下部结构)组卷，如某某大桥下部结构竣工图等。

(3) 按专业组卷，如按工程的土建、结构、水、电、采暖等专业组卷，如某档案馆新库房弱电系统竣工图。

(4) 按问题组卷，即将文件内容涉及的同一问题或同一性质的问题组成一个案卷。如土地征用问题中涉及呈报表、红线图、征迁协议等，可以组成一个案卷，数量多的也可以分开组卷。

(5) 按文件名称组卷，如计算书、设计任务书、决算书、工程联系单、各种施工原始记录等文件,文件名称特征明显,可以用此类方法组卷。

(6) 按地域组卷,如征地文件可按不同的市、县、镇来组卷。

(7) 按作者组卷,即按文件形成的作者组卷,如《浙江省人民政府关于杭金衢高速公路工程土地征用问题的意见、批复》。

(8) 按时间组卷,工程计量与支付、施工日记、工程进度计划等类文件,时间特征明显,可采用此方法。

上述八种方法在考虑组卷原则的同时,可结合运用。

例如:萧山境内(区域)土地征用安置(问题)协议书(文件名称)、××项目(项目)第一合同段(时间)工程计量与支付(问题)报表(文件名称)、××项目(项目)××施工单位(作者)1999 年(时间)施工日记(文件名称)。

上述案卷都是结合了几个特征将文件组合在一起的。

(三) 卷内文件的排列

卷内文件的排列掌握三条原则。

(1) 遵循文件的自然形成规律,尽可能按自然形成过程(前进路线、前后工序和环节)进行排序。

(2) 考虑文件在结构上的隶属关系及工作程序上的衔接关系。

(3) 区分主次,按文件的重要程度排列。

在排列的同时还要注意,对卷内文件进行检查,查漏补缺,去掉金属物。

在实际操作过程中,要针对几种不同类型的文件选择适当的排列方法。

1. 图样型文件

(1) 按隶属关系。

(2) 按总体和局部关系。

(3) 按图幅比例。

(4) 按地区特征。

(5) 按时间顺序。

2. 文字型文件

(1) 按重要程度。

(2) 按地区。

(3) 按时间顺序。

(4) 按逻辑关系。复文在前,来文在后;正文在前,附件在后;正本在前,定稿(原稿)在后。

(5) 按工程建设程序和文件内容。管理性文件按问题、时间或重要程度排列,施工文件按管理、依据、施工安装记录、检测实验记录、评定、验收排列,设备文件按依据性、开箱验收、随机图样、安装调试和运行维护等顺序排列,竣工图按专业、图号排列。

3. 图文混合型文件

图文混合型文件一般的文字在前,图样在后;如果文字只起补充说明作用,则图样在前,文字在后。

(四) 案卷编目

1. 编制页号

将页号编在文件正面的右下角，背面的左下角；成册的文件不必另编页码。页号从"1"或"001"开始编流水号，不得跳号，不得重复；保持清晰无误，不得随意涂改。

2. 填写卷内目录

填写卷内目录要求如下。①目录用打印输出，字段格式符合《科技档案案卷构成的一般要求》。②目录内字体大小要适当。卷内文件目录标题栏拟采用加粗的 3 号宋体，责任者等字段名称用加粗的小 3 号仿宋体，其他用 4 号仿宋体。③如果采用了标准图、通用图或借用图，组卷时不必专门晒制一份归入案卷，只要在目录中进行填写并在备注中说明即可。卷内目录的形式实例如表 8-1 所示。

表 8-1　卷内目录

序号	责任者	文件材料题名	日期	页号	备注
1	浙江省建工集团	杭州大学历史楼 施工组织设计、方案	19950426	001～005	

3. 填写卷内备考表

卷内备考表需要说明的内容包括：卷内文件总件数、页数，卷内不同载体文件的数量，组卷情况，案卷使用中需要说明的问题等。

卷内备考表的形式如表 8-2 所示(其中的互见号是指与本案卷内容相关的其他载体形式的档号)。

表 8-2　卷内备考表

(互见号)

说明：   立卷人(责任立卷人)： 年　月　日(完成日期) 检查人： 年　月　日(审核日期)

4. 填写案卷封面

案卷封面需要填写的内容包括以下几方面。

1) 案卷号

案卷封面的档号是指案卷的代号。进馆前的案卷档号由两部分组成，即分类号、案卷顺序号。其中，分类号＝类别号＋项目代号＋合同段号(或分项代号)。

例:J(类别号:基建)—HY(项目代号:杭甬)·01(合同段号)—96(案卷顺序号)

2) 案卷题名

案卷题名用来概括地揭示案卷内容与形式特征,要求简明、准确。案卷题名由三部分组成:项目名称、代字、代号,单位工程(分部分项工程)、结构(专业、部件、阶段)的代号和名称,文件名称。

例如:

项目名称	专业名称阶段名	文件名
杭州大学历史楼	供水排水	施工图

项目名称	文件名
温州大桥	桥面沉降观测记录

项目名称	分项工程名称	文件名
杭宁高速公路	K100+10～K150+15	路基中间检验报验单

3) 立卷单位

案卷的形成单位,即文件的组卷单位。

4) 起止日期

卷内文件形成的起止日期。

5) 保管期限

对照《项目档案保管期限表》,确定案卷是永久保管、长期保管还是短期保管。注意保管单位不同,同一个案卷的保管期限也是不同的。

6)密级

遵行项目文件材料原有的绝密、机密、秘密等级。文件整理者不得自行增加密级。

(五) 装订

项目文件装订时注意以下事项。

(1) 卷装订,采用三孔一线装订法。每卷厚度为 2 cm 左右。可以用硬卷皮装订直接上架,也可以用软卷皮装订后装在硬卷盒里再上架。

(2) 件装订,缝纫机踩踏、带胶封套包件。件装订的要放在档案盒内保管,盒子厚度可以是 2 cm～6 cm,根据数量来确定。

(3) 件装订、盒子保管的,每份文件的第一页应盖档号章,档号章包括档号和件两项。

(4) 案卷的排列,整理完毕的案卷应按工程建设程序、工序、问题重要程度、前后的联系性及时间等要素进行排列。具体排列方法可参照卷内文件排列方法。管理性文件按问题、时间或重要程度排列;施工文件按管理、依据、施工安装记录、检测实验记录、评定、验收排列;设备文件按依据性、开箱验收、随机图样、安装调试和运行维护等顺序排列;竣工图按专业、图号排列。

企业建设项目文件的归档范围和保管期限,可参照《规范》的附件《企业文件归档基本范围与保管期限参考表》中项目建设类表执行。

第二节　人事档案整理

人事档案整理是指对收集起来并经过鉴别的个人人事档案材料加以整理组卷，并在此基础上不断补充完善的一项工作。人事档案整理工作在总体上要求：内容完整、真实、精炼、实用，技术规范，分类准确，编排有序，目录清楚，装订整齐。其主要工作步骤则包括分类、排序、编号、编目、技术加工、装订、验收入库。

一、人事档案的内容

人事档案主要分为学生档案、工人档案和干部档案三个种类。三类档案中，干部档案最为详细和全面，其内容远比其他两类档案复杂。根据《干部档案工作条例》和《干部档案整理工作细则》等有关文件的规定，干部人事档案材料的内容大概包括如下一些方面。

(1) 在干部人事工作中形成的履历表、简历表、各类人员登记表等材料。

(2) 自传和属于自传性质的材料。

(3) 考察、考核干部工作中形成的材料，如民主评议干部的综合材料、组织鉴定的考察材料、定期考核材料、年度考核登记表、鉴定材料等。

(4) 录用和聘用干部工作中形成的录用和聘用审批表、聘用干部合同书、政审(考核)材料、续聘审批表、解聘辞退材料。

(5) 审计工作中形成的有关材料，主要涉及干部个人的审计报告或审计意见材料，离任审计考核材料。

(6) 国民教育、成人教育和干部培训工作中形成的学生(学员)登记表、学习成绩登记表、毕业登记表、授予学位的材料、学历证明书、培训结业成绩登记表、学习鉴定材料。

(7) 评聘专业技术职务(职称)工作中形成的专业技术职务任职资格申报表、专业技术职务考绩材料、聘任专业职务的审批表、套改和晋升专业职务(职称)审批表。

(8) 干部的创造发明、科研成果、著作、译著、有重大影响的论文(如获奖或在全国性的报刊上发表的)的目录。

(9) 干部审查工作中形成的调查报告、结论、上级批复、个人对结论的意见、检查交代或说明的材料，以及作为依据的调查证明材料；甄别、复查结论(意见、决定)、调查报告、批复及有关的主要依据材料。

(10) 更改干部的姓名、民族、年龄、国籍、入党入团时间、参加革命工作时间等过程中形成的个人申请、组织审查报告、上级批复，以及所依据的证明材料。

(11) 党团组织建设中形成的材料，包括已批准转正的中国共产党入党志愿书、入党申请书(1～2份)和转正申请书、自传、政审材料，党员登记表，个人总结，不予登记的决定，组织审批意见及所依据的材料，民主评议党员中形成的组织意见、民主评议党员登记表，优秀党员事迹及组织审批材料，认定为不合格党员被劝退或除名的主要事实依据材料和组织审批材料，退党材料，取消预备党员资格的意见；共青团入团志愿书、申请书、团员登记表，优秀团员事迹材料，退团材料；加入民主党派的有关材料。

(12) 纪律检查、监察和行政管理工作中形成的处分决定(免予处分的意见)、查证核实报告、上报批复、本人对处分决定的意见和检查交代材料，通报批评材料。法院审判工作形成的判决书。复查甄别报告、决定、上级批复材料，离婚材料等。

(13) 表彰奖励活动中形成的各种先进人物登记表、先进模范事迹、嘉奖通报材料。

(14) 党代会、人代会、政协会议和工、青、妇等群众团体代表会，以及民主党派代表会等会议形成的代表登记表和委员的简历、政绩材料。

(15) 办理出国、出境人员审批工作中形成的审批表、登记表及在国外、境外表现情况的鉴定材料。

(16) 体格检查中确诊有残疾的体检表及工伤致残确定残废等级的材料。

(17) 办理干部工资、待遇工作中形成的登记表、审批表和解决待遇问题的批复材料。

(18) 办理干部丧事活动中形成的生平(悼词)、报纸报道的消息、讣告、非正常死亡的调查报告及能说明有关情况的遗书。

(19) 其他可供组织参考并有保存价值的材料。

二、人事档案的整理

(一) 人事档案的分类

根据上述内容，个人的人事档案共可划分为十大类，即履历材料，自传材料，鉴定、考核、考察材料，学历、学位、学绩、培训和专业技术情况的材料，政审材料，参加中国共产党、共青团及民主党派的材料，奖励材料，处分材料，录用、任免、转业、工资、待遇、出国、退(离)休、退职材料及各种代表会登记表材料，其他材料。

1. 履历材料

归入本类的材料主要包括：①干部、工人、教师、医务人员、军人、学生等各类人履历表(书)、简历表、登记表，②干部个人参加革命活动简历材料，③更改姓名的材料，④其他由本人提供填写反映个人经历情况的各种表格。

在对本类材料进行分类时应注意：本人填写的简历表，登记表兼组织鉴定等其他内容的，可按其主要内容、材料性质，确定归入第一类、第二类、第三类或其他类；部队转业退伍军人档案中，凡“履历表”中履历、自传、鉴定、问题审查结论在一起时，需拆开装订，分别归类。

2. 自传材料

归入本类的材料主要包括：①本人各个时期写的自传，申请入党入团时的自传性材料；②有自传内容的其他材料。

其中，本人所写的叙述经历、家庭情况、社会关系的自传性质的材料一般应归本类。

3. 鉴定、考核、考察材料

归入本类的材料主要包括：①个人鉴定；②干部、党员、团员、学生等各类人员的鉴定材料；③毕业、结业、出国出境、调动、疗养、劳动鉴定及其他一些鉴定性质的材料；④对干部考察了解形成的正式考察综合材料；⑤年度考核表等以考核为主要内容的其他材料；⑥审计材料。

在对本类材料进行分类时应注意：有的标题不是“鉴定”的鉴定性材料，如思想、工作

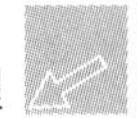

总结、劳动小结等后面附有自我鉴定、小组意见、支部意见及上级组织鉴定内容的也属本类;从本人档案中摘录的材料不归档;属个别谈话记录或个人写的干部一般表现情况不归档;已存放在档案中的党员民主评议材料,也归入此类。

4. 学历、学位、学绩、培训和专业技术情况的材料

归入本类的材料主要包括:①报考各类院校学生登记表、毕业生登记表;②参加各类学校学习的成绩(单)、记分册;③一个月以上政治、业务培训成绩单;④接受正规教育的学历证明;国家教育部门或经其认可的部门、单位出具的业余学习学历证明材料;⑤专业技术职务任职资格申请表,技术等级、技师评审材料;⑥聘任、套改、晋升、解聘专业技术职务(称)的审批表,登记表及考绩材料;⑦干部的创造发明、科研成果、著作及有重大影响的论文的目录;⑧反映干部学历才识、专业技术方面的其他材料。

在对本类材料进行分类时应注意:班组、科室搞的月考绩或季度考绩材料不归档;各种考试卷不归档。

5. 政审材料

归入本类的材料主要包括:①有关干部政治历史问题的审查材料;②党籍、党龄、国籍、参加革命工作时间的审查材料;③更改民族、出生日期、家庭出身、本人成分的审查材料;④家庭成员及主要社会关系的证明材料;⑤带有组织上政治历史审查意见的登记表、调查表、审查表;⑥配偶情况登记表;⑦入伍时间批准、入伍时间证明;⑧有关政治历史问题的复议审查材料;⑨家庭成员、主要社会关系的平反决定、通知或复查意见等。

在对本类材料进行分类时应注意:凡审查材料,都是系列材料,一般包括批复、结论、报告、证明、本人交代或申请等;在审查过程中形成的非正式调查报告,同一证明人多次写的内容重复的证明材料可取出登记销毁;此类按材料的主次,如批复、结论、报告、主要证明材料(证明材料按问题集中排列)、检举材料、本人检查交代或主要申请材料排列,凡属冤假错案经复查改正,原结论放在复查结论后面。

6. 参加中国共产党、共青团及民主党派的材料

归入本类的材料主要包括:①中国共产主义青年团志愿书、申请书,退团报告和上级批复、团员登记表;②中国共产党入党志愿书、申请书(1~2 份全面系统的材料),转正申请书;③中国共产党党员登记表;④不予登记的决定,组织审批意见及所依据的材料;⑤暂缓登记表,暂缓登记期满后的组织决定及有关材料;⑥认定为不合格党员被劝退或除名的主要事实依据和组织审批材料;⑦取消预备党员资格的组织意见;⑧退党材料;⑨加入民主党派的有关材料等。

在对本类材料进行分类时应注意:入党申请书及尚未转正的入党志愿书,由本人所在单位党组织保管,待转正后归档;作为党员发展对象的“积极分子登记表”,一般性的入党思想汇报,入党调查的一般表现材料不归档;发展党员过程中由组织召开群众座谈会和党小组、支部大会记录不归档;被开除党籍、团籍、取消预备党员资格后入党、入团志愿书仍归本类,但需在封面上注明“××年×月×日经××党委(团委)批准开除出党(团)”,有关处分材料按其性质(政历问题或违纪案件)分别归入第 5 类、第 8 类;材料应按入团、入党、入民主党派分别排列,志愿书放在各自材料前面,其他材料按时间先后排序(如入党志愿书、申请书、转正报告,入团志愿书、申请书等)。

7. 奖励(包括科技和业务奖励)材料

归入本类的材料主要包括:①正式命名授予的劳动模范、战斗英雄、三八红旗手、新长征突击手、特级教师、有突出贡献的中青年科技人员、优秀党员等各种荣誉称号的审批表和先进事迹材料;②先进工作者审批表及事迹材料;③从事专业工作三十年人员登记表、审批表;④立功受勋、嘉奖材料;⑤县团级以上单位的干部的通报表扬材料;⑥创造发明奖励材料;⑦各种业务奖励材料。

在对本类材料进行分类时应注意:未经正式批准,也未盖公章的各种先进人物事迹材料不归档;此类材料一般按时间先后排序,但每次奖励应将组织的审批材料放在前面。

8. 处分材料

归入本类的材料主要包括:①上级批复、处分决定、本人对处分的意见、查证核实报告、本人检查或交代材料;②免予处分的处理意见及个人检查;③确属错误(如道德品质、生活作风、经济等),组织上不予处分的说明材料和本人的检查材料;④通报批评材料;⑤法院的刑事判决书,劳动教养审批材料;⑥甄别、复查报告、决定、上级批复及本人意见和申诉;⑦反右斗争中错定右派的决定、结论及平反改正材料;⑧反右倾运动中受处分的甄别材料;⑨"文化大革命"中犯有严重错误或经审查定为"三种人"的结论、决定、上级批复、报告及本人检查材料;⑩"文化大革命"中犯有一般性错误的上级批复、决定、报告,专题考察材料,主要证明材料;⑪经过核对的记录在案的材料。

在对本类材料进行分类时应注意:举报干部工作、思想、经济、作风等违纪问题,经查属一般问题,不归干部档案,存干部部门参考;材料按顺序排列,依次为上级批复,结论或处分决定,本人对结论或处分决定的意见,调查报告,证明材料,本人检讨或交代材料等;证明材料应根据每份材料所证明的主要问题相应集中排列;凡经复查已对原结论、决定处分撤销改正的,可将改正结论或决定放在前,原结论放在后。

9. 录用、任免、转业、工资、待遇、出国、退(离)休、退职材料及各种代表会登记表等材料

归入本类的材料主要包括:①工资级别登记表、工资变动登记表、定级、晋级、升级等各种工资变动审批表;②录用、招聘、续聘、合同、选举、提拔、转干等登记表、审批表;③干部任免、辞职、退职、离休、退休等审批表;④兵役(入伍)登记表、退伍审批表、军衔评定、晋升及军队转业干部审批表;⑤出国、出境人员审批表,招用、劳动合同、调动、聘用、复员、转业、工资、保险福利等材料,出国、退休、退职等材料;⑥出席县团级以上单位的党代会、人代会、政协会议、群众团体代表会、民主党派代表会议代表登记表(提名表)。

在对本类材料进行分类时应注意:此类材料实行二级分类,任免通知不归档。

10. 其他可供组织参考有保存价值的材料

归入本类的材料主要包括:①证明身体残疾的体检表、残疾等材料;②民事纠纷调解书、判决书;③工会会员及各种协会会员、理事登记表;④历次运动中普遍写的思想总结、思想检查;⑤干部逝世后,报纸报道的消息或讣告、悼词、生平,非正常死亡的调查报告及有关遗书等;⑥已存放在档案中的中专以上毕业生报到证。

对本类材料进行分类时应注意:党外人士在过去"运动"中所写的交心检查等材料不

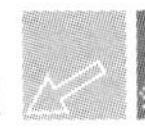

归档，工会会员入会申请书、会员申请表不归档。

由于人事档案内容丰富、涉及面广，在进行具体分类时，可以灵活机动采用如下操作方法。

一看名称，即针对标题确切的材料，如履历表、考核登记表等，将其归入相应大类。

二看内容，即有时材料名称与内容不相符或有交叉，这时就要看材料内容的针对性，如个人简历以履历为主，应归入第一类；以自传为主归入第二类；以自我鉴定为主则归入第三类。

三看余缺，即重复的多余材料不归档；缺少的重要材料尽量补上；无法补上材料的尽量替代，如学历材料，无毕业登记表可以毕业证书复印件代之。

（二）人事档案的排序

总体上，人事档案十大类材料应按顺序排列。每一类内材料根据材料内容的形成时间及主次关系排列，其最终目的是使各类材料层次分明，便于查阅。

(1) 时间排序法，即按材料形成时间先后进行排列。主要包括第 1 类履历材料、第 2 类自传材料、第 3 类考核材料、第 4 类学历材料、第 7 类奖励材料、第 10 类其他材料。

(2) 主次关系排序法，即按材料重要程度来进行排列。主要的、重要的材料放在前面（如上级批复、审查结论或最终结果等材料）。按主次关系排序的大类包括第 5 类政审材料（政审结论放前），第 6 类参加中国共产党、共青团及民主党派的材料（批准的志愿书放前），第 8 类处分材料（处分决定放前）。

(3) 层次排序法，即同一个大类的档案材料，利用二次分类，将材料区分归类。如第 9 类录用、任免、转业、工资、待遇、出国、退（离）休、退职材料及各种代表会登记表等材料，先将第 1 个层次分为 3 小类，9.1 工资，9.2 任职，9.3 录用、退离休（职）、出国等，再将第 2 层次内的每小类按时间顺序先后排列。

（三）人事档案的编号

编号的主要目的是固定人事档案材料的分类、排列次序，以号码标明每份材料的类别、排序和页码。编号包括大类号、顺序号及页号。

(1) 档案材料以一份为单位，每份材料独自编流水号，有页码标记的，按标记计页（履历表、党团志愿书等），无页码标记的用铅笔在材料每一页的右（左）下角注明页码，每单面为一页，表格中凡有填写项目的，不论是否填写了内容，均应计页，封面封底不计页。

(2) 用铅笔在每份材料的右上角编写类号、顺序号、总页码。如 1-1-5 表示第一大类第一份材料共有 5 页。

(3) 每份材料首页的类号、顺序号、页码号必须与目录登记相符。

（四）人事档案的编目

人事档案的编目工作：一是登记登记人事档案编号，汇编目录；二是制定职务变动表，并将其排在日录后面。

人事档案目录包括类号、材料名称、材料制成时间和材料份数。

(1) 类号，填写大类号及顺序号。

(2) 材料名称,根据每份材料题目(标题)填写,无题目的应拟定,题目过长可适当简化。

(3) 材料制成时间,一般填写材料落款标明的最后时间。

(4) 填写材料份数,以每份完整的材料为一份。

(5) 目录书写要求工整、清楚、美观、正确。手写不可用纯蓝、红色墨水,要用碳素墨水。也可通过计算机设备打印。

(6) 手写登记目录时,十大类的每类目录之后,要留出适量的空格,供补充材料用,要正确估计留空位置。如打印目录则不存在留空问题。

(五) 人事档案材料的加工

人事档案材料加工的主要内容是指拆除大头针、回形针、订书钉等易氧化(生锈)金属品。对一些纸张不规则、破损、折皱、卷角的材料予以修整、加工。将材料按序排列整齐,尽量要求四边齐,至少确保左、下、右三边齐。整齐材料的方法主要针对三种情况。

(1) 裱糊法。小于16开的纸张需裱糊,衬纸一律用白纸。如大、中专毕业生的报到通知。

(2) 剪裁法。大于16开的纸张需剪裁。

(3) 折叠法。纸张较大,但有重要内容不可裁去则予以折叠。

(六) 人事档案的装订

人事档案的卷盒有牛皮纸袋和塑料卷盒两种,一般要求干部档案须装入塑料卷盒。装订时要注意:目录在卷首,每类之间用隔页纸区分;装订尽可能四边整齐,确保三边齐;如采用牛皮纸袋作为卷盒,一般用包头鞋带,以无结系带法封口,鞋带在卷皮后系活扣,保持美观、平整,便于以后补充材料;档案封面书写规范、一致;卷皮、档案袋目录一律按规定式样制作,可统一购买。

(七) 人事档案检查验收入库

人事档案检查内容主要包括:袋(盒)卷内档案材料是否一致,有无张冠李戴现象;分类是否准确,内容交叉的材料前后归类是否一致;目录登记与实际材料是否相符,材料名称、页数填写是否准确,留下空格是否适当;金属物是否已全部拆除,裱糊、折叠是否符合要求;档案材料是否整齐、整洁、装订牢固;人事档案数量与单位人数相符。

人事档案入库排放顺序可按一定规律编号排列,目的是有利于保管,便于存取。如,姓氏法,按姓氏笔画多少排列;字母法,按姓氏拼音排列;隶属关系法,按部门内设机构排列;综合法,采用两种以上的排列方法,如隶属关系+拼音;顺序法,按前后大流水排序,并辅以计算机管理。一般可用铅笔编号(流水号),以备变化调整。

此外还要做好人事档案登记工作,定期清点,掌握人事档案的数量及变化情况,确保其安全。登记主要内容可包括档案顺序号、姓名、性别、部门、接收入库时间、转出时间、备注等。

企业人事档案的归档范围和保管期限,可参照《规范》的附件《企业文件归档基本范围与保管期限参考表》中职工管理类表执行。

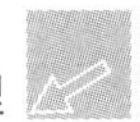

第三节　会计档案整理

一、会计档案的归档范围

根据《会计档案管理办法》的规定，会计档案的归档范围应包括会计凭证、会计账簿、财务报告及其他会计核算资料四个部分。但不包括与财会工作有关的政策、制度、预算、计划、工作总结和报告、统计资料及往来文书等材料（这些材料应归入文书类档案）。

（一）会计凭证

会计凭证是记录经济业务，明确经济责任的书面证明。它包括原始凭证（自制原始凭证、外来原始凭证）、记账凭证（收款凭证、付款凭证、转账凭证）、汇总凭证、其他会计凭证。

（二）会计账簿

会计账簿由一定格式、相互联结的账页组成，以会计凭证为依据，全面、连续、系统地记录各项经济业务的簿籍。它包括总账、明细账、日记账（现金日记账、银行存款日记账）、固定资产卡片、辅助账簿、其他会计账簿。

（三）财务报告

财务报告是反映企业会计财务状况和经营成果的总结性书面文件，主要有月度财务报告、季度财务报告、年度财务报告，包括会计报表、附表、附注及文字说明，其他财务报告。

（四）其他会计核算资料

其他会计核算资料是指属于经济业务范畴，与会计核算、会计监督紧密相关的，由会计部门负责办理的有关数据资料，包括银行存款余额调节表，银行对账单，其他应当保存的会计核算专业资料、会计档案移交清册、会计档案保管清册、会计档案销毁清册。

二、会计档案的整理原则

（一）档案整理的一般原则

遵循文件的形成规律，保持文件之间的有机联系，区分不同价值，便于保管和利用。

（二）会计档案整理的原则

（1）按照会计档案自然形成规律及其本身所固有的特点，保持各类会计核算材料之间的历史联系。

（2）区分不同保管价值。

（3）区分不同会计核算材料类型。

（4）便于保管、查阅和利用。

（三）会计档案的分类原则

（1）在本单位全部档案总体分类方案下进行。

（2）尽可能保持分类的连续性。

（3）一个单位内部有不同的核算单位的一般应分成不同的类别。

(4) 同一核算单位的会计档案原则上按年度—类型进行分类,可以分为会计凭证、会计账簿、会计报告和其他会计材料等四类。

三、会计档案的整理

(一) 立卷装订

1. 会计凭证立卷装订

会计凭证可按年、月顺序立卷整理,一个月的凭证可根据量的多少立卷装订一本或几本,个别月份凭证特别少的也可几个月立卷装订一本。

(1) 会计凭证装订前的准备工作包括:按凭证编号顺序排列,检查日期、编号是否齐全;按凭证汇总日期归集(如按上、中、下旬汇总归集)确定装订成册的本数;摘除凭证内的金属物(如订书钉、大头针、回形针),对大小不一的凭证要折叠或粘贴成与记账凭证单大小一样的规格,且要避开装订线,以便翻阅保持数字完整;整理检查凭证顺序号,如有颠倒要重新排列,发现缺号要查明原因。再检查附件有否漏缺,领料单、入库单、工资、奖金发放单等凭据是否随附齐全;记账凭证上有关人员(如财务主管、复核、记账、制单等)的印章是否齐全。

(2) 对以下会计专业材料,为了便于日后查阅,原件可以不附在记账凭证之后,另行组卷,入其他类,然后在相关的记账凭证和原始凭证上注明原件所在的类和卷号,以便日后核对:土地征用及重大固定资产的买卖单据,工资名册,债权债务,交通肇事、工伤事故的处理单据,涉外(含港、澳、台地区)的会计材料,各种经济合同、存出保证金收据、契约,有必要延长保管期限的其他会计材料。

(3) 数量较多的原始凭证在会计凭证装订时的处理:根据财政部《会计基础工作规范》第55条规定的精神,会计凭证装订时,对于那些较多的原始凭证,例如,发货票、收货单、领料单等,也可以不附在记账凭证之后,单独装订成册,在封面上注明记账凭证的日期、编号、种类,然后在记账凭证上注明“附件另订”(或“所附原始凭证另订”)和原始凭证的名称、编号。

(4) 会计凭证装订时的具体要求包括:凭证外面要加封面,封面规格略大于所附记账凭证,凭证左侧和上边墩齐进行装订;用两孔一线法或三孔一线法装订,在左上角部位打眼,然后穿线打结,装订时尽可能缩小所占部位,使记账凭证及其附件保持尽可能大的显露面,以便于事后查阅;装订凭证厚度一般应在2 cm以内,方可保证装订牢固,美观大方。

2. 会计账簿的立卷装订

会计账簿可按年度和账簿的不同种类进行立卷整理,对总账、明细账、现金日记账、银行存款日记账、固定资产卡片、辅助账簿、其他会计账簿等分别立卷装订。

会计账簿立卷装订的步骤包括编页号、填写卷内目录、填写备考表及装订。其中装订时应注意:订本式账簿应去掉塑料外壳,保持原来面目,加上硬外封面,三孔一线装订成卷保管或软封面装订装入硬卷盒保管;活页式或卡片式账簿应去掉账夹,抽出空白页,用三孔一线法的方法装订。

3. 财务报告的立卷装订

财务报告按年度、保管期限立卷。会计年报和季、月报应分别立卷装订，其他财务会计报告等材料按不同的问题和保管期限分别立卷装订。

会计报告的立卷装订的步骤包括编页号、填写卷内目录、填写备考表及装订。其中装订时应注意：会计报表应折叠成A4规格的纸张大小，使用会计档案或文书档案的封面，用三孔一线法装订。由于会计报告纸张格式大小没有统一的标准，会计档案的整理也没有明确要求，在立卷时也可以按会计报告的幅面设计软方面，放入A4纸型大小的卷盒中保管。

4. 其他会计核算资料的组卷装订

其他会计核算资料可按年度—问题结合保管期限分别立卷装订。如银行存款余额调节表、银行对账单、会计档案移交清册、会计档案保管清册、会计档案销毁清册等各装订一本。

其他会计核算材料立卷装订的步骤基本与会计账簿、财务报告相同，包括编页号、填写卷内目录、填写备考表及装订。一般使用会计档案的封面，用三孔一线法装订。

（二）确定保管期限

（1）会计档案的保管期限分为永久、定期两类。定期保管期限分为3年、5年、10年、15年、25年五类。会计档案的保管期限，从会计年度终了后的第一天算起。

（2）具体每一卷会计档案的保管期限，严格按照《会计档案管理办法》规定的《会计档案保管期限表》来确定。办法规定的会计档案保管期限为最低保管期限，各类会计档案的保管原则上应当按照本办法附表所列期限执行。

各单位会计档案的具体名称如有和《会计档案管理办法》附表（见表8-3、表8-4）所列档案名称不相符的，可以比照类似档案的保管期限办理。

表8-3　企业和其他组织会计档案保管期限表

序号	档案名称	保管期限	备　　注
一	会计凭证类		
1	原始凭证	15年	
2	记账凭证	15年	
3	汇总凭证	15年	
二	会计账簿类		
4	总账	15年	包括日记总账
5	明细账	15年	
6	日记账	15年	现金和银行存款日记账保管25年
7	固定资产卡片		固定资产投资清理后保管5年
8	辅助账簿	15年	
三	财务报告类		包括各级主管部门汇总财务报告

续表

序号	档案名称	保管期限	备　　注
9	月、季度财务报告	3 年	包括文字分析
10	年度财务报告(决算)	永久	包括文字分析
四	其他类		
11	会计移交清册	15 年	
12	会计档案保管清册	永久	
13	会计档案销毁清册	永久	
14	银行余额调节表	5 年	
15	银行对账单	5 年	

表 8-4　财政总预算、行政单位、事业单位和税收会计档案保管期限表

序号	档案名称	保管期限			备　　注
		财政总预算	行政单位事业单位	税收会计	
一	会计凭证类				
1	国家金库编送的各种报表及进库退库凭证	10 年		10 年	
2	各收入机关编送的报表	10 年			
3	行政单位和事业单位的各种会计凭证		15 年		包括:原始凭证、记账凭证和传票汇总表
4	各种完税凭证和缴、退库凭证			15 年	缴款书存根联在销号后保管 2 年
5	财政总预算拨款凭证及其他会计凭证	15 年			包括:拨款凭证和其他会计凭证
6	农牧业税结算凭证			15 年	
二	会计账簿类				
7	日记账			15 年	
8	总账	15 年	15 年	15 年	
9	税收日记账(总账)和税收票证分类出纳账		25 年		
10	明细分类、分户账或登记簿		15 年	15 年	

续表

序号	档案名称	保管期限			备　　注
		财政总预算	行政单位事业单位	税收会计	
11	现金出纳账、银行存款账		25年	25年	
12	行政单位和事业单位固定资产明细账（卡片）				行政单位和事业单位固定资产报废清理后保管5年
三	财务报告类				
13	财政总预算	永久			
14	行政单位和事业单位决算	10年	永久		
15	税收年报（决算）	10年		永久	
16	国家金库年报（决算）	10年			
17	基本建设拨、贷款年报（决算）	10年			
18	财政总预算会计旬报	3年			所属单位报送的保管2年
19	财政总预算会计月、季度报表	5年			所属单位报送的保管2年
20	行政单位和事业单位会计月季度报表	5年			所属单位报送的保管2年
21	税收会计报表（包括票证根数）			10年	电报保管1年，所属税务机关报送的保管3年
四	其他类				
22	会计移交清册	15年	15年	15年	
23	会计档案保管清册	永久	永久	永久	
24	会计档案销毁清册	永久	永久	永久	

注：税务机关的税务经费会计档案保管期限，按行政单位会计档案保管期限规定办理。

（三）封面、排序及编目

（1）会计档案的封面填写要准确、美观，各项目均用钢笔填写，字迹要工整，编号的地方尽量使用号码章。

（2）会计档案的排列编号一般按照以下次序：会计凭证按形成时间顺序排列，会计账簿、财务报告和其他类按保管期限长短排列，具体排列方法有两种。

① 年度流水编号法。按财务报告、会计账簿、会计凭证和其他类的顺序排列，一年的全部会计档案编一个大流水号（卷号）。

② 分类流水编号法。会计凭证、会计账簿、财务报告和其他类按类别分开排列,各编一个流水号(卷号)。

(3) 根据分类和案卷排列顺序,编制会计案卷目录(保管清册)。

案例分析

依靠会计档案,获得联合国战争赔偿

根据中华人民共和国政府和伊拉克共和国政府贸易协定的要求,某市纺织品进出口公司在1985年至1990年期间陆续向伊拉克出口4700多万美元的纺织品,因1990年海湾战争和联合国对伊拉克实行制裁等因素,上述货款不能回收。某市纺织品进出口公司依靠保存齐全的档案资料,于1993年9月14日通过经贸部伊拉克欠款索赔小组,向联合国赔偿委员会递交了30卷,共计五万页索赔文件,其中主要部分为联合国赔偿委员会要求的业务原始单据和会计凭证。2003年6月,该公司获得了联合国赔偿委员会E类赔偿(战争直接赔款)524.82万元人民币。

某市纺织品进出口公司依靠日常开展的会计档案整理工作,获得了联合国的战争赔偿,虽然赔偿金额占货款总金额的比重不大,但是能够收回500多万人民币,对于一家企业而言,毕竟弥补了一部分经济损失。会计档案整理工作的重要意义,在这个案例中得到充分体现。

技能训练

《国家重大建设项目文件归档要求与档案整理规范》

【目的】

通过认真阅读《国家重大建设项目文件归档要求与档案整理规范》(DA/T 28—2002),加深对重大建设项目文件归档整理工作的认识。

【指导】

(1) 从网上下载《国家重大建设项目文件归档要求与档案整理规范》(DA/T 28—2002)。

(2) 认真阅读《国家重大建设项目文件归档要求与档案整理规范》对重大建设项目文件归档整理工作的相关规定。

(3) 对照书中的相关知识点,对其中的重点内容进行摘录。

本章小结

建设项目文件、人事档案和会计档案,因文件在内容、载体、记录方式上的特殊性,在

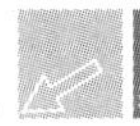

整理过程中有其特殊要求。学员在掌握上述基本知识后，可根据企业的实际情况，以及归档文件的实际情况，适当加以灵活运用，在总体目标上使各种专门档案的整理符合便于管理和便于利用的要求。

实践活动

整理一份个人人事档案

【目的】

通过整理一份个人人事档案，提升学员的人事档案整理工作能力。

【内容】

请学员针对本人，或家庭中的一位成员，对其所形成的个人材料进行分类、整理，模拟人事档案的归档整理要求进行实际操作。

【要求】

在整理过程中应注意对各种材料按照一定标准进行划分；在选定分类方案的基础上，进一步对材料进行排序和编号。

本章练习

一、判断题

1. 中华人民共和国行业标准 DA/T 28—2002 为《国家重大建设项目文件归档要求与档案整理规范》。（　　）
2. 建设项目文件有重大改变及变更图面面积超过 25%的，应重新绘制竣工图。（　　）
3. 一个项目的文件按建设程序、阶段形成相应的文件，可以分为综合类文件、施工文件、竣工文件三大类。（　　）
4. 施工文件中的质保材料一般按类型、批次组卷，技术文件一般按单位工程、结构、专业组卷。（　　）
5. 在各类人事档案中，干部档案最为详细和全面，其内容较为复杂。（　　）
6. 自传材料一般不属于人事档案范畴。（　　）
7. 整理人事档案时，党外人士在过去运动中所写的交心检查等材料应归档。（　　）
8. 人事档案整理时应按顺序排列，每一类内材料根据材料内容的形成时间及主次关系排列。（　　）
9. 根据《会计档案管理规则》的规定，会计档案的归档范围应包括会计凭证、会计账簿、财务报告，以及其他会计核算资料四个部分。（　　）
10. 会计凭证可按年、月顺序立卷整理，一个月的凭证可根据量的多少立卷装订一本或几本，个别月份凭证特别少的也可几个月立卷装订一本。（　　）

二、单项选择题

1. 项目文件围绕着一个独立的工程形成，是密切联系的有机整体，因此具有(　　)。

A. 原始性、真实性　　B. 原始性、专业性

C. 成套性、专业性　　D. 成套性、真实性

2. 建设项目档案整理按(　　)组卷，即一个项目的文件全部组成一个案卷，它适用于项目小、文件数量少的情况。

A. 项目　　B. 机构　　C. 问题　　D. 职能

3. 人事档案主要分为学生档案、(　　)和干部档案三个种类。

A. 职工档案　　B. 军人档案　　C. 工人档案　　D. 农民档案

4. 会计档案的装订一般采用(　　)。

A. 二孔一线法　　B. 三孔一线法　　C. 四孔一线法

5. 会计档案的具体排列方法有年度流水编号法和(　　)两种。

A. 问题流水编号法　　B. 机构流水编号法

C. 保管期限流水编号法　　D. 分类流水编号法

三、多项选择题

1. 项目建设要经历(　　)等阶段，每一个阶段都形成了相应的文件。

A. 前期论证　　B. 立项申报　　C. 勘察设计

D. 土地征用　　E. 工程建设　　F. 竣工验收

2. 在建设项目档案整理过程中，图样型卷内文件的排列应考虑(　　)等关系和特征。

A. 按隶属关系　　B. 按总体和局部关系　　C. 按图幅比例

D. 按地区特征　　E. 按时间顺序

3. 人事档案整理的主要工作步骤包括分类、(　　)、技术加工、装订、验收入库。

A. 排序　　B. 编号　　C. 编目　　D. 整理

4. 人事档案目录包括(　　)。

A. 类号　　B. 材料名称　　C. 材料制成时间

D. 材料份数　　E. 材料密级

5. 会计档案的定期保管期限分为(　　)年五类。

A. 3　　B. 5　　C. 10　　D. 15　　E. 20　　F. 25

四、简答题

1. 简述建设项目文件归档的质量要求。

2. 简述建设项目档案的整理内容。

3. 建设项目档案的组卷方法有哪些？

4. 人事档案共可划分为几个大类？

5. 简述会计档案的整理原则。

五、案例分析题

基层信用社会计档案管理面临的主要问题

基层信用社会计档案管理面临的主要问题包括以下方面。①思想认识不到位。因人少事多，会计人员工作繁杂，每天只要能保证账平表等，不丢失凭证，能及时装订入柜保管，不

被虫蛀、鼠咬就是好事，疏于对档案知识的学习，更没有对档案管理做出全面的工作安排。②人员配备不到位。基层农村信用社无专职档案人员，会计档案管理工作是由该社会计人员担任，而会计人员每天临柜对外办理业务，工作繁杂，造成会计人员对会计档案管理时间不足，精力不够，会计基础工作等级管理质量不高。③设施设备不到位，无档案室和档案装具。农村信用社业务量与日俱增，每日产生大量的会计凭证和报表，但可供存放的档案室根本不能满足需要，没有专业的传票柜、文件柜。有的甚至将会计档案装入纸箱随意堆放在微机室或营业室，没有入柜加锁保管。④会计档案资料收集不完善。基层信用社除了每日业务传票、综合业务系统要求按期打印装订的会计资料能定期收集、分类、整理、归档外，其他的业务资料只要能打印出来，无论其价值高低、保管期限长短统统装订成册。

根据以上案例完成下列题目。

1. 会计档案的归档范围应包括会计凭证、(　　)、财务报告及其他会计核算资料四个部分。

A. 会计报表　　B. 预决算报告　　C. 会计账簿　　D. 会计账册

2. 会计账簿立卷装订的步骤包括：编页号、(　　)、填写备考表及装订。

A. 编卷号　　B. 填写卷内目录　　C. 填写案卷目录　　D. 编件号

3. 会计档案的保管期限分为永久、(　　)两类。

A. 长期　　B. 短期　　C. 定期

4. 会计凭证类档案的保管期限是(　　)年。

A. 15　　B. 20　　C. 25　　D. 30

第九章　企业档案的保管与统计

学习目标

本章要求了解企业档案保管工作的含义与内容，企业档案保管工作的主要任务，企业档案保管工作的基本方针，企业档案保管的主要物质条件，企业档案统计工作的内容和意义，以及企业档案统计工作的基本要求。重点掌握档案保管对库房、装具、包装材料的要求，库房管理中的温湿度要求、档案防护的具体措施，以及企业档案的登记形式的名称和主要作用。

案例引导

科隆市城市档案馆坍塌的启示

2009 年 3 月 3 日，德国科隆市城市档案馆坍塌，大批珍贵档案资料埋葬于废墟之中。新华社援引科隆档案馆部门主任的话说："我们今天损失的是摆放在总计 18 公里长档案架上的德国历史。"科隆城市档案馆的坍塌，损失的不仅仅是一幢楼，损失的是城市的历史。科隆的损失是惨重的，失踪文档中包括作品的手稿、校样、书信等，约 6400 份。被毁档案中还包括马克思创办《新莱茵报》时所写的文章手稿，以及黑格尔的书信、作曲家奥芬巴赫的笔记、联邦德国首任总理阿登纳等人的手稿。

从上述案例可以看到，档案保管工作中存在的、潜在的问题，正或重或轻地影响着档案安全。如档案馆舍陈旧甚至破败，直接影响档案实体安全；必要的设施设备缺乏，使馆藏档案得不到科学保护；安全保卫措施不到位、人员不落实，档案储存重地的安全防范形同虚设等，都有可能对档案造成损害。档案保管工作和档案统计工作，是保护档案和管理档案的重要手段，前者保证档案不受各种自然因素和人为因素的损害，后者使档案管理人员能够迅速摸清家底，分析和认识档案工作的发展趋势。

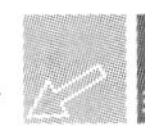

第一节　企业档案的保管

一、企业档案保管工作的含义与内容

企业档案保管工作，是根据企业档案的成分和状况，对存入库房的档案进行的日常管理和安全防护工作。档案保管工作的内容主要包括三个方面。

1. 档案库房管理

档案库房管理即库房内档案科学管理的日常工作，包括配置适宜安全保存档案的专门库房；档案库房与装具编号，档案存放；库房内温湿度控制与调节，以及防盗、防火、防渍、防有害气体等必要措施。

2. 档案流动过程中的保护

档案流动过程中的保护即档案在各个管理环节中一般的安全防护，指从档案接收搬运开始，到整理、鉴定、利用和编研等工作过程中的保护。如，档案搬运时要安全，存取时要细心，展出时尽量用复制品替代等。

3. 保护档案的专门措施

保护档案的专门措施即为延长档案寿命而采取的各种专门技术措施，主要包括复制、修裱、消毒、灭菌等措施。目的是延长档案寿命，便于档案长期保存和利用。

由于档案保管工作既是整个档案管理业务的一个方面，又是一个相对独立的环节，所以，上述三方面工作，有的可以与其他业务环节结合进行，有的可以单独组织进行。

二、企业档案保管工作的任务

维护档案的完整与安全，既是档案工作的基本要求，也是档案保管工作的中心任务，因为档案的保管是实现维护档案的完整和安全的重点环节和主要手段。

档案保管工作的具体任务包括两个方面，即档案保护技术工作和库房管理工作。其中，档案保护技术工作的基本任务，是采取有效的技术措施，防止和消除各种可能损坏档案的不利因素；档案库房管理工作的基本任务，是不断改善档案的储藏环境和保管条件。两者的最终目的都是最大限度地延长档案的寿命，使档案长远留存，保证档案不散、不乱、不丢、不坏。

档案损毁的因素有两个方面，即人为因素和自然因素。人为的损毁，如，由于政治斗争及其他各种原因，对某些档案进行有计划、有意识的破坏；由于档案工作人员玩忽职守，不遵守规章，或缺乏档案保护的有关知识，导致档案的丢失、损毁，档案系统的紊乱等。而自然因素，又包括内因和外因，内因是指档案制成材料的性能及其耐久性，如纸张、胶片、磁盘等载体材料质量及墨水等书写材料等因素的变化给档案造成的破坏；外因是指档案所处的周围环境和保管条件等，如不适宜的温湿度、光、空气污染及害虫、霉菌等有害生物。

正是为了满足人们长远、安全地利用档案的需求，我们既要研究档案损毁的内因，还应研究档案损毁的外因。外因是通过内因起作用的，应不断改进档案载体与记录材料的质量，提高档案制成材料抵御外界不利因素的性能，研究损毁档案的外因，了解它的规律性，掌握科学的档案保护方法。

三、企业档案保管工作的基本方针

科学保护档案的措施主要有两种：一是防，即对各种可能损毁档案的不利因素进行预防或减缓，如配备必要的设备控制和调节库房温湿度、防火、防光、防尘、预防有害气体的产生、防盗窃、防破坏、防虫等；二是治，即对已受损或正处于不利条件的档案进行修复处理，如去污、消毒、修裱、恢复字迹和影像等。

我国档案保护工作的基本方针是“以防为主，防治结合”，企业档案保管工作也应遵循这一原则。在“防”和“治”两个方面，“防”是档案保管工作中的根本问题，而“治”仅是不得已而为之的补救措施，因此，首先要考虑防，其次才考虑如何治。

必须正确理解“防”和“治”的关系，全面贯彻“以防为主，防治结合”的方针，牢固树立“隐患险于明火，防范重于救灾，责任重于泰山”的安全责任意识，坚决防止和克服麻痹、松懈和侥幸心理，积极采取有效措施，把不利因素对档案的危害降到最低，并对已受损的档案进行及时抢救，确保档案的安全和长久利用。

同时，在企业保管工作中还应注意坚持突出重点、兼顾一般和立足长远、确保当前的要求，即对于不同价值、不同载体的档案采取确定重点、分别保管的做法，统筹考虑有限的经费使用，优先解决不要的设施，如新型材料的档案与纸质档案应分库保管，并以必要的设备来控制库房温湿度及防光、防尘等；同时应认识到，档案保管的目的是保证档案的长远利用，因此，不能片面强调保护而忽视利用方便，不能为了一时的利用方便而忽视对档案的保护。要正确处理好保管和利用、当前利用和长远利用之间的关系。

四、企业档案保管的主要物质条件

（一）档案库房

档案库房是档案保护的首要条件，是保存档案的最基本物质条件，企业档案馆（室）必须有适宜的保管档案的库房。

企业档案馆（室）新建、改建、扩建库房时，必须注意建筑应符合档案保管的专业要求。企业在库房建筑配置上可以根据财力、空间等因素，选用符合企业实际情况和未来发展需要的专门库房。档案库房建筑的质量直接影响到档案保护效果，企业可根据《档案馆建筑设计规范》(JGJ 25—2010)的有关要求，建造符合档案保护条件的库房。

中小型企业档案室如不单独兴建库房，档案库房也可附设在单位办公大楼内。在办公大楼内选择库房，必须注意几个基本问题。

(1) 库房必须专用，并与档案人员办公室和生活区分开。

(2) 档案库房必须坚固，库房门窗要有较好的密封性，最好是双层窗，应当对门窗采取加固措施，符合防盗、防尘、防虫、防有害气体的要求。

(3) 库房应远离水源、火源和污染源，以符合防火、防水、防潮等基本要求。因此，一般不宜选择地下室或顶层，不宜靠近盥洗室和锅炉房，也不宜将库房设在大楼西侧，以防阳光直射。

档案库房除了存放大量纸质档案外，还有相当数量的新型载体档案，由于这些特殊载体档案的保管条件要求与传统档案有一定区别，因此，为了长远保存起见，在分配库房时，还要考虑设置专门存放特殊载体档案的专用库房，如专门存放缩微胶片的母片库房、声像档案库房、珍藏档案库房等。

（二）档案装具

档案装具是企业档案馆(室)的基本设备。档案装具种类很多，各有所长。一般来说，档案装具主要有架、柜、箱三种。企业可根据实际情况，按照中华人民共和国国家标准《档案装具》(DA/T 6—1992)和中华人民共和国国家标准《直列式档案密集架》(DA/T 7—1992)标准进行配置。

1. 档案架

1）固定档案架

固定档案架分为单柱式固定档案架和复柱式固定档案架。单柱式固定档案架消耗钢材少，结构简单，耐久美观。复柱式固定档案架的结构、性能和规格与单柱式略同，但稳定性更强，更为美观，负载力强。

2）活动式密集架

在采用固定架时，架间通道比装具占地多，为了挖掘通道面积的潜力，出现了活动式密集架。这种架子是在复柱双面固定架的底座上安装轴轮，使之变成架车，能沿地面铺设的小导轨直线移动，平时可以把多个架列靠拢到一起，中间只留少量通道，而当需要进入某排架间时，只要移开合拢的架车即可。活动式密集架的使用能提高80%以上的库房存储量，负荷量也比固定架大，因此对库房建筑机构的要求较高。但密集架仍不失为现有最经济实用的档案存放设施，使用密集架是在荷载允许的条件下扩大库容量、解决库房不足的有效途径，现已为许多档案部门所采用。

3）积层架

积层架又称“通天架”，是一种密集型的固定架群，适用于特高房间及专门修建的大型档案库房，在各种固定式装具中，它容量最大，负荷均匀，对建筑质量要求较低，造价便宜。

2. 档案柜

档案柜的规格尺寸与五层档案叠加相近，区别在于不能单独分开。柜子中间有隔板将柜子分为若干层。优点是坚固、防火、防潮和防光，但移动困难。一般适用于档案数量少的小型档案室。

3. 档案箱

档案箱一般由五个尺寸规格完全相同的一套箱子叠放而成，平时叠放使用，多是铁制品。既便于搬动，同时能防尘、防火、防盗。它是目前中小型档案馆和绝大多数档案室所使用的装具。其不足之处是造价高，由于箱体不能堆叠过高，所以降低了库房空间的使用面积。

（三）档案包装材料

档案包装材料可以防止光线、灰尘及有害气体对档案的直接危害，又可以减少档案流动过程中的机械磨损。目前我国包装纸质档案的基本材料有三种,即卷皮、卷盒和包装纸。

1. 卷皮

卷皮是包装档案的基本材料。卷皮是封面与封底连为一体的半封闭式卷夹。最新国家标准规定,卷皮分为硬卷皮和软卷皮两种,其中,软卷皮必须与卷盒同时使用。卷皮规格力求标准化,目前采用较多的是 30 cm×22 cm 的卷皮(供国家通用的 A4 型文件用纸使用),特殊尺寸的档案,卷皮规格适当放大。另外,根据国家档案局推广应用无酸卷皮(盒)的通知要求,企业档案保管应尽量采用无酸卷皮(盒),以减少包装材料对档案的损害。

2. 卷盒

目前,用卷盒保管档案是一种比较好的方法,即把用软卷皮包装并装订的案卷放入卷盒,它能够防光、防尘,减少机械磨损,同时便于管理,整齐美观。如果案卷的包装是采用硬卷皮,则不必再装入卷盒。由于卷盒占据库房面积较大,成本较高,内存的档案规格单一,所以,各个档案部门可以根据各自需要和实际情况取舍。

3. 包装纸

由于有些档案既不适合用卷皮装订,又不便于存入卷盒,如印章、奖杯和地图等非标准规格的档案,只能采用包装纸。具体做法是用较为坚韧的纸张把档案包装起来,在包装纸外面盖上档号。这仅仅是应急措施,不宜常用。

(四)档案保管设备

档案保管的设备主要是指机械、器具、仪表等技术设备。用于档案保管的技术设备种类很多,如去湿机,加湿器,空调,通风设备,温湿度控制仪,防火、防盗装置,灭火器、电视监控设备等,其中,防盗、防火、防渍、防有害生物设施是每个库房必备的,因为档案部门一旦发生档案被盗、失火烧毁等事故,造成的危害往往是无法弥补的。

实现档案管理的现代化是档案工作满足社会各方面需求的必由之路,因此,档案部门应根据需要和可能,配备适应现代化管理需要的技术设备,以最大限度地实现档案的安全保管和有效利用。

五、企业档案库房管理

企业档案库房管理是企业档案保管工作的主要形式,是指在库房中进行的一系列档案保管工作。库房管理的主要内容有以下几方面。

(一)库房管理制度

档案库房是存放档案资料的重要场所,为使档案库房管理工作规范化,确保库藏档案的完整与安全,必须建立一系列科学的管理制度。如人员入库守则、库房管理条例等,对进出库房的人员、时间、要求等进行必要的限制,并做出专门的规定,以实现档案保管的制度化、规范化和标准化。

一般情况下,档案库房只允许档案保管人员进入,非库房工作人员原则上不得进入档案库房。如工作确实需要(如维修库房及其设备),则应事先征得有关领导同意,由档案保管人员陪同,并经登记签名后方可进入库房,在库房内参观时,经允许才能翻阅档案。梅

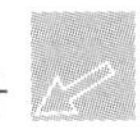

雨季节应限制参观档案库房。

库房工作人员应严格遵守有关规定，如执行保密纪律，自觉维护库房工作秩序，严禁将易燃易爆物品存放在库房大楼内，严禁在库房内吸烟、喝水、吃东西等，库房内用品不准擅自借出库房挪作他用。库房内无人时必须及时关灯、关窗、上锁。

企业档案馆(室)应当根据自身工作特点，建立必要的管理规章。档案保管人员应尽到以下职责。

(1) 严格遵守有关安全保密规定。确保档案实体和内容的安全，坚持每天下班以前对库房、库房工作室和库房洗手间的门、窗、电源等进行安全检查；增强保密观念，不外传所藏档案的内容。

(2) 熟悉档案及其检索工具的存放位置。及时、准确、有效地提供查档利用、整理编目、消毒、修复、缩微等各种用途的调归卷服务。

(3) 严格调归卷程序。档案调阅应履行严格的登记手续；案卷的调归一律在调卷簿和代卷卡上做登记，并将代卷卡从原案卷存放的位置插入(抽出)。

(4) 做好借阅案卷的催归工作。一般情况下，外借的案卷，以一周归还为限；内部借阅的案卷，以一个月归还为限；若借阅超过一个月，仍需要继续借阅，则应办理续借手续，做到“一月一清”。

(5) 确保库房重地的安全。除了档案保管人员以及专职温湿度控制检查、设备维护和缩微拍摄调阅等工作人员之外，其余人员一律不准进入库房。上述专职人员或其他因特殊情况需要进入者，须经有关负责人审批同意，并由档案保管人员陪同在场。

(6) 做好新近接收档案的整理排架工作。严格执行先消毒、后入库的操作规范，及时编目、装盒、上架，并编制导引卡和存放索引，做到不随意堆放。

(7) 随时登录案卷的破损状况。在日常调归卷工作中，注意发现并记录下应采取裱糊、加固和字迹恢复等抢救措施的档案案卷号，及时对档案进行技术抢救。

(8) 做好库房的安全通风。根据有关库房温湿度的要求，做好库房的通风工作。

(9) 定期清点调查档案的保存状况。每一至两年全面清点一次，亦可视情况提前或推迟。清点时必须认真填写记录，撰写清点小结，经负责人签名后，归入全宗卷备案。

(10) 定期实行库房的保洁制度。做好库房、走廊的日常维护工作，一周一次进行库房内部的清洁，一月一次进行库房走廊的清洁，保持库房内档案及其装具、地面的清洁整齐。三月一次组织大扫除。

(11) 熟悉火警信号的安全处置方法。库房工作人员应有高度安全防范意识，熟悉和掌握火警信号与处置方法，学会熟练地使用库房的消防设备。

(二) 库房防护措施

档案制成材料的寿命是有限的，解决这个问题的重要途径是要研究科学保护档案的技术方法，改善档案的保护条件，最大限度地延长档案的寿命，这是档案保护工作的一项长期而艰巨的任务。

1. 库房温湿度控制

档案库房的空气状况的好坏直接影响档案的保存时间长短，因此，控制和调节库房内温湿度是档案库房管理中一项经常性的工作,是保护档案的重要措施。

不适宜的温湿度主要是指高温、高湿。高温会加速纸张自然老化进程,会加速有害生物对档案载体的破坏。纸张是一种吸湿性材料,湿度对纸张及胶片等磁性材料影响较大,一般情况下,湿度越大,档案含水量越大,档案制成材料容易长霉生虫,使档案遭受损毁。

为此,中华人民共和国住房和城乡建设部和国家档案局共同修订的《档案馆建筑设计规范》(JGJ 25—2010)中,专门针对我国气候特征和经济状况等实际情况,对库房温湿度控制提出了要求。为了保护档案,延长档案的寿命,必须严格按照温湿度标准的要求来保管库房档案。

调控库房温湿度的方法主要有密闭和通风等。密闭库房的作用是防止或减弱库外不适宜的温湿度对库内的影响,以便尽量使库内的温湿度处于相对稳定的状态。库房密闭的重点是门窗,库房门窗和通风口应尽量做到密闭时不透气,关紧门窗并在门窗缝隙处加密封条。通风是利用库房内外空气交换达到调节温湿度的目的。主要方式有:采用打开门窗借助内外温差进行自然通风或通过排风、换气扇等进行机械通风。同时要注意通风与密闭等控制手段要结合使用,才能保证效果。

除此之外,还可以采用空调机降温或增温,用去湿机和吸潮剂来降湿。气候过于干燥,也会使档案发脆,强度下降,此时可采用增湿方法,如用湿的拖把拖地或在库房内放置水盆、洒水等传统方法增湿。档案库房温湿度标准见表 9-1,各类档案技术用房温湿度标准见表 9-2。

表 9-1　档案库房温湿度标准

库房类别 指标名称	一般档案库房(含胶片、磁带库)		母片库
	控制范围	每昼夜允许波动范围	
温度/℃	14～24	±2	13～15
相对湿度/(%)	45～60	±5	35～45

表 9-2　各类档案技术用房温湿度标准

用房名称		温度/℃	相对湿度/(%)
裱糊室		18～28	50～70
保护技术实验室		18～28	40～60
复印室		18～28	50～65
声像室		20～25	50～60
阅览室		18～28	—
磁带库		14～24	40～60
展览厅		14～28	45～60
工作间(拍照、拷贝、校对、阅读)		18～28	40～60
胶片库	拷贝片	14～24	40～60
	母片	13～15	35～45

2. 防护的具体措施

档案保管工作中所说的防护措施，主要是指“八防”，即防火、防水、防盗、防高温、防潮湿、防霉、防尘、防虫。以下对“八防”中需重点注意的防护措施进行简要介绍。

1）防火

在所有的防护措施中，防火最为重要。1997 年国际档案理事会预防委员会《档案馆灾害预防指南》指出：火灾，无论何种原因引起，无疑是档案部门所面对的具有破坏性的危险。水造成的损害有修复的可能性，而火灾却是无可救药的。

档案装具应采用金属柜架，如使用密集架，还必须强制安装自动喷淋装置，因为没有喷淋保护的密集存储，火灾的持续时间也许会超过防火墙耐久性及消防部门的控制能力。同时，还应健全防火制度，制定救活方案，要求在装具及照明灯具的选用、其他电器及线路的安装等方面消除隐患，必须按消防规定在库房中配备性能良好、数量足够的灭火器材，在条件允许的情况下应安装防火（烟雾）报警器和自动灭火装置。库房工作人员应熟悉和掌握火警信号与处置方法，学会熟练使用库房消防设备。总之，要始终如一地把防火作为档案工作中经常性的重要任务。

2）防尘

由于灰尘来源广，对档案危害性大，因此应该采取有效的方法与措施，来减少灰尘对档案材料的破坏。主要措施有：正确选择库房位置，加强库房周围的绿化，提高绿化覆盖率，使用空调设备和机械通风设备来净化与过滤空气，提高库房门窗和装具的密闭性，须对库房及装具等定期进行清扫擦拭，采用空气过滤器除尘，入库前防尘处理等来保持清洁，另外还要做好库房的清洁卫生工作。

还应做好防盗、防霉和防虫等防护工作。防盗，即要求库房门窗坚固，进出库房时随时锁门，并尽可能安装防盗报警装置。防霉和防虫要求对档案进行定期检查，酌情放置防霉、防虫药品，关键是做好入库档案的消毒和控制好库房内的温湿度工作。上海地处高温高湿地区，容易发生虫霉危害，因此，各个档案保管机构应把防虫霉作为档案保护的一项重点工作。

为全面落实“八防”要求，节假日时应安排工作人员值班，检查库房状况。要严格执行档案安全保管的各项规定，建立健全严格的岗位安全责任制，确保档案万无一失。

除了做好“八防”工作，还应重点注意防光，档案在利用和保管过程中不可避免地会受到光（紫外线，下同）的作用，档案受光照射后，纸张中的纤维素、字迹的色素及磁带等成分发生改变，从而使档案老化变质，档案强度和耐久性下降，档案寿命缩短。因此应采取防光措施，加强档案利用和保存中光线的控制，减少光对档案的危害。

可以采取的防光措施是：档案库房及其他业务用房应选用防紫外线玻璃和采用在窗户上安装遮阳板、百叶窗或窗帘，采用内外遮阳措施，防止阳光直射；调归卷时，做到人走灯灭，减少光对档案的损害；档案应入袋、盒及档案柜、档案箱保存；档案库房和阅档室等照明光源，应选用乳白色灯罩的白炽灯。同时，应该尽量避免在强光下长时间利用档案，档案在提供展览期间，应以复制件代替原件提供利用。

3. 档案的安全检查

档案的安全检查是库房管理的一项制度化措施。安全检查包括定期和不定期两种形式,档案的定期检查时间一般以一年一次为宜,具体间隔时间由各个档案部门自行决定。档案的不定期检查,一般在发生下列情况时才有必要进行:①发生水灾、火灾之后;②发现档案遗失或失窃后;③发现档案中有虫害、霉烂或浸水的痕迹时;④怀疑某些档案可能发生遗失时;⑤库房保管人员调离时;⑥档案搬迁之后。在这些情况下,档案部门应当对档案及时进行安全检查。两种形式的着眼点应有所区别,定期检查进行的是全面检查,不定期检查则是有针对性的重点检查。

对档案安全全面检查的内容主要有以下几个方面:①检查实有档案数量与登记簿中的数量是否相符;②是否有档案霉变、虫蛀等迹象发生,库房中是否存在其他隐患;③档案的调出和归还是否履行了必要的手续,档案在库房中的次序是否出现混乱,是否有长期未归还的案卷等。

清点检查之后,必须做好检查记录,并及时发现问题,随时纠正,确保档案实体安全有序。

(三) 库房与装具的排列与编目

为了便于日常管理,应当对档案库房及其内部的架、柜、箱等装具进行统一编号。

1. 档案库房的编号

档案库房较多时,应统一编制库房号,而库房少的企业档案馆(室)则可以不编。库房编号的基本原则是:由外及里,自下而上,从左到右。具体方法有两种:第一种是为所有的库房统一编一个顺序号,如,“一号楼”、“二号楼”等;第二种是根据库房所在地的方位及库房建筑的特征进行分区编号,如“东一楼”、“东二楼”、“新一楼”、“新二楼”等。然后以建筑物为单位编层号和房间号。如,楼房应自下而上编层号;每层楼自入口开始,从左向右编房间号。

2. 档案装具的排放与编号

档案装具在库房中的排放方式应考虑方便管理和充分利用库房有效空间等因素。具体排列时应注意三个方面。①整齐一致。档案架、柜、箱等装具应按其形状和大小、高矮进行适当分类,尽量做到整齐美观。②避光通风。一般不宜紧贴墙壁,尤其是不能紧贴有窗户的墙壁。装具每一列应当与有窗的墙面垂直,既避免户外阳光的直射,也利于通风;若库房无窗,则装具应与管道通风孔开口方向相对应。③空间合理。库房内各列装具要合理安排,注意最大限度利用空间,一般以工作人员进行正常工作为宜。如,架(柜)间的主要过道宽度不应小于1米,以便于手推车等小型档案搬运工具通行;架(柜)之间的距离不应小于0.8米,装具端部与天花板的间隔不应小于0.6米。实际上,合理地确定架(柜)间距尺寸也是充分利用现有库房的途径之一。

库房内档案装具的编号方式一般按照保管机构或库房房间为单元进行。编号方法为:自门口起从左至右编架(柜)号,每个架(柜)的格也应编号,方法是自上而下编。

(四) 档案存放与排列

1. 档案的存放方式

档案放入档案架柜,俗称上架。在组织上架时,档案的存放方式有竖放和平放两种。竖放时案卷的脊背朝外,工作人员可以直接看到档号,调归卷比较方便,也便于统计档案

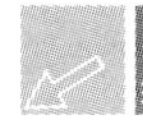

的排架长度。因此，大多数的档案馆(室)采用竖放方式。平放比竖放更有利于保护档案，但这种方式对档案的存取不太方便，占用架柜空间比较大，所以不适合广泛使用，而比较适宜于保管珍贵档案以及卷皮质软、幅面过大、不宜竖放的档案。采用平放方式存放档案，应适当控制档案的叠放高度，一般以不超过 40 cm 为宜。

2. 档案存放次序的管理

档案存放次序是指档案在库房及装具中的存放次序，档案存放次序管理的目的是避免档案存放次序的错乱。可运用辅助工具进行管理。

1) 档案存放位置索引

档案存放位置索引是以表册或卡片的形式如实记录和反映档案在库房及装具中的存放次序情况。主要作用是便于档案人员迅速调归档案和其他日常管理，更有助于新手掌握情况。一般有两种编制方法。

(1) 以全宗为单位的档案存放位置索引，即指明各个全宗的档案分别存放的具体库房和装具方位。以全宗为单位编制的档案存放位置索引见表 9-3。

表 9-3　以全宗为单位编制的档案存放位置索引

全宗名称：					全宗号：			
案卷目录号	案卷目录名称	目录中案卷起止卷号	存放位置					
			楼	层	房间	柜架(列)	柜架	层、格、箱

(2) 以库房和装具为单位的档案存放位置索引，即说明各个库房和装具存放档案的具体情况。一般来说，档案存放位置索引比较适合于档案馆和存有多个全宗的档案室，大多采用图表形式挂在库房入口，便于随时参阅。以库房及装具为单位编制的档案存放位置索引见表 9-4。

表 9-4　以库房及装具为单位编制的档案存放位置索引

楼：	层：		房间：				
柜架(列)	柜架	层(格、箱)	存放档案				
			全宗号	全宗名称	案卷目录号	案卷目录名称	起止卷号

2) 档案代理卡

档案代理卡又称代卷卡，是档案管理人员编制和使用的一种专门指明案卷去向的卡片。每当从档案架子上调出一卷或数卷连号的案卷，就填写一张代理卡，插入被调出案卷位置处，等到归卷时再将卡片取出。代理卡是案卷不在其位时的代替物，它可以让档案管理人员及时掌握档案去向，并有效杜绝案卷放错位置现象发生。档案代理卡见表 9-5。

表 9-5　档案代理卡

全宗号	目录号	卷号	调出时间	调出原因	调卷人	归还时间	还卷人

六、全宗卷

(一)全宗卷的含义

全宗卷是档案馆(室)在管理某一全宗过程中形成的、能够说明该全宗历史情况的各种文件材料所组成的专门案卷。全宗卷是一个案卷,从性质上说,它不能与全宗内的案卷混同,不是全宗内的档案,通俗地讲,是在档案管理活动中形成的“档案”,是管理全宗的档案,是档案的档案。

(二)全宗卷的性质和作用

全宗卷是对全宗进行科学管理的重要工具和手段,通过全宗卷,可以了解该全宗管理过程的情况,还可以了解该全宗内档案的内容、数量和利用等历史与发展变化状况,从而为该全宗的进一步科学管理提供必要的依据。全宗卷是企业档案室不可缺少的管理工具,也是日后随全宗移交档案馆的必要工具,高质量的全宗卷有助于全宗档案的连续管理,有利于综合利用档案材料,所以,每个全宗都应建立全宗卷,各个企业档案馆(室)都必须将建立全宗卷作为一项基本的工作制度。

(三)全宗卷的主要内容

要做好全宗文件材料的形成积累工作,必须将以下七个方面的文件材料按照准确、齐全、规范的要求归入全宗卷。

(1)档案收集,包括档案交接单、移交目录、接收和征集记录、档案来源和价值说明等。

(2)档案整理,包括档案整理工作方案、分类方案、案卷目录说明、整理工作小结等。

(3)档案鉴定,包括鉴定小组成员名单、档案保管期限表、鉴定档案分析报告、销毁档案的请示与批复、销毁档案的清册等。

(4)档案保管,包括档案安全检查记录和报告、重点档案采取的特殊保护措施、档案的抢救与修复情况报告等。

(5)档案统计,包括档案收进、移出登记,案卷基本情况统计和重要的利用统计表等。

(6)档案利用,包括全宗介绍、开发利用和控制使用范围说明、档案汇编和公布出版情况和公布出版情况及报批文件、档案产生社会效益或经济效益的典型事例等。

(7)档案管理新技术的应用,包括缩微复制和计算机辅助管理等情况的文字说明材料。

全宗内文件材料是一个动态发展的过程,它随全宗管理的延续而逐渐增加。在进行档案日常管理活动中,要注意形成文字记录,并及时收集积累,为今后的保管和利用提供依据。

(四)全宗卷的管理

把全宗管理中产生的文字材料,先归入预设的卷夹内,积累到一定数量时,即可进行整理组卷,若卷内文件材料过多,可分装数盒,形成若干分卷。卷内文件材料按“问题—时间”进行系统排列,全宗介绍、立档单位大事记在前,有关档案收集、整理、鉴定、保管、统

计、利用和现代化管理等方面的文件材料按顺序排列，在此基础上编件号并编制卷内目录，文件材料排列装订后即可装入卷盒，卷盒面和背脊著录全宗名称和编制日期。

对于保管多个全宗的企业，每个全宗都要建立全宗卷。由于全宗卷以全宗为单位进行编制，因此，一般情况下，全宗卷在管理上应单独存放并实施统一管理，不能与全宗混在一起，更不能将全宗卷作为全宗内的一个案卷对待。而企业档案室和馆藏全宗极少的企业档案馆形成的全宗卷，可置于每个全宗排列的卷首。全宗向档案馆及有关档案机构移交时，其全宗卷应随同移交。

案例分析

德国联邦档案馆对档案的保护措施

德国联邦档案馆十分重视档案保护工作。利用者出入档案馆必须佩戴档案馆颁发的胸牌；进入阅览室前，由档案馆发给利用者透明塑料袋，携带少量必须携带的工具书、手机、钱包等随身物品，其他物品一律寄存；利用者查阅过程中可以使用随身携带的电脑进行摘抄，但手写摘抄必须使用由档案馆提供的铅笔和纸张；利用者调卷数量不限，但每人每次只能阅读一份档案原件，阅毕归还后阅读第二份；珍贵的手稿档案单份保存，用质地柔软的白色纸张将手稿档案原件前后夹起保护，特别珍贵的手稿档案用双份白色纸张前后夹起保护。

从上述案例可以看到，档案馆采取的一系列措施，有的是针对可能给档案带来损害的自然因素，有的则是为了防止人为破坏。档案保护应当从库房到阅览室全过程实施，其中重点是阅览室内的管理，因这一阶段可能遭受的各种破坏因素最多。

第二节　企业档案的统计

一、企业档案统计工作的内容

企业档案统计就是运用一系列的统计技术和方法，通过表册和数字的形式描述和分析企业档案工作中的各种现象、状态和趋势的工作过程。它是了解、认识和掌握企业档案工作总体情况的重要手段。

从统计对象来看，档案统计工作可分为两个方面：一是对档案实体及管理状况的统计；二是对档案事业组织与管理状况的统计。企业档案馆（室）可根据企业档案工作的实际情况组织档案统计。

二、企业档案统计工作的意义

档案统计工作在企业档案工作中具有十分重要的意义，具体表现在如下三个方面。

(一)企业档案统计是认识档案工作的一种重要手段

档案统计以档案工作中的大量现象为对象,通过从质、量联系中对数量的观察和研究,以指标数字揭示档案和档案工作诸现象的发展过程、现状及其一般的规律性。只有建立科学的档案统计工作,才能把将档案和档案工作的定性分析和定量分析结合起来,以档案领域大量的信息作为定量分析的依据,从而使定性分析更加精确,这样,便于更好地了解和掌握档案和档案工作情况,研究其规律,从而使企业档案工作更加完善。

(二)企业档案统计是企业档案工作的一项重要基础工作

企业档案工作越发展,统计工作越要加强。建立健全科学的档案统计工作,可以准确地反映企业档案工作的真实状况,可以对企业档案各项工作进行分析和比较,便于对企业档案实行科学管理,便于更好地了解和掌握企业档案工作的规模、水平和发展趋势,便于对企业档案工作进行分类指导、监督和检查,从而进一步提高档案工作水平,充分发挥企业档案的作用。

(三)企业档案统计可以为制定企业档案工作的方针、政策和编制档案事业发展规划提供依据

档案工作的各项方针政策,是在调查研究客观实际的基础上制定的。通过科学的档案统计工作,能够系统地反映档案产生的数量、速度,馆藏档案的状况和变化,利用档案的频率和发展趋势;能够系统反映档案部门的工作量、人力和财力的需求量,能够系统地反映档案在企业整体发展中的地位和作用;能够全面、准确、及时地提供有关档案和档案工作各个环节的基本情况,以具体的数据说明问题,从而使企业领导能从客观的具体数据出发,制定正确的方针、政策,随时调整工作中存在的不相适应的部分,以利于企业档案工作的正常发展。

三、企业档案统计工作的基本要求

企业档案统计是档案业务工作的一个独立环节,其基本要求是保证统计资料的准确性、及时性和科学性。

1. 准确性

准确性就是要坚持实事求是的原则,确保统计数字的准确无误、真实可靠,如实反映档案和档案工作的客观实际。为保证档案统计数字的准确无误,要严肃认真地对待每一种统计表格及其每一个栏目、每一个数据,不虚报、瞒报和拒报。

2. 及时性

及时性是指统计指标要及时登记,统计报表要按时报送。统计指标即需要了解以数量表现出来的各个项目。要建立统计制度,使统计工作纳入正常渠道,做到制度化。统计不及时会影响到汇总的准确性,从而贻误整个统计工作的进行。

3. 科学性

档案统计工作的科学性,是指统计活动要符合科学规范,用科学的标准和方法,去收集、整理和分析统计资料。要遵循全国统计工作现代化建设的要求,逐步实现统计指标体

系完整化、统计分类标准化、统计调查工作科学化、统计基础工作规范化、统计计算和数据传输现代化。

四、企业档案登记

（一）企业档案登记的作用

企业档案登记是对企业档案收进、移出及整理、鉴定、保管等工作情况与活动，通过簿、册、表、单等形式加以记载，以反映其活动的过程、状况和变化的工作。企业档案登记为档案统计工作提供原始资料，是档案管理工作中的一项重要内容。

（二）企业档案的登记形式

企业档案登记涉及档案工作的诸多方面，其中主要包括两个方面，即档案数量和状况登记、档案利用登记。

1. 档案数量和状况登记

1）卷内文件目录与案卷目录

卷内文件目录是对卷内文件按顺序进行的登记，其作用是揭示卷内文件的来源、内容等，固定卷内文件顺序，统计卷内单份文件数量。

案卷目录是登记每一个案卷的标题及其他基本情况的簿册，其作用是反映档案的内容与成分，固定档案实体存放次序，统计各个全宗案卷数量。案卷目录是企业档案馆（室）基本和必备的检索工具。

2）总登记簿

总登记簿又称流水登记簿。总登记簿是企业档案室全面记录、反映档案数量、状况及其变化的一种登记形式。由于企业档案室一方面要从文书处理部门或有关业务部门接收归档的案卷，另一方面又要按规定定期将保存期满的企业档案向有关档案馆移交，因此，企业档案室有必要建立一本便于掌握档案数量和变化情况的流水登记总账。

总登记簿的主要内容包括案卷收入、案卷移出和现有数量三部分。登记方法是：以案卷目录为单位进行登记，说明案卷增加、减少和现存综合情况。总登记簿见表 9-6。

表 9-6　总登记簿

案卷目录	案卷目录名称（组织机构名称）	所属年度	案卷收入			案卷移出（或销毁）				目录中现在数量		备注
			收入日期	目录中之数量	实收数量	移出日期	移往何处	移出原因和文据	移出数量	卷	米	

3）档案收进登记簿

收进登记簿是档案馆记载档案增长情况的一种登记形式。基本方法是以收进档案的次数为单位进行编号和登记，即每次收进档案，不管档案数量多少或有几个全宗，都只给一个顺序号。在每个顺序号下再以全宗为单位进行登记;在登记后,将顺序号在移交目录和其他交接文据上对照查询。收进的全宗如系初次进馆,则应先在全宗名册上登记,以取得全宗号,然后再登入收进登记簿。档案收进登记簿可用于保管多个全宗的企业档案馆。档案收进登记簿见表 9-7。

表 9-7　档案收进登记簿

顺序号	收到日期	移交单位	文据(名称、日期、号数)	全宗(或某部分)名称	所属年度	数量		档案状况简要说明	全宗号	备注
						卷	米			

4)全宗名册

全宗名册是对档案馆所保存的每一个全宗简要情况进行登记的一种形式,是档案馆用以统计全宗数量和固定全宗号顺序的一种工具。其中的全宗名称必须是立档单位的全称,如果名称有变化,应将历次名称登记在案。而"移出说明"一栏,只有在一个全宗全部档案从档案馆移出时才填写,主要是说明某全宗何时、何原因、移往何处,以及交接文据的日期和号数。全宗名册可用于保管多个全宗的企业档案馆,如果企业档案馆保存全宗数量多,还可以根据档案的不同特征另设立全宗名册分册。全宗名册见表 9-8。

表 9-8　全宗名册

全宗号	初次入馆日期	全宗名称	移出说明	备注

5)全宗单

全宗单是以表格的形式反映全宗全面情况的登记文件,是档案馆中一种重要的综合性登记文件。通过全宗单能够看出每个全宗进馆后的全部变化过程。因此,它是档案馆统计全宗情况最基本的原始记录。全宗单的基本内容由两部分组成,即全宗情况介绍、全宗内档案成分与数量。它以全宗为单位分别登记,并按全宗号的顺序排列保管。全宗单(见表 9-9)同样适用于保管多个全宗的企业档案馆。全宗情况介绍和档案数量统计见表 9-10、表 9-11。

表 9-9　全宗单

全　宗　单
全宗号________________ 编制单位________________

表 9-10　全宗情况介绍

全宗情况介绍 原全宗号			
全宗名称	全宗名称起止日期	全宗卡片报送情况	
		检索工具编制种类	
		缩微及计算机应用情况	
		备注	

表 9-11　档案数量统计

登记日期	接收或移交单位名称	档案类别	保管期限	收进档案数量				移出档案数量				现有档案数量			
				已编目档案		未编目档案		已编目档案		未编目档案		已编目档案		未编目档案	
				卷盒张	米	卷盒张	米	卷盒张	米	卷盒张	米	卷盒张	米	卷盒张	米

6）案卷目录登记簿

案卷目录登记簿是对案卷目录进行登记的一种登记形式，有两个作用：一是用来统计档案馆内各个全宗内案卷目录的数量和档案数量，二是固定每一个全宗案卷目录顺序号。其编制方法是按全宗以目录的收进和编制本(册)数为单位进行登记。每一本(册)案卷目录登记为一个条目。案卷目录登记簿中的“移出说明”栏目是在整个目录的档案移出时才填写。案卷目录登记簿(见表 9-12)同样适用于保管多个全宗的企业档案馆。

表 9-12　案卷目录登记簿

顺序号	全宗号	目录号	目录名称	所属年代	案卷数量	目录页数	目录份数	移出说明	备注

2. 档案利用登记

1）利用者登记卡片（见表 9-13）

这是掌握利用者基本情况的一种登记形式，是利用者第一次到企业档案馆（室）办理有关利用手续时，由档案部门进行的初次登记。它既是利用者领取阅览证的凭据，又是日后统计档案馆利用档案人数的依据。

表 9-13　利用者登记卡片

姓名：	性别：	年龄：	阅览证号：
工作单位：		职务：	
印鉴或签字：		填卡日期：	

2）阅览室入室登记簿（见表 9-14）

阅览室入室登记簿是企业档案馆（室）准予利用者阅览的一种登记形式，也是企业档案馆（室）统计档案利用人次的重要依据。

表 9-14　阅览室入室登记表

<table>
<tr><td>姓名</td><td>阅览证号</td><td colspan="3">所在单位名称</td><td colspan="3">阅览时间</td><td>备注</td></tr>
<tr><td></td><td></td><td></td><td></td><td></td><td>上午</td><td>下午</td><td>晚上</td><td></td></tr>
<tr><td></td><td></td><td></td><td></td><td></td><td></td><td></td><td></td><td></td></tr>
</table>

3）借阅单（见表 9-15）

借阅单是利用者在阅览室借阅档案的申请书，也是利用者和阅览室工作人员之间借阅、归还档案的交接凭证。

表 9-15　借阅单

<table>
<tr><td colspan="3">借阅日期</td><td>所在单位</td><td colspan="3">姓名</td><td>阅览证号</td><td colspan="4">利用目的</td></tr>
<tr><td colspan="3"></td><td></td><td colspan="3"></td><td></td><td colspan="4"></td></tr>
<tr><td colspan="3">借阅案卷</td><td rowspan="2">备注</td><td colspan="3">借阅案卷</td><td rowspan="2">备注</td><td colspan="3">借阅案卷</td><td rowspan="2">备注</td></tr>
<tr><td>全宗号</td><td>目录号</td><td>案卷号</td><td>全宗号</td><td>目录号</td><td>案卷号</td><td>全宗号</td><td>目录号</td><td>案卷号</td></tr>
<tr><td></td><td></td><td></td><td></td><td></td><td></td><td></td><td></td><td></td><td></td><td></td><td></td></tr>
<tr><td colspan="3">拟借案卷总数</td><td colspan="2">实际借阅案卷总数</td><td colspan="3">借阅人签字或盖章</td><td colspan="3">归还日期</td><td>签字</td></tr>
<tr><td colspan="3"></td><td colspan="2"></td><td colspan="3"></td><td colspan="3"></td><td></td></tr>
</table>

4）档案借出登记簿（见表9-16）

档案借出登记簿是企业档案馆（室）对档案外借利用时的一种登记文件，也是统计外借档案数量的一种依据，其作用与借阅单基本相同。

表9-16　档案借出登记簿

顺序号	借出日期	借阅单位（地点及电话号码）	利用目的	借出案卷						归还案卷		备注
				数量	全宗号	目录号	案卷号	借阅期限	借出人签字	日期	签字	

5）档案利用效果登记单

档案利用效果登记单是企业档案馆（室）统计利用档案后取得的经济和社会效益的书面材料。它实质上是档案利用效果登记单档案馆（室）对每一次利用档案的成效、结果进行跟踪的登记，对于档案部门改进和提高工作水平有积极意义。

档案利用效果登记单的使用方法是在利用者利用档案之初就把表格与档案一起交给利用者，并简要说明要求，在档案利用完毕时收回或取得利用效果则请利用者寄回。

档案利用效果登记单的内容可以根据档案部门各自需要设置，一般包括利用者姓名、年龄、所在单位等个人资料，以及利用目的，利用档案数量、档号，利用效果等。

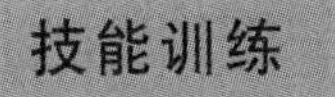

技能训练

《档案装具》和《直列式档案密集架》

【目的】

通过认真阅读中华人民共和国国家标准《档案装具》（DA/T 6—1992）和中华人民共和国国家标准《直列式档案密集架》（DA/T 7—1992），加深对档案装具的认识。

【指导】

（1）从网上下载中华人民共和国国家标准《档案装具》（DA/T 6—1992）和中华人民共和国国家标准《直列式档案密集架》（DA/T 7—1992）。

（2）认真阅读《档案装具》和《直列式档案密集架》对档案装具的相关规定。

（3）对照书中的相关知识点，对其中的重点内容进行摘录。

本章小结

企业档案保管工作与企业档案统计工作看似烦琐，却是企业档案工作的立足之本。维护

档案的完整与安全,是档案工作者的基本职责。因此,学员在学习本章过程中,要尽可能掌握这些看似零散的知识点,并能逐渐将它们熟练运用于实际工作中。

实践活动

参观档案库房

【目的】

通过对档案库房的实地参观,加深对档案保管工作的认识。

【内容】

安排学员参观一次国家综合档案馆或企业档案馆库房,请工作人员结合实地情况讲解档案保管工作中的注意事项。

【要求】

重点了解档案库房的设计、档案装具、档案保管制度等,对于档案保管起到的作用。

本章练习

一、判断题

1. 库房不要求与档案人员办公室或生活区分开,可以合用。 ( )
2. 档案保护工作首先要考虑治,其次才考虑如何防。 ( )
3. 企业档案保管应尽量采用无酸卷皮(盒),以减少包装材料对档案的损害。 ( )
4. 同一全宗的不同类型的档案可以分别保管。 ( )
5. 全宗卷就是指该全宗的案卷。 ( )
6. 对于保管多个全宗的企业,每个全宗都要建立全宗卷。 ( )
7. 企业档案统计要保证统计资料的准确性、及时性和科学性。 ( )
8. 档案登记就是对档案数量和状况的登记。 ( )
9. 全宗名册是以表格的形式反映全宗全面情况的登记文件。 ( )
10. 借阅单是企业档案馆(室)准予利用者阅览的一种登记形式。 ( )

二、单项选择题

1. 档案保管工作的内容主要包括档案库房管理、档案流动过程中的( )。

A. 档案消毒　　B. 档案修裱

C. 保护档案的专门措施　　D. 档案复制

2. 档案装具目前主要有档案架、档案柜和( )。

A. 档案盒　　B. 档案箱　　C. 档案袋　　D. 档案橱

3. 档案库房应与( )分开。

A. 生活区　　B. 消毒间　　C. 裱糊室　　D. 值班室

4. 档案保管的主要物质条件是指档案库房、档案装具和(　　)等。

A. 卷皮　　B. 卷盒　　C. 包装纸　　D. 档案包装材料

5. 档案馆(室)最基本和必备的登记方式和检索工具是(　　)。

A. 案卷目录　　B. 专题目录　　C. 分类目录　　D. 全宗目录

三、多项选择题

1. 档案库房一般不宜选择(　　)。

A. 地下室　　B. 顶层　　C. 靠近盥洗室

D. 靠近锅炉房　　E. 大楼西侧

2. 档案库房的门窗要符合(　　)的要求。

A. 防盗　　B. 防尘　　C. 防虫

D. 防火　　E. 防水

3. 我国目前包装档案的基本材料有(　　)。

A. 卷皮　　B. 案卷　　C. 卷盒

D. 包装纸　　E. 包装布

4. 档案统计能为档案工作各项计划的编制提供全面而系统的资料,如(　　)。

A. 档案产生的数量和速度　　B. 馆藏档案的状况和变化

C. 利用档案的频率和发展趋势　　D. 全引目录

E. 案卷目录

5. 档案统计工作的基本要求是保证统计资料的(　　)。

A. 准确性　　B. 及时性　　C. 科学性

D. 全面性　　E. 规范性

四、简答题

1. 企业档案保管工作的主要内容包括哪些方面?

2. 简述企业档案保管工作的基本方针。

3. 简述档案装具的排放与编号方法。

4. 档案防护措施中的“八防”包含哪些内容?

5. 简述企业档案登记的作用和主要形式。

五、案例分析题

档案安全体系

2010年5月,国家档案局在四川召开的全国档案安全体系建设工作会议。国家档案局局长、中央档案馆馆长杨冬权出席会议并讲话,国家档案局副局长、中央档案馆副馆长李和平主持会议。会议强调,在建立“两个体系”的同时,提出建立确保档案安全保密的档案安全体系,全面提升档案部门的安全保障能力,确保档案实体安全和信息安全。这是最高国家档案行政管理部门继“建立和完善档案资源体系”和“建立和完善档案利用体系”之后,提出的档案工作新目标、新要求。

根据以上案例完成下列题目。

1. 档案损毁的因素有两个方面:人为因素和(　　)。

A. 物理因素　　B. 化学因素　　C. 非人为因素　　D. 自然因素

2. 档案库房温度标准控制范围是(　　)。

A. 14 ℃～24 ℃　　B. 15 ℃～25 ℃　　C. 16 ℃～26 ℃　　D. 17 ℃～27 ℃

3. 档案库房相对湿度标准控制范围是(　　)。

A. 40%～60%　　B. 45%～60%　　C. 45%～65%　　D. 30%～60%

4. 在所有的防护措施中,(　　)最为重要。

A. 防水　　B. 防火　　C. 防虫　　D. 防尘

第十章　企业档案的检索、利用与编研

学习目标

本章要求了解企业档案检索工作的含义和主要内容，档案检索手段和检索语言，企业档案利用工作的意义和要求，企业档案编研工作的内容和意义；重点掌握档案检索效率的含义和作用，常用企业档案检索工具的名称、编制方法和主要作用，企业档案提供利用的方式方法，常用企业档案参考资料的名称和编写方法。

案例引导

中日企业档案学术交流

2005年11月，应日本企业史料协议会的邀请，中国档案学会代表团赴日参加中日第十次企业档案学术交流活动。在学术交流会上，中国石化集团胜利石油管理局、四川剑南春集团公司等先后做了《企业档案信息资源开发利用的实践与思考》、《充分利用档案信息资源为企业的生存和发展服务》的学术报告。日本凸版印刷株式会社、清水建设株式会社也分别做《从年鉴、企业史的编纂看企业档案的利用》、《企业档案的管理与利用》的报告，介绍了日本企业档案的收集、管理、利用和开放的体制。

从以上案例可以得知，中外各国企业都十分重视企业档案的利用工作。在企业档案管理实际工作中，检索、利用和编研环节都属于档案工作中的“大利用”概念范畴。其中，企业档案检索工作是对企业档案信息进行系统存储和根据需要进行查找的工作，编制企业档案检索工具不仅能为利用者查找档案提供帮助，也为企业档案管理人员科学、有效管理档案提供便利。企业档案的利用是指档案部门以收藏的企业档案资源为依据，通过一定的方式与方法，为需要获取相关企业档案信息的利用者提供档案查阅服务。企业档案编研工作是指企业档案馆（室）根据企业及社会利用的需要，对馆（室）藏档案内容进行研究和编辑的工作。

第一节　企业档案的检索

一、企业档案检索工作的含义

企业档案检索工作是对企业档案信息进行系统存储和根据需要进行查找的工作,它是开展企业档案利用工作的基本手段,是开发档案信息资源的必要条件。

一般档案检索工作包括档案的存储和查检两个阶段。

(一) 存储阶段

档案存储是指将档案中具有检索意义的特征标识出来,加以编排,形成检索工具或检索信息数据库的过程。它包括两方面的内容。

(1) 著录标引,即对档案内容和形式特征进行分析、选择和记录,将每一文件或案卷通过著录标引后形成条目。

(2) 编制检索工具,即对著录标引后形成的条目加以系统分类、排列,组成各种检索工具,或输入计算机建立计算机检索数据库。

(二) 查检阶段

档案查检是指利用检索工具或数据库实际搜索所需档案的过程。它包括两方面的内容。

(1) 确定查找内容,即对利用者的检索要求进行分析,确定利用者所需档案的实质内容,形成概念,并借助检索语言将这些概念转换成规范化的检索标识。在计算机检索中还应按实际需求把这些检索标识之间的逻辑关系表达出来,形成检索表达方式。

(2) 查找,即档案工作者通过各种手段把表示利用需求的检索标识与存储在手工检索工具或计算机数据库中的标识进行相符性比较,将符合利用要求的条目查找出来。

存储和查检两者相互作用,存储是查检的基础和前提,查检是存储的应用和反馈。

二、企业档案检索的手段

企业档案检索的手段通常有两种:一是手工检索,一是计算机检索。

(一) 手工检索

手工检索是传统检索手段,它由人来完成档案信息的存储和查检过程。手工检索的优点是:检索方法简单,便于掌握;不需要特殊的设备与技术,检索费用低廉;可以对检索效果进行及时反馈,随时调整检索策略。其缺点是:编制检索工具工作量大;检索速度慢;检索效率难以保证,易产生误检和漏检。

(二) 计算机检索

计算机检索是指由电子计算机自动完成档案信息的存储和查检过程。它又可分为脱机检索、联机检索和联网检索三种方式。电子计算机检索与手工检索相比,有极大的优越性,表现为以下几个方面。

(1) 检索速度快。机检的高速可以节省大量的人力和时间,保证检索的及时性。

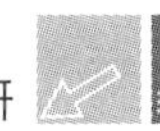

(2) 存储信息量大。计算机的高存储容量是手工检索工具远远不能比的。

(3) 检索效率高。计算机检索可以在数据库中逐一进行搜索，遗漏的可能性小，同时，数据表达、逻辑运算等都能以很高的精确度进行，有很高的查准率。

(4) 适应性强。计算机能在程序控制下自动工作，能够一种输入多种输出，一次输入多次使用，一处加工多处使用，一种方式加工多种方式应用，满足多种类、多途径的检索要求。

但计算机检索方式也存在一些不足之处：设备购置、维修及检索费用较高，联机联网检索还需要有专用的通信线路；计算机检索需要有专门的技术人员；前期处理和输入工作量较大等。

两种检索手段的选择应从本单位实际出发，综合考虑适用性、经济性和可能性等因素，做到既不因循守旧，也不盲目追求现代化。

三、档案检索效率

档案检索效率是指在检索过程中满足利用者需要的全面性和准确性程度，它是衡量检索系统性能以及每一个检索过程中质量高低的最基本指标。研究档案检索效率，对于提高检索系统性能，满足利用者的检索要求具有重要意义。

档案检索效率通常采用查全率和查准率两个指标来衡量和表示。

查全率指满足利用者要求的全面程度，即检索出的相关档案与全部相关档案的百分比。与之相对应的是漏检率，即未检索出的相关档案与全部相关档案的百分比。查全率与漏检率的公式为

$$查全率=\frac{检索出的相关档案}{全部相关档案}\times 100\%$$

$$漏检率=\frac{未检索出的相关档案}{全部相关档案}\times 100\%$$

查准率是指满足利用者要求的准确程度，即检索出的相关档案与检索出的全部档案的百分比。与之相对应的是误检率，即检索出的不相关档案与检索出的全部档案的百分比。其公式为

$$查准率=\frac{检索出的相关档案}{检索出的全部档案}\times 100\%$$

$$误检率=\frac{检索出的不相关档案}{检索出的全部档案}\times 100\%$$

四、档案检索语言

为了提高档案检索工作的质量，档案检索中需要使用专门的检索语言。检索语言也称为标引语言，是根据检索的需要而编制的一种专门语言，是档案标引和检索的工具，是将档案主题概念转换为检索标识的依据。

(一) 档案检索语言的特点

与日常使用的自然语言相比，档案检索语言具有以下基本特点。

1. 单义性

档案检索语言采用规范化措施保证了词语与概念一一对应，不允许同一概念用多个

词语来表达,也不允许多种概念用一个词语表达。尽量避免因概念上的不清晰而出现检索差错。单义性是档案检索语言的最重要的特点。

2. 专业性

档案检索语言有适应专业部门检索需要的专业检索语言,有满足从学科上或从主题上检索需要的分类、主题检索语言。而自然语言使用的范围广,检索语言使用的范围窄,功能的专业性强。

3. 规范性

档案检索语言中采用比较确切、规范和通行的语词做标识,而不采用不通行的同义词、近义词、译名、俗称、旧称等。例如,“番茄”为俗称,应用“西红柿”做标识。

(二) 档案检索语言的种类

档案检索语言主要有两大类:一类是分类语言,一类是主题语言。目前我国档案部门编制和统一使用的档案检索词典有《中国档案分类法》和《中国档案主题词表》。

1.《中国档案分类法》

《中国档案分类法》主要用于档案分类标引和组织档案分类目录,适用于我国各个历史时期所形成的各类档案。

《中国档案分类法》由编制说明、基本大类、主表和辅助表四个部分组成。编制说明是对分类法基本、全面的介绍,包括编制目的和适用范围、编制原则,基本类目的设置及序列、对各种分类管理的处理方法、标记符号、注释和分类法的管理等。第二部分基本大类是分类表的一览表,共有19个基本大类。第三部分是主表,主表是分类法的正文和主体,由词汇、符号体系和注释组成,其中词汇是指类目名称,它以分类号为代码,而符号体系采用汉语拼音和阿拉伯数字相结合的混合码制,一个字母表示一个大类,字母之后的数字表示下属类目的级位。

2.《中国档案主题词表》

《中国档案主题词表》是一部由反映档案内容的规范词目组成的词典,主要用于各级综合性档案馆(室)所藏档案的主题标引与主题检索。

《中国档案主题词表》主要由主表和范畴索引组成。主表即字顺表,由全部词目排列而成,词目按汉语拼音结合汉字字形排列,主表的基本单元是主题词款目,由款目主题词及其汉语拼音、范畴号、注释、词间关系等内容组成。

五、企业档案检索工具

(一) 企业档案检索工具的作用

档案检索工具是企业档案馆(室)存储、报道、查找档案材料的工具,也是用以熟悉馆(室)藏,进行档案管理,提供利用和馆(室)际交流的必要手段。企业档案检索工具在企业档案管理中的作用具体表现为以下三个方面。

1. 桥梁作用

档案是人类社会实践活动的历史记录,是珍贵的历史财富,但保存在档案部门的档案

数量庞大，内容繁杂，如果不借助于科学的方法和手段，利用者便无法从中获取所需的档案。档案部门编制的档案检索工具在档案材料和利用者的特定需要之间架起了一座桥梁，沟通了两者之间的联系，利用者借助检索工具，便可以迅速准确地从数量浩瀚的档案海洋中获取所需档案，从而使档案的价值得以实现。

2. 交流作用

档案检索工具中存储了大量的档案信息，一方面，它可以为公众提供查找档案的线索，引导利用者来馆（室）查阅档案；另一方面，档案馆（室）一些检索工具又可以成为档案馆（室）与利用者、档案馆（室）之间的交流工具。

3. 管理作用

档案检索工具记录了档案的主要内容和形式特征，集中揭示了馆（室）藏档案的基本情况，档案人员可以通过档案检索工具概要地了解馆（室）藏档案情况，做到有针对性地开展业务工作。而且，档案检索工具的质量和水平在一定程度上也代表了档案工作的科学管理水平。通过编制检索工具，可以发现档案收集、鉴定、整理、统计等业务工作中的不足与问题，从而能够及时采取措施加以改进，提高档案工作科学管理的水平。

（二）常用企业档案检索工具

1. 案卷目录

案卷目录是以案卷为单位，依据档案整理顺序组织起来的名册。案卷目录是档案馆（室）最常见最基本的一种检索工具。它既能固定案卷的次序，也便于人们查找。（具体编制见本书第七章第二节“企业归档文件的整理：以卷为单位”）

2. 全引目录

全引目录又称为卷内文件目录汇集、案卷文件目录，它将案卷目录与文件目录合二为一。

1）全引目录的编制方法

全引目录的编制主要有两种方法，一种是将全宗全部或一部分的案卷目录和卷内文件目录重新打印组合，即先列出某一案卷的基本特征，如案卷号、案卷标题（题名）、卷内文件起止日期、页数、保管期限等有关项目，然后在这一条目下再列出这个案卷的卷内文件目录。另一种是完全利用原有基础进行复印，即只需把原有的案卷目录和卷内文件目录依次复印后装订成册即可，这种方法编制的全引目录合订后，案卷目录在前，卷内文件目录在后。

2）全引目录的优缺点

全引目录的优点在于：案卷目录的最大局限性是案卷题名很难具体确切地揭示案卷的全部内容。卷内文件目录的局限性是目录附在案卷内，没有独立成册，使用时必须调出案卷，因此它不是完整意义上的检索工具。而全引目录将两者有机地结合在一起，使档案的检索从案卷深入到文件，弥补了案卷标题不能确切反映文件内容的缺陷。因为全引目录不仅使每一案卷中所包含的文件标题在目录中反映出来，同时保持了独立成册的形式，能全面具体地揭示档案的内容和成分，而不需逐一翻阅档案，便于迅速准确地查找所需要的档案材料。而且，全引目录还具有编制方法简便和编制速度快的优点，具有普及推广的条件。

全引目录的局限性在于:汇编后的条目较多,体积较大;它仅仅加深了检索深度,却未能提供新的检索途径,仍按档案原先的整理顺序查找,不便按专题查找利用。

3. 专题目录

专题目录是一种系统揭示档案馆(室)内某一专题的档案内容与形式的检索工具。专题目录的最大特点是集中了某一问题的全部档案,它不受全宗限制,将一个档案馆(室)内有关同一专题的档案信息集中起来,为按专题查档提供了方便,因而成为深受用户欢迎的一种检索工具。

专题目录的编制程序和方法如下。

1) 选题

专题的选择是编制专题目录的最初环节,也是最关键的一个环节。选题不当,所编目录将无人问津。因此,在选题时,必须考虑两方面的因素,即专题的适用性和可行性。一方面,要充分调查社会上的利用需求;另一方面,应切实考虑本馆(室)档案的具体情况,是否有此类内容的档案,并考虑人力、物力等实际情况。在选题上,必须注意避免与分类目录重复,要用发展的观点,多选一些科研、经济建设等方面的专题。

2) 选材

编制专题目录,一般应事先制订一个计划,主要内容包括专题名称、条目的分类方案、专题所涉及的年限和地区、选材范围、工作步骤与方法等。

选材过程可以为粗选和精选两个步骤。由于某一专题会涉及一定数量的全宗和有关档案,因此,专题材料的选择必须是在特定范围内进行的,不能漫无边际地进行。先在较大范围内挑选出与该专题相关的全宗和档案,力求不遗漏,然后经过比较分析,进行必要的取舍,保存那些反映事物本质的、有价值的、最合适的材料。

3) 填卡

专题目录的填卡,一般与选材同时进行,边选边填,可以一文一卡、一卷一卡,也可多文一卡。三种形式往往交叉使用,主要根据档案内容而定。

专题目录的卡片格式和项目一般可按著录标准的卡片格式和项目,也可设计专题卡。著录标准的卡片格式可参见《档案著录规则》(DA/T 18—1999),目前档案部门一般已不使用纸质卡片,而使用计算机进行著录。

4) 排列编目

卡片填毕即可进行卡片的分类和系统排列工作。一般可按专题的分类方案进行系统分类排列。分类标准可按问题、时间、地区等标准,类内文件的排列可以时间或文件重要程度为依据。排列之后,依照专题卡片上的项目将内容打印出来,装订成书本式目录,或内部发行,或公开出版,而原先填写的卡片,则留作内部查阅使用。

4. 文号索引

文号索引,又称文号对照索引、文号档号对照表。它是将档案文号与档号相对应,通过文件字号途径查找档案的一种检索工具。它著录档案文件的发文字号和档号,是一种以号码为主的检索工具。

1) 作用和特点

文号索引根据文件的外部特征,把分散在各个案卷中的文件,按文号次序排列起来,

只要利用者提出所要查阅文件的作者、年度和文件编号，档案管理人员即可通过文号目录查出该文件的档号，从而快速、准确地调出所需文件。由于文号目录的编制方法简单，实用性强，特别适合单位档案室。

2）文号目录的格式与编制方法

文号目录一般按年度和发文单位分别编制，采用表格形式，其格式不限，主要有两种。一种是号码对应表格式，即将文号一一列出，然后在与该文号对应的空格中填写该文件所在的档号。号码对应式文号索引见表10-1。

表10-1　号码对应式文号索引

00		10		20		30		40		50		60		70		80		90	
01		11		21		31		41		51		61		71		81		91	
02		12		22		32		42		52		62		72		82		92	
03		13		23		33		43		53		63		73		83		93	
04		14		24		34		44		54		64		74		84		94	
05		15		25		35		45		55		65		75		85		95	
06		16		26		36		46		56		66		76		86		96	
07		17		27		37		47		57		67		77		87		97	
08		18		28		38		48		58		68		78		88		98	
09		19		29		39		49		59		69		79		89		99	

表10-1中共100格，代表100件发文，01～99代表1～99号发文。满100号，在第二页上端第一格“00”前注上“1”，依次类推。在空格内填上相应的档号(卷号/页号)。该表主要适用于本单位发文。

另一种是条目式，即采用一定的格式，将文号和档号准确地填写在相应的空格内。××年文件字号目录见表10-2。

表10-2　××年文件字号目录

文种										
卷号/页号										
文种										
卷号/页号										
文种										
卷号/页号										
文种										
卷号/页号										

这种格式适用于外单位来文，由于来文的发文字号常常是不连续的，所以需要填写文号。

5. 人名索引

人名索引是揭示档案馆(室)所藏档案中涉及的人物及相关内容，并指明出处的一种检索工具。实践证明，人名索引是一种使用频率较高的检索工具。

1）类型

人名索引从体例上可分为综合性与专题性两种。综合性人名索引是将馆(室)藏档案中所涉及的人名全部标引出来，即有名必录；专题性人名索引是针对某一专题，将馆(室)藏档案中涉及专题的人名全部标引出来。两种索引各有用处，可根据需要选择使用。相对而言，由于综合性人名索引内容涉及面广，工作量也大，所以一般情况下，可根据需要选择编制专题性人名索引，如，干部任免、干部处分、干部离退休等人名索引。而为历史档案编制人名索引，大多是为具有一定官衔和社会地位的人物编制，因为这些人物在历史发展过程或在某一历史事件中大多起过一定的作用，和一般人物相比，检索频率大得多。

2）编制方法

人名索引的条目著录有简单和详细两种不同的形式。简单的条目只著录人名和档号。优点是编制快捷，但由于同名同姓现象的存在，容易造成误检。详细的条目包括三部分：第一是个人简要情况，如姓名(包括别名、曾用名)、性别、生卒年月、民族、籍贯、文化程度、政治面貌、职务、简历等；第二是档案内容提要，即用简练、准确的文字揭示出文件材料中与此人有关的内容，这是最核心的著录部分；第三是指引部分，包括材料出处的档号和备注等。

人名索引通常采用卡片形式，便于随时增补。人名索引一般按汉字的部首、笔画、笔顺、笔形、音序等方法排列，也可将几种方法结合起来加以排列。为便于查找，应在不同的笔画和不同的音序之间，放置导引卡。

6. 全宗指南

全宗指南，又称全宗介绍，是以文章叙述形式概括介绍档案馆(室)内某一全宗档案内容、成分和利用价值等情况的介绍性检索工具。

1）全宗指南的作用

全宗指南的主要作用，是介绍、报道某一全宗档案的基本情况，全面、完整、清晰地展示全宗的历史和档案内容，为利用者了解和研究立档单位的历史、全宗内有关档案的内容等提供指导性信息；它也是档案人员熟悉全宗情况，加强科学管理的重要手段。每个档案室在向档案馆移交档案时必须报送全宗指南。由于档案馆内往往存有一定数量的全宗，在人力物力许可的前提下，可以考虑分阶段地为每个全宗编写全宗指南。

2）全宗指南的内容

全宗指南通常分为三个部分，即立档单位历史沿革、全宗简要历史及档案内容和成分介绍。

（1）立档单位历史沿革。立档单位的历史沿革内容包括立档单位名称、组建情况、成立时间、成立地点、性质、任务与职能、隶属关系、所辖区域、内部组织机构的设置及职能、主要负责干部姓名及变化情况、内部组织机构及其变动情况、经历的重大事件、执行的特殊任务等。这是全宗指南的重要组成部分，也是利用者深入了解档案内容的关键。

（2）全宗简要历史。全宗简要历史包括档案来源、数量、所属年度、进馆时间；整理、鉴定、利用、编研情况、编制检索工具的种类与用途；档案完整程度，是否遭受过损失和销毁，受损原因、时间、受损档案的具体内容、数量等。

（3）全宗档案内容和成分介绍。这是全宗指南的核心和主体，介绍的内容包括档案来源、产生时间、数量、内容、成分、可靠程度、利用价值等。介绍的方式一般依据档案整理体系进行介绍，主要有按问题和组织机构介绍两种方式。全宗按问题分类，则按原划分的类目逐一介绍；按组织机构分类，则按立档单位的内部组织机构，分别介绍各个机构内的档案内容与成分。具体的介绍方法有三种，即简要介绍、详细介绍、重点与全面相结合介绍等。全宗的三种介绍方法是针对不同的全宗，在介绍时应注意把握以下几点：小全宗和不太重要的全宗简要介绍；重要的全宗和内容较为重要的档案详细介绍；一般全宗采用简要与详细相结合（重点与全面相结合）的方法进行介绍。

3）全宗指南的辅助材料

为便于全宗指南的使用，可编制一些辅助材料，如人名、地名索引、目录、注释、单位简称，以及有关立档单位和全宗历史的参考材料。辅助材料要视具体情况而定。

在撰写全宗指南过程中要引起注意的内容包括以下三个方面。一是依据要实，必须以档案材料为主要依据，编写前要全面收集有关全宗历史情况的材料，仔细研究档案内容，尊重历史、实事求是才能写好全宗指南。二是内容要全，按照立档单位历史沿革、全宗档案情况简介、全宗档案内容与成分所要求的范围，面面俱到，尽可能表达清楚，内容完整的全宗指南才有价值。三是文字简练。撰写全宗指南文字要简练，条理要清楚，阅读起来要方便，有一目了然的效果。

7. 专题指南

专题指南，又称专题介绍，是按一定题目，以文章叙述形式综合介绍档案馆（室）有关该专题的档案内容与成分的一种检索工具。

专题指南兼有专题目录和全宗指南的特点，专题指南的主要功能作用，在于综合介绍报道有关某专题档案材料的综合信息，属于介绍性检索工具。

专题指南的编写可在专题目录的基础上进行，专题指南在选题、制订计划和选择材料等原则和方法上与专题目录类似，但在具体介绍档案的内容和成分方面，与全宗指南相似，即概要地介绍档案的作者、内容、形式、可靠程度、时间、保管期限和利用价值等。在具体编写方法上，也可采取简要介绍、详细介绍和全面与重点介绍相结合。专题指南所介绍的档案一般不必指明存址，但对某些重要的档案亦可注明档号。专题指南的类目体系与专题目录相同。

档案馆（室）编制专题指南一般可在专题目录的基础上进行，即将专题目录中的专题档案加以综合介绍。而利用者对专题档案的利用,往往是先利用专题指南,明确了检索的主要途径后,再从专题目录中获得档案所在位置。

第二节　企业档案的利用

一、档案提供利用的含义

档案提供利用,又称档案利用工作,是指档案部门以收藏的档案资源为依据,通过一定的方式与方法,直接提供档案信息,为社会各项事业服务的一项工作。

档案提供利用与利用档案,是两个既有联系又有区别的相关概念。档案提供利用是指档案部门为满足利用者需要,向利用者提供所需档案材料及各种相关服务;而利用档案是指利用者为了研究和解决一定的问题而到档案馆(室)利用档案。所以,两者之间是相辅相成的关系,有了利用档案的需要,才会有档案提供利用工作的存在;如果没有档案提供利用工作,利用档案的目的也就不可能实现。因此,利用档案是档案提供利用的存在基础,而档案提供利用工作是利用档案的现实条件。

二、企业档案利用工作的意义

(一)企业档案利用工作是档案工作为企业服务的直接手段

企业档案部门通过为企业生产、经营活动提供大量档案信息,体现了档案工作的方向和目的;同时利用工作也是档案工作服务企业的一个窗口,成为衡量企业档案工作质量高低的重要标准。

(二)企业档案利用工作促进了企业档案工作的发展

随着企业档案利用工作的开展,能够比较客观地发现企业档案工作中存在的问题和不足。如收集是否齐全完整,整理是否科学规范,检索工具是否实用等,从而对这些环节提出相应要求。做好档案利用工作是对企业档案工作最实际有效的宣传,企业档案在利用工作中发挥了成效,就越能得到企业领导和社会的重视,也才能获得自身发展的良好条件。

三、企业档案利用工作的要求

(一)树立服务观念,提供优质服务

作为一个档案工作者,应该树立良好的服务观念,要具有高度的责任感和热情周到的服务态度,对待每一个查档者应一视同仁,一切为利用者着想,热情、周到地为利用者服务。因此,档案人员应把为利用者提供全面、及时、准确而有效的服务作为利用工作的指导思想,使企业档案提供利用工作始终处于最优化的服务状态。

(二)分析预测利用需求,掌握利用工作规律

档案部门必须加强对利用者的研究,以提高档案提供利用工作的主动性和针对性。

不同的利用者有不同的需求特点，档案部门必须根据利用者的不同特点，提供有针对性的服务。要认识到档案利用需求的阶段性，档案利用需求有高潮也有低谷，应注意每个阶段需求的重点，把握档案利用工作实际，使档案提供利用工作更具针对性、预见性和能动性。

（三）熟悉馆（室）藏，开展主动服务

档案工作者在了解外界需要的前提下，还必须熟悉馆（室）藏档案的内容，这是做好利用工作的一个必要条件。

所谓熟悉家底，是指对馆（室）藏档案的成分、内容和数量及存放的库架位置了如指掌，了解各个全宗形成及整理状况，熟悉全宗内档案的利用价值。特别对重点全宗和珍贵档案更应如数家珍。只有熟悉档案，知己知彼，才能在被动中争取主动，才能减少查阅调卷的盲目性，为利用者及时、全面、准确地提供服务；也只有熟悉档案，对利用者提供咨询服务，才能收到良好的效果。

熟悉档案的方法很多，一般是通过平时的档案收集、整理、鉴定、统计、保管等业务工作有意识地了解，尤其是通过编制检索工具和开展编研工作，来全面掌握档案的内容和成分。同时，档案人员还应掌握馆藏数量、各种检索工具的特点和检索范围，当好利用者的参谋。

（四）正确处理利用和保密的关系

利用与保密是一个经常困扰档案利用工作的实际问题。从根本上讲，档案的提供利用和保密是一致的，都是为了更好地发挥档案对社会的积极作用。但两者还是存在一定的矛盾。由于档案自身的特点，不是所有的档案都可以向所有人开放，有相当一部分档案具有机密性，往往是需要保密的，保密的目的并非不让利用，只是在一定时期内，将利用控制在一定的范围之内，是为了维护企业的利益，并有效地利用档案资源。在处理保密和利用两者关系时，应该坚持以企业利益为重，深入地研究、审查档案的内容，适时开展档案的解密、降密工作，简化利用手续，更好地提供利用服务。

四、企业档案提供利用的方式方法

（一）企业档案提供利用的基本方式

1. 提供档案原件

企业档案馆（室）可开辟专门的阅览室，让档案用户查阅所需的档案原件；档案原件一般不外借，在某些特殊情况下，可让档案用户移交单位暂时将档案原件借出馆（室）外使用等。

2. 提供档案副本或复制品

企业档案馆（室）可制作各种形式的档案原件复本，代替原件在馆（室）内阅览或提供馆（室）外使用，如编辑出版文件汇集和在新闻媒体上公布档案，举办档案展览等。为了保证档案原件的完整与安全，珍贵档案提供利用应尽量以复制件代替原件。

3. 提供档案信息加工品

通过提供档案信息加工品,满足有关档案用户的利用需求。例如,编写大事记、组织沿革和专题概要等各种参考资料,制发档案证明,依据档案撰写论文和著作等。

(二)企业档案提供利用的主要方法

1. 档案阅览

档案阅览服务,是指企业档案馆(室)专门设立阅览室,为利用者提供档案服务的一种方式。它是我国目前和今后一段时期内的一种普遍而主要的档案提供利用方式。

档案是原始的历史记录,一般为孤本或珍本,某些档案内容还具有一定的机密性,这些特点决定了档案一般不宜外借,也不宜复制多份,而应主要采用馆(室)内阅览的方式。

1)开辟阅览室的优越性

(1)开辟阅览室可以提高档案的周转率和利用率。档案大多是孤本,这样档案原件在同一时间内只能提供给一个人阅读,共享性差,而建立阅览服务制度,能避免因一人借出馆外而妨碍多人利用的弊端。

(2)开辟阅览室便于档案的保护和保密。阅览室内配有专门设施,有专人监护和咨询,这样既能为利用者提供较好的阅览条件,及时解决利用过程中的一些问题,又便于档案工作人员能较好地掌握档案的利用范围,对利用者的利用活动进行监督,有效地维护档案的完整和安全,防止因档案被借出而可能造成的泄密。

2)阅览室的设置

阅览室的设置应该以宽敞、明亮、舒适、安全为基本要求,具体设置应该既要从服务观点出发,又要从便于管理着眼。阅览室内,一般应该配有必要的利用设施和相应的参考工具,如,应该有服务台、阅览桌、布告栏、目录与资料书柜、监护设备等服务设施,应配置公用的档案检索工具和档案参考资料,或附设为利用者服务的图书资料室,备有与馆藏有关的年鉴、手册和中外文词典等工具书,还可备有笔、墨水和摘抄档案专门用纸等书写工具,供利用者使用。

条件具备的档案部门,还可以根据各自条件设置不同类型的阅览场所,如,普通阅览室、缩微胶片阅览室、内部阅览室、开放阅览室、专家阅览室、参考资料阅览室、目录查检室、咨询导检室、适应发展需要的远程阅览室。对不同功能的阅览场所配置必要的技术手段与设施。如有足够的电源设施,方便利用者使用手提电脑,缩微品阅览室配备缩微阅读机及复印机等。

3)阅览室的规章制度

阅览室必须制定阅览制度,作为利用者共同遵守的行为规范。如,《查档须知》、《利用开放档案规定》等,对档案借阅范围、阅览要求与手续、注意事项,以及其他相关事项,都应做出较为明确的规定。其中,应该明确规定利用者在进入阅览室前,除了必要的书写用具外,其他物品不得带入,而应存放在规定的场所;保持阅览室的安静和整洁,不得在阅览室内饮水、进食,严禁吸烟;为了保护档案的机密,利用者不得借阅不在其利用范围的档案;

阅档时，所调档案只能本人阅读，不得相互传看，也不得私自拍照或复制；对于残旧、脆化的易损档案和特别珍贵的档案提供复制本，一般不出借原件；尚未经过整理的零散文件，一般不予借阅，出于特殊情况，需要借阅时，须逐件登记；利用者必须爱护档案，不得在文件上做任何记号，禁止涂改、撕裂和污损档案，如有发现，将根据有关法规追究有关人员的法律责任；所调档案仅限于阅览室内阅读，离室前，利用者必须如数交还等。阅览室工作人员要负责宣传相关规定并监督实施。

4）阅览室的人员要求

为了做好阅览室的工作，阅览室的工作人员必须牢固树立为利用者服务的明确思想，了解有关专业知识，业务能力强，熟悉馆（室）藏档案的基本情况，迅速、准确地为利用者查找分散在不同全宗、类别里的档案。对利用者应该做到热情主动、百问不厌、百拿不烦，满足各种合理的阅览要求，同时，应积极协助和指导利用者使用档案检索工具，必要时还应主动向利用者推荐或代选档案材料和研究材料，满足利用者不同要求，真正当好顾问和参谋。

2. 档案外借

档案外借服务，是指企业档案馆（室）为满足某些需要查阅档案原件或副本的利用需求，暂时将档案借出馆（室）外使用的一种服务方式。这是一种需要严格控制的档案借阅形式。

档案外借必须制定与执行严格的规章制度。档案，尤其是其中的珍贵文件、易损文件，以及特殊载体文件，一般不能借出馆外利用。因特殊原因需要暂时借出档案，要履行批准、登记和签字手续；要控制借阅期限和数量，借阅的期限应从短，严格催还制度；应对归还的档案认真清点和检查，确保外借档案安全、完整地收回。

3. 制发档案复制本

制发档案复制本，是指企业档案馆（室）根据档案用户的合理需要，以档案原件为依据，通过复制、摘录等手段，向档案用户提供档案复制品的一种服务方式。

档案复制本，可分为副本和摘录两种。所谓副本，是指能反映档案原件的所有组成部分；而摘录，是指只选取原件的部分内容。复制方法主要有手抄、打字、印刷，以及摄影、复印等。

制发档案复制本的优点很多。首先，机动灵活，不受时空限制。利用者不到档案馆（室）也可获得所需的档案材料，既可方便用户，在同一时间内，又可满足利用者多方需求，使档案更充分地发挥作用。其次，有利于档案原件的保护和长久留存。提供复制品，能有效地减少档案原件被使用的次数，降低各种不利因素对档案原件的损害程度，为档案原件的长久留存创造有利条件。

在制发档案复制品时，对复制珍贵及易损档案应严格控制，复制应履行一定的审批手续，对制发范围和审批权限等应做出明确规定。

企业档案的利用方式还有咨询服务、信息发布、举办展览等。

案例分析 

地质档案资料在轨道交通建设中的作用

轨道交通M7线是“十五”期间上海轨道交通建设的一部分，是贯穿上海南北向的交通干道。上海岩土工程勘察设计研究院有限公司在承接的轨道交通M7线工程咨询项目中，充分开发利用档案室现有的地质资料，为工程建设服务，产生了较为显著的社会和经济效益。工程地质咨询的目的是了解M7线沿线地基土分布特征及其物理力学性质指标，对项目工程地质条件做出初步评价，为方案论证和设计提供依据。在整个项目中，公司共收集25个工程点的地质资料，利用钻探孔23个，总进尺1313米，最深孔80米，静力触探孔25个，总进尺1118米，最深60米。咨询项目部充分利用档案，进行反复计算和论证，避免了不必要的重复勘察，为国家基本建设节省了经费和时间，加快了市政工程建设的进度。

企业档案作为一种信息资源，在企业的生产发展、技术改造、经营决策，以及其他有关活动中的作用越来越突出，通过企业档案作用的发挥，同时产生了许许多多的直接和间接的经济效益。为了进一步提高人们对企业档案管理的认识，充分利用好企业的档案，企业档案部门应主动根据企业生产经营要求和社会需求，积极提供各种形式的档案利用。

第三节　企业档案编研工作

一、企业档案编研工作的内容

企业档案编研工作是企业档案馆(室)根据企业及社会利用的需要，对馆(室)藏档案内容进行研究和编辑的工作。企业档案编研工作的内容包括：编纂公布企业档案史料，汇编企业现行文件档案文集，编写企业档案综合参考资料，参加企业历史研究和编史修志等。

(一) 编纂企业档案史料和企业现行文件汇编

企业档案史料是按照一定的作者、专题、时间或文种等特征，把企业档案材料选编成册，在一定范围内使用或公开出版。汇编新中国成立前形成的历史档案，一般称为档案史料汇编。例如由上海档案馆、财政部财政科学研究所共同编纂的《上海外商档案史料汇编》，就是一部反映上海开埠至新中国成立初期外商企业有关生产、经营情况的档案史料集。编纂新中国成立后形成的档案材料，一般称为现行文件汇编，例如，企业重要文件汇编、国家现行政策法规汇编等。

(二) 编写企业档案参考资料

企业档案参考资料是指企业档案馆(室)根据一定题目，对有关档案内容进行研究、综

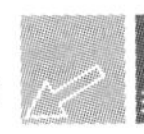

合编写的参考材料。它是企业档案编研工作的重要形式。档案参考资料所提供的不是档案原件和复制件，而是档案内容的加工品，是系统的素材。作为档案提供利用的一种方式，档案参考资料具有问题集中、内容准确、概括性强的特点。有了这些系统素材，利用者可以不必再翻阅大量档案，就能满足一定的利用需要，或者找到需要查阅的档案线索。常见的企业档案参考资料的种类有大事记、组织沿革、专题概要、统计数字汇集和会议简介等。

（三）参加企业编史修志，撰写专门著述

以馆（室）藏档案为基础，参加编史修志，是档案部门较为普遍的任务。企业档案馆（室）除了编纂档案史料外，还可结合馆藏进行历史研究，编写更高质量的编述型、著作型出版物。例如，民航华北管理局承担北京地方志中航空部分的编写任务，同时还要完成一部《北京民用航空志》。史志的编写，要求内容必须真实，文字准确，有据可考。为了获得第一手材料，编委办有关人员查阅了大量有关材料，其中包括南苑机场和西苑机场的调换和使用年限；南郊机场始建情况；中国航空公司北平办事处情况等。根据有关档案材料撰写的 5 万多字初稿，占《北京民用航空志》篇幅的 1/8。

二、企业档案编研工作的意义

（一）企业档案编研工作是以编研成果主动提供利用服务的有效方式

在企业档案馆（室）内，同一专题的档案往往分散在不同案卷，乃至不同全宗，而利用者查档是希望得到经过系统组合的材料。通过档案编研工作，可以使某一专题的档案材料得到相对集中，使利用者既节省了时间，又获得了全面而翔实的史料；其次，档案人员将档案信息加工、汇编后以编研成果提供利用，是一种化被动为主动的服务方式；最后，编研成果的大量出版发行，可以使利用者异地共享，档案的利用范围可以更加广泛。因此，可以说开展档案的编辑和研究工作，是档案整理和利用工作的一种高级形式，也是开放历史档案的一项重要措施。

（二）企业档案编研工作是提高企业档案馆（室）工作水平的重要途径

企业档案编研工作是企业档案工作的重要内容，它与企业档案的收集、保管、利用等工作是相互联系、相互促进的关系。切实搞好档案馆（室）的收集整理等工作，是开展编研工作的基础和前提条件；而编研工作的开展，又能检验和促进档案收集、保管、整理、鉴定等工作。同时，由于编研成果的出版和发行，既可以减轻来馆（室）查档的压力，使企业档案馆（室）有更多的时间和精力去从事有关业务建设，从而使档案馆（室）在开发信息资源、服务各项事业中发挥更大的作用。

（三）企业档案编研工作是保护档案原件并使之长远流传的有效措施

利用档案编研成果，使利用者不必直接翻阅档案原件，就能及时、准确地获得所需的档案信息，这样，可以避免档案原件的损毁和流失，有利于档案原件的保护。同时，档案多为孤本，难免丢失，而编印档案汇集和以档案为基础的参考资料发行量大，存放点多，因而即使遇到意外，也会此失彼存，世代长传。

三、常用企业档案参考资料

企业档案参考资料种类多、用途广，常见的种类有大事记、组织沿革、会议简介、统计数字汇集和专题概要等。

（一）企业大事记

企业大事记是按照时间顺序简要地记载企业在一定历史时期内发生的重大事件和重要活动的一种参考资料。大事记又称大事年表、大事编年、大事记述等。

1. 大事记的主要用途

大事记的纪实性特点决定它会如实记载历史发展进程、有关事项的来龙去脉及发展规律，因而，大事记具有为现行工作服务和存史资政的功用，它的主要用途在于展示历史发展的概貌和规律，便于人们查询已经发生的大事要事。具体而言，即为了解和解决实际工作中的某一问题提供依据；可以从纵向方面为历史研究提供史实梗概，对于编史修志具有重要的参考价值；为公众提供宣传教育的生动素材，便于人们从中了解历史，总结经验教训。

2. 企业大事记的种类

按记事范围分，企业大事记主要有三种。

（1）企业工作大事记，记载一个企业在一定时期内的重要活动，如《江南造船厂大事记》、《秦山核电公司大事记》等。

（2）专题大事记，按照一定专题记载国家或一定地区或某一单位在一定时期内某一方面的重大事件，如《浦东开发开放三十年大事记》等。

（3）个人生平大事记，记载企业重要人物的重要活动，通常也称年谱。

3. 大事记的结构和条目编写方法

大事记的结构主要包括题名、前言、目录、正文、注释、附录等内容。其中，正文是大事记的主体，通常由大事时间和大事记述两部分组成。

1）大事时间

大事时间，要求记载准确的日期，即写明事件或活动发生的具体年、月、日。有些特殊事件还应写明确切的时、分、秒。对历史事件，除记载公元纪年外，还应注明朝代年号。在记载中应尽可能不用或少用“最近”、“月初”等不确切的时间概念。对于时间不确切的大事，可以采取：日不清者附于月末，月不清者附于年末，并标明“是月、是年”，或“本月、本年”，而年不清者一般不记。如果档案中记载的事件没有反映准确的时间，应尽力考证。

2）大事记述

大事记述是对史实的记述，是大事记中最重要的组成部分。通过大事记述，能反映历史发展的概貌和规律，因此，编写大事记述需具有较高的思想水平、知识素养和文字能力，还要讲究编写技巧。大事记述必须突出大事要事，做到“大事突出，要事不漏，小事不收”，不能事无巨细一概记载，搞成流水账。同时，还应注意大事的记载应突出本身活动的重点和特色，突出企业一定时期的中心工作与重大事件。一般情况下，反映企业主要职能活动

 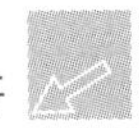

的大事、要事都应该记入大事记。

4. 编写大事记的要求

1）大事记应依据可靠，内容准确

编写大事记，要注意史料依据的可靠和完整，所涉及的事件、活动、人物的记载，都应该十分准确，数据和事实要经过核对，持之有据，考之有源。对于难以确定的事实，要认真考证，否则不能记载。

2）编写大事记应做到条理清楚，言简意赅

大事记述必须简洁精练、系统扼要。编者应对大事内容进行精心筛选、加工，高度概括，简洁明了。一事一条，主题鲜明，重点突出。

3）编写大事记应客观直述，不加评论

大事记的编写要以辩证唯物主义和历史唯物主义为指导，注意观点的正确。在编写中据实载录，保持材料、事实的客观性，不应该以编者的观点左右事实记载，也不加编者的主观评论，以求真实地反映历史本来面目。

4）企业应建立健全大事记记载制度

企业应将编写大事记作为日常工作来安排，当月记载，隔月印发，年终汇编成册。

（二）企业组织沿革

企业组织沿革是系统地记载一个企业体制、组织机构和人员编制的变革情况的一种参考资料。

1. 组织沿革的作用

编制组织沿革，主要用于人们查考和研究某一地区、单位或系统内机构和人员的发展变化情况，便于精简改革、提高效能；为人们研究单位史、地方史和专业史提供必要的材料；为档案馆（室）编写立档单位历史考证、全宗指南等提供系统的素材；对档案整理、鉴定、利用等工作具有参考价值。

2. 企业组织沿革的内容和体例

企业组织沿革的内容主要包括：企业成立和撤并的时间和原因、名称演变；隶属关系的变更、性质任务和职权范围的变化，内部主要机构的设置及下属单位名称；单位的性质任务和主要职能及演变；主要领导人的任免、变动和人员编制的增、减等变化等。

组织沿革的编写可以采用文字叙述或图表的形式。其体例分为编年法、系统法和阶段法三种。

1）编年法——按年度编写

编年法是将材料按照年度顺序逐年编写，在每个年度下列出企业各个内部机构名称及其负责人和主要职能等。这种方法便于按年度查考问题，比较适合于机构变动频繁的企业。

2）系统法——按组织系统纵向编写

系统法是按企业内部机构为主线，分别叙述各自的发展变化情况。这种方法能比较清楚地反映各个内部机构及其各个方面的发展变化情况，比较适合于内部机构较为稳定的企业。

3）阶段法——按阶段编写

阶段法是根据企业发展变化特点，将变化过程分为若干个阶段，在每个阶段分别记述各方面情况。这种方法使各方面情况得到相对集中，让人一目了然，比较符合企业的发展特点。

以上三种体例各有特点，各企业可根据自身特点和实际情况加以选择。另外，组织沿革和大事记一样，都有一个延续的问题，必须定期续编或修订。

（三）会议简介

会议简介亦称会议基本情况简介，是根据会议文件编写的简要叙述会议过程、反映会议基本情况的一种资料。会议简介一般形成于企业召开重要会议之后，形式有文字叙述式、条目式和表格式。可为编史修志提供参考，对今后筹备会议也有借鉴作用。

1. 会议简介的作用

会议简介是简要叙述会议过程和基本情况的参考资料。召开各种会议，决定方针政策，商讨工作事项，是企业进行领导活动和工作活动的重要方式，而了解会议情况，查找会议文件是企业工作人员十分常见的一种档案利用需求。将重要会议的基本情况编写成介绍材料，对于利用者了解会议简况，总结工作经验，查证某一问题或筹办新的会议具有重要的参考价值。

2. 会议简介的编写方法

会议简介的主要内容有：①会议名称及届次；②会议时间、地点及主持人；③会议参加人员；④会议的主要议程及内容。这是会议简介的主体部分，其中应着重记述会议主要报告的题目及内容概要，会议讨论的主要问题，会议通过的决议、报告、提案等。

会议简介应根据有关会议文件编写，必须注意：事实清楚、准确；语言简练，要点突出；对于同类历届会议，可按届次顺序依次排列，汇集成册并编制目录。为避免历次会议介绍大同小异，要特别注意介绍各次会议的特点。

（四）统计数字汇集

统计数字汇集，亦称基础数字汇集。它是以数字形式反映企业或企业某一方面工作基本情况的参考资料。

编制统计数字汇集是根据实际工作需要，选取散见于档案中的有关统计数字进行汇总的工作。它具有内容集中、数据确切、简明扼要，利用方便等优点；它对于掌握情况、研究问题、总结经验、制订计划及进行宣传教育，都有重要参考价值。

统计数字汇集的种类很多，按基本内容可以分为综合性汇集和专题性汇集两种。综合性数字汇集，是系统记载某一企业全面情况的数字汇集，如上海石化总厂汇编的《上海石化年报主要数据摘编》；专题性汇集是系统记载和反映某一个方面的基本情况的数字汇集，如《上海对外贸易基础数字汇集》。专题性数字汇集的范围和内容可根据不同需要具体确定。

（五）专题概要

专题概要是以文章叙述的形式简要地记述和反映某一方面的工作、生产或其他社会

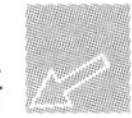

现象、自然现象的产生、发展和变化情况的档案参考资料。

1. 专题概要的特点

(1) 专题鲜明,内容专一。专题概要所提供的是某一方面的专门材料,往往具有特定的读者群和特定的作用范围。

(2) 材料系统,重点突出。专题概要可以向读者集中系统地提供某一方面的基本情况,能概其全貌,领其要点,读者不必翻阅档案原件即可了解某一问题的概况。

(3) 体裁灵活,适应性强。专题概要的选题范围广泛,只要有需要,不管是生产技术还是自然现象,也不管是历史问题还是现实社会问题,均可编写。专题概要可以集中介绍某一事件,也可以全面综述一个领域,篇幅可长可短,形式图文并茂。

2. 专题概要的编写要求

1) 内容全面,材料翔实

根据专题概要的特点,在编写时应力求将有关专题的来龙去脉、因果始终、经验教训叙述清楚,使读者一经通览即可知晓该专题之基本情况。编写人员要事先拟定编写大纲,确定基本框架和内容范围,防止事实不清,以偏概全。

2) 叙中有议,评论得当

专题概要应以档案等真实的史料记载为基础,以综合记述这些史料为主要内容,但又不是单纯的史料介绍,在介绍之中必然反映出编者对有关专题的理解和认识。在叙述过程中对某些情况做重点说明,对有关问题的历史意义、成败得失、特色之处给予适当的评述,对读者也会具有一定的提示和启发作用。

3) 叙述准确,文字朴实

由于专题概要的题目十分广泛,因此,编写人员应当掌握有关领域的基本知识,以确保叙述的准确性。另外,叙述的文句要符合语法规范、朴实简洁,避免片面追求语言的华丽。

4) 文图结合,不拘一格

专题概要的体例不求千篇一律,可以根据题目特点自由选择。通常是以文字叙述为主,亦可以辅之以一些表格、图示、公式、照片、附录等,对一些不易理解的内容应做出注释,必要时还需注明材料出处。

技能训练

了解档案检索工具

【目的】

通过阅读、使用档案检索工具,加深对档案检索工作的认识。

【指导】

(1) 实地或上网检索一家国家综合档案馆,或者是一家企业档案馆(室),了解该单位目前采用的主要档案检索工具情况。

(2) 设定一个检索目标,使用一种检索工具,查找你所需要查阅的档案。

(3) 对照书中的相关知识点,尝试编制一种检索工具。

本章小结

企业档案的利用,在实际工作中还有更广泛的作用和体现。除了书中介绍的编制检索工具、提供查阅利用、编写参考资料之外,企业档案在专题展览和企业网站中也能积极发挥其宣传教育作用。企业档案与企业图书、情报及其他信息一起,被纳入企业知识管理范畴,是企业的重要资源和财富。

实践活动

撰写一篇企业档案参考资料

【目的】

通过撰写一篇企业档案参考资料,加深学员对企业档案编研工作的认识。

【内容】

安排学员自己动手撰写一篇企业档案参考资料,可在大事记、组织沿革、统计数字汇集、专题概要和会议简介中任意选择。

【要求】

成文不论长短,仅要求尽可能符合企业档案参考资料的编写要求。

本章练习

一、判断题

1. 档案检索语言是根据检索的需要而编制的一种专门语言,它又称为“标引语言”。 (　　)
2. 档案标引的最后一步是概念转换,这是确保标引质量的最后关口。 (　　)
3. 目录是根据若干个著录条目著录成项目并按一定规则组成的检索工具。 (　　)
4. 每个单位的档案检索工具种类越多越好。 (　　)
5. 专题概要的最大特点是集中了某一全宗的全部档案。 (　　)
6. 为保护档案,查阅企业档案只提供副本或复制件。 (　　)
7. 所有的档案都可以向所有人开放。 (　　)
8. 档案编研工作是开放档案的一项重要措施。 (　　)
9. 统计数字汇集,亦称基础数字汇集。 (　　)

10. 专题目录是以文章叙述的形式简要地记述和反映某一方面的工作、生产或其他社会现象、自然现象的产生发展和变化情况的档案参考资料。 ( )

二、单项选择题

1. 档案检索主要包括档案( )和查检两个阶段。

A. 开发 B. 搜索 C. 存储 D. 排列

2.《中国档案分类法》属于档案检索语言中的( )。

A. 分类语言 B. 专题语言 C. 著录语言 D. 主题语言

3. 衡量档案工作好坏的主要标志是( )工作。

A. 档案收集 B. 档案保管 C. 档案利用 D. 档案整理

4. 本书中论述的档案编研工作,主要是指( )。

A. 编写参考资料 B. 汇编档案文集

C. 编史修志 D. 编制检索工具

5. 组织沿革一般不记载某一单位、地区或专业系统的( )的变革情况。

A. 体制 B. 机制 C. 组织机构 D. 人员编制

三、多项选择题

1. 用来描述档案检索效率的两个常用指标是( )。

A. 查全率 B. 漏检率 C. 查准率

D. 误检率 E. 准确率

2. 与日常使用的自然语言相比,档案检索语言有( )基本特点。

A. 多义性 B. 单义性 C. 专业性

D. 规范性 E. 时效性

3. 档案利用工作是( )。

A. 档案工作服务社会的窗口

B. 衡量档案工作好坏的主要标志

C. 对档案和档案工作最实际有效的宣传

D. 对基础工作的检验和推动

E. 体现了档案工作的方向和目的

4. 档案提供利用的基本要求包括( )。

A. 树立服务观念,提供优质服务

B. 分析预测利用需求,掌握利用工作规律

C. 熟悉馆(室)藏,开展主动服务

D. 完善的档案法规

E. 正确处理利用和保密的关系

5. 档案参考资料的特点包括( )。

A. 问题集中 B. 内容准确 C. 概括性强

D. 可读性强 E. 内容分散

四、简答题

1. 概述档案检索效率中的查全率和查准率。

2. 如何编制全引目录?

3. 企业档案提供利用的基本方式有哪些?

4. 如何正确处理利用和保密的关系?

5. 简述常用企业档案参考资料的名称。

五、案例分析题

东风汽车公司举办“东风汽车公司档案编研成果交流展评会”

2009年9月,东风汽车公司在十堰市举办“东风汽车公司档案编研成果交流展评会”,公司所属各单位档案部门负责人、档案人员代表近170人参加了会议。东风日产乘用车公司总经办、东风汽车股份有限公司总经办等5家单位分别做了经验介绍。本次活动,公司各单位档案部门共上报编研成果87项,成果内容丰富,形式多样,包括企业档案史料和现行文件汇编,企业文摘汇编,企业档案利用效益,产品、设备、部件介绍、开发、改造、维护等档案参考资料,生产安全和质量管理等案例和成果,国家领导人视察资料,企业大事记、年鉴和史志等编研成果。各单位在编研过程中基本做到了充分利用馆(室)藏档案,以提供利用为目的,体现档案信息价值。

根据以上案例完成下列题目。

1. 企业大事记按记事范围分,可分为企业工作大事记、(　　)、个人生平大事记三种。

A. 专题大事记　　B. 大事长编　　C. 大事纪年　　D. 会议简介

2. 统计数字汇集的种类从内容上分有综合性和(　　)。

A. 表格式　　B. 专题性　　C. 示意图　　D. 图文并茂

3. 除了大事记外,档案的参考资料主要还有组织沿革、统计数字汇集、会议简介和(　　)。

A. 专题指南　　B. 专题介绍　　C. 专题概要　　D. 专题目录

4. 组织沿革的编写形式主要有(　　)和图表形式。

A. 表格形式　　B. 图文并用　　C. 条目形式　　D. 文字叙述

第十一章　企业电子文件及其管理

学习目标

本章要求学员掌握电子文件和企业电子文件的定义，电子文件的类型和主要特点，电子文件的管理体制与管理原则。同时还要掌握企业电子文件管理与归档的主要工作环节，其中重点包括：企业电子文件的收集，企业电子文件的整理，企业电子文件的归档，以及归档企业电子文件的管理和利用。

案例引导

《萨班斯-奥克斯利法案》

2002年7月，美国颁布《萨班斯-奥克斯利法案》。该法案旨在加强企业监管，防止企业欺诈。这个被布什称为“自罗斯福总统以来对美国商业界影响最为深远的改革法案”对文件的归档留存提出了非常严格的要求。比如，其重要条款之一的404条款要求加强公司内部控制，而保存文件并维护其真实、可用是加强内部控制的基本手段。在美国上市的各大公司都要根据404条款制定内部控制规章。在该法案的影响下，为保护公众利益而对文件（包括电子文件）归档相关的其他法案，如《健康保险流通与责任法案》、美国证券交易委员会的《有关证券交易单位必须保存文件的规定》近年来也越来越引起欧美国家的重视。如果相关机构不按照这些法案的规定留存档案，则可能面临司法诉讼、高额罚款。

在经历了对电子文件主要以录入、修改、保存为主的计算机单机管理时期、办公自动化的局域网时期并进化到广域网时期后，计算机技术在企业的运用，尤其是计算机和通信技术相结合形成的信息技术产业，使以往通过纸笔等手工方式形成和传递的文件、资料等信息都可以通过计算机的运作完成。电子文件对纸质文件的取代和部分取代，是现代信息技术发展的大势所趋，也对企业文档管理提出了新的要求。

第一节 电子文件概述

一、企业电子文件的定义

电子文件有多种定义。国际档案理事会电子文件委员会1997年出版的《电子文件管理指南》对电子文件的定义是:电子文件是适合于数字电子计算机操作、传递和处理的文件。

国际档案理事会新修订的《档案学术语词典》第三版中定义是:电子文件是存储于电子存储载体中的文件。

国家档案局6号令、2003年9月1日起实施的《电子公文归档管理暂行办法》中对电子文件的定义是:各地区、各部门通过由国务院办公厅统一配置的电子公文传输系统处理后形成的具有规范格式的公文的电子数据。

2017年3月1日起实施的国家标准《电子文件归档与电子档案管理规范》(GB/T 18894—2016,以下简称《规范》)中规定,电子文件(electronic document)指“国家机构、社会组织或个人在履行其法定职责或处理事务过程中,通过计算机等电子设备形成、办理、传输和存储的数字格式的各种信息记录”。

从上述四个定义可以看出以下几个方面的内容。

第一,电子文件的定义与文件的定义一样,有广义型和狭义型之分。广义型电子文件定义通常对文件形成者不做界定,电子文件的外延极其宽泛,如上述前三个定义。而以《电子公文归档管理暂行办法》中电子文件定义为代表的狭义型定义则通常把电子文件形成者限定在政府机关、社会组织机构等范围内,赋予它公务性质。另外,狭义型定义还对电子文件的形成和规范格式做了严格界定。

第二,电子文件的定义,大多以“文件”或“电子数据”为属概念,电子文件是文件大家族中的一部分,这已成为共识。

第三,上述定义均强调电子文件所处的环境和存储形式,体现了电子文件的特性。

本书中的企业电子文件定义属于狭义型定义,特指企业在各种业务活动中形成,在数字环境中生成,以数码形式存储和阅读的电子数据。

二、电子文件的类型与特点

(一)电子文件的类型

电子文件的类型除和纸质文件一样按文件的内容性质、行文方向、办理时限、秘密程度等划分外,还可以根据电子文件的特点来划分。

(1)按存储载体分类,可分为磁盘文件、磁带文件和光盘文件。

(2)按文件的内容形式分类,可分为文本文件、图像文件、图形文件、声音文件、影像文件、多媒体文件、数据库文件、操作系统文件等。

(3)按文件属性分类,可分为普通文件、只读文件、加密文件、压缩文件等。

(4)按文件生成形式分类,可分为计算机系统中直接生成的原生电子文件和将纸质

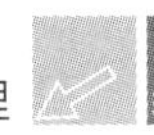

或其他载体(如胶片)文件重新录入生成的数字化电子文件。

(5) 按文件的功能分类,可分为表述作者意图、行使职能的主文件,生成和运行主文件的支持文件,在制作和查找过程中起辅助作用和工具作用的辅助性、工具性文件。

(二) 电子文件的特点

电子文件与传统文件相比,有其技术方面的独特性,主要表现为以下几个方面。

1. 电子文件信息的非人工识读性

与以往人们在各种书写载体上直接写入或印刷各种信息而产生文件不同,电子文件第一次使用了人工不可识读的记录符号——数字代码。此外,数字信息的传输、存储中的压缩、加密等处理,只有通过计算机特定的程序解码、解压或解密,使之还原为输入前的状态,人工才能识读。

2. 电子文件信息对系统的依赖性

电子文件的制作、处理,以至于电子文件归档后的全部管理活动都必须借助计算机系统才能实现;不兼容的计算机和应用软件生成的文件在交换使用时会遇到障碍,需要做一系列的转换工作。

3. 电子文件信息与特定载体之间的可分离性

电子文件信息不再对原始记录载体"从一而终",可以在不同的载体上同时存在或相互转换,可以改变其存储空间。电子文件的信息是可流动的,相对独立的。

4. 电子文件信息的易变性

上述特性使电子文件信息的增删更改十分方便,文档本身具有可编辑性。另外,电子文件存储介质的稳定性和物理寿命远比不上纸张,计算机及存储介质不断地更新换代、信息技术的快速发展等都会导致电子文件信息的损失和变异。

5. 电子文件信息存储的高密度性

电子文件信息存储被称为海量存储,运用信息压缩技术,可使介质存储文字文件、图像文件的能力成倍增多,其存储的高密度性是传统方式无法比拟的,并且随着技术的进步,电子文件介质的存储密度还将大大增加。

6. 电子文件信息的多媒体集成性

电子文件可以将文字、图形、声音等各种信息形式组合,形成多媒体文件,使原本平面的、呆板的信息鲜活起来。用户往往还可参与对各种文件的修改、互动。

7. 电子文件信息的组织多维性

电子文件中超链接形成的"超文本文件",可以为用户提供更深层次的立体网状信息组织,用户可以自主选择浏览连接的相关信息,并实现这些信息与其他文档信息的共享。

8. 电子文件信息物理结构与逻辑结构的分离性

电子文件的物理结构与逻辑结构通常不一致,可以将原本存在于不同文件、数据库,不同位置、载体,甚至不同系统、地区的信息经计算机组合成具有新的逻辑关系的新文件。

9. 电子文件信息的可操作性

电子文件信息可以方便地改变其存在状态,如剪切、复制、增删等,可以改变其显示形式、媒体形式等,可以利用其信息实现自动化业务管理和自动化事务管理等。

三、电子文件的管理体制与管理原则

(一)电子文件的管理体制

2003年9月开始执行的《电子公文归档管理暂行办法》规定,电子公文形成单位应指定有关部门或专人负责本单位的电子文件归档工作,将电子公文的收集、整理、归档、保管、利用纳入机关文书处理程序和相关人员的岗位责任。档案部门应参与和指导电子公文的形成、办理、收集和归档等各工作环节。还规定,电子公文的真实性、完整性、安全性和可识性,移交前由形成部门负责,移交后由档案部门负责。

中华人民共和国国家标准《CAD电子文件光盘存储、归档与档案管理要求　第一部分:电子文件归档与档案管理》(GB/T 17678.1—1999)在总则中规定,CAD电子文件收集、积累、整理和归档,由CAD技术总负责人负责,文件形成单位、业务管理部门和档案管理部门在其领导下,都应指定专人管理。根据维护档案安全、完整、便于利用的原则,电子档案由档案部门归口管理。

《企业档案工作规范》(DA/T 42—2009)还规定:企业电子文件"归档要求及功能应嵌入文件生成系统。企业各信息系统生成的文本、图形、图像、数据等类型电子文件归档范围应参照纸质文件归档范围确定。音频、视频、多媒体等类型电子文件及数据库的归档范围应根据相关规定和需要确定。""文件形成部门应负责确保归档电子文件具备真实性、可靠性、完整性和可用性。"

《规范》的"总则"部分对电子文件的管理体制有十分明确的规定。其中明确要求,"电子文件归档与电子档案管理应遵循纳入单位信息化建设规划、技术与管理并重、便于利用和安全可靠的原则。应对电子文件、电子档案实施全程和集中管理,确保电子档案的真实性、可靠性、完整性与可用性。"

《规范》要求,各单位应建立严格的管理制度,明确相关部门电子文件归档和电子档案管理的职责与分工,具体包括四类部门的职责与分工,即:

(1)档案部门负责制定电子文件归档与电子档案管理制度,提出业务系统电子文件归档功能要求,负责电子档案管理系统的建设与应用培训;负责指导电子文件形成或办理部门按归档要求管理应归档电子文件;负责电子文件归档和电子档案编目、管理和处置等各项工作。

(2)电子文件形成或办理部门负责电子文件的收集、整理、著录和移交归档等工作。

(3)信息化部门负责依据标准建设业务系统电子文件归档功能,参与电子档案管理系统建设,为电子档案管理提供信息化支持。

(4)保密部门负责监督涉密电子文件归档和电子档案的保密管理。

《规范》还要求,应明确各类电子文件及其元数据的归档范围、时间、程序、接口和格式等要求。应执行规范的工作程序,采取必要的技术手段,对电子文件归档和电子档案管理

全过程实行监控。应基于安全的网络和离线存储介质实施电子文件归档和电子档案管理。

（二）电子文件的管理原则

在电子文件的管理活动中，应根据上述电子文件的特点，确立电子文件的特殊管理原则。

1. 电子文件的前端控制原则

前端控制是将对文件、档案的管理与控制提前到它们的设计与形成之前。这是基于文件生命周期理论，把文件从形成到永久保存或销毁的整个生命过程划分为三个不同阶段，即文件的形成是前端，文件的处理等具体管理活动是中端，永久保存或销毁是末端。前端控制就是将对文件的管理要求和需要实现的管理功能尽可能在文件形成阶段提出并实现。这是文件、档案管理一体化的体现。

与传统载体文件的分环节、阶段性的管理不同，前端控制原则注重一体化的文档管理，强调协同，即档案工作者将“干预的时机”确定在电子文件管理系统的设计、生成阶段。

2. 电子文件的全程管理原则

全程管理是在文件产生到永久保存或销毁的整个生命周期中，对电子文件的管理流程、规则、要求等方面进行全面管理。全程管理要求对文件和档案的管理流程实行统筹规划、全面控制和综合管理，文件和档案管理不再是两个封闭独立的工作区间，应进行统筹、兼顾、协同管理，原本属档案管理范畴的工作环节被提到文件形成之前，而文件工作的内容则扩大至档案永久保管或销毁的全过程。

全程管理是文件、档案管理一体化思想的具体实施，也是电子文件本身特点和人们对信息长期利用需要的结果。对系统的依赖性等特点，要求电子文件的程序设计要有全过程的统筹考虑，使其管理过程具有集成性、系统性，从而保证文件信息的可靠性、持久性。因此，全程管理不仅是指文件、档案的形成，管理流程一体化控制，还包括文件、档案信息利用共享等全面管理。

3. 电子文件信息的真实性、安全性、完整性和可识别性原则

电子文件信息容易更改，还会出现丢失、泄密、无法读取等问题，因此，电子文件的效用和价值需要以确认和保证其真实性、安全性和完整性为前提。这是电子文件管理的重点问题，同时也是管理的难点所在。

确保电子文件信息的真实性、安全性和完整性，应通过行政法律手段和技术措施两方面来解决。相关技术课题成为国内外学术界研究的热点，研究成果和对策措施越来越多。技术手段有电子加密技术、电子签名技术、身份认证技术等。常用的有效措施有双套制、备份制和信息迁移。

(1) 双套制。双套制即在保存电子文件的同时，将电子文件信息打印输出形成纸质文件保存，两种载体文件同时并存的方式。双套制应注意两种形态文件信息要相符，在电子文件著录、编号、更新时要注意纸质文件信息相应更改，保证信息的一致性。

(2) 备份制。电子文件信息随时会遭受各种损坏，操作失误造成信息的丢失、删改，病毒侵入等，均会造成信息部分或全部丢失。定期进行数据备份，甚至异地备份，具有十

分重要的意义。

(3) 信息迁移。面对不断发展更新的技术,为保证电子信息能被显示、处理、检索和长期利用,信息迁移也是普遍采用的对策。信息迁移是将电子文件信息从一种软硬件配置转移到另一种配置或从一代计算机技术转移到下一代技术的工作手段。由于电子文件生成、传输、存储都是通过计算机完成的,对计算机系统有依赖性。系统设备软件、硬件的更新换代,或在不同系统之间交换电子文件,应及时对归档电子文件进行迁移操作,否则,会造成以后的设备无法识别电子信息的后果。根据技术环境的变化而进行信息迁移,是保证电子文件真实性、安全性、完整性及可读性的有效措施。

案例分析

上海通用汽车有限公司的流程卡管理体系

上海通用汽车有限公司采用流程卡管理体系加强生产现场的监控,即在每一辆汽车的制造过程中附上一张纸质流程卡片,该卡由条形码和文字记载每台车的生产信息,由总装车间生产作业员在完成每辆车的生产过程后及时填写,然后每个班后通过扫描输入到计算机系统中。该公司每年约产50万辆车,每车一卡。由此该卡信息的形成有原始性好、即时性强、数据量大、用户多等特点。在此基础上,公司领导进一步整合档案资源,将流程卡管理体系从原先单一由公司质量部门管理,调整为纳入整个上海通用档案管理系统(SGM-AMS)。

传统的企业文件档案管理模式,是以保存在工作中产生的原始信息记录为主要内容,以实现归档信息在必要时刻的历史查考与法律凭证作用为工作目的。这种模式在以手工管理的时代不仅十分重要,而且也十分可行。然而,伴随着自动化管理工具的成熟和普遍使用,企业对所需信息的控制,已经开始从库房管理模式转向资源管理模式,信息管理的要求和具体实施,已经渗透到企业活动的方方面面。

第二节　企业电子文件的管理与归档

一、企业电子文件的收集

(一) 企业电子文件的收集范围

企业电子文件的收集范围包括以下几个方面:

(1) 应在业务系统电子文件拟制、办理过程中完成电子文件的收集。

(2) 声像类电子文件,在单台计算机中经办公、绘图等应用软件形成的电子文件的收集,由电子文件形成部门基于电子档案管理系统或手工完成。

(3) 以公务电子邮件附件形式传输、交换的电子文件,应下载并收集、归入业务系统

或存储文件夹中。

(4) 应由业务系统按要求(具体可参见后面“企业电子文件的归档范围”部分)，在电子文件拟制、办理过程中采集文书、科技、专业等类电子文件的元数据。

(二) 企业电子文件的收集要求

按照《规范》规定，应齐全、完整地收集企业电子文件及其组件，电子文件内容信息与其形成时保持一致，主要包括以下要求：

(1) 同一业务活动形成的电子文件应齐全、完整。

(2) 电子公文的正本、正文与附件、定稿或修改稿、公文处理单等应齐全、完整，电子公文格式要素符合《党政机关公文格式》(GB/T 9704—2012)的有关要求。

(3) 在计算机辅助设计和制造过程中形成的产品模型图、装配图、工程图、物料清单、工艺卡片、设计与工艺变更通知等电子文件及其组件应齐全、完整。

(4) 声像类电子文件应能客观、完整地反映业务活动的主要内容、人物和场景等。

(5) 邮件、网页、社交媒体类电子文件的文字信息、图像、动画、音视频文件等应齐全、完整，网页版面格式保持不变。需收集、归档完整的网站系统时，应同时收集网站设计文件、维护手册等。

(6) 以专有格式存储的电子文件不能转换为通用格式时，应同时收集专用软件、技术资料、操作手册等。

二、企业电子文件的整理

(一) 企业电子文件的整理要求

企业电子文件整理是将收集积累的应归档的企业电子文件经分类、组合达到有序化，从而为归档打好基础的工作程序。按照《规范》规定，其要求为：

(1) 应在电子文件拟制、办理或收集过程中完成保管期限鉴定、分类、排序、命名、存储等整理活动。

(2) 应以件为管理单位整理电子文件，也可根据实际以卷为管理单位进行整理。整理活动应保持电子文件内在的有机联系，建立电子文件与元数据的关联。

(3) 应基于业务系统完成电子文件的整理，声像类电子文件的整理由电子文件形成部门基于电子档案管理系统或手工完成。

(4) 应归档电子文件保管期限分为永久、定期 30 年和定期 10 年等。

(二) 企业电子文件的分类方案

电子文件分类按照电子档案分类方案执行，可执行的标准或分类方案有：

(1) 文书类电子文件的分类整理按照《归档文件整理规则》(DA/T 22)执行。

(2) 科技类电子文件应按照《科学技术档案案卷构成的一般要求》(GB/T 11822—2008)、《国家重大建设项目文件归档要求与档案整理规范》(DA/T 28—2002)、《企业文件材料归档范围和档案保管期限规定》等进行分类。

(3) 专业、邮件、网页、社交媒体等类电子文件可参照《归档文件整理规则》等要求进行分类。

(4) 声像类电子文件应按照年度—保管期限—业务活动,或保管期限—年度—业务活动等分类方案进行分类。

(5) 还应在分类方案下按照业务活动、形成时间等关键词,对电子文件元数据进行同步排序,排序结果应能保持电子文件及其元数据之间的有机联系。

(三) 企业电子文件的命名规则

按照《规范》要求,应按规定命名企业电子文件,命名规则应能保持电子文件及其组件的内在有机联系与排列顺序,能通过计算机文件名元数据建立电子文件与相应元数据的关联,具体要求如下:

(1) 应由业务系统按内置命名规则自动、有序地为电子文件及其组件命名。

(2) 在单台计算机中经过办公、绘图等应用软件形成的电子文件,应采取完整、准确的电子文件题名命名;

(3) 声像类电子文件可采取数字摄录设备自动赋予的计算机文件名。

三、企业电子文件的归档

企业文件形成或办理部门、档案部门可在归档过程中基于业务系统、电子档案管理系统完成电子文件及其元数据的清点、鉴定、登记、填写电子文件归档登记表等主要归档程序。

(一) 企业电子文件的归档程序

企业电子文件的归档程序包括:

(1) 清点、核实电子文件的门类、形成年度、保管期限、件数及其元数据数量等。

(2) 对电子文件的真实性、可靠性、完整性和可用性进行鉴定,鉴定合格率应达到100%,包括:

① 电子文件及其元数据的形成、收集和归档符合制度要求;

② 电子文件及其元数据能一一对应,数量准确且齐全、完整;

③ 电子文件与元数据格式符合要求;

④ 以专有格式归档的,其专用软件、技术资料等齐全、完整;

⑤ 加密电子文件已解密;

⑥ 电子文件及其元数据经安全网络或专用离线存储介质传输、移交;

⑦ 电子文件无病毒,电子文件离线存储介质无病毒、无损伤、可正常使用。

(3) 企业档案部门应将清点、鉴定合格的电子文件及其元数据导入电子档案系统预归档库,自动采集电子文件结构元数据,通过计算机文件名建立电子文件与元数据的关联,在管理过程中记录登记行为,登记归档电子文件。

(4) 应依据清点、鉴定结果,按批次或归档年度填写电子文件归档登记表,完成电子文件的归档。

(5) 应对电子档案与纸质档案进行同步整理审核、编制档号等编目活动。

(6) 完成整理编目后,应将电子档案及其元数据、纸质档案目录数据归入电子档案管理系统正式库,并根据预先设置的分类方案,有序地存储电子档案及其组件。

（二）企业电子文件的归档时间与归档方法

企业电子文件形成或办理部门应定期将已收集、积累并经过整理的电子文件及其元数据向档案部门提交归档，归档时间最迟不能超过电子文件形成后的第 2 年 6 月。

应基于安全的网络环境或专用离线存储介质，采用在线归档或离线归档方式，通过电子档案管理系统客户端或归档接口完成电子文件及其元数据的归档。应结合业务系统、电子档案管理系统运行网络环境以及本单位实际，确定电子文件及其元数据归档接口并作出书面说明，归档接口通常采用：webservice 归档接口、中间数据库接口、归档电子文件及其元数据的规范存储结构。

（三）企业电子文件的归档范围

《规范》中所定义的“电子档案”是指具有凭证、查考和保存价值并归档保存的电子文件。企业电子文件的归档过程中应以此为基本要求。企业电子文件的归档范围，应参照《企业档案工作规范》（DA/T 42—2009）附件《企业文件归档基本范围与保管期限参考表》及本企业的有关规定执行，将反映企业主要活动、具有查考利用价值的电子文件划入归档范围内，并应注意包括相应的支持软件和相关数据。

确定归档范围要全面系统，确保文件收集的齐全完整。除了作为归档主体的电子文件外，还应考虑工作活动中产生的其他载体、形式的文件，如纸质文件、声音和图像文件等。另外，在电子文件生成、运行过程中描述电子文件内容、背景、结构及其管理过程的元数据文件也应同电子文件本身一同归档，以保持归档电子文件的有效性和可读性。

结合《规范》中所明确的有关要求，企业电子文件的归档范围具体如下。

1. 电子文件的归档范围

（1）反映企业职能活动、具有查考和保存价值的各门类电子文件及其元数据应收集、归档。

（2）文书类电子文件归档范围按照《企业文件材料归档范围和档案保管期限规定》执行。

（3）照片、录音、录像等声像类电子文件归档范围参照《照片档案整理规范》（GB/T 11821—2002）执行。

（4）科技类电子文件的归档范围按照《科学技术档案案卷构成的一般要求》（GB/T 11822—2008）、《国家重大建设项目文件归档要求与档案整理规范》（DA/T 28—2002）等标准执行。

（5）邮件类电子文件的归档范围按照《公务电子邮件归档与整理规则》（DA/T 32—2005）等标准执行。

2. 电子文件元数据归档范围

（1）应归档电子文件元数据应与电子文件一并收集、归档。

（2）文书类电子文件应归档元数据按照《文书类电子文件元数据方案》（DA/T 46—2009）等标准执行，至少包括：

① 提名、文件编号、责任者、日期、机构或问题、保管期限、密级、格式信息、计算机文件名、计算机文件大小、文档创建程序等文件实体元数据；

② 记录有关电子文件拟制、办理活动的业务行为、行为时间和机构人员名称等元数据,应记录的拟制、办理活动包括:发文的起草、审核、签发、复核、登记、用印、核发等,收文的签收、登记、初审、承办、传阅、催办、答复等。

(3) 声像类电子文件应归档元数据包括提名、摄影者、录音者、摄像者、人物、地点、业务活动描述、密级、计算机文件名等。

(四) 企业电子文件的归档格式

企业电子文件归档格式应具备格式开放、不绑定软硬件、显示一致性、可转换、易于利用等性能,能够支持国家综合档案馆向长期保存格式转换。具体要求为:

(1) 电子文件应以通用格式形成、收集并归档,或在归档钱转换为通用格式。版式文件格式应按照《版式电子文件长期保存格式需求》(DA/T 47—2009)执行,可采用 PDF、PDF/A 格式。

(2) 以文本、位图文件形成的文书、科技、专业类电子文件应按以下要求归档:

① 电子公文正本、定稿、公文处理单应以版式文件格式,其他电子文件、电子文件组件可以版式文件、RTF、WPS、DOCX、JPG、TIF、PNG 等通用格式归档;

② 电子文件及其组件可按顺序合并转换为一个版式文件。

(3) 在计算机辅助设计与制造过程中形成的科技类电子文件应按以下要求归档:

① 二维矢量文件以 SVG、SEF、WMF、EMF、EPS、DXF 等格式归档;

② 三维矢量文件,需永久保存的应转换为 STEP 格式归档,其他可根据需要转为二维矢量文件归档。

(4) 以数据库文件形成的科技、专业类电子文件,应根据数据库表结构及电子档案管理要求转换为以下格式归档:

① 以 ET、XLS、DBF、XML 等任一格式归档;

② 参照纸质表单或电子表单版面格式,将应归档数据库数据转换为版式文件归档。

(5) 照片类电子文件以 JPG、TIF 等格式归档、录音类电子文件以 WAV、MP3 等格式归档;录像类电子文件以 MPG、MP4、FLV、AVI 等格式归档,珍贵且需永久保存的可收集、归档一套 MXF 格式文件。

(6) 公务电子邮件以 EML 格式,网页、社交媒体类电子文件以 HTML 等格式归档。

(7) 专用软件生成的电子文件原则上应转换成通用格式归档。

同时,电子文件的元数据也有专门的归档格式要求,应根据电子文件归档接口以及元数据形成情况确定电子文件元数据归档格式。具体为:

(1) 经业务系统形成的各门类电子文件元数据应根据归档接口确定归档格式:

① 选择前述 webservice 归档接口,或者电子文件及其元数据规范存储结构归档接口时,可以 ET、XLS、DBF、XML 等任一格式归档;

② 选择中间数据库归档接口时,可与电子文件一并由业务系统数据库推送至中间数据库,也可再由中间数据库导出数据库数据文件。

(2) 声像电子文件元数据,在单台计算机中经办公、绘图等应用软件形成的电子文件,可以 ET、XLS、DBF 等格式归档。

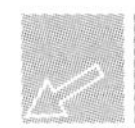

四、企业电子档案的管理和利用

（一）企业电子档案的存储

《规范》要求，应为电子档案及其元数据的安全存储配置与电子档案管理系统相适应的在线存储设备。电子档案管理系统应依据档号等标识符构成要素在计算机存储器中逐级建立文件夹，分门别类、集中有序地存储电子档案及其组件，并在元数据中自动记录电子档案在线存储路径。在线存储系统应实施容错技术方案，定期扫描、诊断硬磁盘，发现问题应及时处置。

（二）企业电子档案的备份

企业应结合单位电子档案管理和信息化建设实际，在确保电子档案的真实、完整、可用和安全基础上，统筹制定电子档案备份方案和策略，实施电子档案及其元数据、电子档案管理系统及其配置数据、日志数据等备份管理。

1. 电子档案的近线备份与灾难备份

电子档案近线备份与灾难备份的基本要求如下：

（1）宜采用磁带备份系统进行近线备份，应定期对电子档案及其元数据、电子档案管理系统的配置数据和日志数据等进行全量、增量或差异备份；

（2）电子档案数量达到一定量且条件许可时，可实施电子档案管理系统和数据库系统的热备份；

（3）本单位建设灾难备份中心时，应将电子档案及其元数据、电子档案管理系统的灾难备份纳入规划之中，进行同步分析、设计和建设。电子档案的灾难备份和灾难恢复应参照《信息安全技术 信息系统灾难恢复规范》(GB/T 20988—2007)等标准要求执行。

2. 电子档案的离线备份

电子档案离线备份的基本要求如下：

（1）应采用一次写光盘、磁带、硬磁盘等离线存储介质，实施电子档案及其元数据、电子档案管理系统配置数据、日志数据等的离线备份；

（2）电子档案离线存储介质至少应制作一套。可根据异地备份、电子档案珍贵程度和日常应用需要等实际情况，制作第二套、第三套离线存储介质，并在装具上标识套别；

（3）应对离线存储介质进行规范管理，按规则编制离线存储介质编号，按规范结构存储备份对象和相应的说明文件，标识离线存储介质。禁止在光盘表面粘贴标签；

（4）离线存储介质的保管除参照纸质档案保管要求外，还应符合下列条件：应作防写处理。避免擦、划、触摸记录涂层；应装盒，竖立存放或平放，避免挤压；应远离磁场、强热源，并与有害气体隔离；保管环境温度选定范围：光盘 17 ℃～20 ℃，磁性载体 15 ℃～27 ℃；相对湿度选定范围：光盘 20%～50%，磁性载体 40%～60%。

（5）企业如在国家综合档案馆接收范围内，电子档案或电子档案离线存储介质自形成期一年内可送同级国家综合档案馆电子档案中心进行备份；

（6）应定期对磁性载体进行抽样检测，抽样率不低于 10%；抽样检测过程中如果发现永久性误差时应扩大抽检范围或进行 100%的检测，并立即对发生永久性误差的磁性存储介质进行复制或更新；

(7) 对光盘进行定期检测，检测结果超过三级预警线时应立即实施更新；

(8) 离线存储介质所采取的技术即将淘汰时，应立即将其中存储的电子档案及其元数据等转换至新型且性能可靠的离线存储介质之中；

(9) 确认离线存储介质的复制、更新和转换等管理活动成功时，再按照相关规定对原离线存储介质实施破坏性销毁，应对离线存储介质管理活动进行登记。

(三) 企业电子档案的利用

(1) 企业电子档案的提供利用应严格遵守国家和企业的相关保密规定。

(2) 企业档案部门应根据工作岗位、职责等要求在电子档案管理系统为利用者设置相应的电子档案利用权限。

(3) 利用者应在权限允许范围内检索、浏览、复制、下载电子档案、电子档案组件及其元数据。

(4) 电子档案及其元数据的离线存储介质不得外借，其使用应在档案部门的监控范围内。

(5) 对电子档案采用在线方式提供利用时，应遵守国家和企业有关信息安全的相关规定，从技术和管理两方面采取严格的管理措施。

(四) 企业电子档案的统计

(1) 应按照档案统计年报要求及企业实际需要对各门类电子档案情况进行统计。

(2) 可按档案门类、年度、保管期限、密级、卷数、件数、大小、格式、时长、销毁、移交等要素，对企业电子档案数量等情况进行统计。

(3) 可按年度、档案门类、保管期限、卷数、件数、利用人次、利用目的、复制、下载等要素对电子档案利用情况进行统计。

(五) 电子档案元数据的维护

(1) 应基于电子档案管理系统在电子档案管理全过程中持续开展电子档案元数据采集、备份、转换和迁移等管理活动。

(2) 实施电子档案管理系统升级或更新、电子档案格式转换等管理活动时，应自动采集新增的电子档案背景、结构元数据，包括信息系统描述、格式信息、音频编码标准、视频编码标准、技术参数等。

(3) 应参照《信息与文献　文件管理过程　文件元数据　第1部分：原则》(GB/T 26163.1—2010)等标准持续并自动采集电子档案管理过程元数据，应记录的电子档案管理过程包括登记、格式转换、迁移、鉴定、销毁、移交等。

(4) 应通过备份、格式转换、迁移等措施管理电子档案元数据，包括电子文件归档接收的以及归档后形成的电子档案元数据。

(5) 应禁止修改电子档案背景、结构和管理过程元数据，对题名、责任者、文件编号、日期、人物、保管期限、密级等元数据的修改应符合管理规定，修改操作应记录于日志文件中。

(6) 应确保电子档案与其元数据之间的关联关系得到维护。

技能训练

《电子文件归档与电子档案管理规范》

【目的】

通过认真阅读《电子文件归档与电子档案管理规范》，加深对企业电子文件归档与电子档案管理工作的认识。

【指导】

(1) 从网上下载《规范》。

(2) 认真阅读《规范》对电子文件真实性、完整性和有效性保证，以及电子文件收集与积累、归档、整理、移交、接收与保管等方面的规定。

(3) 对照书中的相关知识点，对其中的重点内容进行摘录。

本章小结

由于企业基础、条件不同及电子文件特性难以把握等因素，目前企业电子文件管理和归档工作尚有很大差别。有的企业已实现在办公自动化平台上完成文件管理、档案管理工作过程，有的企业的部分文档管理流程采用计算机系统管理，还有的企业则完全采用纸质文件管理。总体而言，随着国家相关法律、标准的颁布和不断完善，以及实践的不断深入，电子文件管理与归档已有一些通用实践法则。企业可根据自身的实际情况，选用适当的技术实施电子文件及其归档管理。

实践活动

实地考察电子文件归档管理系统

【目的】

通过实地考察电子文件归档管理系统，了解电子文件归档、整理工作流程。

【内容】

安排学员实地参观一家电子文件归档管理工作开展较好的企业，请工作人员介绍相关情况。

【要求】

了解该企业使用的电子文件归档管理软件的功能与结构；了解该企业开展电子文件归档管理工作的流程；了解相关规章制度。

本章练习

一、判断题

1. 电子文件的定义与文件的定义一样,有广义型和狭义型之分。 ( )

2. 本书中提到的企业电子文件定义属于广义型定义。 ( )

3. 企业电子文件特指企业在各种业务活动中形成,在数字环境中生成,以数码形式存储和阅读的电子数据。 ( )

4. 电子文件信息具有人工识读性。 ( )

5. 电子公文的真实性、完整性、安全性和可识性,移交前由形成部门负责,移交后由档案部门负责。 ( )

6.《企业档案工作规范》规定:文件形成部门应负责确保归档电子文件具备真实性。 ( )

7. 电子文件管理应采用后端控制原则。 ( )

8. “双套制”,即在保存电子文件的同时,将电子文件信息打印输出形成纸质文件保存,两种载体文件同时并存的方式。 ( )

9. 企业电子文件的归档方法有在线归档和离线归档。 ( )

10. 电子档案如以光盘形式离线存储,其所处环境的相对湿度应在45%~60%。 ( )

二、单项选择题

1. 电子文件使用人工不可识读的记录符号——( )。

A. 记录代码 B. 数字符号 C. 数字代码 D. 代码

2. ( )是在文件产生到永久保存或销毁的整个生命周期中,对电子文件的管理流程、规则、要求等方面进行全面管理。

A. 前端控制 B. 前端管理 C. 全程控制 D. 全程管理

3. ( )是在保存电子文件的同时,将电子文件信息打印输出形成纸质文件保存,两种载体文件同时并存的方式。

A. 备份制 B. 并存制 C. 转换制 D. “双套制”

4. 经过整理的电子文件及其元数据,向档案部门提交归档,最迟不能超过电子文件形成后的第2年( )月。

A. 3 B. 4 C. 5 D. 6

5. 电子档案如以光盘形式离线存储,其所处环境的温度应控制在( )。

A. 17℃~20℃ B. 17℃~25℃ C. 15℃~25℃ D. 15℃~20℃

三、多项选择题

1. 电子文件按存储载体分类,可分为( )文件。

A. 磁盘文件 B. 压缩 C. 加密

D. 磁带文件 E. 光盘

2. 电子文件与传统文件相比，有其技术方面的独特性，主要表现为(　　)等。

A. 电子文件信息的非人工识读性

B. 电子文件信息对系统的依赖性

C. 电子文件信息与特定载体之间的可分离性

D. 电子文件信息的易变性

E. 电子文件信息存储的高密度性

F. 电子文件信息的多媒体集成性

3. 确保电子文件信息的真实性、安全性和完整性，常用的有效措施有(　　)。

A. 双套制　　B. 拷贝制　　C. 备份制　　D. 信息迁移

4. 电子文件管理过程中，应遵守其信息的(　　)原则。

A. 真实性　　B. 安全性　　C. 完整性

D. 统一性　　E. 可识别性

5. 企业电子档案的备份方式主要有(　　)。

A. 近线备份　　B. 远线备份　　C. 灾难备份

D. 实时备份　　E. 离线备份

四、简答题

1. 简要分析电子文件定义的主要特点。

2. 简述电子文件的主要特点。

3. 为确保电子文件信息的真实性、安全性和完整性，常用措施有哪些？

4. 简述企业电子文件的归档程序。

5. 简述企业电子档案的存储要求。

五、案例分析题

沈阳铝镁设计院的电子文件归档

沈阳铝镁设计院于 1996 年就开始尝试使用 CAD 软件画图，到 1998 年科技档案 CAD 出图率已达 100%，结束了长期以来设计人员爬图板、画格格的繁重手工设计，缩短了设计周期，提高了设计质量。CAD 电子文件图面清晰、字迹工整、修改方便、应用便捷，而它的归档工作也成为全新且尤为迫切的课题。为解决电子文件归档的问题，沈阳铝镁设计院于 2000 年制定了《关于施工图设计电子文件归档的规定(试行)》。在初期的探索实施阶段，由于设计者已习惯于传统纸质档案归档程序，认为新增电子文件归档既麻烦、浪费时间，又不增加产值，所以找出种种理由不归档或滞后归档，给整理工作带来诸多不便；同时也会出现收集的电子档案与纸质档案不一致、收集不齐全、归档不及时、制度执行不到位等状况。电子文件归档率达不到 50%，更谈不上准确和完整。电子文件归档制度的建立，使上述问题逐渐得以规范。对电子档案归档管理工作的不懈努力和积极探索，极大地推动了电子文件规范化、法制化的进程，基本形成了以科技档案为主体，以计算机管理为手段的信息化、网络化的现代化管理体系，使企业档案管理工作迈上了一个新的台阶。

根据以上案例完成下列题目。

1. 企业电子文件特指企业在各种业务活动中形成,在数字环境中生成,以(　　)存储和阅读的电子数据。

A. 数字形式　　B. 编码形式　　C. 数码形式

2.《CAD电子文件光盘存储、归档与档案管理要求　第一部分:电子文件归档与档案管理》(GB/T 17678.1—1999)在“总则”中规定,CAD电子文件收集、积累、整理和归档,由(　　)负责。

A. CAD技术总负责人　　B. 文件形成单位

C. 业务管理部门　　D. 档案管理部门

3. 确定企业电子文件的归档范围,要(　　),确保文件收集的齐全完整。

A. 全面　　B. 全面系统　　C. 系统　　D. 系统安全

4. 根据《电子文件归档与电子档案管理规范》规定,元数据应与电子文件(　　)收集、归档。

A. 一并　　B. 随时　　C. 定时

各章习题参考答案

第一章

一、判断题

1.√ 2.√ 3.× 4.× 5.√ 6.√ 7.√ 8.√ 9.× 10.√

二、单项选择题

1.A 2.C 3.B 4.A 5.D

三、多项选择题

1.ABCD 2.ABCDEFG 3.ABCE 4.ABC 5.ACE

四、简答题

1. 企业文书工作内容主要包括文件制作、处理、保管、整理等方面，具体包括文件的起草、审签、打印、校对、装订、登记、分送、传阅、拟办、批办、承办、催办、保管、清退、销毁、整理归档等。企业档案工作的内容包括企业档案的收集、整理、鉴定、保管、统计、检索、编研、提供利用等。

2. 企业文书与档案工作依法管理有两层含义：一是指档案行政机构根据宪法和法律所赋予的职权而进行的企业档案立法、档案行政执法和档案普法等工作；二是指企业自身依据档案法律法规，科学、规范地做好企业文书与档案工作。企业文书与档案工作依法管理的意义在于：依法管理是开展企业文书与档案工作的必要前提；企业文书与档案工作依法管理是现代企业制度的具体体现；企业文书与档案工作依法管理是企业可持续发展的重要保障；企业文书与档案工作依法管理为全社会依法治档奠定了坚实基础。

3. 企业文书与档案工作中的保密管理，要重点做好以下工作：建立保密工作管理机构；建立保密制度体系；企业文书与档案工作涉密人员的素质要求；保密工作的具体实施。

4. 文件生命周期理论对企业文件管理的指导意义在于：文件生命周期理论准确地揭示了企业文件运动的整体性和内在联系，为企业文件的全过程管理奠定了理论基础；文件生命周期理论准确地揭示了企业文件运动的阶段变化，为文件的阶段式管理奠定了理论基础；文件生命周期理论准确地揭示了企业文件运动过程的前后衔接和各阶段的相互影响，为实现从现行文件到档案的一体化管理，为档案部门或人员对企业文件进行前端控制提供了理论依据；文件生命周期理论的全过程管理和前端控制方法，同样适用于电子文件管理，是文件生命周期理论对企业电子文件管理指导价值的集中反映。

5. 来源原则的基本内容可以归纳为三个基本点，即尊重来源、尊重全宗的完整性、尊重全宗内的原始整理体系。来源原则在企业档案工作中的理论意义和实践价值主要可以概括为四个方面:来源原则从历史主义出发,充分体现了档案形成的历史联系,为档案实体整理和分类提供了合理的客观依据;来源原则有力地维护了档案的本质属性,成为档案整理工作中的首要原则;来源原则既不是纯观念性的抽象信条,也不是纯实践性的操作经验,而是兼具理论性和实践性的管理思想和原则;来源原则对复杂环境下的企业档案管理具有十分重要的现实指导意义。

五、案例分析题

1.C 2.A 3.B 4.A

第二章

一、判断题

1.× 2.√ 3.× 4.× 5.√ 6.√ 7.× 8.× 9.× 10.√

二、单项选择题

1.A 2.A 3.B 4.C 5.B

三、多项选择题

1.BCDE 2.ACDE 3.ABC 4.ABCD 5.ABC

四、简答题

1. 文件的特征:文件是形成者在社会活动中为了一定的目的而形成的,文件的内容直接与形成者的活动有关;文件是有特定体式、名称的信息记录;文件是同时具有原始记录性、针对性、有效性、凭证性、实用性、传递性等性质的信息记录。

2. 企业文书工作的主要内容有:创制公文,传递公文,办理公文,处置办毕公文,管理公文。

3.《中华人民共和国档案法》用国家法律的形式确定了我国的档案工作基本原则:"档案工作实行统一领导、分级管理的原则,维护档案的完整与安全,便于社会各方面的利用。"

4. 企业档案工作的总则是:企业档案是企业知识资产和信息资源的重要组成部分。企业档案工作是企业研发、生产、经营和管理活动的基础性管理工作;企业档案工作应以企业资产关系为纽带,实行统一领导、统一管理、统一制度、统一标准;企业档案工作应以满足企业各项活动在证据、责任和信息等方面的需求为导向,运用现代技术与管理方法,通过资源整合和开发,为企业研发、生产、经营、管理和持续发展提供有效服务;企业应维护档案的完整、准确、系统与安全。

5. 企业应建立以档案部门为核心,各职能或承办部门,各项目专、兼职档案人员为基础的企业档案工作体系。

五、案例分析题

1.A 2.A 3.A 4.D

第三章

一、判断题

1.× 2.× 3.× 4.√ 5.× 6.√ 7.√ 8.× 9.× 10.√

二、单项选择题

1.D 2.B 3.A 4.C 5.C

三、多项选择题

1. ACE　2. ABCE　3. ABC　4. ABC　5. BCD

四、简答题

1. 2012年7月起施行的《党政机关公文处理工作条例》规定的15种公文名称是：①决议；②决定；③命令(令)；④公报；⑤公告；⑥通告；⑦意见；⑧通知；⑨通报；⑩报告；⑪请示；⑫批复；⑬议案；⑭函；⑮纪要。

2. 参照《党政机关公文处理工作条例》规定的10种企业常用公文是：①决定；②通告；③意见；④通知；⑤通报；⑥报告；⑦请示；⑧批复；⑨函；⑩纪要。

3. 正确选择恰当的公文文种，主要考虑：选用文种应联系发文目的，选用文种应考虑行文关系，选用文种应根据发文单位的权限和地位，选用文种应以国家法规为准绳。

4. 请示用于向上级机关请求指示、批准。

5. 批复是上级单位对下级单位的请示事项给予答复时所使用的一种带有指示性、答复性的下行公文。批复具有指示性、针对性和被动性。批复必须对下级请示的问题明确批示、指示和答复。

五、案例分析题

1. A　2. C　3. A　4. A

第四章

一、判断题

1. ×　2. ×　3. √　4. √　5. √　6. √　7. ×　8. √　9. ×　10. ×

二、单项选择题

1. A　2. A　3. C　4. A　5. D

三、多项选择题

1. ACD　2. CD　3. ACE　4. ABDE　5. ABCDE

四、简答题

1. 公文采用A4型纸，其成品幅面尺寸为210 mm×297 mm。

2.《格式》第7款“公文中各要素标识规则”规定：“本标准将版心内的公文格式各要素划分为版头、主体、版记三部分。公文首页红色分隔线以上的部分称为版头；公文首页红色分隔线(不含)以下、公文末页首条分隔线(不含)以上的部分称为主体；公文末页首条分隔线以下、末条分隔线以上的部分称为版记。”

3. 公文标题是对公文主要内容的简要概括，也是行文部分比较重要的项目。公文标题具有特定的结构，一般由发文单位名称、内容(事由)及文种三部分构成。

4. 发文单位标识又称公文的身份名称、“红头”，是发文单位用来制发正式公文时使用的一种固定版式，由发文单位全称或规范化简称后加“文件”组成。发文单位全称应以批准该单位成立的文件核定的名称为准。

5. 定稿是由领导人正式签发或经会议正式通过生效的最后定型文稿。正本是根据定稿，按一定的格式制作的供主送单位贯彻执行的正式文本。

五、案例分析题

1. A　2. A　3. A　4. D

第五章

一、判断题

1.× 2.× 3.√ 4.× 5.× 6.× 7.× 8.× 9.√ 10.√

二、单项选择题

1.B 2.D 3.C 4.A 5.A

三、多项选择题

1.ABCDE 2.ACD 3.ABD 4.ABCDE 5.ABCD

四、简答题

1. 撰文阶段,要经历文件的草拟、审核、签发程序,是文件处理全过程的启动阶段。

2. 印章是单位职权的重要凭证,单位的印章应由指定的专人负责保管,大多由办公室文秘人员负责保管和盖印;应建立起相应的用印制度。

3. 拟办指对来文的办理提出建议和初步意见,供领导人批办时作参考的活动。

4. 负责承办的部门和人员对承办文件首先应认真研究文件内容和批办意见,弄清是否属于自己承办的范围;承办应符合时限要求。文件办理中由某部门主要承办的,该部门应提出办理意见;对不能一次办结的文件,应放在"待办"件中,以便再办;对一些问题的承办若是以电话、面谈等形式处理的,也应向交办的文书部门报告情况,并注办。

5. 对办毕文件处置的主要方法有清退、销毁、暂存和整理归档四种。

五、案例分析题

1.A 2.C 3.A 4.D

第六章

一、判断题

1.× 2.√ 3.× 4.√ 5.× 6.√ 7.× 8.× 9.× 10.√

二、单项选择题

1.D 2.D 3.C 4.B 5.A

三、多项选择题

1.ABDE 2.ABC 3.ABCDE 4.ABCDE 5.ACD

四、简答题

1. 企业建立归档制度,应明确归档范围、归档时间、归档案卷质量要求和归档手续等内容。

2. 企业文件的平时收集是指企业档案室在执行归档制度之外对零散文件的收集。加强文件的平时收集工作,是保证归档制度落实和不断完善的有效方法。

3. 企业文件归档鉴定工作必须从国家和企业的整体利益出发,用全面的、历史的、发展的观点判定档案的价值。

4. 企业文件归档鉴定的标准主要有来源标准、内容标准、时间标准、相对价值标准、形式特征标准。

5. 企业档案保管期限表的主体内容分为序号、基本范围(条款)、保管期限三个部分。

五、案例分析题

1.C 2.B 3.A 4.D

第七章

一、判断题

1.√ 2.× 3.√ 4.√ 5.× 6.× 7.√ 8.× 9.× 10.√

二、单项选择题

1.C 2.A 3.D 4.C 5.A

三、多项选择题

1.ABCD 2.ABCE 3.ABCDE 4.ABCDE 5.ABD

四、简答题

1. 企业归档文件整理要遵循保持文件之间的历史联系,充分利用原有基础,便于档案的保管和利用的原则。

2. 企业档案整理后,整体调整工作主要有三种情况,系统排列和编目、局部调整、全过程整理。

3. 年度分类法,就是根据形成和处理文件的年度对归档文件进行分类。每一年设一类,年度即类名。

4. 文件的立卷特征是从文件结构中概括出来的,根据文件本身在机构上具有的共性,概括出文件的六个特征,即作者特征、问题特征、名称特征、时间特征、通信者特征和地区特征。

5. 归档章一般应加盖在归档文件首页上端居中的空白位置;如果领导批示或收文章等占用上述位置,可将归档章盖在首页的其他空白位置,但以上端为宜。

五、案例分析题

1.C 2.C 3.C 4.C

第八章

一、判断题

1.√ 2.× 3.× 4.√ 5.√ 6.× 7.× 8.√ 9.× 10.√

二、单项选择题

1.C 2.A 3.C 4.B 5.D

三、多项选择题

1.ABCDEF 2.ABCDE 3.ABC 4.ABCD 5.ABCDF

四、简答题

1. 建设项目文件归档的质量要求包括:完整性要求、准确性要求、价值性要求。

2. 建设项目文件整理的内容包括:文件分类、组卷、归档;对归档案卷进行检查审核;对案卷系统化排列、编目、上架;编制检索工具;文件和案卷条目的数字化;建立档案统计台账等。

3. 建设项目档案的组卷方法包括:按项目组卷、按结构组卷、按专业组卷、按问题组卷、按文件名称组卷、按地域组卷、按作者组卷、按时间组卷。

4. 人事档案共可划分为十大类:履历材料;自传材料;鉴定、考核、考察材料,学历、学位、学绩、培训和专业技术情况的材料;政审材料;参加党团材料;奖励材料;处分材料;录用、任免、转业、工资、待遇、出国、退(离)休、退职材料及各种代表会登记表材料;其他材料。

5. 会计档案的整理原则是:按照会计档案自然形成规律及其本身所固有的特点,保持各类会计核算材料之间的历史联系;分别不同保管价值;区分不同会计核算材料类型;便于保管、查阅和利用。

五、案例分析题

1. C 2. B 3. C 4. A

第九章

一、判断题

1. × 2. × 3. √ 4. √ 5. × 6. √ 7. √ 8. × 9. × 10. ×

二、单项选择题

1. C 2. B 3. A 4. D 5. A

三、多项选择题

1. ABCDE 2. ABCDE 3. ACD 4. ABC 5. ABC

四、简答题

1. 企业档案保管工作的内容主要包括三个方面,即档案库房管理、档案流动过程中的保护、保护档案的专门措施。

2. 我国档案保护工作的基本方针是“以防为主,防治结合”,企业档案保管工作也应遵循这一原则。

3. 档案装具在具体排列时应注意三个方面,即整齐一致、避光通风、空间合理。

4. 档案保管工作中所说的防护措施,主要是指“八防”,即防火、防水、防盗、防高温、防潮湿、防霉、防尘、防虫等。

5. 企业档案登记是对企业档案收进、移出以及整理、鉴定、保管等工作情况与活动,通过簿、册、表、单等形式加以记载,以反映其活动的过程、状况和变化的工作。其中主要包括两个方面,即档案数量和状况登记、档案利用登记。

五、案例分析题

1. D 2. A 3. B 4. B

第十章

一、判断题

1. √ 2. × 3. × 4. × 5. × 6. × 7. × 8. √ 9. √ 10. ×

二、单项选择题

1. C 2. A 3. C 4. A 5. B

三、多项选择题

1. AC 2. BCD 3. ABCDE 4. ABCE 5. ABC

四、简答题

1. 档案检索效率通常采用查全率和查准率两个指标来衡量和表示。查全率指满足利用者要求的全面程度,即检索出相关档案与全部相关档案的百分比,其公式为:查全率=检索出的相关档案÷全部相关档案×100%。查准率是指满足利用者要求的准确程度,即检索出的有关档案与检索出的全部档案的百分比,其公式为:查准率=检索出的相关档案÷检索出的全部档案×100%。

2. 全引目录的编制主要有两种方法。一种是将全宗内或全宗一部分原有的案卷目录和卷内文件目录重新打印组合。另一种是完全利用原有基础进行复印，即只需把原有的案卷目录和卷内文件目录依次复印后装订成册即可。

3. 企业档案提供利用的基本方式有提供档案原件、提供档案副本或复制品、提供档案信息加工品。

4. 档案的提供利用和保密是一致的，都是为了更好地发挥档案对社会的积极作用。保密的目的是在一定时期内，将利用控制在一定的范围之内，是为了维护企业的利益，并有效地利用档案资源。在处理保密和利用两者关系时，应该坚持以企业利益为重，深入地研究、审查档案的内容，适时开展档案的解密、降密工作，简化利用手续，更好地提供利用服务。

5. 企业档案参考资料常见的种类有大事记、组织沿革、统计数字汇集、专题概要和会议简介等。

五、案例分析题

1. A　2. B　3. C　4. D

第十一章

一、判断题

1. √　2. ×　3. √　4. ×　5. √　6. ×　7. ×　8. √　9. ×　10. ×

二、单项选择题

1. C　2. D　3. D　4. D　5. A

三、多项选择题

1. ADE　2. ABCDEF　3. ACD　4. ABCE　5. ABC

四、简答题

1. 第一，电子文件的定义与文件的定义一样，有广义型和狭义型之分。第二，电子文件的定义，大多以“文件”或“电子数据”为属概念。

2. 电子文件与传统文件相比，有其技术方面的独特性主要表现为：电子文件信息的非人工识读性、电子文件信息对系统的依赖性、电子文件信息与特定载体之间的可分离性、电子文件信息的易变性、电子文件信息存储的高密度性、电子文件信息的多媒体集成性、电子文件信息的组织多维性、电子文件信息物理结构与逻辑结构的分离性、电子文件信息的可操作性等。

3. 确保电子文件信息的真实性、安全性和完整性，常用的有效措施有“双套制”、备份制、信息迁移。

4. 企业文件形成或办理部门、档案部门可在归档过程中基于业务系统、电子档案管理系统完成电子文件及其元数据的清点、鉴定、登记、填写电子文件归档登记表等主要归档程序。

5. 应为电子档案及其元数据的安全存储配置与电子档案管理系统相适应的在线存储设备。电子档案管理系统应依据档号等标识符构成要素在计算机存储器中逐级建立文件夹，分门别类、集中有序地存储电子档案及其组件，并在元数据中自动记录电子档案在线存储路径。在线存储系统应实施容错技术方案，定期扫描、诊断硬磁盘，发现问题应及时处置。

五、案例分析题

1. C　2. A　3. B　4. A

附　　录

附录1　企业常用档案工作标准目录

附表1-1　企业常用档案工作行业标准

序号	标　准　号	标 准 名 称
1	DA/T 1—2000	档案工作基本术语
2	DA/T 2—1992	科学技术研究课题档案管理规范
3	DA/T 3—1992	档案馆指南编制规范
4	DA/T 4—1992	缩微摄影技术在16 mm卷片上拍摄档案的规定
5	DA/T 5—1992	缩微摄影技术在A6平片上拍摄档案的规定
6	DA/T 6—1992	档案装具
7	DA/T 7—1992	直列式档案密集架
8	DA/T 11—1994	文件用纸耐久性测试法
9	DA/T 12—1994	全宗卷规范
10	DA/T 13—1994	档号编制规则
11	DA/T 14—1994	全宗指南编制规范
12	DA/T 15—1995	磁性载体档案管理与保护规范
13	DA/T 16—1995	档案字迹材料耐久性测试法
14	DA/T 18—1999	档案著录规则
15	DA/T 19—1999	档案主题标引规则
16	DA/T 21—1999	档案缩微品保管规范
17	DA/T 22—2015	归档文件整理规则
18	DA/T 23—2000	地质资料档案著录细则
19	DA/T 24—2000	无酸档案卷皮卷盒用纸及纸板
20	DA/T 25—2000	档案修裱技术规范
21	DA/T 26—2000	挥发性档案防霉剂防霉效果测定法
22	DA/T 27—2000	档案防虫剂防虫效果测定法

续表

序号	标　准　号	标 准 名 称
23	JGJ 25—2010	档案馆建筑设计规范
24	DA/T 28—2002	国家重大建设项目文件归档要求与档案整理规范
25	DA/T 29—2002	档案缩微品制作记录格式和要求
26	DA/T 31—2005	纸质档案数字化技术规范
27	DA/T 32—2005	公务电子邮件归档与管理规则
28	DA/T 35—2007	档案虫霉防治一般规则
29	DA/T 36—2007	人身保险业务档案管理规范
30	DA/T 42—2009	企业档案工作规范

附表 1-2　企业常用档案工作国家标准

序号	标　准　号	标 准 名 称
1	GB/T 9705—1988	文书档案案卷格式
2	GB/T 11822—2000	科学技术档案案卷构成的一般要求
3	GB/T 13967—1992	全宗单
4	GB/T 13968—1992	档案交接文据格式
5	GB/T 15021—1994	缩微摄影技术用 35 mm 卷片拍摄技术图样和技术文件的规定
6	GB/T 15418—1994	档案分类标引规则
7	GB/T 17678.1—1999	CAD 电子文件光盘存储、归档与档案管理要求 第一部分：电子文件归档与档案管理
8	GB/T 11821—2002	照片档案管理规范
9	GB/T 18894—2002	电子文件归档与管理规范
10	GB/T 20163—2006	中国档案机读目录格式

附录2 企业档案工作规范

1. 范围

本标准确立了企业档案工作原则、组织和制度要求,给出了企业档案业务工作、档案信息化建设、档案工作设施设备配置等方面的方法与技术指南。

本标准适用于大中型工业企业,其他类型企业及事业单位可参照使用。

2. 规范性引用文件

下列文件中的条款通过本标准的引用而成为本标准的条款。凡是注日期的引用文件,其随后所有的修改单(不包括勘误的内容)或修订版均不适用于本标准,然而,鼓励根据本标准达成协议的各方研究是否可使用这些文件的最新版本。凡是不注日期的引用文件,其最新版本适用于本标准。

GB/T 9705 文书档案案卷格式

GB/T 11821 照片档案管理规范

GB/T 11822 科学技术档案案卷构成的一般要求

GB/T 17678.1 CAD 电子文件光盘存储、归档与档案管理要求

GB/T 18894 电子文件归档与管理规范

DA/T 1 档案工作基本术语

DA/T 12 全宗卷规范

DA/T 13 档号编制规则

DA/T 15 磁性载体档案管理与保护规范

DA/T 22 归档文件整理规则

DA/T 28 国家重大建设项目文件归档要求与档案整理规范

DA/T 31 纸质档案数字化技术规范

DA/T 32 公务电子邮件归档与管理规则

DA/T 43 缩微胶片档案数字化技术规范

JGJ 25 档案馆建筑设计规范

ISO 15489.1 信息与文献——文件管理:通则

ISO 15489.2 信息与文献——文件管理:指南

3. 术语和定义

DA/T 1—2000 确立的以及下列术语和定义适用于本标准。

3.1 企业档案 business records

企业在研发、生产、经营和管理活动中形成的有保存价值的各种形式的文件。

3.2 企业档案工作 business records management

企业履行档案管理职责的行为和活动。

3.3 电子档案 electronic records

具有保存价值的归档电子文件及相应元数据、背景信息和支持软件。

3.4 档案信息化 archival informationization

运用信息技术对归档文件、数据信息资源及档案进行采集、整合、维护、处置和提供利用服务的档案管理提升过程和工作方式。

4. 档案工作总则

4.1 企业档案是企业知识资产和信息资源的重要组成部分。企业档案工作是企业研发、生产、经营和管理活动的基础性管理工作。

4.2 企业档案工作应以企业资产关系为纽带,实行统一领导、统一管理、统一制度、统一标准。

4.3 企业档案工作应以满足企业各项活动在证据、责任和信息等方面的需求为导向,运用现代技术与管理方法,通过资源整合和开发,为企业研发、生产、经营、管理和持续发展提供有效服务。

4.4 企业应维护档案的完整、准确、系统与安全。

5. 档案工作组织

5.1 组织系统建设

5.1.1 档案工作领导

企业应确定档案工作的分管领导,确定各职能或承办部门、各项目档案工作的负责人,确定档案部门的负责人。

5.1.2 档案机构设置

企业应根据规模和管理模式设置专门的档案机构,或指定负责档案工作的机构。大型企业应设立档案馆。

5.1.3 档案人员配备

企业应配备与企业研发、生产、经营和管理相适应的专职档案人员;各部门、各项目应配备专职或兼职档案人员。企业应保持档案人员相对稳定。

5.1.4 档案工作体系

企业应建立以档案部门为核心,各职能或承办部门、各项目专兼职档案人员为基础的企业档案工作体系。

5.2 企业管理职责

5.2.1 企业应贯彻国家有关档案工作法律、法规和方针政策,建立健全档案工作规章制度,将档案工作纳入企业发展规划和工作计划,为档案工作持续发展提供保障。

5.2.2 企业应将文件形成、积累和归档要求纳入各部门、项目及专项工作职责和有关人员岗位职责,并对分管领导、部门和项目负责人及有关人员职责履行情况进行考核。

5.2.3 企业应采取必要措施,维护和确保档案的完整、准确、系统和安全。

5.2.4 企业资产与产权变动时应做好档案的处置工作,国有企业应依照档发字[1998]6号文件的要求进行,其他企业可参照。

5.2.5 企业应对档案工作中做出成绩的集体或个人给予表彰和奖励;对违反有关规定造成档案损失的相关人员给予处分。

5.3　企业部门职责

5.3.1　企业各职能或承办部门及项目负责人应对本部门或项目归档文件的完整和系统负责。

5.3.2　企业各职能或承办部门及项目文件形成者应负责积累文件,并对归档文件的齐全、准确和形成质量负责。

5.3.3　专兼职档案人员应负责收集、整理应归档的文件,对归档文件的整理质量负责。

5.3.4　企业各职能或承办部门及项目对文件管理的责任,见ISO 15489.1第七章、ISO 15489.2和档发[2002]5号文件要求。

5.4　档案部门职责

5.4.1　统筹规划企业档案工作,制定企业文件归档和档案鉴定、整理、保管、统计、利用、移交等有关规章制度。

5.4.2　负责企业档案的收集、整理、保管、鉴定、统计和提供利用工作。

5.4.3　指导企业各部门、项目及专项工作文件的形成、积累、整理及归档工作。

5.4.4　监督、指导、检查企业所属单位(包括派出机构和投资的全资、控股企业)的档案工作。

5.4.5　依照有关规定向国家档案馆或有关单位移交档案。

5.5　档案人员要求

5.5.1　档案人员应遵纪守法、忠于职守、具有专业知识。

5.5.2　档案部门负责人应具有中级以上专业技术职称或大学本科以上学历。

5.5.3　档案人员应具备大学专科以上学历或同等学识水平。

5.5.4　档案人员应定期接受档案业务培训。

6. 档案工作制度

6.1　工作规章

6.1.1　明确企业文件形成、归档责任。企业在制定有关规章、标准和制度中应提出相应的文件收集、整理和归档的责任要求。

6.1.2　制定企业档案工作规定。企业档案工作规定是企业档案工作的基本要求,其主要内容应包括:档案工作原则及管理体制,文件的形成、积累与归档职责要求,档案收集、鉴定、整理、保管、统计、利用要求,资产与产权变动档案的处置原则,解释权限等。

6.1.3　建立档案工作责任追究制度。对相关岗位人员违反文件收集、归档及档案管理制度,发生档案泄密、造成档案损毁等行为,企业应提出责任追究和处罚措施,并将有关要求纳入相关管理制度。

6.1.4　制定档案管理应急预案。对可能发生的突发事件和自然灾害,企业应制定档案抢救应急措施,包括组织结构、抢救方法、抢救程序、保障措施和转移地点等。对档案信息化管理的软件、操作系统、数据的维护、防灾和恢复,应制定应急预案。

6.2　管理制度

6.2.1　文件归档制度。应明确文件归档范围及保管期限、归档时间、归档程序、归档质量要求以及归档控制措施。

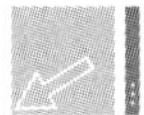

6.2.2 档案保管制度。应明确各门类档案保管条件、特殊载体档案保管方式、档案清点检查办法、对受损档案的处置办法、档案进(出)库要求、库房管理要求和库房管理员职责。

6.2.3 档案鉴定销毁制度。应明确鉴定、销毁工作的组织、职责、原则、方法和时间等要求。

6.2.4 档案统计制度。应明确统计内容、统计要求和统计数据分析要求。

6.2.5 档案利用制度。应明确档案提供利用的方式、方法,规定查(借)阅档案的权限和审批手续,提出接待查(借)阅档案的要求。

6.2.6 档案保密制度。应明确档案形成者、档案管理者、档案利用者应承担的保密责任。

6.2.7 电子档案管理制度。应对企业各信息系统中形成的电子文件提出归档、管理和利用要求。

6.2.8 档案管理系统操作制度。应明确档案管理系统操作人员的职责、档案管理系统软件、硬件的操作要求。

6.3 业务规范

6.3.1 文件、档案整理规范。应明确文件立卷与档案整理原则、整理方法、档号编制要求和档案装具要求等。

6.3.2 档案分类方案。应明确分类依据、类别标识、类目范围。

6.3.3 文件归档范围和保管期限表。应明确各类文件归档的范围及其相对应的保管期限。

6.3.4 特殊载体档案管理规范。应明确不同载体档案收集、整理的要求和保管的条件。

7. 档案业务工作

7.1 企业档案工作与业务活动

7.1.1 企业档案工作是企业各项业务和活动的有机组成部分,应纳入企业领导工作议事日程,纳入企业规章制度及工作流程,纳入企业部门和有关人员的经济责任制或岗位责任制。

7.1.2 企业档案部门或档案人员应参加产品鉴定、科研课题成果审定、项目验收、设备开箱验收等活动,负责检查应归档文件的完整、系统。

7.1.3 企业下达项目计划任务应同时提出项目文件的归档要求;检查项目计划进度应同时检查项目文件积累情况;验收、鉴定项目成果应同时验收、鉴定项目文件归档情况;项目总结应同时做好项目文件归档交接。

7.2 文件的形成、积累

7.2.1 文件形成时应使用耐久、可靠的记录载体和记录方式。

7.2.2 文件形成者应将办理完毕、有保存价值的文件及时交本部门、项目或专项工作档案人员保管。

7.3 文件整理与归档

7.3.1 文件整理

文件立卷整理应遵循文件形成规律,区分保管期限,保持文件间有机联系。文书、科技、会计、人事等门类文件的整理,应分别符合 GB 9705、DA/T 22、GB/T 11822、财会字[1998]32 号、劳力字[1992]33 号等标准及文件的要求;音像、电子等载体形态文件整理,应分别符合 GB/T 11821、DA/T 15、GB/T 18894、DA/T 32 等标准的要求。

7.3.2　文件归档范围

7.3.2.1　企业在筹备、建设、生产、经营、管理等活动及产权变动过程中形成的具有保存价值的各种载体形式的文件都应纳入归档范围。国有企业文件归档范围应符合档发[2004]4 号文件要求。

7.3.2.2　归档文件的主要来源有:

——本企业形成的文件;

——本企业引进项目、外购设备等接收的文件;

——所属单位及参股企业应向本企业提交的文件;

——本企业参与的合作项目,合作单位按要求应向本企业提交的文件;

——本企业执行、办理的外来文件。

7.3.2.3　企业应根据经营管理范围和业务活动类型制定文件归档范围和保管期限表。确定文件归档范围和保管期限可参照、但不限于附录 A。项目建设类文件应依据企业在项目建设中的性质确定,建设单位、设计单位、施工单位、监理单位文件归档具体范围参见 DA/T 28;服务类型企业各类文件归档范围及企业中专业性较强的业务活动的文件归档范围,应结合企业活动和专门业务编制。

7.3.3　文件归档时间

7.3.3.1　经营管理工作、生产技术管理工作、行政管理工作、党群工作中形成的文件一般应在办理完毕后的第二年一季度归档。

7.3.3.2　科研开发、项目建设文件应在其项目鉴定、竣工验收前归档,周期长的可分阶段、单项归档;产品生产及服务业务应定期或按阶段归档。

7.3.3.3　产权产籍、质量认证、资质信用、合同协议、知识产权等文件应随时归档;外购设备仪器或引进项目的文件应在开箱验收或接收后即时登记归档。

7.3.3.4　会计核算专业材料应在会计年度终了后由会计部门整理归档,保管一年后向档案部门移交。

7.3.3.5　电子文件逻辑归档宜定时进行,物理归档应与相应门类或内容的其他载体归档时间一致。

7.3.3.6　磁带、照片及底片、胶片、实物等载体形式的文件应在工作结束后及时归档,或与相应内容的纸质载体归档时间一致。

7.3.3.7　更新、补充的文件,企业内部机构变动和干部职工调动、离岗时应清退的文件,企业资产与产权变动过程中形成的文件,其他活动中形成的文件等,应随时归档。

7.3.4　文件归档要求

7.3.4.1　企业应实行部门、项目及专项工作的文件收集、整理、归档责任制。各部门、项目及专项工作专兼职档案人员应按照规定将文件整理后归档。

7.3.4.2　归档的文件应完整、准确、系统,其制成材料应有利于长久保存,图文字迹应符合形成文件设备(打印机、复印机、扫描仪等)标称的质量要求。

7.3.4.3　归档的文件应为原件。因故无原件的可将具有凭证作用的复制件归档。

7.3.4.4　非纸质文件应与其文字说明一并归档。外文(或少数民族文字)材料若有汉译文的,应一并归档,无译文的要译出标题和目录后归档。

7.3.4.5　归档的文件一般一式一份。重要的、利用频繁的和有专门需要的可适当增加份数。

7.3.4.6　两个以上单位合作完成的项目,应以合同、协议等形式约定文件归档要求。主办单位一般应保存全套文件,协办单位保存与所承担任务相关的正本文件。

7.3.4.7　文件形成部门应就归档文件填写《档案交接登记表》(见附录B表B.1)。重要项目文件归档时应由项目管理部门编写归档说明,并经项目负责人审核签字。

7.4　档案收集工作

7.4.1　文件归档的交接

7.4.1.1　文件形成部门应按期将《档案交接登记表》随同已整理的文件向档案部门移交。

7.4.1.2　档案部门接收时应认真核对,并检查档案质量。双方在《档案交接登记表》签字后各保留一份。

7.4.2　档案与资料的收集

7.4.2.1　企业应接收所属单位因产权变动后属本企业所有的档案。

7.4.2.2　企业应根据资产管理权限接收无法人资格的所属单位档案。

7.4.2.3　企业可根据需要收集宣传报道本单位的新闻资料。

7.4.2.4　企业可根据研发和市场竞争的需要收集与企业经营范围相关的资料。

7.4.2.5　企业可根据需要向社会、离退休人员征集档案、资料。

7.5　档案整理工作

7.5.1　档案部门应区分全宗进行档案的分类、排列与编目。

7.5.2　分类方案应依据企业管理职能,结合档案形成特点制定,并应保持相对稳定性和可扩充性。分类方案应附有分类说明。

7.5.3　类别号可采用阿拉伯数字、英文字母、拼音字母中的一种或两种混合方法设定。

7.5.4　全宗内档案按类分别集中排列,类别内档案按类目条款顺序依次排列编号。

7.5.5　根据分类方案和排列顺序编制档号。档号应指代单一,具有唯一性。档号编制方法见DA/T 13。

7.5.6　档号可采用"[全宗号——]分类号(或项目代号或目录号)——案卷号(或件号或盘、盒、张号)"([]表示可选)结构。

全宗号由企业根据对所属单位集中统一管理档案的需要和企业产权变更情况自行设定。

7.5.7　纸质档案应与对应的非纸质载体档案设立互见号,

互见号是反映同一内容其他载体档案保管单位的档号。

7.5.8　按全宗、类别、保管期限编制档案目录。

7.5.9　档案部门应对每个全宗建立全宗卷。全宗卷可单独管理。全宗卷的主要内容和编制方法见 DA/T 12。

7.6　档案保管工作

7.6.1　档案存放应依据档案载体选择档案柜架。底图不宜折叠;磁性载体应选择防磁设施。重要档案应异地备份。

7.6.2　档案入库前一般应去污、消毒。受损的档案应及时修复或补救。对于易损的制成材料和字迹,应采取复制手段加以保护。

7.6.3　库房管理

7.6.3.1　库房应保持干净、整洁,并具备防火、防盗、防光、防有害气体、防尘、防有害生物等防护功能(见 JGJ 25)。

7.6.3.2　库房温、湿度应符合 JGJ 25、GB/T 18894 和 DA/T 15 对各类档案载体的保管要求,并有温湿度登记(登记表参见附录 B 表 B.2)。

7.6.3.3　库房设备运转情况应定期检查,并及时排除隐患。

7.6.3.4　库藏档案应定期清理核对,做到账物相符。库藏档案数量发生变化时应记录说明。

7.7　档案鉴定工作

7.7.1　企业应成立由主管领导、职能部门、专业技术人员和档案人员组成的档案鉴定委员会(或小组),负责确定文件保管期限和到期档案鉴定。

7.7.2　档案保管期限应根据文件对企业、国家和社会所具有的现实和今后工作查考、凭证作用,以及历史研究价值确定。

7.7.3　档案保管期限一般分为永久和定期两种。会计档案的保管期限执行《会计档案管理办法》。

7.7.4　永久保管档案。凡是反映本企业主要职能活动和历史面貌,对本企业、国家和社会有长远利用价值的文件,列为永久保管。

7.7.5　定期保管档案。凡是反映本企业一般工作活动,在一定时间对本企业各项工作有参考利用价值的文件,列为定期保管。定期保管档案的年限可根据其参考利用价值分为 30 年和 10 年。

7.7.6　企业应定期对已到保管期限的档案进行鉴定。经档案鉴定委员会鉴定,仍需继续保存的档案应重新划定保管期限;对保管期满确无保存价值的档案应登记造册,填写销毁清册(参见附录 B 表 B.3),经企业法定代表人批准后进行监督销毁。销毁清册永久保存。

7.8　档案统计工作

7.8.1　档案部门应及时、准确地填报本企业档案工作年报及有关统计报表。

7.8.2　建立档案工作统计台账,主要内容包括:档案馆(室)藏情况;年度入出库情况;档案利用情况;档案专兼职人员情况;档案设施、设备情况;档案销毁情况等。

7.8.3　档案统计工作应保持连续性。

7.9　档案利用工作

7.9.1　档案部门应加强档案检索系统建设,开发档案信息资源,及时、有效地提供档案利用服务。

7.9.2 企业应根据保密规定和知识产权管理要求,设定利用者权限。超越权限的利用需经有关领导审批。

7.9.3 利用档案应按规定进行登记(借阅登记表参见附录B表B.4)。利用效果突出的宜进行登记(利用效果登记表参见附录B表B.5)。

7.9.4 可采用直接查阅、电话调阅、网上查阅等方式提供利用原件、复制件、缩微件和电子档案。

7.9.5 企业宜对档案信息进行分类汇总,形成专题汇编,如规章制度汇编、专题文件汇编等。

7.9.6 企业宜对档案信息进行综合整理,形成专题材料,如大事记、年鉴、组织沿革、产品性能比较、科研成果简介、工程项目简介、设备的更新换代、市场的变化等。

7.9.7 企业宜对档案信息进行分析研究,形成深层次加工材料,如历年生产经营指标统计分析、重大事故原因研究分析、企业史志等。

7.9.8 企业可利用档案举办档案陈列或展览。

8. 档案信息化建设

8.1 档案信息化目标与原则

8.1.1 企业档案信息化应以促进、完善企业信息化和提升档案管理现代化水平为总目标。

8.1.2 企业档案信息化应坚持技术与管理并重、与企业信息化协调和同步的原则。

8.1.3 企业各信息系统的开发与实施应充分考虑档案管理的要求。

8.2 电子文件的归档

8.2.1 电子文件归档要求及功能应嵌入文件生成系统。企业各信息系统生成的文本、图形、图像、数据等类型电子文件归档范围应参照纸质文件归档范围确定。音频、视频、多媒体等类型电子文件及数据库的归档范围应根据相关规定和需要确定。

8.2.2 企业各信息系统所形成的电子文件的元数据、背景信息,以及生成非通用电子文件格式的软件等应与电子文件一并归档。

8.2.3 归档的电子文件数据格式应易于识读、迁移。电子文件通用格式见GB/T 18894第6章。

8.2.4 电子文件应经鉴定、整理、审核后归档。电子文件的整理、鉴定与归档要求参见GB/T 17678.1和GB/T 18894。

8.2.5 加密的电子文件归档时一般应解密,必须加密归档的电子文件应与其解密软件和说明文件一并归档。

8.2.6 文件形成部门应负责确保归档电子文件具备真实性、可靠性、完整性和可用性。

8.3 传统载体档案数字化

8.3.1 企业可根据档案保管和利用的实际需要,有选择地对传统载体档案实施数字化。

8.3.2 纸质档案数字化应符合DA/T 31的要求,缩微胶片数字化应符合DA/T 43

的要求。

8.3.3　照片档案和声像档案数字化文件格式见 DA/T 32 的附录 B。

数字化生成的档案副本档号应与原档案对应。

8.4　电子档案的保管

8.4.1　电子档案应参照纸质档案分类方案进行整理。

8.4.2　电子档案应存储到脱机载体上。其存储载体见 DA/T 32 的附录 C,保管要求见 GB/T 18894 的 9.4。

8.4.3　脱机存储电子档案的载体或装具上应贴有注明载体序号、电子档案号、密级、保管期限、存入日期等内容的标签,电子档案载体应设置成禁止写操作的状态。

8.4.4　存储在脱机载体上的电子档案应一式三套,一套封存保管,一套异地保管,一套提供利用。

8.4.5　超过保管期限的电子档案的鉴定和销毁,按照纸质档案的有关规定执行,其删除和销毁应符合 GB/T 18894 中 9.8 的相关规定。对确认销毁的电子档案应有销毁文件目录存档。

8.5　档案网络化服务

8.5.1　企业应建立馆(室)藏档案目录数据库,并逐步实现档案的全文检索。

8.5.2　对数字化档案和各信息系统归档的电子文件,档案部门应根据设定的利用权限提供及时有效的网络化服务。

8.5.3　涉密档案管理系统应与互联网物理断开,非涉密档案管理系统可与互联网逻辑隔离。

8.5.4　档案管理系统应采取身份认证、权限控制、加装防火墙等安全保密措施。

8.5.5　档案管理服务器应采取可靠的备份、恢复措施。

8.5.6　各信息系统应有生成电子文件自动归档功能的模块或接口。

8.6　档案管理系统软件

8.6.1　档案管理系统软件的配置应满足本企业的实际工作需要,并适应本企业信息化建设发展需要。

8.6.2　档案管理系统应具备收集整编、数据管理、检索浏览、借阅管理、统计汇总、权限设置、安全保密、系统维护等基本功能,并能辅助实体档案管理及根据需求增扩其他相应功能。

8.6.3　档案管理系统应与各信息系统之间衔接,并能接收和兼容各信息系统生成的电子文件。档案管理系统设计与实施参见 ISO15489.1 第 8 章和 ISO15489.2。

9. 档案工作设施设备

9.1　档案库房

9.1.1　档案库房应设置在远离易燃、易爆物品和水、火等存在安全隐患的场所,无特殊保护装置一般不宜设置在地下或顶层。

9.1.2　档案库房楼层地面应满足档案及其装具的承重要求。

9.1.3　档案库房面积应满足档案工作发展的需要,留有存储空间。

设置档案馆的企业,档案库房建筑应符合 JGJ 25 的要求,库房一般应满足日后 20 年档案存储需要。

9.2 业务技术用房

9.2.1 业务技术用房应满足接收、整理、修复档案的实际需要。

9.2.2 企业可根据工作需要设置档案接收、整理、裱糊、消毒、复印、数字化、缩微以及安全监控等用房。

9.3 阅览及陈列室

阅览室应邻近办公室和档案库房,环境安静。

陈列室(展览室)宜设置在适于观览的场所。

9.4 档案装具

9.4.1 档案柜架应牢固耐用,一般应具有防火、防盗、防尘作用。应根据非纸质载体档案需要选择有专用保护功能的柜架。有条件的可采用密集架。

9.4.2 各类档案盒规格、式样和质量应符合 GB/T 9705、GB/T 11822、DA/T 22和GB/T 11821 的要求。

9.5 保护设备

9.5.1 档案库房应配置温湿度监控设备及灭火器材、防光窗帘、防盗门窗等必要的设施。

9.5.2 根据库房管理需要可配置除尘器、消毒柜、去湿机、加湿机、空气净化器等设备。

9.5.3 有条件的企业应配置自动报警、自动灭火、温湿度自动调控、监控等设备。

9.6 技术设备

9.6.1 配备档案整理工作所需要的装订机、打印机等设备。

9.6.2 配备档案修复、利用需要的数码照相机、摄像机、复印机、阅读机等设备。

9.6.3 配备信息化管理需要的计算机、服务器、扫描仪、光盘刻录机等设备,以及容灾备份设备、应急电源。

9.6.4 根据需要可配备 CAD 绘图仪、工程图纸复印机、缩微机等设备。

附录A　企业文件归档基本范围与保管期限参考表

（资料性附录）

表A.1　经营管理类

序　号	基 本 范 围	保管期限
1	经营决策	
1.1	企业发展规划、经营战略决策、企业改革等文件	永久
1.2	转换经营机制、各项配套制度改革实施方案、请示与批复、总结、报告等	永久
1.3	董事会、监事会、股东会构成及变更方面的文件	永久
1.4	厂务公开文件	30年
1.5	厂长(经理)责任制、任期目标等	30年
1.6	股东大会文件	
1.6.1	重要的	永久
1.6.2	一般的	10年
1.7	董事会、股东会会议记录、纪要、工作报告、声明、决定、决议、通知、名单、议程、报告、讨论通过的文件、公告、总结等	永久
1.8	监事会会议记录、纪要、工作报告、声明决定、决议等	永久
1.9	股票、股市方面的材料	30年
1.10	红利分配材料	永久
2	生产经营计划	
2.1	生产经营计划、总结、报告及计划调整等材料	30年
2.2	计划任务书或作业计划	30年
2.3	生产技术、经济指标完成情况分析	30年
3	统计工作	
3.1	统计工作制度、规定、办法、通知	30年
3.2	生产、技术、经济统计报表	永久
3.3	企业综合性统计报表及分析材料	30年
3.4	工业普查报表	永久

续表

序　号	基 本 范 围	保管期限
4	财务管理	
4.1	财务管理制度,规定、办法、通知	30年
4.2	财务管理计划、总结	10年
4.3	固定资产的新增、报废、调拨材料	30年
4.4	生产财务和成本核算	永久
4.5	税务方面的材料	永久
4.6	资金管理、价格管理、会计管理的材料	永久
5	资产管理	
5.1	房产、土地方面的文件	
5.1.1	房地产的权属证明材料	永久
5.1.2	房地产的租赁、使用方面的合同、协议等文件	30年
5.2	对外投资项目	
5.2.1	投资规划、决策等方面的材料	永久
5.2.2	投资企业的董事会、股东会材料	永久
5.2.3	投资企业的财务报告、红利分配材料	永久
5.2.4	股权证、转让协议等股权管理方面的材料	永久
5.3	国有资产管理、登记、统计、核查清算、交接等文件	永久
5.4	企业的产权变动	
5.4.1	产权变动的请示、批复方面的材料	永久
5.4.2	清产核资、资产评估工作的文件	永久
5.4.3	产权变动的协议、合同等	永久
5.4.4	资产处置方案、归属方面的材料	永久
5.4.5	因产权变动所致职工身份变化的材料	永久
5.5	多种经营管理	
5.5.1	经营机构的工作计划、汇报、总结	30年
5.5.2	内部承包章程、合同、协议	30年
5.5.3	经济核算材料	永久
5.6	境外项目管理	

续表

序　号	基 本 范 围	保管期限
5.6.1	境外项目的前期设计、规划、协议、合同等文件	永久
5.6.2	项目检查、竣工验收、重要的专项报告、审批意见等	永久
5.6.3	工作总结、计划、业务方面的一般来往函件	30年
6	物资管理	
6.1	物资分配计划、记录	10年
6.2	物资采购、保管	
6.2.1	重要物资和生产资料的采购审批手续、保管及招投标合同、协议、来往函件、总结	永久
6.2.2	办公设备及用品、机动车等的采购计划、审批手续、招投标、购置，机动车调拨、保险、事故等一般性文件	30年
6.3	仓库管理规章制度、台账、统计报表	30年
6.4	职工承租、购置单位住房的合同、协议和有关手续	永久
6.5	职工住房分配、出售的规定、方案、细则，职工住房情况统计、调查表、职工住房申请	30年
7	产品销售	
7.1	营销组织管理、网络建设材料	30年
7.2	产品销售计划、广告宣传、总结、会议记录与纪要等	30年
7.3	销售合同、协议、函件	30年
7.4	订货会、市场分析和用户调查材料	30年
7.5	售后服务材料	10年
7.6	统计报表	永久
8	合同管理	
8.1	商务合同正本及其补充件	
8.1.1	重要的	永久
8.1.2	一般的	30年
8.2	客户资信调查材料	
8.2.1	重要的	30年
8.2.2	一般的	10年
9	信用管理	
9.1	企业认证、达标等活动的呈报、审批材料、合格证、资格证书等	永久

续表

序 号	基 本 范 围	保管期限
9.2	企业形象宣传、展览会文件	30年
9.3	企业获得的资质、信誉方面的证书及其他奖励	永久
9.4	企业客户资信调查材料	30年
10	知识产权管理	
10.1	企业标识、商标标识方面的材料	永久
10.2	专利、商标和其他知识产权方面的申报、证明及管理方面材料	永久

表 A.2 生产管理类

序 号	基 本 范 围	保管期限
1	生产调度	
1.1	生产调度工作计划、总结、报告	30年
1.2	生产作业计划的编制、执行及调度工作情况	10年
1.3	生产调度会议记录	30年
1.4	生产调度的职责、制度、规程	永久
1.5	生产活动综合分析	10年
2	质量管理	
2.1	质量管理计划、措施、总结	10年
2.2	质量管理制度、办法、规定、条例	30年
2.3	产品质量检测、化验、试验材料	30年
2.4	质量异议处理、事故分析及处理材料，质量认证、检查、评比材料	30年
2.5	全面质量管理工作形成的文件、质量体系运行及管理文件、产品创优的获奖证书	30年
3	能源管理	30年
3.1	能源管理的规定、计划、总结、请示、批复	30年
3.2	能源消耗定额管理材料	30年
3.3	节能工作方案、措施、总结	30年
3.4	统计报表	30年
4	安全生产	
4.1	安全技术管理规定、通报、总结、会议纪要等	30年
4.2	事故报告、调查分析及处理材料	30年

续表

序　号	基 本 范 围	保管期限
4.3	安全教育活动的材料	10年
4.4	安全生产、消防方面的材料	10年
4.5	统计报表	30年
5	科技管理	
5.1	科技发展规划、计划、总结,科技工作规定等	30年
5.2	技术革新和合理化建议文件	10年
5.3	新产品开发、科技成果管理、技术引进	30年
5.4	学术论文、考察报告、专题总结	30年
5.5	统计报表	30年
6	环境保护	
6.1	环境保护规划、计划、总结	30年
6.2	环境保护制度、管理办法	30年
6.3	环保调查、监测、分析材料	永久
6.4	环境影响评价书、环境污染防治措施、总结、报告	30年
6.5	统计报表	
6.5.1	年度以上的统计报表	永久
6.5.2	半年、季度、月的统计报表	10年
7	计量工作	
7.1	计量工作规划、计划、总结	10年
7.2	计量工作管理规定	30年
7.3	计量设备、仪器、器具资料及定期检查记录	10年
7.4	计量管理工作方面的材料	10年
7.5	统计报表	
7.5.1	年度以上的统计报表	永久
7.5.2	半年、季度、月的统计报表	10年
8	标准化工作	
8.1	标准化管理的规划、制度、办法、规定	30年
8.2	标准化管理计划、总结	30年
8.3	生产技术规范、企业技术标准、企业工作标准、企业管理标准	永久
9	档案和信息工作	

续表

序　号	基 本 范 围	保管期限
9.1	档案工作计划、总结	10年
9.2	档案工作的规划、规定等	30年
9.3	档案移交清单、销毁清册	永久
9.4	档案利用、开发成果材料	30年
9.5	信息工作计划、总结	10年
9.6	信息管理工作的通知、规定等	30年
9.7	有关科技信息	30年
9.8	图书、资料工作材料	10年
9.9	统计报表	永久

表 A.3　行政管理类

序　号	基 本 范 围	保管期限
1	行政事务	
1.1	上级机关颁发的本企业应执行的有关文件	30年
1.2	上级领导视察本企业的题词、指示、讲话材料	
1.2.1	重要的	永久
1.2.2	一般的	10年
1.3	行政工作计划、总结等	永久
1.4	经理办公会、行政办公会会议记录、纪要、决定等	永久
1.5	企业制发的行政决定、通报和签订的行政协议、合同	永久
1.6	工商行政管理方面的材料	30年
1.7	企业的设立、关、停、并、转及更名、启用与废止印模等方面的文件	永久
1.8	企业文秘、机要、保密、信访、综合治理等方面的文件	
1.8.1	重要的	30年
1.8.2	一般的	10年
1.9	企业编史修志方面的文件	
1.9.1	大事记、机构沿革等	永久
1.9.2	工作简报、情况反映、工作信息等	30年
2	安全保卫工作	

续表

序　号	基 本 范 围	保管期限
2.1	上级机关颁发的本企业应贯彻执行的有关文件	10年
2.2	企业安全保卫、民兵工作的计划、总结、报告、报表等	30年
2.3	对本企业及职工在安全保卫工作方面的奖惩材料及统计报表	30年
2.4	武装保卫、民兵、预备役人员名单及有关机构设置、干部任免文件	30年
2.5	自然灾害防范、交通管理方面的文件	
2.5.1	重要的	30年
2.5.2	一般的	10年
2.6	重大事故调查和处理文件	永久
3	法律事务	
3.1	法律事务管理与协调工作	
3.1.1	法院判决书、调解书等诉讼和仲裁等文件	永久
3.1.2	一般法律事务工作文件	30年
3.2	案件、纠纷及公证事务中结论性材料	永久
3.3	案件、纠纷及公证事务中调查过程形成的文件	30年
4	审计稽查工作	
4.1	上级机关颁发的本企业应贯彻执行的有关审计工作文件	30年
4.2	审计意见、审计报告及批复等	永久
4.3	审计工作会议记录、纪要、计划、报告、总结、调查材料、办法、一般的请示与批复等	30年
4.4	专项审计通知、报告、批复、评价书(结论)、调查与证明等材料	
4.4.1	重要的	永久
4.4.2	一般的	30年
4.5	下级单位报送的审计工作文件	10年
5	劳动人事与人力资源管理	
5.1	上级机关颁发的本企业应贯彻执行的有关文件	30年
5.2	企业制定的劳动人事方面的规章制度、报告、决定等	永久
5.3	内部机构设置、名称更改、组织简则、印信启用和作废、人员编制方面的有关文件	永久
5.4	干部职工的任免与招聘、升降、奖惩、考核、职称评聘等方面的文件	永久
5.5	人事调动介绍信及存根、工资转移证等	30年

续表

序　号	基本范围	保管期限
5.6	老干部、职工离退休、停薪留职、抚恤、剩余人员与复转退军人安置等有关材料	永久
5.7	职工名册、劳动人事工作计划、总结、报表及调资方案等	永久
5.8	劳动保护、职业安全卫生、计划生育、保险的方针、政策、规定、统计报表等	永久
5.9	职工奖励、处分工作形成的文件，劳动合同管理、劳动工资和社会保险文件、医疗、工伤保险、住房公积金	永久
5.10	劳资纠纷、仲裁方面的文件	永久
6	教育培训工作	
6.1	上级机关颁发的本企业应贯彻执行的有关文件	10年
6.2	企业教育培训工作的计划、总结	30年
6.3	企业制定教育培训工作规章制度、请示与批复、决定等	30年
6.4	企业教育培训工作统计报表等	30年
6.5	企业干部职工进修培训名单、合同等	30年
7	外事工作	
7.1	发表的公告、签订的协议、协定、备忘录、重要的会谈记录、纪要等	永久
7.2	出访考察、参加国际会议、接待来访等外事活动、出访审批文件	30年
7.3	出口审批手续，执行日程安排，考察报告等一般性文件	30年

表 A.4　党群管理类

序　号	基本范围	保管期限
1	党务工作	
1.1	党员代表大会、党委(党支部)会议及其他有关会议	
1.1.1	会议通知、报告、换届选举结果、决议、通报、纪要等	永久
1.1.2	发言、简报、小组会议记录	10年
1.2	党务综合性工作	
1.2.1	工作计划、总结、重要专项活动工作报告，重要的调研材料、党务工作大事记	永久
1.2.2	情况反映、工作简报及一般材料	10年
1.3	上级机关关于党务工作的文件	
1.3.1	针对本企业重大问题的指示、批示文件	永久

续表

序　号	基 本 范 围	保管期限
1.3.2	对企业一般性、普发性的文件	10 年
1.4	对下属单位关于党务工作请示的批复	30 年
1.5	各项规章制度、管理办法与条例等	30 年
2	组织工作	
2.1	党员干部考察、考核、任免、政审决定等	永久
2.2	入党、转正、退党、转入、转出等决定及党员名册	永久
2.3	党委(总支、支部)组织工作的规章制度	30 年
2.4	党群机构设置、调整、人员编制等方面的决定及通知	30 年
2.5	党费收支与党组织关系信及存根	30 年
2.6	党员学习教育等活动形成的文件	
2.6.1	重要的	永久
2.6.2	一般的	10 年
2.7	党员统计年报、计划总结、组织发展计划	30 年
3	宣传统战工作	
3.1	企业宣传统战工作报告、会议纪要、调研、计划、总结材料、各民主党派人员名单登记、活动记录	
3.1.1	重要的	30 年
3.1.2	一般的	10 年
3.2	单位编辑的出版物样本与定稿	
3.2.1	重要的	永久
3.2.2	一般的	30 年
3.3	反映本企业活动的报刊、广播稿	30 年
3.4	企业文化建设方面的文件(包括社会公益事业、慈善事业的参与、投入的记录;赈灾、扶贫、献血、拥军优属、精神文明建设方面的文件)	
3.4.1	重要的	30 年
3.4.2	一般的	10 年
4	纪检与监察工作	
4.1	纪检与监察工作的规定、决定、通报、通知、会议记录、纪要、计划、总结、请示报告及上级批复	永久
4.2	违纪案件调查处理材料	
4.2.1	重大案件的立案报告、调查依据、审查结论、处理意见等材料	永久

续表

序　号	基 本 范 围	保管期限
4.2.2	一般案件的调查处理材料	30 年
4.3	纪检与监察工作统计报表	30 年
5	工会工作	
5.1	工会工作规划、总结、规章制度、决定、通知、会议记录	30 年
5.2	职工代表大会及有关会议文件	
5.2.1	会议通知、报告、换届选举结果、决议、通报、纪要等	永久
5.2.2	发言、简报、小组会议记录等	10 年
5.3	工会会员名册	永久
5.4	民主管理、劳动竞赛、表彰先进、劳保福利、职工维权方面的文件	30 年
5.5	女工工作、文体活动等方面的文件、计划生育	
5.5.1	重要的	30 年
5.5.2	一般的	10 年
5.6	工会会费与财务管理材料	30 年
5.7	工作统计报表	
5.7.1	重要的	30 年
5.7.2	一般的	10 年
6	共青团工作	
6.1	共青团工作规划、总结	30 年
6.2	团代会、团委(常委、扩大)会会议文件	
6.2.1	会议通知、报告、换届选举结果、决议、通报、纪要等	永久
6.2.2	发言、简报、小组会议记录等	10 年
6.3	团员及团组织管理方面的决定、通知、批复	30 年
6.4	团费收据与团组织关系介绍信及存根	30 年
6.5	共青团工作统计报表	
6.5.1	重要的	30 年
6.5.2	一般的	10 年
7	民间团体工作	
7.1	专业学会、协会、群众团体活动方面的文件	
7.1.1	重要的	30 年
7.1.2	一般的	10 年

表 A.5　产品生产类

序号	基 本 范 围	保管期限
1	计划决策阶段	
1.1	调查研究	
1.1.1	市场调查、技术调查、考察、预测报告、调研结合报告	10 年
1.1.2	技术、经济可行性研究报告、市场需求分析报告、收益预测分析报告	30 年
1.2	决策	
1.2.1	发展建议书、技术建议书、协议书、委托书、合同	永久
1.2.2	专题分析报告、专题会议纪要	30 年
1.2.3	研制计划、方案、方案论证报告	30 年
2	设计阶段	
2.1	产品研究、设计计划	30 年
2.2	技术、经济初步评价	30 年
2.3	研究试验大纲、试验报告	30 年
2.4	产品设计标准	永久
2.5	技术设计说明书、产品设计图样、专题技术请示报告、设计评审报告	30 年
3	试制阶段	
3.1	试制	
3.1.1	试制计划、方案、规程、报告	永久
3.1.2	工艺研究报告、工艺总体方案论证	永久
3.1.3	试制工艺流程、工艺标准	30 年
3.1.4	试制工艺文件和工艺装备文件	30 年
3.1.5	工艺评审报告	永久
3.1.6	试制运行记录、化验记录、试制过程纪要	30 年
3.1.7	原材料与半成品、成品检验方法批准书	30 年
3.1.8	理化分析报告、化学配方、化学反应式、计算公式	30 年
3.1.9	技术标准协议、试制质量分析报告	30 年
3.1.10	专题会议记录、纪要、合理化建议	30 年
3.1.11	重大故障分析和排除措施报告	30 年
3.1.12	试制总结报告	永久
3.2	试验	

续表

序 号	基 本 范 围	保管期限
3.2.1	试验计划、方案、规程	永久
3.2.2	试验所需仪器与设备清单	30年
3.2.3	试验分项目记录	30年
3.2.4	试验原始数据与材料	永久
3.2.5	试验分析报告	30年
3.2.6	试验总结报告	永久
3.3	鉴定	
3.3.1	鉴定申请报告及批复、试制、试验鉴定大纲、技术鉴定材料(申请批复、评价材料、会议纪要)	永久
3.3.2	成套设计文件、标准化审查报告、可靠性试验情况报告	30年
3.3.3	产品质量和技术经济分析报告	10年
3.3.4	设计定型报告、证书、鉴定验收书	永久
3.3.5	试用或试运行报告	30年
4	生产阶段	
4.1	小批生产	
4.1.1	小批生产方案、计划	30年
4.1.2	小批生产工序工程能力分析报告	30年
4.1.3	关键件、重要件、关键工序的质量控制及检测报告	30年
4.1.4	原料鉴定卡片、配用设计表	30年
4.1.5	历次更改与补充的设计及工艺文件和更改通知单	30年
4.1.6	小批生产总结报告、小批生产鉴定书	永久
4.1.7	产品设计评审报告、产品研制完成报告	30年
4.1.8	产品许可证、合格证、使用说明书、装箱单、产品介绍、样本	30年
4.2	批量生产	
4.2.1	申请正式投产报告、批复、通知	永久
4.2.2	生产技术规程、操作规程、安全生产规程、产品检验规范	永久
4.2.3	技术标准(国际标准、国家标准、行业标准、企业标准)	永久
4.2.4	企业标准编制说明、审批书及修改、修订的通知	永久
4.2.5	生产定型(结构、配方)设计文件	永久

续表

序　号	基 本 范 围	保管期限
4.2.6	工艺文件、工艺作业指导书、工艺说明书	30年
4.2.7	工艺装备文件、图样(刃具、夹具、量具、模具图)、说明书	30年
4.2.8	产品改进与更新建议书、合理化建议、QC成果	30年
4.2.9	产品质量技术攻关会议记录、纪要和成果	30年
4.2.10	重大质量事故分析、质量异议处理结果	30年
4.2.11	各种操作记录、产品检验报告单	30年
4.2.12	产品特性重要度分级	30年
4.2.13	技术条件	30年
4.2.14	明细表、汇总表、产品目录	30年
4.2.15	专利登记表、专利证书等材料	永久
4.2.16	商标注册材料	永久
5	评优阶段	
5.1	创优规划、措施、工艺操作规程	30年
5.2	国内外对比材料	10年
5.3	上级检(抽)查结果和理化分析报告	30年
5.4	主要用户评价	10年
5.5	创优申请、审批表	30年
5.6	优质产品评定书、获奖奖章、奖状、证书	永久
6	认证阶段	
6.1	认证申请书、信函	30年
6.2	跟踪服务材料	30年
6.3	认证检测报告、检查报告	30年
6.4	原材料修改换页说明	30年
6.5	产品检验报告	永久
6.6	各种认证证书	永久

表 A.6　科研开发类

序　号	基 本 范 围	保管期限
1	研究准备阶段	
1.1	申报项目的报告、批复、通知	30年
1.2	科研规划、调研报告、可行性研究报告、技术咨询与课题论证材料	30年
1.3	课题说明书、科研课题、经费申请报告及批件	30年
1.4	任务书、协议书,会议记录及重要来往文函、合同	永久
1.5	科研课题研究计划、上级批示及有关课题的国内外动态、课题计划调整或课题撤销文件	30年
1.6	实验、试验方案、设计方案、调查考察方案、技术规程	永久
2	研究试验与开发阶段	
2.1	试验任务书、试验大纲	永久
2.2	实验、试验测试记录、图表、照片、计划执行情况、调整和撤销的报告	永久
2.3	试制综合分析报告及总结	永久
2.4	计算文件	永久
2.5	计算机软件(附带软件运行环境说明)	永久
2.6	检验文件	永久
2.7	设计文件、图样、技术说明、配方	永久
2.8	工艺文件	永久
3	总结鉴定验收阶段	
3.1	课题完成最终(或中断)总结	永久
3.2	课题阶段工作总结	30年
3.3	鉴定大纲	永久
3.4	技术经济分析报告	30年
3.5	标准化审查报告	永久
3.6	鉴定证书、科学技术成果鉴定证书	永久
3.7	鉴定会议记录(参加人员名单)、鉴定验收结论、函审原件	永久
4	成果申报阶段	
4.1	科技成果申报表、登记表及附件	永久
4.2	科技成果奖励申报及评审材料	永久
4.3	获奖证书及批件	永久

续表

序　号	基 本 范 围	保管期限
4.4	专利申请、受理证书等材料	永久
4.5	著作权申请、受理证书等材料	永久
5	推广应用阶段	
5.1	推广应用方案、专利申请书、批准证书(原件、影印件)、技术转让合同、协议书	永久
5.2	论文、成果推广应用中形成的技术文件及工作总结、过户定型的鉴定材料	30年
5.3	国内外同行业评价及用户反馈意见、成果宣传报送文件、专业会议文件	10年
5.4	成果标本、样品目录	30年
5.5	出席各级学术会议和发表在各种刊物上的论文、专题报告,国外考察报告和对外技术交流材料等	30年
5.6	针对成果的推广应用进行的软件开发形成的文件	30年

表 A.7　项目建设类

序　号	基 本 范 围	保管期限
1	综合	
1.1	建设项目管理制度、标准、方案、办法、规定等	30年
1.2	建设项目发展规划、计划、报告、会议记录、纪要	永久
1.3	征、租用土地(单独项目的除外)申请、报告、批复、合同、协议、说明材料	永久
1.4	厂区平面图、地下管线图	永久
1.5	统计报表	30年
2	项目准备阶段	
2.1	立项文件:项目建议书、项目建议书审批意见及前期工作通知书、可行性研究报告及附件、可行性研究报告审批意见、与立项有关的会议纪要、领导讲话、专家建议文件、调查资料及项目评估研究材料	永久
2.2	建设用地、征地、拆迁文件:选址申请及选址规划意见通知书,用地申请报告及县级以上人民政府城乡建设用地批准书、红线图,拆迁安置意见、协议、方案等,建设用地规划许可证及其附件,划拨建设用地文件,国有土地使用证,土地出让合同、土地有偿使用合同	永久
2.3	勘察、测绘、设计及审批文件	

续表

序 号	基本范围	保管期限
2.3.1	工程地质勘察报告，水文地质勘察报告、自然条件、地震调查，申报的规划设计条件和规划设计条件通知书	永久
2.3.2	初步设计图纸和说明、技术设计图纸和说明、审定设计方案通知书及审查意见	30年
2.3.3	有关行政主管部门（人防、环保、节能、消防、交通、园林、市政、文物、通讯、保密、河湖、教育、白蚁防治、卫生等）批准文件或取得的有关协议，政府有关部门对施工图设计文件的审批意见	永久
2.3.4	施工图及其说明、设计计算书	30年
2.4	招投标文件与合同书	
2.4.1	勘察设计、施工及工程监理招投标中标文件	30年
2.4.2	勘察设计、施工及工程监理招投标第一未中标文件	10年
2.4.3	勘察设计、施工承包及监理委托合同	30年
2.5	开工审批文件	
2.5.1	建设项目列入年度计划的申报文件、批复文件或年度计划项目表，规划审批申报表及报送的文件和图纸，建设项目规划许可证及其附件，建设项目开工审查表，建设项目施工许可证	永久
2.5.2	投资许可证、审计证明、缴纳绿化建设费等证明，工程质量监督	30年
2.6	建设项目管理机构（项目经理部）、监理机构（项目监理部）、施工管理机构（施工项目经理部）及负责人名单	30年
3	项目建设阶段	
3.1	项目管理文件	
3.1.1	规程、规范、标准、规划、方案、规定	30年
3.1.2	投资、进度、质量、安全、合同控制文件	30年
3.1.3	投标书、资质材料、履约类保函、委托授权书和投标澄清文件、修正书	永久
3.1.4	合同谈判纪要、合同审批文件、合同书、合同变更文件	永久
3.1.5	环境保护、劳动安全、卫生、消防、人防	永久
3.1.6	水、暖、电、气、通信、排水等供应协议以及原料、材料、燃料供应协议	30年
3.2	建筑、设备、管线、电气、仪表安装施工	
3.2.1	开工报告、工程技术要求、技术交底、图纸会审纪要	30年
3.2.2	建筑与结构工程地基处理记录、图纸变更记录、工程质量事故处理记录、工程质量检验记录	永久

续表

序　号	基 本 范 围	保管期限
3.2.3	设计变更通知、工程更改洽商单、材料代用核定审批手续、技术核定单、业务联系单及备忘录	永久
3.2.4	施工定位测量、符合记录、地质勘探	永久
3.2.5	施工技术准备,施工现场准备,设计变更,洽商记录,原材料、成品、半成品、构配件、设备出厂质量合格证及试验报告,施工试验记录,施工记录	30年
3.2.6	焊接试验记录、施工检验、探伤记录	10年
3.2.7	焊接工程检查(验收)记录、工程质量检查评定记录、功能性试验记录	30年
3.2.8	质量事故及处理记录、竣工测量资料	永久
3.2.9	交工验收记录证明、工程质量评定、竣工报告	永久
3.3	竣工图	永久
3.4	监理文件	
3.4.1	监理规划、监理实施细则、监理部总控制计划、监理会议纪要	30年
3.4.2	进度控制:工程开工/复工审批表、暂停令	30年
3.4.3	质量控制、质量事故报告及处理意见	30年
3.4.4	造价控制:设计变更、洽商费用报审与签认、工程竣工决算审核意见书	30年
3.4.5	分包资质:分包单位、供货单位及试验等单位资质材料	30年
3.4.6	监理通知:有关进度、质量及造价控制的监理通知	30年
3.4.7	工程延期报告及审批、合同争议、违约报告及处理意见	永久
3.4.8	费用索赔报告及审批、合同变更材料	30年
3.4.9	监理工作总结:专题总结、月报总结、工程竣工总结、质量评价意见报告	30年
4	项目竣工验收	
4.1	项目竣工总结、工程概况表	永久
4.2	竣工验收记录:建筑安装工程竣工验收记录、证明书、报告、备案表,市政基础设施工程质量评定表及报验单,竣工验收证明书、报告、备案表	永久
4.3	财务决算及交付使用财产总表和财产明细表	永久
4.4	声像、缩微、电子档案	永久
5	项目运行维护与更新改造	30年

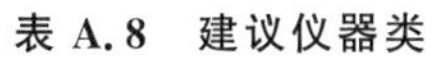

表 A.8　建议仪器类

序　号	基 本 范 围	保管期限
1	综合	
1.1	设备管理条例、办法、方案、规定、通告等	30 年
1.2	设备管理规划、计划、总结，设备运行管理文件，备品备件管理文件	10 年
1.3	设备技术管理文件	30 年
1.4	设备台账	永久
2	单台(套)设备仪器	
2.1	调研、考察材料；购买设备的申请、批复文件	30 年
2.2	购置合同、协议	30 年
2.3	洽谈记录、纪要、备忘录、来往函件及商检材料	30 年
2.4	设备仪器开箱验收记录	30 年
2.5	设备仪器合格证、装箱单、出厂保修单、说明书、环保材料等随机图样及文字材料	30 年
2.6	设备仪器安装调试、试车记录、总结、竣工图样、检测验收等材料	30 年
2.7	运行记录及重大事故分析处理报告	30 年
2.8	设备仪器保养和大修计划、记录	30 年
2.9	设备仪器检查记录、设备仪器履历表	30 年
2.10	设备改造记录和总结材料	30 年
2.11	技术、质量异议的处理结果材料	永久
2.12	设备仪器报废鉴定材料、申请、批复和处理结果	30 年

表 A.9　会计业务类

序　号	基 本 范 围	保管期限
1	会计凭证类：原始凭证、记账凭证、汇总凭证	15 年
2	会计账簿类：总账、明细账、日记账、固定资产卡片、辅助账簿、银行账	15 年
3	财务报告类	
3.1	月、季度财务报告	3 年
3.2	年度财务报告(决算)	永久

续表

序　号	基 本 范 围	保管期限
4	其他类	
4.1	会计移交清册	15年
4.2	会计档案保管清册、会计档案销毁清册	永久
4.3	银行余额调节表、银行对账单	5年

表 A.10　职工管理类

序　号	基 本 范 围	保管期限
1	在岗职工	
1.1	履历材料	永久
1.2	自传材料	永久
1.3	鉴定、考核、考察材料	永久
1.4	评定岗位技能和学历材料	永久
1.5	政审材料	永久
1.6	参加党派材料	永久
1.7	奖励材料	永久
1.8	处分材料	永久
1.9	任免呈报表和工资、待遇审批材料	永久
1.10	其他可供组织参考有保存价值的材料	永久
1.11	技术职称或工种级别的确认材料	永久
2	退休职工	永久
3	离岗职工	永久
4	死亡职工	永久

附录B　表格样式

（资料性附录）

表 B.1　档案交接登记表

移交时间：

移交部门：

序　号	题　名	年　度	文号或图号	页　数	保管期限	备　注

移交人签名：

接收人签名：

表 B.2　温湿度登记表

库别________　　　　　　　　　　　　　　　　　　________年________月

日期	时间	温度	相对湿度	记录人	日期	时间	温度	相对湿度	记录人
1					14				
2					15				
3					16				
4					17				
5					18				
6					19				
7					20				
8					21				
9					22				
10					23				
11					24				
12					25				
13					26				
14					27				
15					28				
16					29				

表 B. 3 销毁清册

批准人：

编制部门：

序 号	题 名	年度	档号	卷内文件		原期限	已保管期限	备 注
				件数	页数			

编制部门负责人：____________ 编制人：

监销人：

表 B.4　借阅档案登记表

序号	日期	档号	题名	借阅部门	借阅人签字	归还日期	备　注

表 B.5　档案利用效果登记表

利用日期		利用部门		利用者	
档号					
主要内容					
用途					
利用效果					

附录3　企业文件材料归档范围和档案保管期限规定

第一条　为便于企业正确界定文件材料归档范围，准确划分档案保管期限，促进企业依法经营和规范管理，根据《中华人民共和国档案法》、《中华人民共和国档案法实施办法》，制定本规定。

第二条　本规定所指的企业文件材料是指企业在研发、生产、服务、经营和管理等活动过程中形成的各种门类和载体的记录。

第三条　各级档案行政管理部门依照企业资产关系分别负责对企业文件材料归档范围和档案保管期限表编制工作进行业务指导和监督。

第四条　企业文件材料归档范围是：

（一）反映本企业在研发、生产、服务、经营、管理等各项活动和基本历史面貌的，对本企业各项活动、国家建设、社会发展和历史研究具有利用价值的文件材料；

（二）本企业在各项活动中形成的对维护国家、企业和职工权益具有凭证价值的文件材料；

（三）本企业需要贯彻执行的有关机关和上级单位的文件材料，非隶属关系单位发来的需要执行或查考的文件材料；社会中介机构出具的与本企业有关的文件材料；所属和控股企业报送的重要文件材料；

（四）有关法律法规规定应归档保存的文件材料和其他对本企业各项活动具有查考价值的文件材料。

第五条　企业下列文件材料可不归档：

（一）有关机关和上级主管单位制发的普发性不需本企业办理的文件材料，任免、奖惩非本企业工作人员的文件材料，供工作参考的抄件等；

（二）本企业文件材料中的重份文件，无查考利用价值的事务性、临时性文件，未经会议讨论、未经领导审阅和签发的文件，一般性文件的历次修改稿、各次校对稿，无特殊保存价值的信封，不需办理的一般性来信、来电记录，企业内部互相抄送的文件材料，本企业负责人兼任外单位职务形成的与本企业无关的文件材料，有关工作参考的文件材料；

（三）非隶属关系单位发来的不需贯彻执行和无参考价值的文件材料；

（四）所属和控股企业报送的供参阅的一般性简报、情况反映，其他社会组织抄送不需本企业办理的文件材料；

（五）其他不需归档的文件材料。

第六条　凡属企业归档范围的文件材料，必须按有关规定向本企业档案部门移交，实行集中统一管理，任何个人不得据为己有或拒绝归档。

第七条　企业档案的保管期限定为永久、定期两种，定期一般分为30年、10年。

第八条　永久保管的企业管理类档案主要包括：

（一）本企业设立、合并、分立、改制、上市、解散、破产或其他变动过程中形成的文件材料，本企业董事会、监事会、股东会的构成、变更、召开会议、履行职责和维护权益的文件材料；

（二）本企业资产和产权登记、评估与证明文件材料，资产和产权转让、买卖、抵押、租赁、许可、变更、保护等凭证性文件材料，对外投资文件材料；本企业资本金核算、确认、划转、变更等文件材料，企业融资文件材料；

（三）本企业关于重要问题向有关机关和上级主管单位的请示、报告、报表及其复函、批复，有关机关和上级单位制发的需本企业办理的重要文件材料，行业协会、中介机构等对本企业做出的重要决定、出具的审计、公证、裁定等重要文件材料，本企业与其他组织和个人形成的重要合同、协议及补充协议等文件材料；

（四）本企业发展规划、战略决策、重大改革、年度计划和总结文件材料，内部管理制度、规定、办法等文件材料；

（五）本企业机构演变，人力资源管理的重要文件材料；本企业涉及职工权益的其他重要文件材料；企业文化建设文件材料；

（六）本企业经营管理工作的重要文件材料；

（七）本企业生产技术管理工作的重要文件材料；

（八）本企业行政管理工作的重要文件材料；

（九）本企业党群工作的重要文件材料；

（十）新闻媒体对本企业重要活动、重大事件、典型人物的宣传报道；

（十一）有关机关和上级主管单位领导、社会知名人士等重要来宾到本企业检查、视察、调研、参观时的讲话、题词、批示、录音、录像、照片及企业工作汇报等重要文件材料；本企业参与国家和社会重大活动的重要文件材料，本企业职工参加省级以上党、团、工会、人大、政协等代表大会形成的重要文件材料；

（十二）本企业直属单位、所属、控股、参股、境外企业和机构报送的关于重要问题的报告、请示和批复等文件材料。

第九条　定期保管的企业管理类档案主要包括：

（一）本企业资本金管理、资产管理的一般性文件材料，本企业涉及职工权益的一般性文件材料；

（二）本企业部门工作或专项工作规划，半年、季度、月份计划与总结等文件材料；

（三）本企业召开会议、举办活动的一般性文件材料，发布的一般性公告；

（四）本企业经营管理工作的一般性文件材料；

（五）本企业生产技术管理工作的一般性文件材料；

（六）本企业行政管理工作的一般性文件材料；

（七）本企业党群工作的一般性文件材料；

（八）本企业关于一般性问题向有关机关和上级主管单位的请示、报告、报表及有关机关和上级主管单位的复函、批复，有关机关和上级主管单位、行业协会制发的需本企业贯彻执行的一般性文件材料和对本企业出具的一般性证明文件，本企业与其他单位和个人形成的一般性合同、协议文件材料；

（九）直属单位、所属和控股企业一般性问题的请示、报告、来函与本企业的批复、复函等文件材料；

(十)本企业参与国家和社会活动的一般性文件材料,本企业职工参加省以上党、团、工会、人大、政协等代表大会形成的一般性文件材料;本企业接待重要来宾的工作计划、方案等一般性文件材料。

第十条 企业经营管理、生产技术管理、行政管理、党群工作等管理类档案保管期限见附件。

第十一条 本规定的管理类档案保管期限为最低期限,各企业在具体划分时可选择高于本规定的期限。

第十二条 企业产品生产和服务业务、科研开发、基本建设、设备仪器、会计、干部与职工人事等文件材料的归档范围和档案保管期限,按国家有关规定、标准,结合企业实际执行。

第十三条 企业应归档纸质文件材料中,有重要修改意见和批示的修改稿及有发文稿纸或文件处理单的,应与文件正本、定稿一并归档。

企业对于无相应纸质或确实无法输出成纸质的电子文件应纳入归档范围并划分保管期限。

企业对归档的电子文件的元数据要进行相应归档。

第十四条 多个企业联合召开的会议、联合研制的产品、联合建设或研究的项目、联合行文所形成的文件材料,原件由主办企业归档,其他企业将相应的复制件或其他形式的副本归档。

第十五条 企业应依据本规定和国家及专业相关规定,结合本企业生产组织方式、产品和服务特点,编制本企业的各类文件材料归档范围和档案保管期限表。企业应按资产归属关系,指导所属企业根据有关规定规范各类文件材料归档范围和档案保管期限表的编制并审批所属企业的文件材料归档范围和档案保管期限表。

第十六条 中央管理的企业(包括国务院国有资产监督管理委员会监管中央企业、金融企业、中央所属文化企业等)总部的文件材料归档范围和管理类档案保管期限表,报国家档案局同意后执行。

地方国有企业总部编制的文件材料归档范围和管理类档案保管期限表,报同级档案行政管理部门同意后执行。

第十七条 企业资本结构或主营业务发生较大变化时,应及时修订和完善文件材料归档范围和档案保管期限表。

第十八条 企业在编制文件材料归档范围和档案保管期限表时,应全面分析和鉴别本企业形成文件材料的现实作用和历史价值,统筹考虑纸质文件材料与其他载体文件材料的管理要求,准确界定文件材料的归档范围和划分档案保管期限。

第十九条 本规定适用于在中华人民共和国境内注册设立的企业,在境外经营的企业,由企业总部参照本规定提出实施要求;科技事业单位可参照执行。

第二十条 本规定由国家档案局负责解释。

第二十一条 本规定自 2013 年 2 月 1 日起施行。

附件：

企业管理类档案保管期限表

序号	归档范围	保管期限
1	本企业设立、变更、解散过程文件材料	
1.1	本企业筹办和设立的申请文件材料、政府相关部门批准设立本企业的相关文件材料	永久
1.2	本企业设立登记相关证照、证照变更登记文件材料	永久
1.3	本企业章程送审稿、批准稿及正式文本	永久
1.4	企业合并、分立、改制、上市、破产、解散或其他变更公司形式等过程中形成的文件材料	永久
2	本企业董事会、监事会、股东会构成及变更等方面的文件材料	
2.1	本企业董事会、监事会、股东会构成及变更文件材料，发起人协议	永久
2.2	董事会、监事会、股东代表大会会议形成的文件材料	
2.2.1	会议通知、议程、报告、决议、决定、公报声明、记录、领导人讲话、总结、纪要、讨论通过的文件材料、参加人员名单	永久
2.2.2	讨论未通过的文件材料	10年
2.3	董事、监事、股东履职和维护权益过程形成的文件材料	
2.3.1	重要的	永久
2.3.2	一般的	30年
3	本企业资本登记、资本变动、融资文件材料	
3.1	国有资产管理部门对本企业国有资本金核算、确认、划转、变更的文件材料	永久
3.2	其他非国有组织或机构资本对本企业投资、投入核算登记、确认文件材料	永久
3.3	本企业证券和股票发行、增资扩股、股权变更等文件材料	
3.3.1	上市辅导和准备阶段形成的文件材料	
3.3.1.1	评估报告、审计报告、承销商出具的核查意见，股票发行上市辅导汇总报告、发行人律师意见书，律师工作报告、股东大会决议、董事会通过的资金运用方案决议、固定资产投资项目建议书、招股说明书及发行公告（含财务报告、盈利预测报告）	永久
3.3.1.2	与中介机构签订的上市辅导协议、尽职调查材料	30年
3.3.2	发行申请书、证监会核准文件材料、审核过程中提出的审核反馈意见	永久
3.3.3	股票发行申请报告及证券交易所的批复、发行方案、股票发行定价分析报告、路演推介文件材料	永久
3.3.4	上市推荐书、上市公告书、确定股票挂牌简称的函	永久
3.3.5	股票首次发行过程中形成的其他文件材料	
3.3.5.1	重要事项	永久

续表

序号	归档范围	保管期限
3.3.5.2	一般事项	30年
3.3.6	股票增发、配股文件材料	永久
3.3.7	增资扩股文件材料	永久
3.3.8	股权转让文件材料	永久
3.3.9	债权融资文件材料	永久
3.4	本企业股东、股权登记文件材料	永久
3.5	本企业融资工作中形成的其他文件材料	
3.5.1	重要事项	永久
3.5.2	一般事项	30年
4	本企业资产管理文件材料	
4.1	资产权属证明文件材料	
4.1.1	本企业土地、房屋、基础设施等不动产产权登记文件材料，重要的技术装备、设备等固定资产登记文件材料，自然资源的所有权、使用权、收益权等申请、批准、登记的文件材料	永久
4.1.2	本企业拥有的商标权、专利权、著作权、计算机软件、商业秘密、技术诀窍等知识产权创造、申请、审批、登记、运用、保护和管理中产生的文件材料	永久
4.1.3	本企业特许经营权证文件材料，本企业资质认证、商誉评估、信用评级等文件材料	永久
4.1.4	本企业其他固定资产和无形资产权属文件材料	永久
4.1.5	本企业境外资产与产权权属文件材料	
4.1.5.1	重要的	永久
4.1.5.2	一般的	30年
4.2	本企业资产与产权转让、买卖、抵押、租赁、许可、变更、清算、评估、处置、注销等资产变动文件材料，因产权变动所致职工身份变化的材料	永久
4.3	本企业其他债权、债务登记文件材料	
4.3.1	重要的	永久
4.3.2	一般的	30年
4.4	境内、外投资文件材料	
4.4.1	投资企业董事会、股东会文件材料、投资企业的财务报告、红利分配文件材料，股权证、转让协议等股权管理文件材料	永久
4.4.2	本企业在并购、参股、股权受让、基金业务及债权型投资等投资业务中形成的其他文件材料	

续表

序号	归档范围	保管期限
4.4.2.1	重要的	永久
4.4.2.2	一般的	30年
5	本企业总经理办公会、党政联席会会议文件材料	
5.1	通知、议程、报告、决议、决定、公报声明、记录、领导人讲话、总结、纪要、讨论通过的文件材料，参加人员名单	永久
5.2	讨论未通过的文件材料	10年
6	本企业召开的工作会议、专题会议的文件材料	
6.1	请示、批复、通知、名单、日程、报告、讲话、总结、决议、决定、纪要、媒体宣传报道、录音录像	
6.1.1	重要的	永久
6.1.2	一般的	30年
6.2	代表发言、经验交流文件材料、简报	10年
7	本企业承办的大型展览会、博览会、论坛、学术会议、国际性会议的文件材料	
7.1	请示、批复、申办和筹办组委会组建文件材料、主要活动安排、议程、名单、主报告(原文及译文)、辅助报告(原文及译文)，领导人贺辞、题词、讲话，会徽设计、简报、新闻报道	永久
7.2	代表发言、经验交流	30年
7.3	委员会、分会会议和学术会议的讨论记录，会议代表登记表、接待安排	30年
8	有关机关和上级主管部门领导、社会知名人士检查、视察、调研本企业工作时形成的文件、工作汇报、录音录像等文件材料	
8.1	重要的	永久
8.2	一般的	30年
9	本企业向有关机关、上级主管单位的请示、报告与有关机关、上级主管单位批复、批示	
9.1	重要事项	永久
9.2	一般事项、无批复重要事项	30年
9.3	无批复的一般事项	10年
10	本企业收到的有关机关、上级主管单位等相关机构制发的文件材料	
10.1	涉及本企业经营管理重要事项和其他重要事项的文件材料	永久
10.2	与本企业经营管理等工作有关的一般性文件材料	10年
11	本企业与金融机构、中介机构及其他组织和个人来往文件材料	

续表

序号	归档范围	保管期限
11.1	本企业非资本经营业务中与银行、保险、证券、基金管理等金融机构业务往来的文件材料	
11.1.1	重要事项	永久
11.1.2	一般事项	30年
11.2	本企业非资本经营业务中与会计、审计、法律事务所等机构往来文件材料	
11.2.1	重要事项	永久
11.2.2	一般事项	30年
11.3	本企业与所属境外企业和机构业务往来文件材料	永久
11.4	本企业与其他单位或个人发生业务关系形成的文件材料	
11.4.1	本企业签署的战略合作协议、重要谈判的合同协议	永久
11.4.2	本企业签署的长期合同或协议及其补充件	
11.4.2.1	重要的	永久
11.4.2.2	一般的	30年
11.4.3	本企业签署的短期合同或协议及其补充件	
11.4.3.1	重要的	30年
11.4.3.2	一般的	10年
11.5	本企业对其他单位或个人的资信调查、客户管理等文件材料	
11.5.1	重要的	30年
11.5.2	一般的	10年
11.6	本企业对外发布的公告、公示等文件材料	
11.6.1	重要事项	永久
11.6.2	一般事项	30年
12	直属单位、所属和控股企业的请示、报告、函与本企业的批复、复函等文件材料	
12.1	重大问题	永久
12.2	一般性问题	30年
13	本企业经营决策、建设项目(含境外项目)管理、企业管理、资本经营、财务、物资管理、产品与服务业务管理、市场开发与营销、产品与服务销售管理、售后服务管理、客户信息、信誉、统计等管理工作文件材料	
13.1	经营计划、决策文件材料	
13.1.1	本企业中长期规划、纲要,重要的经营决策文件材料	永久

续表

序号	归档范围	保管期限
13.1.2	本企业年度计划、任务目标、总结、统计文件材料	永久
13.1.3	本企业半年、季度、月份等计划、总结、统计文件材料	10年
13.1.4	本企业、所属和控股企业的经营目标责任书、业绩考核评价文件材料	30年
13.2	建设项目工作文件材料	
13.2.1	建设项目工作规划、计划、总结等文件材料	永久
13.2.2	建设项目工作制度、办法、规定等文件材料	永久
13.2.3	项目前期立项、规划、论证、设计、招投标、协议、合同、申请、审批等文件材料	永久
13.2.4	项目检查、竣工验收、重要的专项报告、审批意见	永久
13.3	企业管理文件材料	
13.3.1	企业管理规划、计划、总结、实施方案、制度、规定、办法等	永久
13.3.2	企业管理方案实施、检查验收文件材料	30年
13.4	资本经营工作文件材料	
13.4.1	资本经营工作规划、计划、总结、条例、制度、办法、规定、决定等	永久
13.4.2	资本经营工作通知、纪要、记录、调研报告	30年
13.5	财务工作文件材料	
13.5.1	财务管理制度、规定、办法、总结	永久
13.5.2	财务管理工作计划、报告、通知	30年
13.5.3	固定资产新增、报废、调拨文件材料	30年
13.5.4	生产财务和成本核算文件材料	永久
13.5.5	资金管理、价格管理、会计管理文件材料	永久
13.5.6	本企业税务登记、交纳、减免、返还等工作文件材料	永久
13.5.7	本企业经营盈亏情况报告、报表	
13.5.7.1	重要的	永久
13.5.7.2	一般的	30年
13.5.8	本企业财务预、决算报告	永久
13.6	物资管理文件材料	
13.6.1	物资管理工作制度、规定、办法	永久
13.6.2	物资台账、统计报表	30年
13.6.3	物资分配计划、记录	10年
13.6.4	物资采购审批手续、招投标文件材料、合同、协议、来往函件，物资保管台账、出入库记录等	

续表

序号	归档范围	保管期限
13.6.4.1	重要物资的	30年
13.6.4.2	一般物资的	10年
13.7	产品与服务管理文件材料	
13.7.1	产品与服务发展规划、计划、总结等	永久
13.7.2	产品与服务管理制度、办法、规定等	永久
13.7.3	调查研究文件材料	
13.7.3.1	产品与服务市场调查、技术调查、考察、预测报告、调研综合报告	10年
13.7.3.2	产品与服务的技术、经济可行性研究报告,市场需求分析报告、收益预测分析报告	30年
13.7.4	产品与服务决策文件材料	
13.7.4.1	产品与服务发展建议书、技术建议书、协议书、委托书、合同等	永久
13.7.4.2	专题分析报告、专题会议纪要	30年
13.7.4.3	研制或开发计划、方案及方案论证报告	30年
13.7.5	阶段评审文件材料	30年
13.8	市场开发与营销	
13.8.1	市场营销工作总结、制度,营销组织、市场网络建设、境外市场拓展、品牌建设等文件材料	永久
13.8.2	市场营销工作规划、计划等	30年
13.8.3	产品销售计划文件材料,产品订货会、市场分析和用户调查文件材料	30年
13.8.4	产品市场推广、营销宣传等文件材料	30年
13.8.5	业务开办、产品上市或终止的申请、报备、批复等文件材料	永久
13.9	销售管理文件材料	
13.9.1	销售管理制度、规定、办法,销售合同、协议、函件	永久
13.9.2	售后服务文件材料	30年
13.10	客户信息及资信调查文件材料	
13.10.1	重要客户的	永久
13.10.2	一般客户的	30年
13.11	企业认证、达标等活动的呈报、审批文件材料,企业获得的资质、信誉证书方面的文件材料	永久
13.12	企业形象宣传文件材料	永久
13.13	统计工作文件材料	

续表

序号	归档范围	保管期限
13.13.1	统计工作制度、规定、办法，综合性统计报表	永久
13.13.2	生产、技术、经济统计报表及分析文件材料，工业普查报表	永久
13.13.3	一般性统计分析文件材料	30年
14	本企业生产组织、质量管理、能源管理、设备管理、安全、环保、计量管理、科技管理、信息化管理、标准、图书情报等管理工作文件材料	
14.1	生产组织工作文件材料	
14.1.1	生产组织工作制度、办法、总结等	永久
14.1.2	生产组织工作规划、计划、报告	30年
14.1.3	生产作业计划编制、执行及调度工作文件材料	10年
14.1.4	生产调度会议记录	30年
14.1.5	生产活动分析文件材料	10年
14.2	质量管理工作文件材料	
14.2.1	质量工作条例、制度、规定、总结，质量体系建设、运行及管理文件材料，产品创优获奖证书	永久
14.2.2	质量工作规划、计划、措施	30年
14.2.3	产品质量检测、化验、试验文件材料	30年
14.2.4	全面质量管理工作形成的文件材料	30年
14.2.5	质量异议处理、事故分析及处理文件材料、质量认证、检查、评比文件材料	永久
14.2.6	产品召回、理赔等文件材料	永久
14.3	能源管理工作文件材料	
14.3.1	能源管理工作规定、总结	永久
14.3.2	能源管理计划、统计报表，能源消耗定额管理文件材料	30年
14.3.3	节能工作文件材料	30年
14.4	设备仪器管理工作文件材料	
14.4.1	设备仪器管理工作制度、规定、办法、总结等	永久
14.4.2	设备仪器管理工作规划、计划等	30年
14.5	安全生产工作文件材料	
14.5.1	安全技术管理制度、办法、总结，自然灾害、生产安全事故抢救、调查、处理文件材料	永久
14.5.2	安全技术管理规划、计划、通报、会议记录、安全体系建设文件材料等	30年
14.5.3	安全、消防教育、应急演练活动文件材料	10年

续表

序号	归档范围	保管期限
14.6	环境保护工作文件材料	
14.6.1	环境保护工作制度、总结,环保调查、监测、分析文件材料	永久
14.6.2	环境保护工作规划、计划	30年
14.6.3	环境影响评价书、环保污染防治措施、总结、报告,污染事故抢救、调查、处理文件材料	永久
14.7	计量管理工作文件材料	
14.7.1	计量工作制度、规定、办法、总结等	永久
14.7.2	计量工作规划、计划等	30年
14.7.3	计量设备、仪器、器具定期检查记录	10年
14.8	科技管理工作	
14.8.1	科技管理工作制度、总结,新产品开发、科技攻关项目、科技成果管理、技术引进文件材料	永久
14.8.2	科技发展规划、计划、办法等	30年
14.8.3	技术革新与合理化建议文件材料	10年
14.8.4	学术交流活动文件材料	10年
14.9	信息化管理工作文件材料	
14.9.1	企业信息化管理制度、总结等文件材料	永久
14.9.2	信息化发展规划、计划、办法等	30年
14.9.3	企业信息化总体设计方案,信息系统设计、开发、实施过程评审文件材料	30年
14.9.4	信息系统运行维护、数据管理、安全保密等的方案、记录、报告	30年
14.10	标准管理工作文件材料	
14.10.1	标准工作制度、规定、办法、总结,企业基础标准、技术规范、管理标准、工作标准、生产技术规范编写、评审、发布文件材料	永久
14.10.2	标准工作规划、计划等	30年
14.11	图书、情报工作文件材料	
14.11.1	图书、情报工作制度、规定、办法、总结	永久
14.11.2	图书、情报工作规划、计划等	30年
15	本企业组织机构设置、人力资源、文秘、机要、档案、保密、保卫、综合治理、信访、法律、外事、风险管理、内控与审计、社会责任、基本建设管理等管理工作文件材料	
15.1	本企业组织机构设置、撤并、名称变更、岗位职责设计、人员编制、印信启用和作废等文件材料	永久

续表

序号	归档范围	保管期限
15.2	人力资源管理工作文件材料	
15.2.1	人力资源规划、工作计划、制度、办法、决定、报告等	永久
15.2.2	企业人员录用、转正、聘任、调资、定级、停薪留职、辞职、离退休、死亡、抚恤、安置等文件材料	永久
15.2.3	干部和职工的任免、升降、奖惩、考核、职称评聘等方面文件材料	永久
15.2.4	老干部、离退休人员管理有关文件材料	永久
15.2.5	企业人员薪酬、待遇等劳动人事管理文件材料	永久
15.2.6	企业签订的劳动合同	永久
15.2.7	企业先进单位、劳动模范、先进工作者的文件材料	
15.2.7.1	本企业及省部级(含)以上表彰、奖励的	永久
15.2.7.2	其他表彰、奖励的	30年
15.2.8	对本企业有关人员的处分文件材料	
15.2.8.1	受到警告(不含)以上处分的	永久
15.2.8.2	受到警告处分的	30年
15.2.9	本企业人员参加社会保障、医疗保险、商业保险、住房公积金、劳动保护、职业安全、医疗卫生、计划生育等文件材料	永久
15.2.10	企业职工培训工作文件材料	
15.2.10.1	重要的	30年
15.2.10.2	一般的	10年
15.2.11	职工调动工作的行政、工资关系的介绍信及存根	永久
15.2.12	职工名册	永久
15.3	文秘、机要、档案、保密工作文件材料	
15.3.1	文秘、机要、档案、保密工作制度、规定、办法、总结等文件材料	永久
15.3.2	文秘、机要、档案、保密工作规划、计划文件材料	30年
15.3.3	档案开发、编研成果,档案移交清单、销毁清册	永久
15.3.4	保密资格认证方案、申请、审查、批准文件材料	30年
15.3.5	保密工作检查方案、通知、结论、通报等文件材料	30年
15.4	安全保卫工作	
15.4.1	安全保卫、民兵、预备役工作规划、计划、总结、报告、报表等	30年
15.4.2	保卫部门的安全检查、调查方案、记录、通报	30年
15.4.3	自然灾害防范、交通管理文件材料	30年

续表

序号	归档范围	保管期限
15.5	综合治理工作文件材料	
15.5.1	重要事项	永久
15.5.2	一般事项	30年
15.6	信访工作文件材料	
15.6.1	重要事项	永久
15.6.2	一般事项	30年
15.7	法律工作文件材料	
15.7.1	五年普法规划、年度计划、规章、制度、办法等	30年
15.7.2	法院判决书、调解书等诉讼和仲裁等文件材料	永久
15.7.3	一般法律事务工作文件材料	30年
15.7.4	案件、纠纷、行政处罚、复议文件材料及公证事务中结论性材料	永久
15.7.5	案件、纠纷、行政处罚、复议文件材料及公证事务中调查、协调过程形成的文件材料	30年
15.8	外事工作文件材料	
15.8.1	国际交往中发表的公报,签订的协议、协定、备忘录,重要的会谈记录、纪要等	永久
15.8.2	出访考察、参加国际会议、接待来访等外事活动、出访审批文件材料	永久
15.8.3	产品进出口审批和办理手续、执行日程、考察报告等一般性文件材料	30年
15.9	风险管理、内控、审计工作文件材料	
15.9.1	风险管理、内控、审计工作制度、总结,审计意见、审计报告、专项审计通知、报告、批复、结论、调查与证明等文件材料	永久
15.9.2	风险管理、内控与审计工作方案、计划、报告、纪要等	30年
15.9.3	内部控制管理手册、风险识别、评估、控制等过程形成的文件材料,重大风险评估报告,风险管理体系建设文件材料	30年
15.10	社会责任工作文件材料	
15.10.1	本企业社会责任报告	永久
15.10.2	参与和投入社会公益、慈善、捐赠事业的记录文件材料	永久
15.10.3	赈灾、扶贫、献血、拥军优属等文件材料	永久
15.11	本企业的史、志、年鉴、大事记、组织沿革等编研成果,本企业编辑出版的书、报、刊等出版物	永久
15.12	本企业编制的简报、工作信息	30年
15.13	本企业编制的通报、情况反映、参考资料等	10年

续表

序号	归档范围	保管期限
15.14	基本建设管理文件材料	
15.14.1	基本建设工作管理制度、规定、办法、总结	永久
15.14.2	基本建设工作规划、计划，专项工作通知等文件材料	30年
16	本企业党、团、工会等党群工作文件材料	
16.1	企业党员代表大会、职工代表大会、共青团代表大会	
16.1.1	请示、批复、批示、通知、名单、议程、报告、领导人讲话、选举结果、会议记录、讨论通过的文件、决议、纪要、公告等文件材料	永久
16.1.2	大会发言、交流、会议简报	10年
16.1.3	重要的贺信、贺电，筹备工作、选举工作中形成的文件材料，小组会议记录、会务工作安排、总结等文件材料	10年
16.1.4	讨论未通过的文件材料	10年
16.2	党委会、党委常委会、工会委员会、工会会员代表大会、共青团常委(扩大)会，党群机关办公会会议文件材料	
16.2.1	通知、议程、报告、决议、决定、公报声明、记录、领导人讲话、总结、纪要、讨论通过的文件、参加人员名单	永久
16.2.2	讨论未通过的文件材料	10年
16.3	党务综合性工作	
16.3.1	各项条例、规章制度、办法，工作计划、总结，“三重一大”等重要专项活动工作通知、报告，重要调研文件材料、党务工作大事记等	永久
16.3.2	情况反映、工作简报及一般文件材料	30年
16.4	组织工作	
16.4.1	党员干部考察、考核、任免、政审决定等	永久
16.4.2	入党、转正、退党、转入、转出等决定及党员名册，党团组织关系的介绍信及存根	永久
16.4.3	党委(党组)组织工作规章制度	永久
16.4.4	党群机构设置、调整、人员编制等方面决定及通知	永久
16.4.5	党费收支文件材料	30年
16.4.6	党员学习教育等活动形成的文件材料	
16.4.6.1	重要的	永久
16.4.6.2	一般的	10年
16.4.7	党员统计年报	永久
16.5	企业宣传统战工作报告、会议纪要、调研、计划、总结文件材料、民主党派人员名单登记、活动记录、精神文明建设方面文件材料	

续表

序号	归档范围	保管期限
16.5.1	重要的	永久
16.5.2	一般的	30年
16.6	纪检与监察工作	
16.6.1	纪检与监察工作的规定、决定、通报、通知、会议记录、纪要、计划、总结	永久
16.6.2	党风廉政反腐工作文件材料	30年
16.6.3	违纪案件立案报告、调查依据、审查结论、处理意见等文件材料	
16.6.3.1	重大案件	永久
16.6.3.2	一般案件	30年
16.7	工会、女工、共青团工作规划、年度计划、总结、规章制度、决定、通知、会议记录	永久
16.8	职工民主管理、表彰先进、劳保福利、职工维权、工会会费与财务管理文件材料、工会统计年报、工会会员名册	永久
16.9	女工工作、劳动竞赛、文体活动、计划生育等方面文件材料	
16.9.1	重要的	永久
16.9.2	一般的	10年
16.10	共青团组织发展、劳动竞赛、表彰先进、团费管理、文体活动等文件材料	
16.10.1	重要的	永久
16.10.2	一般的	10年
16.11	民间团体工作,民政协调工作中形成的文件材料	
16.11.1	民间团体设立、变更、撤销等的请示、批复、章程等文件材料	永久
16.11.2	民间团体活动过程形成的文件材料	
16.11.2.1	重要事项	30年
16.11.2.2	一般事项	10年
17	本企业其他事务管理文件材料	
17.1	企业接待工作计划、方案,重要来宾有关的照片、录音、录像、题词、讲话、批示等	
17.1.1	重要的	永久
17.1.2	一般的	30年
17.2	企业住房房产分配、出售、出租工作文件材料	永久
17.3	企业职工承租、购置企业房产的合同、协议和有关手续	永久
17.4	新闻媒体对本企业重要活动、重大事件、典型人物的宣传报道	永久

续表

序号	归档范围	保管期限
17.5	企业文化建设文件材料	
17.5.1	企业文化建设方案	永久
17.5.2	企业文化建设其他文件材料	
17.5.2.1	重要的	永久
17.5.2.2	一般的	30年
17.6	企业纪念、庆典活动文件材料	
17.6.1	重要的	永久
17.6.2	一般的	30年
18	各种非纸质载体、介质及实物形式的文件材料	
18.1	无法输出纸质的或无纸质的二维、三维、数据库类电子文件	
18.1.1	重要的	永久
18.1.2	一般的	30年
18.2	各种有保存价值的实物	
18.2.1	重要的	永久
18.2.2	一般的	30年
18.3	其他各种非纸质载体、介质文件材料	
18.3.1	重要的	永久
18.3.2	一般的	30年

参考文献

[1] 邓绍兴,陈智为.档案管理学[M].北京:中国人民大学出版社,1996.

[2] 赵国俊,陈幽泓.机关管理的原理与方法[M].北京:中国人民大学出版社,1999.

[3] 王谟,马素萍.现代企业文件与档案工作实用教程[M].北京:中国人民大学出版社,1999.

[4] 冯惠玲.电子文件管理教程[M].北京:中国人民大学出版社,2001.

[5] 葛荷英.档案鉴定理论与方法[M].北京:中国档案出版社,2002.

[6] 宫晓东.企业档案管理学[M].北京:高等教育出版社,2002.

[7] 杨红.档案管理[M].上海:上海社会科学院出版社,2003.

[8] 周玲.文件管理[M].上海:上海社会科学院出版社,2003.

[9] 冯惠玲,张辑哲.档案学概论[M].北京:中国人民大学出版社,2001.

[10] 宗培岭.现代企业制度下企业档案工作运行机制研究[M].北京:中国档案出版社,2006.

[11] 张林华.现代文件学[M].上海:上海大学出版社,2007.

[12] 郑彦离,魏景霞.文书与档案工作[M].北京:清华大学出版社,2009.

[13] 李和平.《企业档案工作规范》实施指南[M].北京:中国档案出版社,2010.

[14] 李和平.《企业文件材料归档范围和档案保管期限规定》实施指南[M].北京:电子工业出版社,2013.

[15] 罗军.对企业档案工作服务机制创新的两点思考[J].档案学通讯,2004(2).

[16] 邓斐蔚.影响企业文件档案形成的几个重要因素[J].档案学通讯,2004(3).

[17] 王向明.论现代企业档案工作运行机制的功能[J].档案学通讯,2005(2).

[18] 张莉.论企业档案的性质及其管理[J].档案学通讯,2005(2).

[19] 黄世喆.现代企业制度下企业档案管理研究[J].档案学通讯,2006(3).

[20] 曾娜.企业档案工作的制度建设问题研究[J].档案学通讯,2006(3).

[21] 吴克,徐爱国.企业档案编研工作新探索[J].中国档案,2006(4).

[22] 晋爱萍.企业档案如何为企业文件建设服务[J].中国档案,2010(1).

2009 年，在本书撰写过程中，国家档案局颁布了《企业档案工作规范》（DA/T 42—2009），并于 2010 年开始实施。《企业档案工作规范》是在企业档案工作出现了一系列新的重大变化、企业档案工作越来越受到重视的背景下制定的。《企业档案工作规范》首次对企业的档案工作提出了全面、系统的要求，不仅针对具体的档案业务工作，而且对档案工作的组织建设、规章制度，以及企业档案信息化建设，甚至包括文件形成过程中领导与员工的责任等都提出了具体要求。因此，对于本书的写作而言，《企业档案工作规范》无疑具有十分重要的指导意义。同时，本书是在参考众多企业文书和档案管理方面研究成果的基础上撰写而成的，在此一并表示感谢。

为了方便学员在企业文书与档案工作中的实际操作，本书除了通过绪论、企业文书工作与企业档案工作、企业常用文种、公文的格式与稿本、收发文办理及办毕文件处置、企业文件的归档与鉴定、企业归档文件的整理、企业常用专门文档整理、企业档案的保管与统计、企业档案的检索利用与编研、企业电子文件及其管理等各章，向学习者介绍企业文书与档案管理的基本知识、工作环节、方法与技巧外，还专设附录，汇集了企业文书与档案工作中常用的档案工作行业标准目录、档案工作国家标准目录，以及《企业档案工作规范》全文。

此书由虞巧灵、石磊担任主编，李瑛、孙研担任副主编。在此特别感谢浙江省档案局许春芝处长提供写作素材并提出宝贵意见，感谢广州市广播电视大学管理学院院长黄安心教授对本书的指导，并感谢宁波市广播电视大学有关领导的支持。感谢专家提出的审稿建议，也感谢出版社有关同志的辛苦工作。正是在大家的支持和共同努力下，本书才得以顺利出版。

由于企业发展的持续性和企业类型、规模、组织形式的多样性，企业文书与档案管理面对的现实情况会比较复杂，因此，本书对于企业文书与档案工作的指导作用有一定局限性。衷心希望读者能从本书获得些许帮助之余，对本书提出更多宝贵意见。

编　者

教学支持说明

“全国高等学校应用型人才培养·企业行政管理专业系列规划教材”系华中科技大学出版社重点图书。

为了改善教学效果，提高教材的使用效率，满足高校授课教师的教学需求，本套教材备有与纸质教材配套的教学课件(PPT 电子教案)。

为保证本教学课件及相关教学资料仅为教材使用者所得，我们将向使用本套教材的高校授课教师和学生免费赠送教学课件或者相关教学资料，烦请授课教师和学生通过电话、邮件或加入企业行政管理出版新视角 QQ 群(号)等方式与我们联系，获取“教学课件资源申请表”文档并认真准确填写“教学课件资源申请表”发给我们，我们的联系方式说明如下。

地址：湖北省武汉市东湖新技术开发区华工科技园华工园六路华中科技大学出版社有限责任公司营销中心

邮编：430223

电话：027－81321911/81339688－518

传真：027－81321917

E-mail：yingxiaoke2007@163.com

企业行政管理出版新视角 QQ 群(号)：835742781

教学课件资源申请表

填表时间：____年____月____日

<table>
<tr><td colspan="9">以下内容请按实际情况写，以详尽、字迹清晰为盼，★为必填项，如方便请惠赐名片！</td></tr>
<tr><td rowspan="2">★教师姓名</td><td rowspan="2"></td><td rowspan="2">★性别</td><td rowspan="2">□男□女</td><td rowspan="2">出生
年月</td><td rowspan="2"></td><td>★职 务</td><td colspan="2"></td></tr>
<tr><td>★职 称</td><td colspan="2">□教授 □副教授
□讲师 □助教</td></tr>
<tr><td>★学校</td><td colspan="3"></td><td>★院/系</td><td colspan="4"></td></tr>
<tr><td>★教研室</td><td colspan="3"></td><td>★专业</td><td colspan="2"></td><td colspan="2"></td></tr>
<tr><td>★办公电话</td><td colspan="2"></td><td>家庭电话</td><td colspan="2"></td><td>★移动电话</td><td colspan="2"></td></tr>
<tr><td>★E-mail
（请清晰填写）</td><td colspan="5"></td><td>★QQ号/
微信号</td><td colspan="2"></td></tr>
<tr><td>★联系地址</td><td colspan="5"></td><td>★邮编</td><td colspan="2"></td></tr>
<tr><td colspan="4">★现在主授课程情况</td><td>学生人数</td><td colspan="2">教材所属出版社</td><td colspan="2">教材满意度</td></tr>
<tr><td>课程一</td><td colspan="3"></td><td></td><td colspan="2"></td><td colspan="2">□满意 □一般 □不满意</td></tr>
<tr><td>课程二</td><td colspan="3"></td><td></td><td colspan="2"></td><td colspan="2">□满意 □一般 □不满意</td></tr>
<tr><td>课程三</td><td colspan="3"></td><td></td><td colspan="2"></td><td colspan="2">□满意 □一般 □不满意</td></tr>
<tr><td>其他</td><td colspan="3"></td><td></td><td colspan="2"></td><td colspan="2">□满意 □一般 □不满意</td></tr>
<tr><td colspan="9">教材出版信息</td></tr>
<tr><td>方向一</td><td colspan="3"></td><td colspan="5">□准备写 □写作中 □已成稿 □已出版待修订 □有讲义</td></tr>
<tr><td>方向二</td><td colspan="3"></td><td colspan="5">□准备写 □写作中 □已成稿 □已出版待修订 □有讲义</td></tr>
<tr><td>方向三</td><td colspan="3"></td><td colspan="5">□准备写 □写作中 □已成稿 □已出版待修订 □有讲义</td></tr>
<tr><td colspan="9">请教师认真填写表格下列内容，提供索取课件配套教材的相关信息，我社根据每位教师/学生填表信息的完整性、授课情况与索取课件的相关性，以及教材使用的情况赠送教材的配套课件及相关教学资源。</td></tr>
<tr><td>ISBN（书号）</td><td colspan="3">书名</td><td>作者</td><td colspan="2">索取课件简要说明</td><td colspan="2">学生人数（如选作教材）</td></tr>
<tr><td></td><td colspan="3"></td><td></td><td colspan="2">□教学 □参考</td><td colspan="2"></td></tr>
<tr><td></td><td colspan="3"></td><td></td><td colspan="2">□教学 □参考</td><td colspan="2"></td></tr>
<tr><td colspan="9">★您对我社的其他意见和建议：</td></tr>
</table>